广东金融学院工商管理论丛

CSR3.0 与可持续创新创业

原则、方法与实践

龙成志　赵兴庐／著

中国经济出版社
CHINA ECONOMIC PUBLISHING HOUSE
北 京

图书在版编目（CIP）数据

CSR3.0与可持续创新创业：原则、方法与实践／龙成志，赵兴庐著.
—北京：中国经济出版社，2019.10
ISBN 978-7-5136-5940-6

Ⅰ.①C… Ⅱ.①龙… ②赵… Ⅲ.①企业责任—社会责任—关系—创业—可持续性发展—研究 Ⅳ.①F272-05 ②F241.4

中国版本图书馆CIP数据核字（2019）第214655号

责任编辑　姜　静　陈瑞
责任印制　马小宾
封面设计　华子图文

出版发行　中国经济出版社
印 刷 者　北京艾普海德印刷有限公司
经 销 者　各地新华书店
开　　本　710mm×1000mm　1/16
印　　张　21.75
字　　数　326千字
版　　次　2019年10月第1版
印　　次　2019年10月第1次
定　　价　68.00元
广告经营许可证　京西工商广字第8179号

中国经济出版社 **网址** www.economyph.com **社址** 北京市东城区安定门外大街58号 **邮编** 100011
本版图书如存在印装质量问题，请与本社销售中心联系调换（联系电话：010-57512564）

总　序

改革开放四十余年来，我国的社会经济发展取得了举世瞩目的伟大成就，已跻身为世界第二大经济体，对全球经济发挥着越来越重要的作用。在我国经济体量不断增加的同时，我国企业对世界经济的影响力也与日俱增，涌现出华为、腾讯、阿里巴巴、中车集团、格力电器等一大批著名企业。毫无疑问，改革开放的伟大实践为我国企业管理理论的创新与发展提供了沃土。

国内的企业管理理论与实践是从引进和借鉴西方的管理理论与管理方法开始的。经过多年的努力，我国企业从学习国外理论、模仿国外同行起步，将现代理论应用于经营管理实践，并结合我国特殊而又具体的现实约束，创造出了许多行之有效且具有本土特色的管理思想和管理方法，促进了我国企业管理水平的不断提高。例如首钢的“投入产出总承包”，海尔的“日清日高管理法”，邯钢的“模拟市场、成本否决法”，华为更是建立了独具特色的内控制度与先进的管理体系，并以“华为基本法”的形式确定下来。

目前，我国经济发展步入新常态，在贸易摩擦加剧等复杂的外部形势下，如何实现高质量发展成为我国面临的一个全新课题，需要理论工作者进行全方位、多层次、宽角度的研判，进行大胆的理论创新。我坚信，在深化改革和融入世界的新进程中，中国企业管理理论必将有新的突破，也必将闪耀出迷人的光芒。

身处我国改革开放的最前沿，广东金融学院是华南地区唯一的金融类高校，学校秉承“明德、敏学、笃行、致远”的校训，坚持“金融为根、育人为本、应用为先、创新为范”的办学理念，以国家经济社会需求为导向，培养富有创新精神和社会责任感的高水平财经类应用型人才。其中，工商管理学科是我校优先建设的主体学科，也是广东省重点学科。一直以来，我校工商管理学科积极对接国家与广东省的重大战略需求和学术前沿，服务现代企业管理优化升级的需要，人才培养、科学研究与服务社会的能力有了长足的发展。

我校工商管理学院以“集成金融特色、培养管理精英”为使命，以“成为国内知名商学院”为发展愿景，设有人力资源管理、工商管理、市场营销、物流管理、酒店管理五个本科专业和一个金融营销专业。形成了劳动经济与人力资源管理、企业理论、金融营销与信用消费、品牌管理与营销传播、工商管理案例五个学术团队。学院拥有一支朝气蓬勃、勇于开拓的师资队伍，近几年来承担了国家级、省部级以上项目及重点项目近百项，承担各级政府与企业委托项目百余项，在《管理世界》《中国工业经济》《管理学报》《经济管理》《中国人口科学》《财贸经济》等国内外重要期刊发表论文近300篇。学院教师的一系列研究成果先后被各级政府机构和企业所采用，产生了良好的社会效益和经济效益。

作为校长，我十分欣喜地看到，工商管理学院英才辈出，一批中青年学者一心向学，他们俯下身子，对现实经济管理问题进行深入的调查，并结合学科发展趋势产生了自己的独特见解。在追求研究范式与国际同行接轨的同时，他们也更加注意中国情境的特殊作用，“广东金融学院工商管理论丛”就是他们勤于思考、勇于探索的阶段性成果。希望本论丛的出版能够进一步加强我校中青年学者与国内专家学者的学术联系，为学科发展与“文化自信”贡献“广金声音”。

是为序！

雍和明

2019年8月30日于广州

前　言

创新创业的重要性再怎么强调都不为过。管理学大师德鲁克在《创新与创业精神》中断言，“创新与创业是企业家精神的核心，是企业价值创造的根本”。秉承熊彼特及芝加哥经济学派的基本思想，著名经济学家张维迎先生出版了《企业家——经济增长的国王》，详尽阐述了企业家的核心职能就是创新创业的观点主张。创新创业被经济学、管理学与社会学等学者高度关注，其作用和价值更得到全世界不同经济体的实践证实。甚至有人说，一个企业能否取得长期的成功，关键点就在于它能不能持续不断地创新创业；而一个国家和地区能否实现可持续地增长和发展，关键点依然在于创新创业。基于这些判断，中国政府将创新创业确定为新时期国家发展战略。

创新与创业是两个并不容易区分的概念。创新指的是企业应用新的思想与理念，通过生产要素的重新组合，开辟新市场或服务于某特定市场。创新意味着改变，意味着采取与此前并不相同的理念、方法与行动，其结果体现为绩效和价值的提升。创业的指向则是新组织的创立、新事业的建立以及新目标的达成，即创业者识别创业机会，采取创业行动，通过生产要素的创新组合，从无到有地创造组织、事业和价值。但是，两者的界限并不清晰，创新通常也有创业的含义，即通过创新开创一番新事业，打开一个新局面，可能是开辟一个新市场，也可能是设立一个新组织。而创业也强调创新，如果只是单纯地创立一个新企业，与现行企业相比，没有任何创新，创业也很难成功，创业价值微乎其微。即使两者略有不同，但是两者的核心指向均为市场要素的重新组合与价值创造，这就是为什么“大众创业，万众创新”不分彼此地上升为中国的国家战略。因此，在本书中，我们将创新和创业合并使用，将其限定为：通过产品、技术、流程、商业模式的改变以及设立新组织等方式，去解决现存问题和创造新价值。

中国是创新创业的热土。据首尔大学教授金南道 2015 年研究数据，中国已经是全球创业热度最高的国家，无论是中小企业的注册数量，还是创业热度，抑或是中国创业者对创业失败的容忍度等方面，都明显超越全球主要经济体。甚至，超过 70% 的高校纷纷举办各类创业活动，建立创业实践基地，作为一个庞大的创新创业群体，大学生创业非常活跃。有数据显示，我国大学毕业生创业比例超过 4%。当然，近几年中国在创新方面也取得了长足进步，不管是中国的新四大发明，还是 AI、5G 等热门领域的研究创新，都开始取得突破性进展。甚至，在《自然》《科学》等 16 种顶尖期刊上发表的原创性学术成果位列全球第二，专利与应用性专利申请数量也达到全球领先水平。在本书结稿时，正是中美贸易摩擦升级的阶段。毫不夸张地说，中国这艘大船在应对美国的剧烈冲撞中，能够从容应对，在很大程度上得益于中国的创新创业活力得到了释放。但是，在当前背景下，我们需要为创新创业寻求新的共识，探索新的价值标准，概言之，任何企业、组织和个人是时候以更平衡的目光来看待经济问题，并关注其社会与环境影响了。对创新创业而言，尤其如此。

在中国改革开放刚刚走过 30 年的时候，《中国企业家》与一群企业家开始发声：先问对错，再出发。而后，国资委将承担企业社会责任列为国有企业的基本价值观；中央电视台前主持人柴静发布“穹顶之下”的雾霾专题片；中国出台《中国落实 2030 年可持续发展议程国别方案》；中国政府设立生态环境部；等等。时至今日，改革开放进入深水区，党的十八大清楚地画出一条国民经济发展的红线：生态与可持续发展，“绿水青山就是金山银山”。当然，社会经济发展的生态红线并不只是可持续发展的唯一边界，社会公平、道德伦理、传统文化复兴、社会事业发展等都是可持续发展的应有之义。敢冲敢闯的改革精神（即是创新创业精神），让贫穷落后的中国已经发生翻天覆地的变化，但与之同时存在的两极分化、城乡不平衡、环境污染、社会公平、资源枯竭等不堪承受之重的问题，更需要创新创业来予以应对。

截至 2018 年底，中国依然有 1660 万贫困人口、697 万留守儿童，中国社会经济的不平衡问题还需要我们付出艰苦的努力；手机更新换代的速度越来越快，每一家手机公司每年都在推出新品，消费者真的需要那么快的更新吗？这样频繁的以创新创业为名的新品开发与新市场拓展，是否在削减这些公司和品牌曾经创造的价值，甚至对我们赖以生存的资源造成伤害？“互联网+”如火如荼，各种互联网金融以创新创业的名义成为社会关注的热点，但是中国的年轻人却因此背上沉甸甸的负债……种种问题都与创新创业息息相关，需要我们以勇气去应对。如果说社会问题与创新创业相关，其中所指便是创新创业的伦理问题。简单地说，问题核心在于：创新创业的伦理边界如何确定？对这一问题，我们可以依照商业伦理与企业社会责任研究的线索给出答案：企业必须对创新创业所引致的社会结果负责。但是，问题并不简单。一些手机厂商通过创新创业的手段，生产和销售了特别多的电子产品，使得原本并不需要产品更新的消费者花了不该花的钱，而且，客观上造成了电子产品垃圾和过度的资源消耗。企业是否应该承担责任，可能会引起更多的争议。的确，为了确定创新创业甚至是企业行为的伦理边界，全球学者从商业伦理，尤其是从企业社会责任的视角，展开了大量研究，并付出了艰苦卓绝的努力，但效果不尽如人意。很多企业打着发展的名号，在法律为底线的遮光板下，走在伦理的边缘上，李文等学者感慨：企业社会责任已死。

在这样的情况下，我们提出一个看起来不是新概念的概念：创新创业伦理。由于创新创业是企业行为与社会及环境影响的起点，从起点的地方入手去探讨商业伦理问题也许更有价值。而且，创新创业本身的伦理性问题如此普遍，我们稍加注意就能发现它无处不在。比如，近年来中国留学生市场越来越大，很多学生（包括中学生）都有留学需求，中国已成为全球留学生最大生源地。在这样的背景下，很多留学服务机构以创新创业的名义提供一条龙的服务（如考试培训、学校申请咨询、面试培训），帮写学术小论文的服务循此诞生甚至成为留学中介的标配。众所周知，学术小论文是高校判断学生专业潜能的重要依据，但留学机构的“服务创新”使其失去了意义：首先，国外高校完全不能选到他们需要的学生，破坏其教育体系；其次，这样的行为在性质上其实就是作弊，损害了公平，使其他没有代办的学生失去公平的机会；最后，剥夺了学生去适合自己的专业与学校的机会。

创新创业伦理失范现象，本质上是价值取向问题。正如前文所述，创新创业的核心是创造与提升价值。回到 40 年前，中国创新的改革开放，其价值取向只有一个：经济价值，一切以经济建设为中心。以此为出发点的创新创业得到极大程度的释放，结果是中国取得了全世界瞩目的经济成就。当下，我们已经步入工业化时代后期，环境承载能力濒临极限，可持续发展问题日趋严峻。而且，互联网让社会成员紧密相连、唇齿相依，社会共同福祉已经不只是经济增长，我们的价值取向应该做出改变。从微观的视角看，创新创业活动在关注经济价值的时候，应同时关注社会和环境价值的创造，还应该关注众多利益相关者的利益诉求，谨防顾客价值创造对其他利益相关者的价值破坏。就像留学中介机构的服务创新一样，如果将学生、中介机构、高等院校等的众多利益诉求同时纳入创新价值体系，留学机构就会考虑创新行为的社会影响，代写“小论文”的事情就不会发生。这样的价值取向，可持续发展研究的学者将其界定为可持续价值，战略管理学者将其界定为共享价值，伦理学研究学者认为这是伦理性价值。我们更认可共享价值的提法，因为价值本身是一个主观的概念，不同视角的观点可能存在不一致的答案，而共享则可弥合这样的价值偏差，能传递社会、经济与环境的平衡要求。

当然，我们不仅看到了创新创业的伦理失范问题，更看到通过创新创业去解决社会问题的积极现象——可持续创新创业。最经典的例子是孟加拉国的格莱珉银行（Grameen Bank），它通过关注低收入水平人群融资难的社会问题，帮助低收入群体自立，并贷给他们实现自立需要的资金，同时解决了格莱珉银行的发展问题。继格莱珉银行之后，在全球范围内涌现了众多可持续创新创业活动，它们不仅将解决社会问题视为企业的责任，更将政府失灵视为创新创业的机会，通过创造性的资源组合，实现了共享价值的创造。从本质上说，可持续性创新通过创新创业创造价值来解决社会问题，并时刻检视创新创业过程中可能产生的伦理问题，是企业社会责任（Corporate Social Responsibility，CSR）问题的延续。CSR1.0 的时代，人们在争论企业应该承担的社会责任范畴，达成了企业应该承担经济、法律、伦理与自由裁定等各层面的责任范畴共识。CSR2.0 的时代，人们试图探索如何承担企业社会责任，并对利益相关者诉求进行响应。不管是 CSR1.0 还是 CSR2.0，商业与社会泾渭分明，甚至是一对矛盾，而今，可持续创新创业则将商业与社会的边界去除，认为只有解决社会问题的商业才是可持续的。其理论基础、思维框架与实践路径，与此前时代大为不同，堪称 CSR3.0。

除格莱珉银行之外，很多组织与个人逐渐接受可持续创新创业的理念和主张，参与到社会问题的解决中，在解决社会问题的同时，其经济性盈利目标也得到实现。当然，这并不是一个容易的过程，往往是，当你遇到挫折，怀疑这些目标能否实现，抑或是，当与轻视企业伦理的创新创业相比较的时候，你可能觉得沮丧，感慨共享价值创造之难。这些都没有关系，只要你相信可持续创新创业，只要你坚韧不拔地继续向前，你一定可以找到既解决社会问题又可创造经济价值的道路。曾几何时，缺乏商业信用导致商业成本高的问题令无数人感慨：需要政府部门出面解决；付出的努力和成本不是一般人能够承担的；即使能够解决，也无法实现商业价值……直到阿里创立淘宝的网络交易机制，我们才发现原来通过创新创业的方法可以解决这个商业信用问题，而且还可大赚特赚。

以上是我们展开研究并撰写本书的初心，希望更多企业与个人以共享价值为取向，参与到可持续创新创业中来。

龙成志　赵兴庐

2019 年 6 月

目　录

第1篇

原 则

第1章　创新创业新原则

在新时代背景下，人类面临复杂的可持续发展问题的挑战，社会各界赋予创新创业更多意义：其一，通过创新创业解决可持续发展问题；其二，创新创业行动中体现可持续发展的思想和理念。由于商业在人类发展过程中扮演了重要角色和取得了光辉成就，而且政府失灵的情况屡屡发生，有学者基于BP等全球性企业的实践提出，可持续导向的创新创业是解决各类可持续发展问题的终极手段。提出可持续创新创业的理论铺垫是CSR。CSR1.0时代，人们达成CSR应然性共识；CSR2.0时代，我们探索如何去响应利益相关者诉求，试图找到实践CSR的方法。不管是CSR1.0还是CSR2.0，商业与社会、环境的冲突与对立若隐若现，无法根本性解决。而可持续创新创业则开创了一种新局面，创造了商业、社会与环境和解的可能性：通过商业的方法解决社会及环境问题。我们因此认为，可持续创新创业是升级版的CSR，是CSR3.0。

1.1　引言

改革开放以来，中国社会经济取得巨大成就。但是，可持续发展问题却变得异常严峻，资源面临耗竭、环境污染、社会公平等困扰着我们。每一个问题，几乎都不可逆。Chen、Ebenstein 和 Greenstone 等（2013）基于淮河南北90个城市的研究数据指出，长期暴露于污染空气中，总悬浮颗粒物（TSP）每上升100微克/立方米，平均预期寿命将缩短3年。按照北方地区总悬浮颗粒物的水平测算，华北5亿居民因严重的空气污染平均每人减少5年寿命，高昂的环境代价让人触目惊心。据民政部数据，2018年中国留守儿童近700万人，按照20年的成长周期计算，改革开放期间至少产生了1400万留守儿童。可以说，1400万留守儿童是中国高速经济增长不可逆的代价。在缺乏爱和教育资源的情况下成长，他们的生命质量让人担心，由此产生的代际问题、阶层分化以及种种社会问题，我们几乎没有解决方案。再来看一个数字，2018年，中国消耗煤炭与石油等能源46.4亿吨，我们每天生产与消费所耗费的能量需要这个星球用563天时间才能创造出来。

换句话说，地球需要 15 年才能储藏的太阳能，在 24 小时内就被中国的公用事业、小车、家庭、工厂和农场燃烧和释放掉了。

为应对越来越严重的可持续发展问题，中国不遗余力地调整经济增长模式与解决社会问题，社会各界对企业承担 CSR 的呼声越来越高。早在 2006 年，新《公司法》就要求公司从事经营活动必须要承担 CSR；2009 年，国资委明确要求，承担 CSR 是国有企业的基本价值观；2015 年，中央经济工作会议上做出了“中国环境承载能力已经达到或接近上限”的环境新常态判断；2016 年 9 月，《中国落实 2030 年可持续发展议程国别方案》发布。在此之外，中国环境治理体系调整了顶层设计，提高了企业经营的环境标准，形成了完善的治理体系，并提出了建设“美丽中国”的发展目标。可以说，中国政府迎战环境与可持续问题的行动果决，取得明显进展。但是，企业层面的 CSR 承担情况并没有根本好转。截至 2018 年，中国企业发布 CSR 报告超过 3000 份，李文（2016）研究了这些报告，明确指出：中国企业的主要精力花在了 CSR 报告上，CSR 承担水平并不乐观，2018 年爆发的疫苗事件就能很好地说明问题。

在推进 CSR 与品牌可持续性研究的过程中，广东金融学院“品牌可持续性与管理创新研究中心”与大量企业进行访谈沟通。访谈发现，绝大多数企业将企业经济责任视为本职，而将 CSR 与可持续发展问题简单地推给政府部门与公益机构。也就是说，企业界依然主流地认为：企业只需要合法地赚钱。这让我们不得不记起诺贝尔经济学奖获得者、美国经济学家弗里德曼 1962 年的观点：“企业有且只有一个社会责任——使用它的资源，按照游戏的规则，从事增加利润的活动，只要它存在一天它就如此……如果企业管理者接受广泛的社会责任的观念，而不是尽可能地为股东创造价值，那就几乎没有什么倾向能如此彻底地破坏我们这个自由社会的基础了。”弗里德曼的观点早就成为过去，连他自己都在后来改变了立场。但是，他的观点迄今仍然是很多人的立场。此外，还有很多人认为 CSR、商业伦理和可持续发展是大企业的事情，而且认为的大企业往往是指“跨国大型企业”；还有人认为，CSR 是成本与费用，可持续发展是政府的规划和职责，商业伦理就是不违法……

德鲁克在 1984 年发表了题为《将社会问题转化为商业机会：企业社会

责任的新意义》的文章，并在一系列著作中阐述到，没有什么自由社会的根基（重商主义的自由市场制度），如果有，那也是让人怀疑的：建立在自利基础上的自由市场制度能够促成社会福利的整体增长吗？与其他 CSR 和商业伦理研究一样，德鲁克提出了解决方案：通过解决社会问题的方式来承担企业责任。只有承担社会责任的企业，才能被社会所接受，才能成为健康的社会器官，人类为之努力的可持续发展的美好新社会才能够最终到来。而后，《商业生态学》《增长的极限》《从摇篮到摇篮》《必要的革命》《绿金时代》《持续卓越》等作品陆续出版，人们逐渐认识到，“发展是硬道理”，可持续增长更是必要的革命。可持续增长究竟是怎么样的？《商业生态学》的作者霍肯给出了可持续商业生态圈的解决方案；德鲁克认为，还原企业的基本职能——社会职能，企业才能生存和发展；波特提出，企业可以通过解决社会问题创造共享价值……而且，基于这些权威学者的观点，很多企业改变了商业的思维逻辑，采取了具有可持续导向的创新创业示范性行动。

近年来，在全球范围内，通过创新创业的方式解决社会问题的可持续创新创业活动大量增加，涌现了较多的典范性行动，成为推动全球可持续发展事业的重要力量。比如，英特飞公司通过可循环的商业模式开发，彻底改变了地毯行业大量使用石油化工产品造成环境污染的传统格局，形成了可循环与可持续发展的新产业，不仅通过商业行为解决了环境和社会问题，还实现了利润增长的商业目标。SK 集团关注社会问题，成立了 16 个社会企业，通过商业手段在一定程度上解决了贫困儿童健康、老年人文化生活、婴幼儿教育、青少年自立等各种社会问题，并成功地将 CSR 与企业经营理念进行了融合。中石化成功开发出将地沟油变成航用汽油的技术，不仅降低了地沟油的社会危害，还在一定程度上解决了中国石油短缺问题。如此种种的可持续导向的创新创业行动让企业与创业者认识到，CSR 并不完全是责任，更可能是商业机会。也就是说，可持续创新创业行动不仅展示了企业解决社会问题的能力，还展现了另一种可能：承担企业社会责任，创造社会、经济与环境的共享价值。

这是一个支持 CSR、商业伦理与可持续创新创业的时代，也是一个怀疑 CSR、商业伦理与可持续创新创业的时代。这是一个可持续的时代，更是一个充满希望的时代。因此，我们在这里强调，CSR、商业伦理、可持续发展与商业并不必然对立与冲突，商业行为可以解决环境和社会问题并实现自己的商业目标。CSR、商业伦理与可持续发展问题并不仅仅是责任，更可能是商业机会。为了让这个世界更加美好，我们应该承担 CSR，遵守商业伦理，实现可持续发展，而途径或许只有一条：可持续创新创业。即遵从 CSR、商业伦理与可持续发展原则进行创新与创造。

1.2　CSR 原则

CSR 原则由来已久，早在春秋时期，诸子百家就进行过“义利之辩”，辩论的焦点就是商人应该在个人私利和社会公益之间进行的取舍和平衡。而在古希腊时期，柏拉图、苏格拉底等哲学家就要求商人要有社会公德并关注社会福利。“义利之辩”等伦理性思辨可视为 CSR 的萌芽。不过，严格意义上的 CSR 直到 20 世纪二三十年代才得以提出。1924 年，美国学者 Sheldon 首先提出了 CSR 概念；直到 1953 年，Bowen 的著作《企业家的社会责任》出版，CSR 才正式为人所知。但 CSR 的内涵却并不稳定，有学者认为 CSR 应该与其社会权力相匹配，这几乎是企业的“责任铁律”。德鲁克等学者认为，CSR 就是企业在经营活动中必须考虑公司政策和行为对社会的影响，没有什么铁律所言，CSR 是与生俱来的基本要求。比较不同学者的观点主张，CSR 原则存在不同范式的解读。

1.2.1　CSR1.0

CSR1.0 主要是对企业承担责任内容的界定。Carroll（1979）在概括众多研究的基础上，针对 CSR 提出了一个全面的概念框架，即后来得到广泛采用的 CSR 金字塔四维模型：企业应该承担经济责任、法律责任、伦理责任和自由裁量的责任（见图 1－1）。在其模型中，他提出了 6 个 CSR 维度：用户至上主义、环境、反对种族/性别歧视、产品安全、职业安全和股东。经济责任是指企业对经营目标的责任，反映企业作为营利性组织的本质属性。Carroll 指出，社会通过准予企业生产、销售产品以赚取利润，从而造就并维持着社会经济制度，但是企业对利润的追求与生产销售方式并不是无所限制的，这个边界就是法律。因而，企业法律责任就是当然之义。Carroll 认为，企业法律责任是编辑成典的伦理，包括基本规则的共识。而伦理责

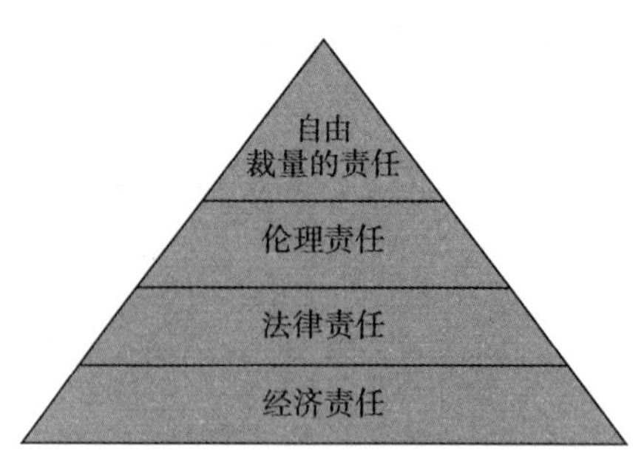

图 1－1　企业社会责任维度模型

任是没有上升到法律但企业应予以遵守的行为规范和标准，体现了对消费者、雇员和当地社区等利益相关者心目中的正义价值观的回应和关注，也反映了尊重和保护股东各项权利的道德精神。企业自主决定履行与否的自行裁量的责任，被通常地界定为企业的慈善责任，是指企业参与和响应非强制性的或非法律和伦理所要求的社会活动的义务，如公益捐赠等。

概括而言，企业负有的社会责任存在维度上的差别，但均为社会对企业的期望，因此皆为企业社会责任的组成部分，当一个企业经营状况良好，能够有良好的利润实现，遵守各种各样的法律法规，在伦理上符合社会价值标准与要求，并且乐善好施、积极参与社会公益事业，就可以被视为企业社会责任表现良好。

与 Carroll 的观点并行不悖，Donaldson 和 Preston 等（1995）从社会契约的视角界定了 CSR 的内容。他们认为，企业是一个契约组织。在任何时点上，企业与社会都存在基本的约定，是为社会契约。契约反映了企业与社会成员之间的各种关系，有的以明确的合约形态表现出来（如商业合同、雇用协议等），有的是依据法律与伦理规范对相互关系进行了约定（如企业环境规制）。依照社会契约的思想，CSR 就是企业对不同契约方的责任，但是企业与社会的契约约定会随着社会结构和思想意识的改变而改变。沿着社会契约的思想，学术界从利益相关者的视角对 CSR 内容进行界定：CSR 就是企业对利益相关者负有的相应的社会责任。与股东至上主义的主要区别在于，关注企业社会契约与利益相关者关系的学者认为，任何企业的发展都离不开利益相关者的投入或参与。因此，企业要实现股东等个体的利益，与其他主体利益息息相关，或者说，企业追求的是利益相关者的整体利益，而不只是某个主体的利益，既包括股东、员工、债权人、顾客、供应商等交易伙伴，也包括政府机构、本地社区和居民、公众媒体、环境保护主义者等社会组织，甚至还包括自然环境、我们的子孙后代、多样性的动植物等受到企业经营活动直接或间接影响的客体。这些利益相关者或投入了专用性资源，或承担了企业经营等方面的风险，或为企业的经营活动付出了努力，企业经营决策考虑他们的利益诉求并给予回应和补偿是必须的。

（1）对政府的责任。在现代社会，政府不仅作为社会服务机构提供公共服务，同时也是社会资源的调配者与组织者，还扮演着社会公平的维护者角色。在现有制度框架下，政府与企业的关系是合作者，存在一定的契约关系：政府要求企业扮演好企业公民角色，遵守政策法规、照章纳税、合法经营，并接受监督；企业要求政府做好公共服务，维持市场秩序，保证健康经营环境。因而，企业应该承担相应责任。

（2）企业对股东的责任。传统观念认为股东作为企业出资方，是关键的利益相关者。在现代社会，金融市场得到充分发展，股东人群以及存在资源整合关系的利益相关方越来越多，遍及社会各方，因此企业与股东的关系不再是小范围的联系，而是具有了广泛的社会性。一方面，企业应严格遵守公司章程及《公司法》的相关规定，对股东资金安全和收益能力负责，确保资金保值增值，竭力实现预期的股东回报。另一方面，企业应该合法经营，行为诚信，向投资者、股东等利益相关者提供真实、详尽、可靠的经营和投资信息，确保股东知情权。

（3）企业对顾客的责任。顾客是企业的衣食父母，没有顾客的支持，企业寸步难行，但企业与顾客的利益经常出现矛盾和冲突。企业应该从共赢的角度来负起对顾客的责任，一方面，企业要为顾客提供物美价廉、安全、可靠的商品与解决方案，通过创新与管理创造顾客价值。另一方面，企业应该在经营过程中，兑现承诺、诚信经营、接受顾客与社会公众以及相关组织的监督与检查。在今天的环境下，企业也有义务对顾客需求与意见做出响应，使得顾客不仅是消费者，还是价值创造的参与者。

（4）企业对员工的责任。员工是企业的内部消费者，是企业目标实现的关键，是消费者价值的创造者。因此，企业应该高度重视企业员工的内在需求，给予其与市场水平相一致的地位、待遇和满足感。员工对企业的重要作用被很多企业高度关注，如阿里公司明确表示，员工的重要性高于股东等利益相关者。在全球化背景下，劳动者的权利问题也得到了世界各国政府及各社会团体的普遍重视，与此相关的《国际劳工组织公约》《联合国儿童权利公约》《世界人权宣言》等对劳工权利进行了一定规范和约束，甚至国际社会已经产生了以员工为主体对象的 CSR 国际标准，即 SA8000 标准及其认证体系。

（5）企业对资源环境和可持续发展的责任。工业革命以来，工业文明和现代技术在给人类社会带来繁荣的同时，也对人类赖以生存的自然生态环境造成了破坏性的影响。毋庸置疑的是，企业是环境破坏的主体，是资源消耗和环境污染的直接责任者。正如责任铁律所指，企业依赖于自然环境提供的资源条件，享有依托资源条件而得到的经营权利，他们应该对其环境承担责任，有维持环境不受伤害甚至变得越来越好的义务。如可口可乐公司规定，公司从自然界消耗的资源（如水资源），不能高于可口可乐公司进行资源保护与环境增益而留下来的水（如可口可乐公司与大自然保护协会等共同推进的水土保持项目留住并渗透到地表里的水）。

（6）企业对社区的责任。企业是社会的器官，是现代社会的重要组成部分，同时也是企业所在社区的组成部分，与所在社区建立相互支持与和谐融洽的关系是企业的重要社会责任。可以说，社区是企业的重要依赖，没有健康与繁荣的社区，企业几乎不能生产与发展。因此企业有责任对社区发展做出贡献，比如，为社区提供就业机会，促进社区发展；为社区交流与融合创造条件，使得社区更加美好；参加社区的公益事业，或者提供慈善资助，帮助社区各项事业发展；向社区公开与社区关联的企业经营信息，促进相互理解；等等。管理学权威专家孔茨和韦里克认为，企业应同其所在的社会环境建立密切联系，保持互动关系，对社会环境的变化做出及时的正面反应，努力成为积极的社会成员，成为社区活动的积极参与者。

1.2.2 CSR2.0

CSR1.0 准确地界定了 CSR 的内容范畴，指出了企业对不同利益相关者存在的各种责任。但是 CSR1.0 界定的内容范畴非常宽泛，而且随着环境的变化而变化，使得企业在实践过程中遇到操作上的困难，不确定究竟应该如何承担 CSR：在不同范畴与不同主体对象之间的责任冲突应该如何解决？一些责任概念，比如伦理责任如何界定？企业对股东、员工、消费者以及其他利益相关者都有责任，有先后顺序吗？有些责任（如环境）并没有一个可以进行权利声索的主体对象，企业是否可以心存侥幸？

为回应上述问题，CSR2.0 被提出。CSR2.0 提出企业社会回应的概念，从企业对社会与利益相关者诉求的回应的视角来探索可操作的 CSR。简单地说，企业对社会的责任就是处理好企业与社会的关系，应该对社会期待以及迫在眉睫的社会需求做出回应。潜在的假设是，如果社会对某些领域或某个问题并不非常关切，即使从 CSR1.0 的角度去界定，这些领域和问题是 CSR 的应有之义，企业也可以不做出回应。这样就为企业如何承担 CSR 提出了实践性解决方案，解决企业承担 CSR 的行动困境。依照 Frederick（1986）的观点，CSR2.0 关注的重点是：企业能回应吗？愿意回应吗？已经回应了吗？怎样回应？回应到何种程度？回应将会带来怎样的影响？

CSR2.0 的基本思路是超越 CSR1.0 所强调的道德维度，希望提供“实施 CSR 原则的行动维度”，解决企业与社会关系处理的“企业困境”，确保企业生存的“合法性”。也就是说，CSR2.0 的逻辑起点是自利选择，而非道德追求。它强调 CSR 是一个管理概念，是隶属于管理学的话语体系和方法论，强调通过环境评估、利益相关方关系和议题管理以及社会参与和公共政策管理去管理社会普遍关注的社会及环境议题，从而对社会压力做出有效回应，以维护其社会“合法性”。CSR2.0 与 CSR1.0 的区别（见表 1-1）在于：CSR1.0 强调的是动机和结果，是企业应该承担的责任和义务，而 CSR2.0 解决的是企业应该做什么的问题，甚至不考虑“为什么做的问题”。面对各种社会压力，企业进行社会回应，需要考虑五个因素：①应该从战略层面考虑企业社会回应；②从过程视角整体看待企业社会回应；③积极的企业社会回应可以帮助企业取得企业绩效，可能帮助企业取得创新性绩效；④从技术角度管理公众在不同时间对企业的预期；⑤制度化地决策企业社会回应的内容和方式。

表 1－1　CSR1.0 与 CSR2.0 的比较

项目	CSR 1.0	CSR 2.0
关注点	企业应该承担的责任和义务	企业应该如何回应社会需求与压力
目标	履行社会契约及其道德载体	适应社会环境变化，拟定回应对策
内容	经济责任、法律责任、伦理责任与慈善责任	回应；防守；适应与远瞻
方法	从责任属性与对象分别界定责任的内容与范畴	确定目标；分析环境与问题；制定不同的方案策略；评估并确定回应对策
取向	哲学取向	管理（制度与组织）取向

关于 CSR2.0 的思想，Clarkson（1995）认为，企业选择什么样的回应取决于企业对社会关系的理解、企业资源条件以及决策方法。概括起来，大致存在四种回应战略（见表 1－2）：①对抗型。企业往往从单纯的经济视角去理解企业与社会的关系，否认企业对社会承担的非经济责任与义务，采取各种方法规避甚至对抗政策规定的社会责任要求。对抗型战略少有企业会采用，但不排除特定情境下的公司铤而走险，风险极高，非常不可取。比如，2018 疫苗事件反映出长春长生公司对待 CSR 的战略就是典型的对抗战略。对于医药企业来说，质量安全几乎是社会对企业要求的底线，但长生公司置若罔闻，藐视并公然违抗基本的操作规范。②防御型。企业为了规避社会压力对企业经营发展带来的负面影响，对关键而重要的压力进行了一定程度的响应，但本质上依然是消极的。这些企业面对利益相关者的诉求（如投诉、执法检查等），可能进行一些改变，但企业行为并未作出根本性改变，甚至可能在压力较小时取消某些 CSR 响应措施。比如，在奥运会期间，一些企业自己配合国家和政府的严格检查，但奥运会之后，很多企业如期开工，其行为范式没有任何改变。③适应型。企业为因应环境规制以及其他社会问题的外在压力，对企业与社会的关系作出调整，改

表 1－2　CSR2.0 的不同回应战略

类型	对待责任的态度	战略内容
对抗型	否认责任	比规定做得少
防御型	承担责任但消极对抗	尽量少履行责任
适应型	承担并接受责任	仅做规定的事项
远瞻型	预见将要承担的责任	战略性承担企业责任

变企业生产经营的响应流程，使得企业行为符合社会期待。比如，长生疫苗事件之后，绝大多数医药企业都不会采取对抗型和防御型战略，而是因应环境做出改变；2006年，沪深证券交易所要求上市公司提交CSR报告，大多数企业也相向而行。这类企业是主流，它们可以维持整个社会经济的CSR状态，但建设性不强，CSR也不太可能为企业带来市场助益。简单地说，不会为企业增分，也至于减分。④远瞻型。企业不仅积极看待企业与社会的关系，而且将社会问题的解决看作机会。通过超越社会期待的方式改变企业经营行为、帮助解决特定社会问题、进行社会公益建设等，提升企业的绿色与可持续发展的能力与品牌属性，建立值得信任的品牌形象，进入绿色或公益相关的细分市场，甚至建构CSR或可持续发展相关的竞争优势。

值得注意的是，企业不仅应该制定宏观的回应战略，同时还应该对可能的响应内容做出选择。依照CSR1.0的观点，企业的社会责任与需求的范畴包括以下方面：经济责任（创造财富和利润、为社会提供有价值的产品和服务、贡献经济增长与效率、确保企业可持续发展）；法律责任（遵纪守法、依法经营、在法律允许的范围内经营）；环境保护（不以环境的恶化与生态破坏为代价、对环境和生态问题承担治理的责任、环境保护和安全）；顾客至上（产品/服务的质量、产品使用过程中的消费者安全、不提供虚假广告、信息公开）；股东利益（为股东创造利润、信息透明、防治交易腐败、保护中小股东利益、完善公司治理结构、信息公开、创造利润承诺）；员工发展（员工健康与工作安全、技能开发与培训、身心健康与工作满意、意义感、发展和晋升机会平等、保障体系以及稳定经济收入）；社会平等（种族平等、性别平等、弱势群体机会平等、地区发展机会平等）；社会捐赠（积极参与慈善事业、关注社会弱势群体、支持教育与文化艺术事业）。同时，企业应该注意到CSR范畴存在中西方的区别，因而企业社会响应策略就会不同。比如，徐尚昆和杨汝岱（2007）的研究就发现，在中西方情境下，人们对CSR的认知和理解存在差异，见表1-3。

表 1－3　中西方 CSR 维度的差异

西方 CSR 维度	中国 CSR 维度
经济责任 创造财富和利润 为社会提供有价值的产品和服务 经济增长与效率 确保企业可持续发展 **法律责任** 在法律允许的范围内经营 **环境保护** 不应以环境的恶化和生态破坏为代价 对环境和生态问题承担治理的责任 环境保护 **顾客** 产品、服务的质量 产品使用过程中的消费者安全 不提供虚假广告，信息公开 **员工** 员工健康与工作安全 员工技能开发与培训 身心健康与工作满意、意义感 发展和晋升机会 保障体系以及稳定的收入 **社会捐赠、慈善事业** 积极开展慈善活动 积极参与慈善事业 关注社会弱势群体 支持教育和文化艺术事业	**经济责任** 提高经济效益、创造财富 有效率地提供合格产品和服务 促进国家和地方经济发展 * 企业可持续发展 强调技术与创新 * **法律责任** 遵守国家各项法律法规/合法经营 纳税 * **环境保护** 加强环保，减少污染 加强环境污染治理 节约资源，提高资源利用率 * **客户导向** 产品质量和安全 质量是企业之本 * 消费者权益 货真价实 * **以人为本** 安全生产与职业健康 员工学习与教育 禁用童工 * 员工合法权益、福利、保险 * 最低工资标准及工资及时发放 工会、人权 * **公益事业** 捐助和慈善事业 支持和参加社会公益事业 关心弱势群体、希望小学
西方独有的 CSR 维度 股东 为股东创造利润 信息透明、防治交易腐败 保护中小股东利益 完善治理结构 平等 种族平等（种族歧视） 性别平等（性别歧视） 弱势群体机会平等 地区发展机会平等（垄断）	**中国独有的 CSR 维度** 就业 * 增加就业机会 安排下岗就业人员 缓解国家就业压力 给残疾人提供就业岗位 商业道德 * 遵守商业道德 诚信经营、守合同 社会稳定与进步 * 保证社会稳定与和谐 服务和回馈社会、促进社会进步 支持文化科教事业 爱国主义、促进国家繁荣

注：* 项是指在中国范围内受到高度关注的 CSR 维度。

资料来源：徐尚昆，杨汝岱．企业社会责任概念范畴的归纳性分析[J]．中国工业经济，2007(5)：71－79.

1.3　企业伦理原则

1.3.1　企业伦理的基础逻辑

自从企业出现，伦理就已经被应用于企业，在原始的交易阶段，人们就有了公平的意识，也不希望自己被骗。《圣经》中提出的“十诫”，是规范人与人之间的行为，而企业行为事实上也是由人来完成的，因此“十诫”同样适用于商业活动，如诚实、不占有他人财物等。在哲学传统方面，古希腊的柏拉图等先贤就讨论过公正的问题。洛克捍卫私有权，认为这是自然权利；以亚当·斯密的《国富论》为代表，众多经济学家与管理学家对于公正等问题发表的观点和主张为企业伦理铺平了道路。20 世纪中期爆发的环境运动推动了全社会对企业伦理的关注。对中国而言，三聚氰胺、长生疫苗等恶性事件，让全国上下对企业伦理的关注达到一定热度，推动企业伦理成为一种普遍的社会现象。

周祖成等（1999）学者认为，伦理是处理“人”和“己”关系的规范，企业伦理就是处理企业经营中涉及的各种“关系”。人们发现，企业的所有经营决策，大到投建新厂、开发新产品或进行产品改进、开拓新市场等战略制定，小到选择促销方案和广告传播方案、处理消费者投诉等日常事务，不仅会给企业及其所有者带来损益，而且也可能会对其他利益相关者产生影响。也就是说，企业处在一个紧密的关系网络中，企业与利益相关者组成网络，相互依赖，企业离不开所有者（股东）、顾客、员工、供应商、政府、社区与公众，而后者也能从与企业的合作和联系中获得好处。甚至说，企业不能离开竞争对手，竞争对手的存在是帮助企业更好发展的一个关键力量。所以，协调利益相关者关系，处理各有关方面事务，是企业经营管理者在经营管理中应持的正确态度。正如商业伦理学者霍夫曼和莫尔所说：“我们应该讲究伦理，不是因为讲伦理能带来效益，而是因为伦理要求我们在与其他人交往时采取道德的观点，企业也不例外。”

人们通常认为，只要不违法，做什么、怎么做都行。但是，人们很快发现，仅仅遵纪守法是不够的。第一，法律只是最起码的规范，它只对触犯“最起码的规范”的行为予以追究，对一般不道德行为并不追究。这样一来，法律就不能对新情景下的相互关系进行规范。但是，在商业背景下，经常都会有新的情境出现，如“互联网 +”、虚拟交易、物联网等。第二，法律只约束行为，只规定什么是不合法的、应予禁止的，而没有指明什么是应该发生的、应予鼓励的。第三，现在的法律越来越专业，法规条目种类繁多，可读性差，专业性强，普通人很难搞清楚所有的法律、法规，而且诉诸法律的成本极高，费时费力，因此，法律的局限性非常明显。哈佛大学佩尼说得好：“法律不能激发人们追求卓越，它不是榜样行为的准则，甚至不是良好行为的准则。那些把伦理定义为遵守法律的管理者隐含着用平庸的道德规范来指导企业。”

因此，道德伦理的存在是为弥补法律的不足。事实上，伦理不仅对违法者（通常也是严重的违背企业伦理者）予以谴责，对虽然没有违反具体的法律条目（如付款之后忘了拿走东西，商家拒绝返还）但仍属不道德的行为也予以批评、谴责，更重要的是，伦理还对符合伦理道德规范的行为，尤其是高尚的行为予以褒奖和鼓励。既指出什么是不正义的、邪恶的、丑陋的和不应该的，又指出什么是正义的、美好的，是应该倡导和鼓励的。伦理规范是基于人们生活交往的积累和传承约定俗成的，不必通过行政命令或严谨的法律程序来修订。伦理谴责与制裁也不要求官方批准，可以很快地产生作用（如关键人物的声明或者语言表达）。有人说，伦理是不成文的法律，法律是最低程度的伦理。并且，伦理道德能够引导人们尊重和信守法律，而法律可以成为维护伦理道德的威慑力量。或者说，伦理可以用来防范和阻止尚未发生的违法行为，而法律是制止已经发生的违法和严重的不道德行为。

1.3.2 企业伦理与管理道德

企业伦理体现在管理活动中，企业伦理与管理道德是等同的，体现在三个方面。

第一，企业管理活动体现着一般的社会伦理原则和道德要求。管理须以符合道德性为基础，一定的管理系统以及建立在系统基础上的活动总是蕴含着特定的社会道德观念和伦理原则，这就是中西方管理范式存在差异的原因。经济学家诺斯在《经济史中的结构与变迁》一书中指出，伦理道德就是制定规则的规则。社会学家富勒则指出，一个真正的合法性的制度包含着自己的道德性。对于国家而言，一旦所施行的制度没能蕴含这个社会所接受的道德性质，就会遇到阻力，甚至可能产生社会冲突。对于企业而言，没有契合社区与社会伦理道德规范的管理体系，不太可能产生高水平绩效。因此，在管理系统建构与管理活动推行上，管理者总是按照社会所认同的道德信念、文化传统、伦理准则来进行资源配置，使资源配置格局朝着人们所认为的理想的状态发展，对资源的利用才能产生最大效益。

第二，企业管理系统建构及管理活动推进总是受制于人性认识和价值观念。从表面上看，管理活动主要是从客体的角度去研究和探讨各种资源的优化配置方案，以取得管理绩效并最大化管理效益。事实上，管理系统的建构和管理活动均出自管理行为主体，在本质上是一种主观性行为，是管理者以特定的价值尺度“去规划、设计、调配和开展”的管理行为，使其有利于企业与员工以及人和人的发展。管理活动对管理绩效的追求，归根结底也是为了促进“人”（员工、股东以及其他利益相关者）的完善和发展。所以“人”的发展和完善就构成管理活动的终极价值目标，这就是深层次的价值意识。并且，管理总是表现为动态的，它总是受管理者在特定时期的人性认识和价值观念所约束，因应认识和价值观的变化而变化。因此，我们认为，企业管理活动受管理者行为群体以及这个群体所关联的社会的人性认识与价值观所制约，而人性认识与价值观本质上就是道德伦理的范畴。

第三，企业的管理系统和管理行为无时无刻不受到来自社会的伦理评判。从员工开始，消费者、政府主管部门、媒体和一般的社会公众都会对企业管理行为作出肯定或否定的伦理判断，从而给其贴上好坏、善恶、益害等标签。比如，前些年，富士康发生了不断的跳楼事件，瞬间就被贴上“赚血汗钱”的标签，不管是新闻媒体、还是社交媒体，抑或是人们相互之间的舆论交流中，都对富士康进行了伦理上的谴责。而这些道德评判，必将通过舆论的力量对企业的管理系统及行为产生影响，使管理活动符合这些评价主体的伦理道德取向、伦理追求和伦理期待等。比如，富士康公司迅速做出调整，让工作丰富化，让雇员生活社区化，让管理人性化，从而使得企业管理行为符合评价主体认为的“应该如此”的标准和伦理需要，促进管理活动不断改善。

管理活动是以人为主体的活动，本质上是通过管理实现对人的行为的管理。设定管理目标、选择决策依据、调整管理关系，以及确定管理方式，都离不开人的价值与道德选择。通常人们总是从一种具化的社会文化背景和道德背景出发来做出判断，对日常的管理行为的价值或道德合理性做出裁定。同时，管理也会产生外在的道德性，并且管理的外在道德性是从内部的价值判定而来，是一种使管理行为和管理活动合理化的价值系统。这一价值系统是特定人群在历史中形成的，并随社会经济文化背景的变迁而不断重构。企业管理者受他们所处的社会文化环境的影响，而他们分配和利用资源等管理行为亦将随着人们对社会、经济、政治和道德准则看法的改变而改变。

管理的实质是管理关系，管理活动的关键在于协调企业与人的伦理关系。从内部视角来看，企业是依靠一定制度和规范来运作机器，企业员工与部门只有在约定俗成的轨道上行动与协作，机器才能正常运转并取得组织绩效。我们发现，组织制度和规范不只是技术性的，同时也应当是人文和伦理性的。例如，组织成员的构成、工作岗位设置、工作时间安排、工作方式设定以及对员工进行激励和约束的安排，这些属于技术性、权力性的管理安排。同时，企业也应该关注企业社区的建设，通过企业文化的建设，满足员工的归属感，此外，企业还需要通过人力资源管理体系满足员工发展的需要，这样才能协调好员工需求与企业目标之间的关系，这些管理活动就不是技术性，而是人文性的。纯粹的生产性、技术性、权力性的管理能够规范员工行为，在一定范围内提高工效和激发其内在的物质冲动，但很难唤起员工的主动性、积极性和责任感，也不可能让员工持久地勤奋工作，更不能激发他们的创造性和智慧潜力。因此，组织活动要想取得最佳成效，就应该找到契合员工需求，能实现员工发展、激发员工热情的管理模式，尽可能地满足组织成员对归属、尊重、成长、信任、理解、接纳等的精神上的需要，正确处理管理者与被管理者之间、组织成员之间、组织与成员之间的关系问题。因此说，管理的内部管理活动蕴含着管理伦理问题。

概括来说，管理伦理需要从内外部关系上进行研究与应对。①从内部关系管理的视角分析，管理伦理要从以下三个方面进行研究：一是管理者制度和规范，对管理者行为规范进行内部设定；二是被管理者制度和规范，即如何看待被管理者并在此基础上设定关系范式；三是管理者与被管理者的相互关系及其制度和规范。②从外部关系管理视角来看，需要对以下三个方面进行研究：一是管理组织与社会、公众、政府的关系及其制度和规范；二是管理与地球等公共资源之间的关系及其制度和规范；三是管理组织与组织之间的相互关系及其制度和规范。事实上，我们对管理的内在道德和外在道德进行了分列，但其实两者不可分割，互相制约、互相规范、互相影响，只有从两方面入手进行协调，才能管理好各种关系，确保企业绩效实现。

1.3.3　企业伦理规范

企业伦理规范是处理企业与其他利益相关者关系的原则。只有管理者接受约定俗成的共识性社会伦理规范，坚持在公认的道德范畴内行事，追求盈利性与道德性的统一，企业才可能获得组织合法性，即，获得社会的认同。学术界为此展开了各类研究，从利益相关者视角提出了具有共识的企业伦理规范，主要包括以下内容。

第一，收入合法，并将合法收入在股东、员工、债权人、供应商之间合理分配，不拖不欠，形成良好信誉。企业像人一样，也有着独特的性格、气质、风貌和品性。企业要在市场立足，首先要有信誉和口碑，这是企业道德最低标准的体现。

第二，尊重员工，珍惜员工，创造人性化的工作环境。对员工的伦理规范不仅要求现代企业按照约定按时支付薪酬，还需要给员工提供符合安全、健康和卫生要求的工作场所，让他们工作得有尊严；制定公开的奖惩制度，公平地对待每一位劳动者，确保每一个雇员都得到公正对待；为雇员提供广阔的生存和发展空间，不得有种族、性别和工种歧视。

第三，为消费者创造价值，追求消费者满意，决不欺瞒消费者。“顾客是上帝”已成为许多企业管理者的口头禅，但能否言行一致，则有赖于企业是否从起点上有为顾客创造价值的价值观，有为顾客解决问题的道德观和责任心。起码的顾客伦理是对坑蒙拐骗、制假贩假、缺斤短两的行为嗤之以鼻。有研究表明：蒙骗一个消费者，这个消费者的抱怨和投诉将会影响 25 ~ 30 名消费者的购买决心，因此，最终受损的还是企业自己。

第四，遵纪守法、照章纳税，并尊重企业社区和销售地社区居民的生活习惯、文化习俗和生活规律。一个有良好品德的人会尊重与其交往的每一个人，往往是自觉守法并且不会粗鲁地打搅别人生活；一个讲道德的企业一定会将法律作为最低的道德标准，主动坚持更高的伦理行为标准，不会破坏当地社区、居民生活现状秩序，甚至做出建设性贡献。

第五，保持与媒体等公共机构的良好合作关系。在管理过程中，企业出现管理纰漏的情况在所难免，对社会其他成员造成伤害时，不能推诿退避，要真心实意地致以歉意，并尽力采取行动为相关者弥补损失。一个有道德修养的人在犯错误后会主动赔礼道歉，并向受到伤害的人给予适当赔偿，一个企业也应该有担当，并与公众坦诚相待。同时，企业应该与媒体等公共机构保持良好沟通，确保有良好互动和相互信任。

第六，积极从事慈善事业，树立乐于回报社会的公众形象。根据美国施惠基金会（USA Giving Foundation）统计，2016 年美国人的慈善捐款总额达到 3900 亿美元。根据印第安纳大学礼来家族慈善学院（Indiana University's Lilly Family School of Philanthropy）的调查，2017 年的慈善捐款比 2016 年将增加 3.6%。在美国施惠基金会统计的慈善捐款九大类项目中，给教会及宗教机构的捐款最多，为 1229 亿美元，占总数的 29%。其他各类捐款对象包括：教育 597 亿美元、人道援助 468 亿美元、各类基金会 405 亿美元、医疗机构 331 亿美元、公共社会福利机构 298 亿美元、艺术及文化和人文科学 182 亿美元、国际事务 220 亿美元、环境及动物保护组织 110 亿美元。据报道，2017 年我国各类捐赠也已经达到 1500 亿元，捐赠主要关注教育、医疗健康、扶贫与发展，分别占捐赠总量的 27.44%、24.10%、21.21%。

第七，爱护生态环境，注重资源保护。当前，在很多时候，可持续发展都聚焦于环境问题。因企业掠夺式的发展而导致的不可再生资源急剧减少、环境严重污染、气候异常、土壤退化等问题，不仅影响着当前人们的生活，还对人类后代、动物以及生物多样性构成了威胁。企业是可持续发展与环境问题的“罪魁祸首”，企业应该为此承担责任。因此，伦理管理要求企业在解决环境问题上发挥更加积极的作用。

［**延伸阅读**］

比尔·盖茨夫妇被评为美国最慷慨慈善家：18 年累计捐赠 360 亿美元

微软创始人比尔·盖茨和其夫人一直都是全球慈善领域的明星人物。据 Chronicle of Philanthropy 最新年度名单显示，比尔·盖茨夫妇在 2017 年累计捐赠总额达到 47.8 亿美元，被评为美国最慷慨的慈善家。

调查发现，比尔·盖茨夫妇的捐赠主要通过“比尔和梅琳达·盖茨基金会”进行。2000 年成立以来，基金会已累计捐赠约 360 亿美元，包括全球卫生、紧急救援、教育、反贫困等领域。据了解，盖茨夫妇已承诺会提供 20 亿美元来帮助贫困地区战胜疟疾，他们的基金会在 2018 年与 Oxitec 生物基因公司合作开发了一种转基因雄性蚊子，这种蚊子具有杀死未来几代疟疾传播细菌的能力；基金会盼能彻底解决这种在经历几十年不断衰退后又重新肆虐的疾病。此外，盖茨夫妇也一直努力消除埃博拉病毒和小儿麻痹症的影响，在 2014 年捐赠了 5000 多万美元，用于帮助西非地区抗击埃博拉病毒，并向一家正在研制低成本脊髓灰质炎疫苗的日本制药公司捐赠 3800 万美元。

同时，该基金会最重要的伙伴之一便是全球疫苗和免疫联盟，聚集了大量科学家、政府领导人、企业家和慈善家，共同致力于改善全球最贫困国家的疫苗供应；自 1999 年以来，基金会已向该联盟承诺捐赠了至少 25 亿美元。

2010 年，比尔·盖茨夫妇曾尝试发起“捐赠誓言”活动来激励其他富豪和企业高管投身慈善事业，鼓励那些亿万富翁们能在有生之年或遗嘱中捐出至少一半的财富用于慈善事业。据金融研究公司 Wealth X. 在 2018 年发布的一份报告中预测，2022 年，“捐赠誓言”的承诺价值规模将高达 6000 亿美元。

资料来源：现代财经网，2018－08－21.

1.4 可持续发展与共享价值创造

1.4.1 可持续发展逻辑

1700 年，全球人口不足 5 亿，2050 年，全球人口将会增长到 90 亿，人口急剧扩张以及由此引致的需求考验着地球的承载能力。可以肯定的是，我们没有足够的资源来复制一种以消费为基础的西方式繁荣。根据世界自然基金会的估计，要使全球获得美国式繁荣，需要 5 个星球的自然资源。这就是人类面临的可持续发展问题。显而易见的是，可持续发展问题的解决，不仅仅是人口控制、技术进步与国际协调的问题，它牵涉任何国家、任何组织与任何个人。因为，可持续发展的核心任务是：在满足当代人需要的情况下不损害下一代人满足需求的能力和条件（UECD，1987）。

可持续发展事业肇始于美国海洋生物学家卡逊于 1962 年发表的《寂静的春天》。她以母亲和科学家的双重身份向人类的经济发展模式进行控诉，并为罗马俱乐部《增长的极限》（1972）、《人类处在转折点上》（1972）、《重建国际秩序》（1976）、《超越浪费的时代》（1977）、《人类的目标》（1978）等可持续发展经典作品奠基，直接推动联合国成立环境总署，并发表《我们共同的未来》（1987）。这些经典书籍，以及它们代表的有识之士和有责任感的组织，推动了世界各国纷纷成立环境保护等部门及组织，向污染治理开战，向社会贫困开战，向气候变化开战。就环境治理来说，人们很快发现只进行末端治理不行，必须从源头抓起，从工厂的生产流程中减少污染的发生，实现最小的排放，于是开始推行清洁生产，并制定了相应的法规和标准。但后来发现，光有企业清洁生产也不行，还需要从产品结构、产业结构以及产品生产、流通、消费和弃置的全过程进行环境影响管理。自 20 世纪 90 年代开始，国际上又掀起了基于产业生态学的生态农业、生态工业和生态服务业的生态建设运动。迄今，人们深刻认识到，建设资源节约与环境友好型社会，需要全社会的参与，需要政府、企业等各类组织、民众的密切配合。我们不仅要调整经济增长的结构，还需要改变消费结构；我们不仅要关注资源消耗与环境污染，还要关注社会公平与公民成长；我们不仅要节约能源与消耗，还要推进技术更新，开发新能源……从卡逊开始，可持续发展已经发展成一门庞大的科学体系，包罗万象，涉及各个领域。

毋庸置疑的是，企业是可持续发展事业的主角。因此，仅仅以财务指标来衡量是否成功是不够的，公司要面对竞争就必须达到卓越，卓越的标准就是可持续发展的经验与增长。可持续发展是一种未来的挑战，为了达到卓越，它们必须关注可持续性。对于浩瀚无边的可持续发展研究，社会各界存有共识：可持续发展要求为人类和地球建设一个具有包容性、可持续性和韧性的未来而共同努力（UECD，1987）。要实现可持续发展，必须协调处理三大核心要素：经济增长、社会包容和环境保护。这些因素是相互关联的，且与个人和社会的福祉都休戚相关。

经济富足：工作稳定、工资优厚、工作环境安全且健康。

环境健康：空气清新、水源洁净、生态系统多样、食品资源健康可信。

社会平等：机会平等、免受犯罪和贫穷以及无家可归的困苦、不受恐怖主义和战争的威胁、遭受自然灾害后得到救助等。

这三个方面构成可持续发展的三种底线。

[延伸阅读]

可持续发展历史线索

1962 年，美国海洋生物学家卡尔森出版《寂静的春天》，当年发行超过 50 万册。

1972 年，《联合国人类环境会议》于 1972 年在瑞典斯德哥尔摩召开，通过非正式报告《只有一个地球》和正式报告《联合国人类环境宣言》。两份报告是罗马俱乐部发表《增长的极限》引发广泛讨论的结果，讨论的主题是：如果人口、工业化、污染、粮食生产和资源消耗按照现在的趋势发展，是否会不可避免地导致全球性的环境退化和社会解体。

1980 年，由世界自然保护联盟牵头，联合国环境规划署以及世界自然基金会等发布《世界自然保护战略：为可持续发展的生存资源保护》。该报告分析了资源、环境保护与可持续发展之间的关系，指出保护与可持续发展相互依存。

1987 年，联合国环境与发展委员会发布报告《我们共同的未来》，提出可持续发展的规范定义：满足当代人需要，但不对后代人满足其需要的能力造成伤害，并讨论了可持续发展的人口、资源、环境、食品安全、生态系统、物种、能源、工业、城市化、机制、法律、和平、安全与发展等方面的内容。

1992 年，联合国环境与发展大会及第一届可持续发展世界首脑会议（地球峰会）在里约热内卢召开。会议通过《联合国气候变化框架公约》（1994 年 3 月生效）、《里约环境与发展宣言》《21 世纪议程》。1993 年中国发布《中国 21 世纪议程》。

1997 年，联合国气候变化框架公约参加国三次会议制定《京都议定书》（2005 年开始实施）。其目标是“将大气中的温室气体含量稳定在一个适当的水平，进而防止剧烈的气候改变对人类造成伤害”。

2002 年，联合国可持续发展世界首脑会议（第二届地球峰会）召开，通过南非约翰内斯堡《可持续发展世界首脑会议实施计划》《约翰内斯堡可持续发展承诺》（又称《政治宣言》），承诺 2020 年最大程度减少有毒化学物质和危害；到 2015 年，全球渔业资源回复到可持续利用的最高水平；2015 年之前，将全球无法得到足够卫生设施的人口降低一半。

2015 年 9 月，联合国 193 个会员国历史性通过《2030 年可持续发展议程》，涉及可持续发展的三个层面：社会、经济和环境，以及与和平、正义和高效机构相关的重要方面。该议程还确认调动执行手段（包括财政资源、技术开发和转让以及能力建设、伙伴关系）的作用至关重要。

资料来源：根据联合国环境总署网站相关信息整理。

1.4.2 可持续发展原则

经过几十年的争论和发展，可持续发展被认为是经济发展与企业管理的原则，甚至也是消费行为的全球性共识。

1.4.2.1 基本原则

根据莫法特（2009）的研究梳理，可持续发展的基本原则包括以下内容。

（1）公平性原则。公平性原则是指机会选择方面的平等。首先是指代际公平性，即世代之间的纵向公平性，我们不仅应该保护自然生态环境，不能对人类赖以生存的地球造成不可逆的伤害，同时还要限制我们消耗不可再生资源的欲望，使得我们的后代不至于资源贫乏。其次是指同代人之间的横向公平性，我们不仅要实现地区的可持续发展，还应该致力于共同富裕目标的实现，为共同福祉而努力。代际公平与横向公平是可持续发展与传统模式的根本区别之一，要求当代人在考虑自己需求与消费满足的同时，也要对未来各代人的福祉负起责任。要求我们在利用和开发资源的时候，不能处于支配性地位，而是需要通过一定的方式进行限制。

（2）可持续性原则。可持续性是指生态系统具有稳定性，即使受到某种干扰时也能保持其正常的生产能力和效率。环境与生态资源是人类生存发展的基础条件，离开了资源环境，人类的生存与发展就无从谈起。换句话说，人类无尽地消耗资源、破坏自然环境，不对资源开发利用的行为加以节制，即使能够实现当前的繁荣（如中东石油国家），走向毁灭也是必然的。所以，资源的持续利用和生态系统可持续性的保持是可持续发展的首要条件。因此，人们根据可持续性原则调整生活与生产方式，在生态环境可承受的范围内确定自己的消耗标准，一个明确的标准就是：地球不可再生资源不能因为人类的生产和消费行为受到减损。可持续性原则从这一角度上来说与公平性原则是同一的。

（3）和谐性原则。在公平性和可持续性原则之外，可持续发展还要求和谐性。正如《我们共同的未来》报告所指出的那样，“从广义上说，可持续发展的战略目标就是要促进人类之间及人类与自然之间的和谐。”如果每个人、企业、组织与国家在考虑和安排自身行动时，都能考虑到这一行动对其他人（包括后代人）、其他企业、其他组织与其他国家及生态环境的影响，并能真诚地按“和谐性”原则行事，那么人类相互之间以及人与自然之间就能保持一种互惠共生的关系，唯有如此，可持续发展的目标才能实现，人类共同福祉才能得以保持。

（4）需求性原则。关注经济增长的发展经济学是传统发展模式的支柱。发展经济学关注资源的优化配置与最大化利用，所追求的目标是经济增长，但是它忽视了资源的有限性和可持续性。一味地追求经济发展与增长，不仅使世界资源环境承受不断增加的压力，还会忽视人类本身追求的一些基本需求。比如，人与自然的和谐就是人类与生俱来的需求。而可持续发展强调公平性和长期的可持续性，立足满足人的基本需求并实现人的发展，强调人的需求而不是市场商品与简单的物质满足。可持续发展致力于满足所有人的基本需求，创造共同福祉，提供所有人实现美好生活愿望的机会。

人类需求受社会和文化条件的多方面影响，是主观和客观因素相互作用、共同决定的结果，与人的价值观和动机密切相关。一方面，为可持续发展创造条件，让人类的各种需求在交互中形成相互影响，达成绿色、包容与相互尊重的共同准则。另一方面，人类需求动态变化，强调文化更新与可持续增长。

（5）高效性原则。公平性原则、可持续性原则、和谐性原则和需求性原则实际上已经隐含了高效性原则，因为要满足这些要求和原则，必须具有高效率。同时，前面的四项原则已经构成了可持续发展高效性的基础，能够满足这些原则的发展模式，必然也是高效的。但是，与传统经济学并不相同，高效性不仅是简单地以投入产出的效率来衡量，更重要的是根据人们的基本需求得到满足的程度来衡量，即在既定的资源条件下达到人类幸福程度，是人类整体发展的综合和总体的高效。

（6）阶段性原则。对处于不同发展阶段的国家和地区而言，可持续发展的内涵并不相同。因此，可持续发展强调阶段性原则，即可持续发展以满足当代人和未来各代人的需求为目标。但是，随着时间的推移和社会条件的不断发展，人类的需求内容、层次以及需求条件在不断变化，最为重要的是，人类的发展能力在不断提高，因而，不同阶段中，可持续发展的具体目标和任务是不断变化的。所以，可持续发展本身隐含着人类不断地从较低层次向较高层次发展的过程，而不是一成不变的僵化教条。

1.4.2.2　操作性方法

与 CSR 一样，可持续发展宏大而宽泛，使得企业在按照可持续发展原则进行投资、管理与经营过程中经常会遇到现实的困难。于是，人们提出具有操作性的方法，如负责任投资原则与创造共享价值原则。而这些实务导向的解决方案，不仅践行着可持续发展原则，而且推动着管理实践实现可持续发展、CSR 与企业伦理相统一。

（1）负责任投资原则。2006 年联合国环境计划署金融行动机构（UN-EPF）与全球契约组织（Global Compact）发表了考虑环境、社会、管理（ESG）等因素的投资原则，即负责任投资原则（见图 1－2）。也就是说，

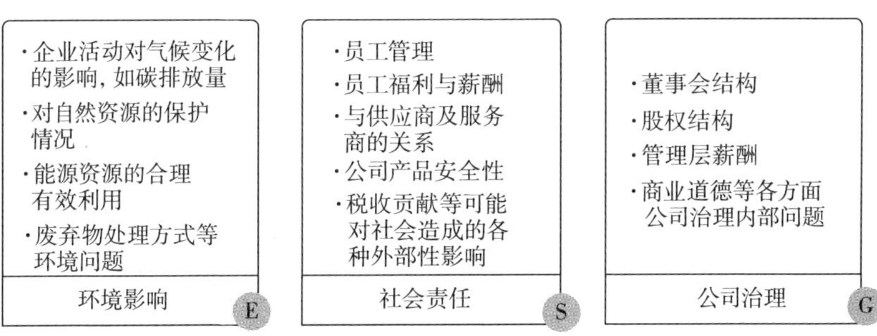

图 1－2　ESG 负责任投资原则

投资者除关注企业盈利等表现外，还关注 CSR 履行和社会影响。这类投资者希望在获取利益的同时能够为社会带来一定的正面影响和价值。ESG 除了关注对环境和资源带来积极影响外，更规范了企业行为，促使它们改善自身经营管理，提高社会责任感。对投资者而言，ESG 责任投资背后蕴藏的可持续和稳定性，有利于可持续发展和长期价值创造。因而，ESG 投资成为一种全球范围内备受关注的稳健投资模式。2016 年初，全球投资资产中纳入 ESG 因子的资产总量达 22.89 万亿美元，同 2012 年相比增长 68.3%，占全球资产总量的 26%。

负责任投资原则包括：①在投资分析和决策时将 ESG 事项考虑进去；②作为有活力的股东，在持股习惯中加入 ESG 标准；③要求投资对象公开其 ESG 问题的应对；④在投资界力求促成该原则的接受和实行；⑤为该原则实施时采取更加有效的措施而共同努力；⑥对有关实施该原则的活动情况及进展进行报告。

（2）创造共享价值。波特和克拉默（2011）在哈佛商业评论上发表了影响巨大的《创造共享价值》一文。他们认为，企业追求的经济价值（如利润）与 CSR 等领域要求的社会性价值相互依存，因此商业企业需要转换 CSR 是成本和负担的思维，将各自核心商业活动与相关的社会性事务相联系，通过解决社会问题的方式来创造价值。创造共享价值是对传统资本主

义精神与企业模式的革新，波特和克拉默（2011）认为，可采取三种方式：其一，重新定义产品与市场。依照传统商业逻辑，很多需求与市场不能获得商业关注，只能指望公共部门出面解决（如低碳出行）。在这种情况下，企业需要重新定义产品和市场以完成共享价值创造，如Mobike。其二，从价值链角度重新界定生产力的内涵。某自来水公司在梳理公司价值链时发现，随着城市用水持续增长，公司必须增设越来越多的污水处理厂，维护成本高昂。于是，他们在城市废水排放的下游地带，与农民合作建立具有自动净水功能的观赏性湿地，不仅改善了环境，而且降低了成本。其三，促成产业集群的发展。产业集群的发展可帮助本地社区发展，也可帮助公司获得更好的产业支持，从而实现企业竞争能力的提升。当然，还有众多学者对他们的观点做出修补。如张利平（2013）认为，在发展产业集群的时候，发展产业链中的薄弱环节更能创造共享价值。摩恩（2014）提出定义核心竞争优势、重新思考综合目标、产业链整合以及促成当地甚至全球产业集群发展的共享价值创造战略。

由于社会性问题非常多元，涵括范畴比较广，上述三种创造共享价值的方式较为局限。因此，阿维斯塔（2011）结合大量的企业实践指出，创造共享价值的机会来源于发现并识别社会需求、企业机会与企业资源及其专业技能的匹配。因此，创造共享价值就是找出解决社会问题与促进企业发展的交汇点。阿维斯塔（2011）认为，交汇点主要集中于传统上被认为市场失灵或政府失灵的领域，企业需要针对其中的约束条件，采用新的技术手段、运营方法和管理工具做出应对，因而共享价值创造为满足社会需求的内容和要点不同而存在差异。他们还发现，共享价值的内涵存在很多种类型，相互之间可能无法比较。因此，他们提出，在进行共享价值的绩效管理时提出四个步骤的测量框架：识别社会问题；构建商业方案；追踪进展；测度结果并释放新的价值。

［观察与思考］

那些鼓励消费的金融创新，不是蠢，就是坏

东南亚金融危机之时，为刺激消费，韩国政府提倡银行多向民众发放信用卡。1999 年至 2001 年，韩国信用卡迎来辉煌发展期；一时间，韩国民众人均信用卡达到 4 张，每个人信用卡债务总额约 2000 美元；在得到信用卡授信后的韩国人，开始疯狂刷卡、透支消费；但是，韩国经济长期停滞不前，再加上很多人盲目举债消费，致使其背负的信用卡贷款债务大大超过了偿还能力。到 2003 年，韩国拖欠债务超过 90 天的民众已经达到了劳动总人口的 16%。一直以来，韩国国民储蓄率在全世界名列前茅，1995 年储蓄率甚至高达 35.5%，但在 2003 年大幅下降，降为 27.3%，到了 2007 年直线下降到 2.5%。至此，整个韩国都陷入了一种“破产社会”的恐慌。历史总是带有戏剧性和重复性，而今，中国年轻人似乎正在上演一场相似的“消费危机”。

1. 会花钱的年轻人

中国年轻人正在变得越来越爱花钱，这是一个不争的事实。去年，波士顿咨询公司发布了一份中国人消费习惯的报告。这份报告讨论了年龄在 18～30 岁的“80 后”和“90 后”的中国千禧一代的消费习惯。数据显示，以“80 后”、“90 后”为代表的千禧一代正在逐步增加消费支出，这部分人消费总量将会从 45% 攀升到 53%。当前，千禧一代的消费能力以每年 14% 的速度在增加，是 35 岁以上群体的两倍。到 2020 年，千禧一代将超过城镇人口的 1/3。波士顿咨询公司的数据并非无中生有，在 2018 年的“双十一”里，天猫品牌销售总额榜单 TOP50 中诸如耐克、阿迪达斯、小米、优衣库、ZARA、三只松鼠、森马、New Balance、GXG、VIVO、GAP、百雀羚、李宁等品牌，至少有超过 60% 的用户群体为以“90 后”为代表的年轻人。这些事实提醒着我们：千禧一代正在成为消费的主力军，属于他们的消费时代来了。

2. 每 4 个“90 后”就有 1 个人在花呗上进行消费

尽管年轻人消费能力在不断加大，但他们和上一辈人提倡“储蓄消费”不同，千禧一代更青睐“信用消费”。在“拉动内需、刺激消费”的号召下，金融业争当了先锋军，一大批现金贷、小额贷款、消费分期的公司，开始如雨后春笋般冒出。他们都盯上了年轻人的钱包，通过兜售信用，以信用借款的方式授予年轻人超前的消费力。拿花呗来说，其发布的《2017 年年轻人消费报告》数据显示，在中国近 1.7 亿的“90 后”里，有 4500 万人开通了蚂蚁花呗，也就是说每 4 个“90 后”就有 1 个人在花呗上进行消费。“双十一”时，花呗曾给八成用户提额，人均提额 2200 元。蚂蚁金服官方曾宣布过，花呗拥有 1 亿的用户群体，也就是说在“双十一”当天，蚂蚁花呗至少给 8000 万用户追加了 1760 亿元的信用额度。花呗提额为的是什么？就是要让它的主要用户群体——以“80 后”、“90 后”为代表的年轻人产生一种幻觉，让他们觉得自己有钱，可以任性消费，去“买买买”。

3. 套路面前，都是等待收割的“韭菜”

殊不知，这是一个巨大的套路。与上一次以银行为代表的金融体系大规模鼓励居民进行消费，刺激经济增长不同的是，上一辈人通过向银行借钱、透支消费是为了进行资产配置——比如买房、买车等；而花呗、京东白条以及各类现金贷、消费分期等的出现，却仅仅只是一种纯消耗性的消费。等你消费完了，你会发现，除了账单上白纸黑字的还款日期外，什么都不会剩下。自此，在各类现金贷及消费分期公司的暴力催收下，还不起钱的年轻人跳楼的跳楼，打裸条的打裸条；当然，很多人认为，还不起就跑啊，可是就算人跑了，信用能跑吗？银行每个月准时将信用卡账单上传至央行，各类现金贷、小贷公司也大多对接了央行的征信系统。“经济身份证”一旦无效，真的还能安然无恙地生活吗？再退一步，就算借款的平台没有对接央行的征信系统，可是在暴力催收面前，年轻人只不过是个笑话。在套路之下，只要上了钩，那就只有一个结果——被收割。

4. 年轻人的杠杆是加不完的

很多人说，年轻人未来的收入增长期较长，早期杠杆所带来的债务负担，今后会在通货膨胀下慢慢被稀释。要注意，这里说的“杠杆”是指用少量的资金操控大量的资源来放大收益和亏损的工具。而现在年轻人的杠杆是由消费产生的纯支出，是得不到收益的，反而会以叠加利息的方式不断亏损，两者有着本质上的区别。话说回来，为什么年轻人的杠杆是加不完的？原因有三：①年轻人的消费思想正在被改变。“花明天的钱，圆今天的梦”成为一种社会共识，为此年轻人不惜通过抵押自己的信用去各类借款平台借款消费。借钱整容、借钱买奢侈品、贷款赌博、炒股等新闻更是层出不穷，而只要打开了这个闸门，个人杠杆率不可能不加大。②分期消费不断渗透。最近几年，各类消费分期公司的兴起，几乎让消费分期覆盖了生活中的方方面面，吃喝玩乐都可以通过分期付款来完成，而在这个分期消费过程中产生的利息，都在隐秘地给年轻人加杠杆。据悉，目前市面上不少消费分期平台，“其利息已经高达100%，甚至400%”。③多头借贷让个人杠杆持续加深。很多年轻人为了避免借款逾期而产生高额的利息费，甚至不惜多头借贷来填补资金窟窿，媒体资料显示，平均每个互联网金融借贷用户都至少在2~3家借款平台借贷，多头借贷让众多年轻人在资本面前，如同一头头待宰的羔羊。

资料来源：http：//www.sohu.com/a/273599250_100063243.

参考文献

[1] Carroll A B. A three - dimensional conceptual model of corporate performance[J]. Academy of Management Review, 1979, 4(4): 497 - 505.

[2] Carroll A B. Corporate social responsibility: Evolution of a definitional construct[J]. Business & Society, 1999, 38(3): 268 - 295.

[3] Chen Y, Ebenstein A, Greenstone M, et al. Evidence on the impact of sustained exposure to air pollution on life expectancy from China's Huai River policy[J]. Proceedings of the National Academy of Sciences, 2013, 110(32).

[4] Clarkson M E. A stakeholder framework for analyzing and evaluating corporate social performance[J]. Academy of Management Review, 1995, 20(1): 92 - 117.

[5] Donaldson T, Preston L E. The stakeholder theory of the corporation: concepts, evidence, and implications[J]. Academy of Management Review, 1995, 20(1): 65 - 91.

[6] Drucker P F. The discipline of innovation. 1985[J]. Harvard Business Review, 2002,

80(8):95.

[7]Drucker P F. Converting social problems into business opportunities: The new meaning of corporate social responsibility[J]. California Management Review (pre – 1986), 1984, 26(2): 53.

[8]Frederick W C. Toward CSR: Why ethical analysis is indispensable and unavoidable in corporate affairs[J]. California Management Review, 1986, 28(2):126 – 141.

[9]Lee D, Moon J, Cho J, et al. From corporate social responsibility to creating shared value with suppliers through mutual firm foundation in the Korean bakery industry: A case study of the SPC Group[J]. Asia Pacific Business Review, 2014, 20(3): 461 – 483.

[10]Zhao W, Xiao T, Wang A. Research on the construction of inclusive innovation networks[J]. American Journal of Industrial and Business Management, 2018, 8(2): 417.

[11]丹尼斯，米都斯，李宝恒．增长的极限[M]．长春：吉林人民出版社，1997.

[12]霍肯．商业生态学：可持续发展的宣言[M]．上海：上海译文出版社，2007.

[13]李文．中国企业社会责任十年回望与畅想[J]. WTO 经济导刊，2016 (12): 85 – 88.

[14]莫法特．定量化和模型化的可持续发展[M]．肖文丁译．北京：科学出版社，2009.

[15]彭泗清，李兰，潘建成，等．企业家对企业社会责任的认识与评价——2007 年中国企业经营者成长与发展专题调查报告[J]．管理世界，2007(6):83 – 93.

[16]徐尚昆，杨汝岱．企业社会责任概念范畴的归纳性分析[J]．中国工业经济，2007(5):71 – 79.

[17]周红云．中国社会创新的现状与问题——基于两届“中国社会创新奖”项目数据的实证分析[J]．经济社会体制比较，2014(4):170 – 183.

[18]张丽娜．城市社区治理中的政府、企业、社会组织跨部门合作——以苏州正荣书院项目为例[J]．陕西行政学院学报，2019,33(1):12 – 16.

[19]张利平．可持续创新过程中的社会嵌入[D]．清华大学，2013.

[20]周直，臧雷振．社会创新：价值与其实现路径[J]．南京社会科学，2009(9): 59 – 64.

[21]周祖城．企业伦理学[M]．北京：清华大学出版社，2005.

第2篇

方 法

第2章　可持续创新创业之源

一本《商业生态学》点燃了一个企业家的可持续创新创业梦想，因特飞因此由一个消耗石油等不可再生资源的地毯企业摇身一变为最绿色、零排放和可持续创业的典范；一场“地球峰会”推动一批全球性企业开始了CSR承担的创新创业浪潮，GE、雀巢、BP都是这个浪潮中的佼佼者；一个“美丽中国”的愿景让绿色金融创新引领全球，短短几年的时间，中国已经成为全球最大的绿色债券市场。作为遵从CSR、商业伦理与可持续发展原则的具有特殊价值取向的活动（本书概称为可持续创新创业），其驱动力量和来源与传统创新创业有所不同，相互之间也有差异。本章将对此作出系统性梳理与探索。

2.1　范畴与类型

2.1.1　创新创业的多元性

可持续导向的创新创业，有时候意味着全新的可能性，即取得技术的根本性突破。如：页岩气的开发；基于基因控制的药物在治疗疾病方面解决了关键障碍，让支付不起医药费的家庭不再承受疾病之苦；中石油竟然从地沟油里提取出航空燃油，不仅解除了地沟油对环境与社会的危害，还变废为宝，开发出紧缺的燃油新渠道。

技术固然重要，但发现新市场的能力也很重要。贝尔发明电话并未在一夜之间改变通信行业，甚至，贝尔的发明被当时的巨头企业轻视和拒绝；Ebay发展了电子商务技术与平台，但真正改写中国市场和商业生态的是阿里公司；此外，很多杰出的科学家（如倪光南）并不是企业家，科学家在科学探索与知识创造上有突出成就，而真正能够将科学发现转变为市场的是创业家（如柳传志），创业家发现新市场的能力关系到知识创造的价值兑现。

创新不仅是开发新市场，它还可以为既有的成熟市场提供新服务，降低原先产品与服务对环境的影响。如金融机构应用ICT技术为客户提供绿色信息服务，取代信函、合约等文件对纸张的消耗；美团为传统餐饮企业提供快递服务，减少了餐饮企业对昂贵物业的依赖，减轻了大城市的交通压力，还解决了就业和经济增长问题。相当多的可持续创新创业都是在改进既有市场的服务效率、环境与社会影响等，创造共享价值，实现多方共赢。

创新不仅仅局限于工业品市场，在大多数市场中，服务是最重要的组成部分。提出服务主导逻辑的北欧学者甚至认为，所有行业都是服务业，更进一步地，所有帮助消费者与企业进行价值创造的活动均为服务。比如，互联网公司的创新创业活动客观上帮助了偏远乡村获得直接的教育、医疗等高质量资源，同时也帮助他们将资源兑现为市场价值；西藏农村的消费者通过移动互联的电信技术服务，可以实时接收到来自北京农业专家的实时服务，也可以通过农产品商务信息平台即时获得供求信息。与 ICT 相关的可持续创业创业活动非常多元，比如，喜马拉雅建立了付费知识平台，扩大了知识传播效率，降低了传统知识传播的各种资源消耗。

因此，可持续创新创业的范畴非常广。可以是可持续性技术的突破，也可以是降低企业环境与社会影响的管理创新；可以是创新创业者开辟了一个新的市场，也可以是通过产品与服务方式的创新，提高了成熟市场的服务效率；可以是传统的工业革命，也可以是应用具有可持续性的技术，提升产品与服务的市场价值，使得更多消费者实现价值增益。

2.1.2　创新创业的四个维度

概括起来，可持续创新创业可从以下四个维度展开（见图 2－1）。

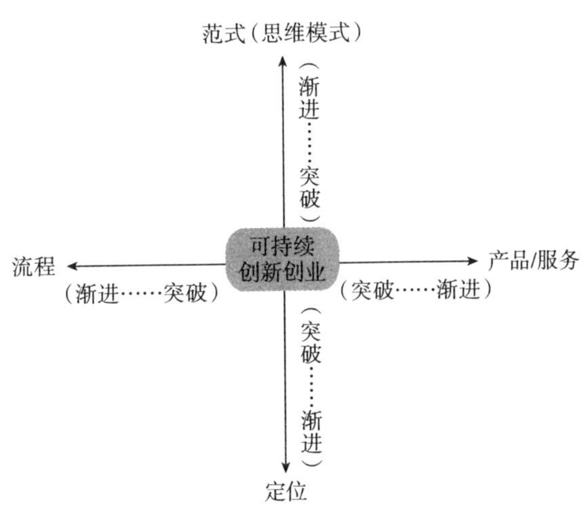

图 2－1　可持续创新创业的四个维度

（1）产品创新：改变组织提供的产品与服务。产品创新，是指创新创业者提供的产品与服务相较竞争对手的环境影响更低、资源消耗更小、社会增益更多。比如，比亚迪推出太阳能电动汽车，大大降低了交通运输的资源消耗和排放；电子菜单系统的推出，使得饭店能够减少对服务人员的依赖，而且可以降低印刷纸介菜谱时的资源消耗。

（2）流程创新：产品和服务的生产和交付方式的变化。流程创新是指创新创业对产品与服务的生产与交付过程进行改进，提高消费者的获得感，减少资源消耗，降低对环境的影响。比如，全国各大医院等服务机构，在挂号预约等服务中完全实现电子化，大大减少了病人的等待时间与交通成本。传统挂号方式下，一个病人预约专科医生，需要一大早开车半个小时或乘车更长时间去医院挂号，幸运的话，可能挂到下午 15：00 的号，他必须从医院回家下午再赶过来。不幸的话，病人需要第二天来得更早，以挂上当天的号，然后再次往返折腾。现在的微信公众号可以把这些过程全部省掉，打开手机几分钟内就能搞定，然后在约定的时间赶往诊室即可。

（3）定位创新：产品和服务进入市场的环境变化。定位创新主要是指可持续性产品、服务与解决方案在市场领域的创新，即通过一定的市场营销战略提高可持续性产品、服务与解决方案的市场接受程度。比如，比亚迪在推出电动汽车的时候，预计到电动车在私家车市场的阻力较大，他们将重心放在了公交车市场。聚焦公交车市场之后，由于政府政策倾斜以及财政预算支持，公司很快打开了广深公交市场，目前进一步扩展到其他区域和城市。

（4）范式创新：影响组织业务的潜在思维模式的变化。范式创新指的是可持续创新创业的商业模式的创新。通俗地说，就是改变传统产品与服务市场的产品生产、服务提供与价值创造模式，从根本上改变行业的资源投入产出关系。比如，英特飞公司将整块地毯分割成不同的小块（可更换），并将地毯购买调整为租赁，通过研发技术将地毯行业变成可循环使用的商业闭环，甚至超过使用年限的地毯可以变成塑胶跑道。英特飞公司的循环商业解决方案彻底颠覆了地毯行业的传统结构体系，几乎是变不可能为可能。

2.1.3　创新创业的程度

可持续创新创业可从产品、流程、定位以及范式等四个维度切入，切入方式上也存在不同，大致可以分成两种模式：渐进式和跨越式（见表 2－1）。渐进式指相对于传统产品与服务而言，可持续创新创业是调整与优化，是做得更好，包括改进与采用了关键的可持续性技术，引进了环境管理认证体系或管理方法，或在市场营销方式上进行了调整。而跨越式创新创业是行动主体采取与传统完全不同的方案，或开发出全新的具有可持续性特性的产品，重塑了商业流程与体系，或者创造出完全不同的商业模式，是做得不同。

表 2－1　渐进式与跨越式可持续创新创业

创新创业类型	渐进式——“做得更好”	跨越式——“做得不同”
产品创新：我们为世界提供了什么	丰田普锐斯：混合动力车降低了环境能耗，是对汽车能耗与环境影响的改进	共享单车：改变人们的出行方式，使低碳出行成为可能，大大降低出行资源消耗和环境影响
流程创新：我们如何生产和交付	EMAS 环境系统认证：对生产与营运全程进行环境影响认证，管理、控制和优化环境影响与资源消耗	电子流程替代：医院、银行等引入电子挂号系统，替代人工挂号系统
定位创新：产品与服务进入的市场以及我们讲述的故事	比亚迪电动公交车：通过定位公交车市场，推进电动车解决方案，逐个突破，后期渗透到其他市场	蚂蚁森林：通过公益营销和社会媒体传播方式，推动年轻人低碳生活，同时提升公司品牌信任
范式创新：我们如何思考	佳百农生态鱼：利用岷江上游山谷自然条件，围溪入池，清溪养殖生态鱼，振兴农村，创造绿色价值	得到：知识付费平台建设，扩大知识的传播范围，降低知识获取成本，创造共享价值

2.2　创新创业的来源

对可持续创新创业来源的探究，一方面可以在宏观上进行创新创业管理，另一方面可以帮助创新创业主体推进实践。也许你会想到正在洗澡的阿基米德发现浮力定律，也许会想到德蕾莎修女在印度创办了最大的“社会企业”，也许会想到袁隆平研究出高产的“杂交水稻”。这些联想可以给出创新创业的两个来源：其一为“创意与灵光”，创新创业主体的灵感与创意被认为是创新创业的核心来源。其二为“热情与渴望”。创新创业主体的内在热情和渴望是内在驱动，表现为人们对成就新事业，尤其是对可持续创新创业价值的内在渴望。

当然，创新创业还是一个推进思想不断前进的过程，在这个过程中不断修改和完善这些思想体系，并把“知识乱麻”梳理整合成有用的产品、机制、服务与解决方案。激发创新的不仅仅是一时的灵感，也不仅仅是空泛的热情与渴望，还可以是其他许多因素。想要有效地控制创新创业，就需要考虑引发创新创业因素的多样性，在创新创业管理与推进中保持开放性和耐心，创造条件并促成可持续创新创业行动的活跃状态。

2.2.1 知识推动

创新的一个重要来源是通过科学研究发现创新创业的可能性。虽然早前的科学研究是一个独立探索的过程，但近现代的科学发展已成为从过去知识汲取、延伸到传播的再创造过程，正如牛顿所说：我之所以有一些成就，其实是因为我站在巨人的肩膀上。巨人的肩膀有两层意思，其一是泛指，在数学、物理学等领域，牛顿之前的学者已经进行了大量积累，牛顿从他们那里汲取了知识，并在其基础上进行了整合与推进。其二是特指，指向特定的科学家及其特定成果，如伽利略、笛卡儿，甚至是亚里士多德的哲学探究。以此类推，牛顿的创新、创造与创业是在人类既有知识积累基础上诞生的，牛顿等科学家的知识创造和成果同时也成为推动人类创新创业的重要力量。

20 世纪，现代大型企业的兴起带来了新兴的研究实验室，在很大程度上促进了科学技术的发展。全球贝尔实验室、巴登实验室，以及飞利浦、福特、杜邦、华为等公司的实验室，都建立于 20 世纪 90 年代。这使得创新可以稳定地进行。在中国，华为公司就建立了高级结构材料、高级热技术和诺亚方舟等实验室，这些实验推动华为在 ICT（Information and Communication Technology）市场完成了层出不穷的创新创业。与这些传统的创新创业不同，可持续发展对技术研发要求更高，依赖性更强。不管是汽车、消费类电子产品、合成材料，还是化工制品等行业，其需求随着可持续发展要求与 CSR 压力的日益增长而日益增长。这些行业的企业不仅要围绕产品进行可持续导向的创新创业，为了适应新的技术支持型产业，还要掌握社会交流技术，而这也需要有组织的研发过程。回顾全球经济发展史，知识推动型的创新创业产品非常多：雷达、抗生素、医用扫描仪、光纤电缆、数字成像、三极管/集成电路。

［延伸阅读］

摩尔定律

因特尔公司创始人摩尔发明了一条有关IT创新的定律：每隔两年，同等价格购买的集成电路所容纳的元器件的数目增加一倍，性能提升一倍。这种更新会影响到记忆芯片、处理速度、显示驱动程序以及其他零部件。这样，电脑、数码相机、手机和家用电器的更新速度会越来越快。这一定律既适用于产品，也适用于流程：无论是产品还是流程，都是保持其主要特性不变，然后通过实验不断减少故障，改进主流设计。摩尔定律一方面启示着企业必须加强知识创新与技术研发，另一方面昭示着可持续创新创业面临的严峻挑战。

资料来源：逄健，刘佳. 摩尔定律发展述评［J］. 科技管理研究，2015（15）：46－50.

2.2.2　需求拉动

知识推动了创新的可能性，但并不是每一个创新的想法都能找到合适的出口，重要的是这种想法一定要源自特定的需求。需求是创新之母。创新通常是为了满足人们对改变的需求，包括一些最基本的需求，早期的需求是社会演变所致。在当今社会，创新和变革建立在更高层级的需求基础之上。在创新管理中，愈来愈多的精力被投入到如何发现人们的需求以及如何满足这些需求上。比如，亨利·福特将富人的奢侈品（汽车）变成普通人的交通工具，宝洁公司创立的初衷就是满足人们对室内照明的需求（蜡烛），随后其业务又扩大到更大规模的家用产品，从肥皂、尿不湿到清洁剂，再到牙膏和其他产品。

对于可持续创新创业而言，需求拉动的现象也非常明显。首先，环境问题带来的是人们对健康的担忧。不管是食品、家具，还是服装、化妆品，健康的、绿色的、环境友好型的需求催生出各种有机产品、各种天然提取的化妆品以及节能产品，因此而来的创新创业风起云涌。其次，可持续发展相关的技术需求强烈而突出。可持续发展已经成为全球范围的共识，不管是欧洲还是中国，对产品与企业经营的环境要求大为提升。因应环境技术、新能源技术以及其他可持续科学技术的需求也大为提升，成为推动可持续创新创业的重要力量。再次，可持续性与伦理性消费正在成为急剧增长的市场。由于环境问题受关注程度大为上升，CSR 共识逐渐形成，负责任消费成为一种潮流。例如，玛莎百货公司的报告显示，75% 的消费者在购买时考虑环境因素。广东省自然科学基金品牌可持续性研究工作组的调查显示，珠三角地区消费者对环境友好型产品的溢价支付意愿达到 45%。最后，消费需求的复杂性拉动着创新创业行动。有调查显示，消费者有可持续性消费的意愿，但是消费者并不是只要有可持续性就可以接受。宝洁公司的调查数据显示，75% 的消费者具有环境与伦理性消费意识，但他们并不愿意丧失商品的性能。这就意味着，可持续创新创业并不是对环境友好就可以，承担企业社会责任就可以，还需要性能与可持续性都有突出表现。

知识推动的创新创业关键在于经过大量努力之后取得重要突破，需求也是如此。要先找到领先世界的观念，再提供一个满足需求的创新方法，然后逐步完善。需求拉动创新产品并催生新的解决方案与创新创业。据统计，市场上以产品的创新程度来划分，能够取得突破性被称为全新产品的，只有不到 1%；模仿型产品占 20%；形成系列和改进型新产品分别占 26%；降低成本型新产品占 20%；重新定位型新产品占 7%（见图 2-2）。

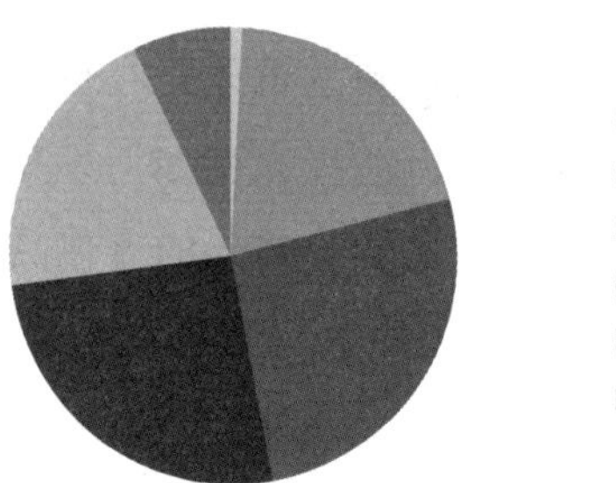

图 2-2　从产品角度呈现出的创新创业分类

上述数据启发我们，市场上绝大多数的创新创业其实是需求拉动的。尤其是在某些行业的成长期，即可持续性细分市场是慢慢走向成熟的。在成长期，供应商面对的消费者有了多重选择——竞争主要取决于区分需求和属性，以适应不同的需求类型。此外，还存在一种浪潮效应——当越来越多的人选择某种产品的时候，该产品就会不断更新，越来越符合人们的要求，然后这个过程就会加速。当然，需求不限于产品和服务的外部市场，在商业活动内部同样有需求拉动的现象，这也是这个创新过程的驱动因素。吱吱作响的车轮和其他挫败的经历都为变化提供了丰富的信息——这类创新通常来自很多在一线有过亲身体验的工人，为持续改善提供了可能，例如，丰田汽车的持续改善工程中，20 世纪 80 年代的“全面质量管理”活动，90 年代的“商业过程重组”概念和当前的“商业生态学”理念提供了基本的理论基础。

从需求拉动的角度来阐释，大多数时间里，创新就是“把我们做的做得更好”。

[延伸阅读]

无须打磨的新型玻璃

玻璃窗业务已经发展了大约 600 年，随着现代住宅、商业办公楼、旅馆酒店和百货商店的快速发展，该业务有巨大的发展潜力。然而，在过去的 600 年间，玻璃的制造几乎没有任何变化。玻璃被制成平板的条状，人们可以透过玻璃看到外面的世界。打磨的技术有了进步，这得益于劳动密集型操作逐渐被机械制造所取代，以及制造玻璃的工具迅速更新换代。然而，打磨平板玻璃的流程没有发生变化。

1952 年，阿拉斯泰尔·皮尔金顿在英国一家公司上班，研制出一种制造玻璃的技术，在此后的 50 年中发挥了巨大作用。他在洗玻璃碗的时候，见到水和油是分开的，于是突发奇想，开始思考在玻璃的表面敷上一种涂料，那么玻璃表面就不需要一遍遍打磨和抛光了。

5 年后，数百万片重达 10 万吨的玻璃得以生产，延伸了整个公司的生产线和销售链。由于省去了打磨和抛光的流程，节约了 80% 的人力和 50% 的精力，玻璃厂家的规模开始缩小，玻璃可以自动切片。这种成功的玻璃生产技术到现在依然用于生产平板玻璃。

资料来源：蒂德，贝赞特著，陈劲译．创新管理——技术变革、市场变革和组织变革的整合[M]．北京：中国人民大学出版社，2012.

2.2.3 环境规制

规制是一把双刃剑——既起到限制的作用，关闭了创新发生的渠道；也会打开新的渠道，促成创新创业的发生。反过来也一样——解除管制和放松控制也会打开新的创新空间。例如，欧洲是环境标准最高市场，同时也是环境技术创新最繁荣的地区；2016 年，中国提高环境责任管理标准，形成了法律法规到监督体系的全新变革，东方园林等环境公司则是高歌猛进。环球扫描公司对 40 个国家众多可持续发展创新创业项目进行的调查显示，69% 的企业是基于经济的目的进行创新创业，其中最为核心的就是获得排污权交易资格和减免生态税；法规和执法驱动的比重达到 62%；61% 的受访者表示，可持续创新创业是为了契合法定的产品标准，欧洲市场的产品质量标准就包含了众多环境友好性指标；53% 的受访者认为，法定的报告制度（如上市公司公布 CSR 或可持续发展报告）是影响可持续创新创业的关键因素；还有 32% 的企业承认，ISO14000 系列标准是重要的创新创业驱动力量。

彼得·圣吉在其名著《必要的革命》中提出，企业面对环境规制等可持续发展问题通常会经历五个阶段。每个阶段均有不同的驱力，这五个阶段的划分，展现和诠释了政策规制甚至是社会公众压力对可持续创新创业的驱动作用（见图 2－3）。

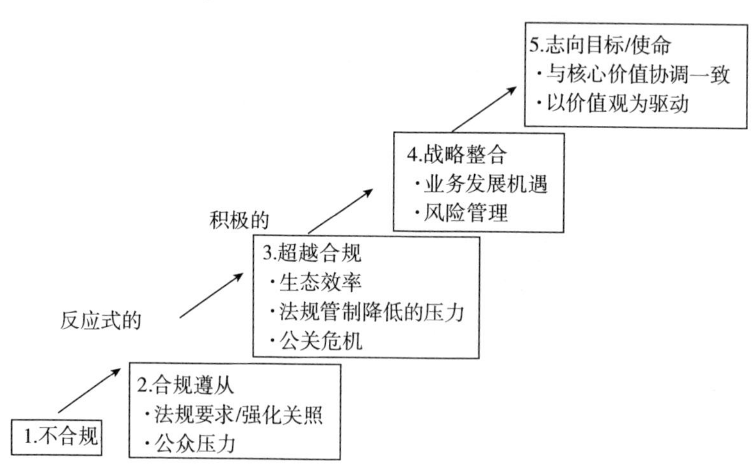

图 2－3 规制推动的可持续创新创业阶段

[延伸阅读]

在极端情况中学习

Aravind 眼科诊所的总部位于印度马德里，目前是世界上最大的眼科诊所。这个眼科诊所已经累计完成 20 万例手术，并基于积累的经验开发了新技术来达到更好的效果。手术费用大多为 50 ~ 300 美元，60% 以上的患者可以得到免费治疗。尽管只有 40% 的客户付费，但是从其他眼科诊所的手术均价为 25 美元来看，该眼科诊所依然可获得高额利润。

Aravind 眼科诊所由 Venkataswamy 医生退休之后在 Goverment Medical 的赞助下于 1976 年成立，旨在治疗后天眼盲症。在印度，大约 900 万人（全球有 4500 万患者）患有眼盲症。Venkataswamy 医生根据自己的行医经验，对眼盲症的诊疗工作进行了深入研究，找到了低投入、高效率的解决办法，并以他的家乡泰米尔德邦作为试点。

在发展 Aravind 的过程中，最关键的一点在于将另一个行业的想法引进来——借鉴克罗克兄弟为麦当劳开发低成本、高质量连锁快餐业务的经验。通过在标准化、工作流程、基于技能的任务设计等方面采用与快餐行业相同的流程创新方法，他创造了一个不仅高质量而且可复制的模式。这种模式如今已广泛推广——在泰米尔德邦已经有五家医院提供了 4000 个床位，而且多半是免费的。如今，Aravind 的业务已经从白内障手术发展到教育、镜片制造、研发，以及其他围绕提高视力、改善医疗条件的相关活动。

Venkataswamy 医生在整个过程中不仅提出了企业家的构想，同时还为其他人创造了一个先进的经济模式构想。他所建立的机构为医疗保健事业的创新做出了贡献——不仅是对眼科手术的贡献，而且包括对其他医疗手术的贡献。

资料来源：蒂德，贝赞特著．陈劲译．创新管理——技术变革、市场变革和组织变革的整合[M]．北京：中国人民大学出版社，2012.

2.2.4　商业利益

与其他商业活动一样，可持续创新创业归根结底必须是有利可图的。不同学者以及典型的创新创业案例从不同角度证实了可持续创新创业的商业价值。这些利益可以为创新创业主体带来回报，从而实现商业、环境与经济层面的利益平衡（见表2-2）。

表2-2 可持续创新创业的商业利益

七种商业利益	Five Winds 国际机构提出的11个要素
招聘成本的降低	·公司声誉和品牌形象的提高
人力损耗成本的降低	·提高员工士气和生产力 ·提高员工对环境和可持续发展问题的意识
生产效率的提高	·提高员工士气和生产力 ·提高员工对环境和可持续发展问题的意识 ·激发创造力和新创意
生产能耗的减少	·确保改进的持续性 ·节约成本 ·提高净收益的标准
水、能源以及消耗费用的减少	·节约成本 ·提高净收益的标准
经营收入和市场份额的增加	·提升顾客忠诚度 ·相关行政审批加速 ·改善与法规监管者、媒体等利益相关者关系
降低风险与资金成本	·减低并化解商业风险 ·获得并保持经营的社会执照 ·改善股东关系 ·建立企业声誉，获得更多资源

资料来源：鲍勃·威拉德著．胡巍，刘文华译．下一个可持续发展浪潮[M]．北京：机械工业出版社，2007.

（1）降低招聘成本。早在2004年，“The Wordline Report”调查显示，76%的美国人声称企业诚信度的看法会直接影响到他们是否愿意接受这家公司的工作。在国内，很多机构（如爱有方公司）因为公司的可持续行为，吸引了大批高质量的义工参与到公司活动中。而在义工中，很多人转变为公司员工。

（2）降低人员损害成本。普华永道趋势调查指标项目采访387家CEO，78%认为未来最重要的工作是留住核心职员，但是，有1/3职员因为雇主在企业社会责任方面的不良记录而选择离开。广东金融学院品牌可持续研究中心的研究表明，绿色创业等社会价值创造的行动可以提升员工的组织承诺，提升公司的情感与继续承诺，从而促进员工为企业忠诚而有创意地工作。

（3）更高的员工生产率。在《可持续性竞争优势》中，鲍勃·威拉德对可持续创新创业的生产率提升效应进行了测算。假定 20% 的员工的个人价值观与可持续发展的愿景相一致，这些员工保守估计生产效率提升 25%，整个企业生产效率将提高 5% 以上。West Bend 人寿保险公司于 20 世纪 90 年代迁入一个新型绿色建筑，从而使得能耗降低 40%。因为使用日光照明，个人控制的工作台环境与自然的连通性因照明系统的改进等绿色原因，带来约 16% 的生产力增加。

（4）生产消耗的减少。可持续创新创业的生产效率为企业界津津乐道。施乐公司用十年时间设计环境友好型产品以及重新设计制造程序，节约和避免了 20 亿美元的成本。结果是，相当于 1800 万台打印机和复印机得到重复使用或回收，从而减少 12 亿磅的电子垃圾。落基山学院说，制造业通过采用被证实有效的高能效措施可以节约 75% 的成本，照明、风机和水泵系统成本和能耗可节省 70% ~90%；电动机能耗节约 50%；空气压缩系统节约 20% ~50%。

（5）经营场所的消耗降低。商店、办公楼、配送中心等潜在的节约项，包括雇员自用和公司使用的消耗品、垃圾处理、能耗、用水、环境美化等，这些费用约占公司收入的 15%，而能耗占 20%。假定在动员、教育以及经理人的支持下，每年能够节约 20% 的成本。庄臣公司威斯康星州的全球总部广泛使用日光照明和个人环境系统，实现 10%~15% 的能源节约。即使绿色建筑的成本更高，3 ~5 年内即可得到补偿，因为绿色建筑的能耗节约为每年 20%~50%。

（6）经营收入和市场份额的增加。可持续创新创业的市场影响力存在很多方面：吸引忠诚客户以及新的“绿色”消费者；公司通过出租产品而不是出售产品增加新的收入渠道；公司在发展中国家开辟全新的市场；公司开发针对其产品的服务业务。在中国，对企业整体形象影响最大的是人们对它如何履行社会和环境责任的看法。万博宣伟在一次对 8000 名消费者进行的调查中发现，受过高等教育并拥有高收入的消费者中，66% 考虑过企业社会责任问题而转向别的品牌。调查指出，80% 的美国成年人声称他们对企业道德行为的看法会直接影响到他们购买这家公司产品的意愿。

（7）降低风险并使融资更加容易。公司在生产经营过程中采取可持续发展方式，就能够：降低法规禁止销售、需求萎缩等市场风险；降低包括环境复原负债、资产价值减损、估价受损以及“有毒物质侵权”等在内的资产负债表上的风险；降低日常运行成本的风险，包括清洁溢出污染的费用、提高工人安全标准但降减不断上涨的能耗和材料成本；降低资本风险，比如，为满足新法规和废物处理设备而重新设计产品；降低对能源和材料的低效率使用、废品回收立法，以及矿物燃料税等方面的可持续风险。风险降低更能获得资本市场的支持，获得融资机会和降低融资成本。

[延伸阅读]

阻碍可持续创新创业的主要因素

1. 缺乏高层领导的支持

缺乏高层领导的支持，主要表现在：“我们太忙了”；“可持续发展不是我们的战略方向”；“我没感到有重要任务向我施加可持续发展的压力”；“要改变公司太难了”；“我已经厌烦这些关于环境和社会的东西了”；“别人不相信我是真心实意的”；“我们公司看上去已经很好了，为什么还要这么麻烦地重新调整?”

2. 害怕激烈反弹

“我们不愿自吹自擂”；“我们不愿因职责而自我绿化”；“我们不愿敞开大门”；“我们担心被牵连犯罪”；“我们可能失去客户，或者被指控有不可告人的秘密”；“我们可能失去竞争优势”。

3. 商业案例没有说服力

在特定区域内，没有可资参考的榜样不利于可持续创新创业。于是很多企业可能会认为：我们已经做得足够多了，做不了更多；我们需要的是短期收益，而可持续发展是关于长期结果的；不正当的补贴侵蚀了我们的商业利益；对企业社会责任的投资不符合我们的投资标准；如果企业社会责任真有这么好的商业价值，我们早就开始做了；它太好了，以至于不像是真的，它不可信。

4. 心态

很多企业迄今依然认为，可持续发展只是环境极端主义的主张。每次有科学家说气候正在变暖的时候，就有一些人说根本没有问题；如果关于环境问题的争论还没有结果的话，最好还是按照一直以来的方法做事；也有人认为，环境污染、气候变暖与资源消耗等可持续发展，技术进步就可以解决，那是科学家的事，与一般的企业经营关联不大。还有其他种种心态，对可持续创新创业构成不利影响：气候变暖就是一个谎言；所有关于环境和社会的东西都是反市场经济的宣传；企业社会责任是政府的职责，不是我们的；做生意就是做生意。把本来属于股东正当收益的资金用来承担社会责任，这是不负责任的——实际上是一种偷窃；确保我们公司不污染环境，并且遵纪守法，已经足够；从根本上来说，企业对于环境问题的看法里深深地藏着两个不受欢迎的概念：法规（以及与之相关的一切官僚的繁文缛节）和成本（用来安装昂贵的过滤设备或为减少污染过程进行改造）；我只关注于我们领域最前沿的东西，没有看到过可持续发展的理论；我不消耗资源，别人也会消耗。

资料来源：鲍勃·威拉德著．胡巍，刘文华译．下一个可持续发展浪潮[M]．北京：机械工业出版社，2007.

2.3　创新创业来源的管理

管理创新面临的最大挑战不是如何区分各种消息来源，而是如何寻找与创新相关的诱因，并充分利用这些诱因。可持续创新创业亦然。

欧洲社区创新调查公司的数据提供了一个大概轮廓——创新的成功源于尽量扩大创新的分布网络并利用多种渠道。英国人 Carter 和 Williams 在 20 世纪 50 年代的研究表明，创新型公司与其他公司最大的区别在于创新来源的国际化和本土化程度不同。可持续发展问题具有全球性特征，因此，国际性组织对全球范围内的可持续创新创业事业具有广泛的影响力。从联合国环境总署开始，致力于可持续发展的国际组织非常多，他们接过全球环境运动的旗帜，成为推动全球可持续发展事业的核心推动力量，他们不仅直接推动各国政府参与《全球 21 世纪议程》，而且与各种政府、相关组织及企业共同设定可持续发展相关的规范，他们还拥有广泛的可持续性技术、资金、信息与案例等资源。有影响力的可持续创新创业活动均显示出较高程度的国际化。因此，为促成可持续创新创业的发生，需要将创新创业企业搭建成开放性组织，运用自身知识，结合外界客观条件，形成一个广泛应用的具有可持续特征的知识链。可持续发展并不是围绕一个国家或一个企业转，而是不同组织、不同利益相关者、不同知识与技术相互联系并协同发展的宏大系统。创新创业企业融入其中，建设和丰满这一系统，可持续创新创业行动才会源源不断，生生不息。

2.3.1 来源管理工具

如图 2－4 所示，可持续创新创业是在组织内外部联系中产生的一个过程。公司需要通过不同的方法和手段来组织和管理搜寻过程。很多时候，企业需要采取恰当的方法来实现应用研究和更开放的没有实用价值的基础性研究活动之间的平衡。

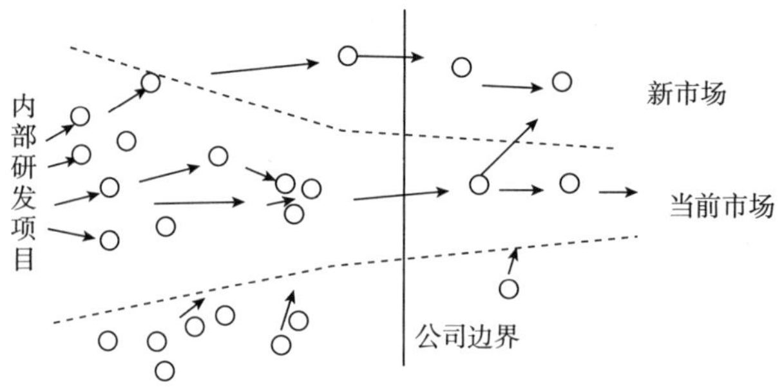

图 2－4 可持续创新创业的来源管理

对创新创业技术和结构的选择，取决于很多战略要素——例如技术的成本和风险以及它所能带来的知识的质量和数量的平衡。在这里，我们一直强调创新创业管理是一种动态能力——不断地更新和延伸以应对“移动的问题边界”。移动的问题边界，指的是解决社会问题的技术与市场在不断发生变化。1995 年，美国世界观察研究所所长布莱斯·布朗根据美国的工业化模型计算，当中国人口达到 16 亿人的时候，需要消费 7 亿吨粮食，但中国只有 18 亿亩农田，而且随着工业化进程加快，耕地减少、水资源匮乏和环境破坏等问题将导致粮食产量下降。他的结论就是，只有控制人口增长才能解决“谁来养活中国”的问题。2018年，中国破产的预言没有实现，中国当年粮食总产量接近7亿吨，其中最为关键的是农业生产技术的进步（如杂交水稻技术）。因此，随着市场、技术、竞争、法规以及其他许多环境因素的改变，我们需要学会新的应变方法，有时要舍弃一些旧的不再适用的方法。

2.3.2　管理内部知识连接

总有一些人和公司会为了解决旧问题做出努力，比如，宝洁公司成功地通过注重“联系和发展”增强了其全球影响力。它利用“实践社区”——网上俱乐部将不同知识领域的人们联系起来，并且发明了一个小型的创新“链”，对组织的创新过程产生了重要的影响。网络技术将1万个人通过互联网联系起来，形成了一个巨大的“思想市场”——这些内部的紧密联结促成了许多重要的成功案例。

3M公司——另一家以创新为指导方针的成功企业——也将成功归因于制造和控制的联结。合作研究中心（Corporate Research Center）的负责人Larry Wendling曾在讨论3M公司秘密武器时指出，其强大的网络联结功能为3M公司的发展做出了不可磨灭的贡献。从普通的录像带到即可帖，通过各种连续创新，3M公司从人与人的连接中获益良多，最终脱颖而出。相互连接的共同创造在可持续创新创业过程中，显得更为重要，比如利乐公司探索利乐包装的环境影响处理，就是包括企业内部甚至全球性分支机构之间相互激发的创新创业过程。

重要的是，要意识到许多知识都来源于以往经验以及普通的员工，而不是一些专家或者专门的研发部门，愈来愈多的机构都将知识作为创新的基石，通过各种高投入的创新系统解决创新中的一系列瓶颈问题。

内部创新的一个重要来源是员工的创造性念头——不是来自公司正式批准的项目，而是通过热情、能力以及灵感驱动而产生的新想法。通过企业内部创业，像3M和谷歌这样的公司尝试通过半正式的方式来管理内部创业活动，给员工一定的自由时间去探索他们自己的想法和创意。对此，管理者需要一种精妙的平衡：一方面，要让员工的头脑活跃起来，需要得到许可和一些资源；另一方面，这些资源投入可能会打水漂。在很多时候，公司需要创造一种氛围，允许开展一些未必有直接成果的项目。比如宝马公司就有一个所谓的 U 型船计划——生产宝马 3 系的一种车型。对于这种车型，公司主流认为不值得做，并且认为与宝马系的高质量、高性能、运动型的品牌形象不搭调。然而还是有一拨人从事该项目，甚至用旧的 VW Rabbit 上的零件来制成原型，最终这个车型成功打入市场。

2.3.3 扩大外部联系

扩展外部联系网是可持续创新创业成功的一个关键因素，CSR 与可持续发展研究特别强调与关键利益相关方的紧密联系。从某种程度上说，可持续创新创业就是要解决与利益相关方的关系问题，解决方案由双方或多方协作探索总比企业自身探索的效果要好。

相关研究指出，即使是一般的创新创业活动，利益相关方的作用甚至超过企业自身。IBM 公司针对 750 位 CEO 的调查显示，76% 的 CEO 将商业合作伙伴与顾客的合作列为首要创新来源，而内部研发的重要性仅排在第 8 位。这项调查还显示，在收入增长方面表现突出的公司比表现不好的公司多利用 30% 的外部意见。其中的缘由包括：与商业合作伙伴合作的成本更低；来自利益相关者的创新方案质量和客户满意度更高；能够接触到一些企业内部没有的技能和产品，使得创新创业有比较大的飞跃；来自利益相关者的创新创业方案更能被市场接受，从而提高收入；利益相关者参与其中，还可扩大市场影响力，节省传播成本。正如其中一个 CEO 指出的："我们通过客户实现的创新与改革，比我们预期的高很多""如果你认为所有的问题都可以通过公司内部解决，那就大错特错了"。

因此，为了充分利用外部利益相关者在可持续创新创业中的重要作用，大致存在两种路径：其一，重视并利用已有的业务关系以及与利益相关方的紧密关联。从产业链以及业务协作的情况来看，现有企业是嵌入特定的产业链系统中，上下游可以在可持续发展范式与价值创造的范畴内紧密合作，通过各种渠道加强信息沟通、技术交流及至合作开发等。同时，任何企业都具有自己的客户资源，而且这个群体具有发展性，来自顾客的创意和资源，被各类企业证明具有高度的价值。其二，在业务经营之外，企业可以与可持续性相关的利益相关方组织建立更为紧密的关联。通常观点认为，各类环境组织、政府主管部门、可持续性服务机构以及环保主义消费者可能为企业经营带来干扰。事实上，这些组织与利益相关方在可持续创新创业中更可能扮演着建设者的角色，而非简单的利益声索和监督审查。

可以说，可持续创新创业具有开放式创新的特性，我们需要进一步建立广泛的知识链接，而链接是通过加强与利益相关者的关联来完成（见表2-3）。

表2-3 可持续创新创业的知识链接方法

搜寻战略	运行形式
派遣侦察兵	派遣创意猎手，去搜集新的创新触发点
构想未来	使用未来预测技术对未来的可能性进行探究，并开发创新方法
使用网络	使用网络资源，通过网上社区和现实世界进行交流
与活跃客户合作	让用户参与进来，以发现他们改进和发展现有产品和服务的方式
深度挖掘	研究人们实践的行为，而不是他们所说的
探索与学习	使用原型法对新现象进行探索并以此为媒介物，引导重要的利益相关者参与到创新过程中
激活主流群体	为产品和服务的发展带来主流的驱动因素
公司创业	创建和发展新的企业
企业合作与内部创新	激发和培育组织内部的创业人才
使用中介做桥梁	将收集创新之网广泛撒到其他的行业中，相互联系
实现多元化	建立多元化的团队和员工队伍
生成创意	使用创造性工具

资料来源：蒂德，贝赞特著．陈劲译．创新管理——技术变革、市场变革和组织变革的整合[M]．北京：中国人民大学出版社，2012.

[延伸阅读]

从包容性创新的过程看创新创业来源的管理

为克服社会经济发展的不平衡问题，强调发展不落下任何一个人的包容性创新得到全球各地学者的高度关注。包容性创新是可持续创新的重要形式，一般而言，包容性创新的过程要经历三个阶段，我们或可观察与体会创新创业内外部线索之间的交流与互动。

第一步 包容性与技术相结合

在这一阶段，参与包容性创新的相关主体应对包容性发展目标形成共识，在共识的基础上，不同行业可在包容性发展目标和愿景的基础上形成具体的行业标准与技术要求，即建立保护性的技术生态位。一方面，企业与政府以及其他相关组织要建立一定机制的组织网络以配置资源和协调合作；另一方面，不同组织成员要针对发展愿景和技术目标确定关键的技术方向和路径。比如，为推进住宅产业化，降低能源消耗，北京市政府主导设置了住宅产业化联席会议制度，建立了专家委员会（包括相当部分企业成员），在相应的政府部门内设置了专业机构并出资建立了保障房投资主体。在企业及其他社会组织的参与下，政府给出了明确的包容性目标，并因此建立与之匹配的组织机制。在这样的基础上，万科公司形成了自己的住宅产业化技术目标，在长达10年的技术积累上，发展出“等同现浇”装配式剪力墙的产业化技术路线，为行业确立了标准，同时，也成为包容性创新的技术生态位基础。

第二步　建立创新网络

在上一阶段中，包容性发展的技术路径基本确定，创新网络和组织机制已经开始呈现，政策主导的保护性技术生态位逐渐形成。在本阶段中，技术生态位的市场规模将会迅速扩大，为新技术提供更为广阔的实验场所，将会刺激上一阶段形成的技术水平迅速发展。比如，北京市保障性住房建设在2011年后的5年内建成了1800万平方米的产业化住宅，该数字是技术生态位形成前的约20倍。当然，在新的创新组织机制下，产业链上相关的新技术参与者们逐渐建立与包容性创新密切关联的社会网络。而且，所有参与者将不断调整参与方式以及与其他参与者的关系，协作互补、共同创新并分享成果。不同成员形成相对稳定的网络体系，相互协调进而影响参与者的创新行为。在社会网络中，有一些关键节点非常重要。比如，北京市投资中心的公租房体验馆就是以住宅产业为目标的包容性创新网络的关键节点，涉及众多房地产公司、建筑厂商。设计院和产业研究机构通过该节点共同参与创新并分享成果。制定住宅产业化的各分项技术标准也体现了社会网络创新的特点。一旦企业的创新成果被纳入标准，则丧失了专利垄断的可能，其相关技术会被他人分享，但是也为提供创新成果的企业提供了进入市场的契机。其中，政府主导的研究机构和标准制定部门起到了引领作用。

第三步　市场生态位和嵌入式关系形成

随着成员间共同创新和共享成果模式的确立，一种新型嵌入式关系将逐步形成，并取代原有产业链上的上下游关系。例如，在房地产产业链条上，构件厂和设计院之间的关系是上下游关系，但是，在住宅产业化标准建构过程中，构件厂和设计院在产业链上扮演的角色逐渐产生交叉，甚至存在一定程度上的替代。在各地产商及其建筑部门的共同创新之下，北京市政府主导发布《北京市产业化住宅部品评审细则（试行）》，将厨卫装修设计和生产施工一体化，使原来分离的各环节更加紧密，没有前后的上下游关系。同时，产业化新技术的保护性实验空间持续扩大，不断地催生新技术产生并走向成熟，而新技术走向成熟的同时，也促成了建筑成本的持续下降，使得创新所增加的成本得以消化。自2016年1月1日起，为保护技术生态位的北京产业化住宅项目实施面积奖励政策正式终结，标志着政府对包容性新技术发展的扶持结束，更标志着住宅产业化技术已从实验走向成熟。

资料来源：邢小强，周江华，仝允桓．包容性创新：研究综述及政策建议[J]．科研管理，2015，36(9)：11－18.

2.3.4　使用互联网渠道

互联网时代的到来，为我们提供了一个由各种机制联系起来的巨大图书馆。

首先，互联网时代最直接的价值在于信息收集。网络成为现代社会最强大的资源库，我们可以快捷有效地收集全球范围内的可持续发展相关资讯，寻找合作资源，甚至发布相关信息，如技术开发的招标信息。许多专业组织都会建立专门的网络搜索部门，并针对新兴的产品市场进行网上搜索定位，高速发展的电信技术、多功能游戏和娱乐设施，都使网络成为搜寻和寻找新创意的平台。此外，特定的互联网技术（如爬虫），可以高质量搜集特定的与可持续创新创业相关的市场资讯与关键信息。

其次，利用互联网与特定目标对象建立关联，建设开放的市场实验室。比如，一个越来越受欢迎的网站 www. secondlife. com 拥有超过600万用户在线参与角色游戏。在这个虚拟世界中，每个人都能创建自己的角色并与他人互动，在这个过程中形成了一个测试新想法的大型社会实验室。既然 Secondlife 反映了人们在另一空间的渴望和兴趣，那么它就能为新的趋势提供早期信号，甚至创造新的趋势。虚拟游戏的潜力正在被重视，例如，American Apparel 在 Secondlife 游戏中创建了虚拟商店。一些社交网站也以相同的方式发现并开发音乐创意或其他娱乐点子的有效渠道。

最后，也是最重要的是，与客户建立共创共享价值平台。随着互联网时代的到来，学术界发现消费者角色发生转变：消费者成为价值共创者，而不是商品价值的被动接受者和消费者。利用互联网技术以及便捷的终端设备，消费者可以企业为中心或以特定平台为载体，通过相互协作的方式来进行资源整合、信息分享与共享价值创造。比如，支付宝推出蚂蚁森林的项目，近 3.5 亿人参与到低碳消费与行为中，客户相互间交流启发，可能产生无限的可持续创新创业机会。在支付宝之外，不管是小米社区，还是微信平台，每天都活跃着几百万的消费者，这些消费者自愿地付出时间，参与品牌社区活动，帮助社区成员，共享产品开发创意，也传播相关品牌的信息。这些实现了企业与顾客大规模且高质量的合作。

2.3.5 在探索与利用中找到平衡

在商业环境中必须不断地探索，但从整体上来说，仅有探索是不够的。重点是发现并确定可持续创新创业的整体方向。对于任何一个研究空间，都需要多角度看问题。在建立中心概念的时候，也要看到创新可能带来的负面影响。创新并不只是技术的创新，或者是知识的更新，更重要的是带来知识的重组。而这种信息的重组，会给知识和企业架构带来改变。

观察一家公司是如何对待创新的，应该观察其解决问题的方式。人类在发展初期要自己制作工具、寻找食物，这是当时环境赋予人类的本能。人们通过观察学习，然后根据自己的需求做出改变，并充分利用自己的想象力、体力和主观能动性，在稳定的生存环境中寻找新的突破口，对生活方式进行创新性研究。作为一个企业，要遵循一定的模式，有序地进行发展和创新，这是大多数企业的创新创业之路，通过这种“游戏规则”，可以得出普遍性的规律。

这些规律都和前面提到的创新网络与创新架构有关。创新创业实质是一种信息重组的形式。在创新创业之初，需要一种主导型的创新创业体系，并基于这个体系加入新的理念和思考模式，为创新创业提供理论支持，加强这个体系的稳定性，并为企业提供完整的创新思维模式（包括竞争对手、客户和供应商的网络架构），这种视角强调的是知识资产的合理变动。有些公司可能是突破性创新者，但仍可能由于外界的发展而落后。问题在于搜寻过程本质上也是一种有限制的探索，并且面临若干挑战：当转换到新的思维方式时，创新者是否能够观察到创新中所面临的各种问题并及时解决；概念过程并不仅仅是个人或集体思维方式的改变——采用特定的思维方式所造成的后果会强化现状，并阻碍进一步的变革；相对于组件创新而言，架构创新更强调放弃既有的网络，建立新的网络。这对于新的公司来说可能更为容易，但对于老公司来说，虽然不涉及技术和市场的突破性变革，但是要求对现存的一些要素进行重新组合。比如，廉价航空公司的出现，不仅解决了航空方面的过度技术化问题，更解决了低收入阶层乘坐飞机出行的问题，而这些创新不太可能发生在老公司里，就是因为老公司在组织与资源重组方面存有难度。

[延伸阅读]

老爸评测

“发现生活中看不见的危害，让孩子远离有毒有害产品”。

老爸评测是专注于解决有毒产品问题的企业。该公司创新创业源头是从事十几年检测事业的魏老爸发现女儿的包书皮存在刺鼻的味道。创业前期，魏老爸发现女儿每个学期买回的包书皮都刺鼻难闻。出于职业的警觉，魏老爸检测了女儿买回的和市面上所有的书皮，无一例外地发现了大量邻苯二甲酸酯和多环芳烃这两种强致癌化学物质。魏老爸四处反映，却无人在意。但魏老爸不愿意屈服于现状，他决定从自己开始，做点事情，去解决这个社会问题。

从书皮、橡皮擦、书包到桌垫，魏老爸几近疯狂地检测各种学生文具，而另一个疯狂的事情就是检测的结果几乎都让人大跌眼镜，大量的不合格产品出现在他的眼前。魏老爸自掏腰包十万元，拍了“老爸评测纪录片”，将这些信息公之于众（在 2016 年 3 月就已经达到了 1500 多万的点击量）。除此之外，魏老爸还开创了自己的“老爸评测”微信公众号，同样发布自己评测的各种文章。“自费评测”魏老爸火了。文章、视频被家长刷爆了朋友圈，媒体、报纸也纷纷报道，其中也包括人民日报。

短时间内，魏老爸的微信公众号就会集了大量的家长（1 万多的家长和 11 万粉丝），家长们除了了解文具的安全性之外，更多的是问魏老爸解决的办法。7 个书皮，全部含有严重有害物，这样的解决方案：一切从说服第一个包书皮生产商开始。魏老爸说服了一个包书皮生产商去使用食品接触材料和做好的胶（医用或者食用级别的热熔胶）来生产包书皮。

问题一：搞定了产品之后，就得考虑渠道了。

解决方案：B2B、B2C、广告、订阅，这几种方式魏老爸都考虑过了。如果选用 B2B，就没有公正性，基本保证不了产品的质量，只有自己卖货才能保证产品的质量，于是魏老爸就选择了微商这条路。为了进一步保证产品的安全，坦诚地卖货，魏老爸将部分产品价格透明化，进价费、包装费、人工费全部裸露在公众的眼前，并且承诺不接受企业任何赞助费和广告费。

问题二：包书皮的质量是保证了，但是成本比整个行业的包书皮都要高，会有人买吗？这样的方式能让自己的企业活下来吗？

解决方案：魏老爸不知道，但是他想试一试。同时他也想出了一个好办法。首先是将自己的部分产品以“全裸”的姿态展现在大家的面前，比如，一个包书皮，材料成本××元，人工包装××元，成本价××元；然后在“全裸价格”的旁边还有一个“捐 3 元”“捐 5 元”的选择。魏老爸的团队怀着忐忑的心情看着魏老爸把价格像这样一个个地打了上去。

结果却出乎所有人的意料，第一个月就突破了 10000 卷包书皮，而且还在不停地增加，更让人觉得不可思议的是，下单的时候竟然有不少人选择了“捐 3 元”或者“捐 5 元”，这给了魏老爸极大的鼓舞和启发，这样不仅书商拿到了好处，魏老爸也似乎找到了发展下去的方向，就这样，魏老爸从包书皮慢慢拓展到文具，就以最简单的运营模式：自媒体运营—检测—老爸商城（微商）做了起来，实现商业与可持续问题解决的结合。

问题三：销量是上来了，但是对于魏老爸这几个人的团队来说，人手不足发货错乱的问题时有发生。

解决方案：这样的服务问题，不仅没有招致家长（消费者）的不满，而且获得了他们深深的谅解，这样的问题也就自然而然地解决了。

问题四：利润不足以弥补评测、人工等费用，资金链出现断裂。

解决方案：魏老爸发起了一次天使轮众筹活动，筹集了 200 万元资金，其中吸收了 112 位家长作为老爸评测的微股东，解决了资金链的问题，与此同时，老爸商城的销量仍在递增，到 2016 年底，老爸评测已经实现自负盈亏了。

问题五：作为微信公众号的客服人员，魏老爸与家长一直保持着最密切的联系。在接受家长反馈的过程中，魏老爸发现，文具的问题是逐渐地解决了，但是有很多家长也逐渐地反映了一些新的问题。像学校的橡胶跑道的安全，以及家里装修甲醛含量的问题，都亟待解决。

解决方案：魏老爸开发了一些有用的工具，让家长们能够众筹检测。于是就出现了魏老爸众筹检测校园橡胶跑道、魏老爸众筹发起甲醛测量仪器漂流活动等，就这样解决了家长们的一系列的问题。

如今，魏老爸的甲醛检测仪漂流——同城免费分享项目也进行得如火如荼。只要在魏老爸的微信公众号或者是网页上就可以直接预约，而且还有视频教学和文字教学，“手把手”教会了每个家长在家自己测量房间的甲醛含量。“把甲醛仪免费租借给家长们使用，不要协议，不用押金，坏了不用你赔，采用绝对的信任来进行一次信任传递试验。由家长们自己组织传递，一个传一个，全国漂流我们靠的完全是信任！”魏老爸如是说。截至今天，甲醛检测仪已经成功在 21460 间房间完成了检测，累计检测出了 9012 间甲醛超标的房间。

问题六：像这样完全靠大家相互信任建立起来的公益创业虽然目前进行得比较顺利，但还是存在一定的风险的。

解决方案：刚成长起来的小企业必须通过保险来降低自身的风险，因此，魏老爸评测目前已经和中国人寿保险达成了合作，而且使用者需要绑定自己的芝麻信用，这样最大限度地保障企业能够茁壮成长。

取得的效果：

1. 销量

第一个月就突破了 1 万卷包书皮，而后持续增长，到 2016 年 9 月突破 100 万销量。虽然现在老爸商城的销量还无法与淘宝等相媲美，但就目前平台上的数据来看，老爸商城的发展相当可观。

第一篇微信帖阅读量上百万人次，视频点击量 150 多万人次，得到上万名家长的支持，浙江卫视、杭州电视台、《解放日报》等多家媒体争相报道。

2. 资金状况

表 2-4　资金状况

年份	2015	2016
投入资金（元）	100 万（自筹）	200 万（众筹）
利润	不明	自负盈亏

3. 社会反响

短短一年之内，家长开始重视孩子们使用文具的安全，校园跑道质量问题，家里甲醛含量是否超标问题；社会热心人士纷纷匿名向魏老爸捐钱，表达自己对他的行为的赞赏和支持；社会各大媒体和论坛邀请魏老爸分享自己的评测故事；社会各大风投也向“老爸评测”抛出橄榄枝，表示希望老爸评测做大、做强，并愿意为企业注入资金……这些都说明老爸测评在社会取得了非常强烈的、良好的反响，赢得了社会的认可。

资料来源：根据老爸评测网站 https://daddylab.com/及相关报道整理。

参考文献

[1] Bacq S, Hartog C, Hoogendoorn B. A Quantitative Comparison of Social and Commercial Entrepreneurship: Toward a More Nuanced Understanding of Social Entrepreneurship Organ-

izations in Context[J]. Journal of Social Entrepreneurship, 2013, 4(1):40 -68.

[2]Carter C F, Williams B R. Industry and Technical Progress: Factors Governing the Speed of Application of Science[J]. 1957.

[3]Willard B. The New Sustainability Advantage: Seven Business Case Benefits of a Triple Bottom Line[M]. New Society Publishers, 2012.

[4]Willard M, Hitchcock D. The Business Guide to Sustainability: Practical Strategies and Tools for Organizations[M]. Routledge, 2009.

[5]霍肯. 商业生态学: 可持续发展的宣言[M]. 上海:上海译文出版社, 2007.

[6]邓楠. 中国 21 世纪议程: 中国可持续发展战略[J]. 中国人口资源与环境, 1995, 5(3): 1 -6.

[7]邢小强, 周江华, 仝允桓. 包容性创新: 概念, 特征与关键成功因素[D]. 2013.

[8]圣吉. 必要的革命: 可持续发展型社会的创建与实践[M]. 北京:中信出版社, 2010.

[9]蒂德,贝赞特著. 陈劲译. 创新管理——技术变革、市场变革和组织变革的整合[M]. 北京:中国人民大学出版社,2012.

第 3 章　创造共享价值

从创新创业行动与 CSR、商业伦理和可持续发展的关联来看，可持续创新创业是企业拥抱 CSR、商业伦理和可持续发展的结果，也是时代环境对创新创业提出的要求与规范。换言之，可持续创新创业是企业为了解决社会问题、承担企业社会责任、达成可持续发展目标而寻求的解决方案。通过兼顾社会、经济与环境的共同需要，创新创业主体进行共享价值的创造。因而共享价值创造是可持续创新创业核心内容。

3.1　创造共享价值理论

创造共享价值源以自哈佛大学的 Porter 和 Kramer 于 2006 年在《哈佛商业评论》上发表的以"创造共享价值"为起始的一系列论文。Porter 和 Kramer 认为传统的 CSR 理论在实践中很容易沦为说教，对企业行为的影响停留于纸面倡议，难以产生推动企业承担社会责任的内在力量。基于这样的判断，Porter 和 Kramer 提出创造共享价值的主张：企业发展应以解决社会问题为切入点，不仅要创造经济价值，也要创造社会价值。

值得强调的是，创造共享价值并不是通过再分配手段进行价值分享与 CSR 承担，而是取得经济成就和获得可持续竞争优势的新方式。因此创造共享价值的主张一经提出，就与利益相关者管理、社会创新、价值共创、可持续营销以及顾客价值主张等领域的理论迅速形成合力，引起了学术界与企业界的广泛关注。《创造共享价值》一文还获得当年哈佛商业评论的淡马锡年度最佳论文奖，并得到 GE、可口可乐、阿里巴巴等全球性公司的支持。

提出创造共享价值的 Porter 和 Kramer 认为，创造共享价值并不是 CSR，也不是慈善活动，而是一种通过解决社会性问题的方式获得竞争优势的战略。但是，创造共享价值提出的目的就是为 CSR 寻找出路，实现企业与社会的共赢。Payne 等（2017）认为，从顾客的视角分析，共享价值与传统的商业价值并不相同，满足的不仅是狭窄细分市场的需要，而是帮助企业获得了基于社会资源的竞争优势。Tate 和 Bals（2018）明确提出 SRBV（Social Resource Based Value）竞争优势理论框架：发展处理社会问题的技术与能力，帮助企业获得各种利益相关者资源，提升企业用商业手段解决社会问题或创造新市场机会的能力，并以此为基础建构服务生态网络实现价值共创的竞争优势。利益相关者的资源包括：创造共享价值建立顾客信任，能够获得消费者认同；创新共享价值解决社会问题，可以获得政府和社区的支持，在税收与政策支持上处于优先位置；创造共享价值能够使企业更容易获得投融资便利、切入新投资市场以及获得媒体关注；等等。随着可持续发展问题的关注度越来越高，基于社会资源的竞争优势变得越来越有商业意义。

虽然创造共享价值伴随着争议，甚至有学者认为创造共享价值与 CSR 是等同的，只是表述形式不同。但是，随着理论研究的大量开展与实践的踊跃推进，创造共享价值逐渐作为一种新的企业竞争范式被接受。在一方面，学术界充分论证了创造共享价值战略的理论依据。在 SRBV 之外，服务主导逻辑理论对推动创造共享价值成为竞争范式也功不可没。

2006 年，几乎在创造共享价值提出的同一时间，Lusch 和 Vargo 两位学者提出服务主导逻辑的概念，他们认为生产与消费并不对立，强调消费者并不是价值的被动接受者与消费者，而是价值共创者。在服务主导逻辑看来，厂商只能提出价值主张，通过互动和资源整合，与消费者共创价值。随着服务主导逻辑的发展，消费者之外的利益相关者也被纳入价值共创的范畴，包括消费者在内的其他利益相关者同样是资源的贡献者，也可以与企业共创价值，服务生态系统由此提出。在服务生态系统的理论框架内，厂商与各利益攸关方基于共同的价值主张，共同创造价值，价值也为利益攸关方所共享。服务主导逻辑的理论发展及至服务生态系统的提出，为创造共享价值提供了理论背书。

在新的竞争范式下，企业重新认识资源的范畴，调整企业价值观念，与利益相关者共同创造价值，并与他们分享共享价值的战略路径。与传统的商业理念并不相同，用于创造价值的资源并不限于企业拥有的知识、资金、人才与技术，消费者以及所有的利益攸关方也有资源和能力来完成最终的价值创造。并且，消费者与其他利益相关者在价值创造过程中不可或缺，甚至更为重要。比如，厂商可以生产食材，也可以提供炊具，但只有消费者根据自己的需要和目的，进行菜品组合，并利用自己的资源（厨房、时间与技能），才能创造出一个丰盛的晚宴。并且，消费者在利用厂商和自身资源的过程中，可能需要一个健康专家提供的特殊菜谱，这样这个盛宴就有更多的共创价值和使用价值。

打开生产和消费的边界，重新思考用于价值创造的范畴只是开始。当突破企业的边界，发现企业边界外的利益相关者还有可资利用的资源条件的时候，要撬动这些资源必须通过解决社会问题和创造共享价值的理念才能完成。因为社会问题关系到消费者与利益相关者群体，解决社会问题就成为企业、消费者以及利益相关者的共同交集，这些分散的资源可以因此得到集聚。解决社会问题只是创造共享价值的切入点，创造共享价值的理念和主张才是根本。依照服务主导逻辑的观点，顾企价值共创的方法只有一个，就是有吸引力的价值主张。同样地，基于上述分析能够发现，共享价值主张是创造共享价值的核心和关键。

3.2 创造共享价值的基本方式

Porter 和 Kramer（2011，2014）认为，创造共享价值是对传统资本主义精神与企业模式的革新，可采取三种方式：①重新定义需求、产品与市场。依照传统商业逻辑，很多市场被认为无利可图，其需求不能获得商业上的关注，只能指望公共部门出面解决（如低碳出行）。但是，企业如果重新思考产品与市场，去满足不为传统企业所关注的市场，可以创造共享价值。②从价值链角度重新界定生产力的内涵。从产业链的能耗、资源利用、碳排放的视角去思考，企业可以找到创新的方法来提升可持续性，其结果是企业获得更高的生产效率，从而创造共享价值。③促成产业集群的发展。产业集群的发展可帮助本地和社区发展，也可帮助公司获得更好的产业支持，从而实现企业竞争能力的提升。后续不少学者对 Porter 和 Kramer 的观点做出了修补。例如，张利平（2013）认为，在发展产业集群的时候，发展产业链中的薄弱环节更能创造共享价值。Moon（2014）提出定义核心竞争优势、重新思考综合目标、产业链整合以及促成当地甚至全球产业集群发展的共享价值创造战略。

3.2.1　重新定义需求、产品和市场

创造共享价值的核心要求，就是回应与满足社会需求。社会需求的范畴非常宽泛：健康、营养、和谐、更小的环境影响等，这是最难满足的需求，也是最大的未满足需求。传统的消费需求研究沉迷于创造许多实际上不需要的人造需求（如越来越快的手机更新换代），但是对这些未被满足的需求却视而不见。事实上，现有经营厂商并不清楚商品与服务是否对消费者真正有益。一个品牌食品可满足消费者休闲食品的需求（如，某某辣条、某某膨化食品），但是这个食品对消费者是否有益，却不得而知。在发达经济体，满足社会需求的产品和服务在迅速增长。一些传统上关注味道和数量的食品公司开始关注营养，关注食品是否真的让消费者健康；Intel、IBM 与神州数码公司开始探索智慧城市的解决方案，帮助企业与城市降低能源消耗，提升营运效率；富国银行开发出财务工具帮助消费者进行预算管理，降低家庭负债，而不是简单粗暴地要刺激消费者多消费、多负债。

重新定义需求、产品和市场的另一个突出方面是关注此前不被关注的消费人群，如 BOP（金字塔底端人群）。在发展中国家，每天收入不到 2 美元的贫困人群几乎被主流厂商所忽略，而这样的人群目前至少有 6 亿人口。即使在发达国家，也存在一些弱势群体，他们失业、遭遇人生低谷、鳏寡孤独、收入拮据等，传统主流观点认为这是政府部门关注的重点，很难成为商业关注的重心。原因很简单，他们没有消费力，开发 BOP 市场很难赚钱。但是，BOP 的市场空间却是巨大的，关键是企业如何去满足他们的需要。在孟加拉国，格莱珉银行聚焦于 BOP 人群的信贷需求，帮助这些人谋生与成长，自己也实现了事业增长；在肯尼亚，沃达丰公司通过手机银行服务了 1000 万消费者，这些客户的储蓄存款已经达到这个国家的 11%；在印度，路通社以廉价手机为渠道，为农户提供天气与农作物价格信息，帮助 200 万农户将年均收入提升到 2000 美元，而路透社只收取一个季度 5 美元的服务费。聚焦 BOP 人群，通过商业方式创新去满足其此前不被关注的消费需求，使得 BOP 人群生活得更美好，社会问题自然得到解决。当然，开拓 BOP 人群的创新创业手段与技术突破其实可以营运到其他领域，也可帮助企业获得更好的事业发展，这是一种重要的创造共享价值方式。

3.2.2 从价值链的角度重新定义生产力

企业价值链不可避免地影响社会事项，也受到社会事项的影响，如，水和自然资源、健康与安全、工作条件、平等工作机会等。在法规与资源税缺乏的情况下，企业通常会将价值链的成本社会化。比如，电子商务快速发展，产生大量的包裹消费，生产、运输以及后处理这些包裹的社会影响（资源消耗、排放增加以及损害包装工人的健康等），几乎没有企业去承担，这些价值链的成本被社会化了。通常情况下，没有人会去关注企业价值链的社会成本，在没有相关法律法规的条件下，处理与解决这些问题被视为企业的成本与负担。

创造共享价值的理念提出后，这样的观点被证明是错误的。很多企业重新检视与优化产业链，降低产业链的社会成本，并没有背上负担，反而节约了成本，提升了企业的竞争力。比如，沃尔玛公司处理商品过度包装问题就非常具有启发性。过度包装消耗资源、增加物流成本、使得消费后处理难度增大，增加产业链的环境影响和社会成本。沃尔玛公司与经销商协同作战，对进入沃尔玛的所有品牌提出包装修正方案，一年节约物流成本就超过 2 亿美元，资源消耗等社会成本也得到降低。

Porter 和 Kramer 进一步认为，企业可以从能源消耗、资源利用等角度思考和评估企业价值链（包括生产、物流、采购以及消费等）的生产力，当企业致力于降低整体上的能源消耗等社会问题的时候，价值链的生产力与社会进步就能协调同步。直观地说，价值链上的社会问题处理，能使企业获得健康、安全、环境绩效、员工保持、雇员忠诚等各方面的协同。当企业的员工健康、安全与环境绩效提升的时候，企业就会获得员工忠诚与组织承诺，而员工忠诚与组织承诺的直接结果就是生产力的提升。而且，改进整个价值链的可持续绩效，往往意味着企业取得了突出的技术进步，而技术进步将提升资源利用效率、流程效率和质量，最终降低生产成本。也就是说，解决社会问题会导致短期成本上升，但是，从长期来说，会帮助公司技术进步，提升公司的生产效率，降低相关的生产成本，最终提升公司生产力。因此，当企业从价值链的角度重新思考生产力的时候，原先的思考模式就会发生改变。

在一些情况下，从价值链重新思考生产力还会带来短期成本下降。比如，英国零售企业玛莎百货在研究全球零售系统内的物流能耗时，发现价值链的能耗在生产、运输、供应链、分销和支持服务各个环节都会发生，他们只采取了一个细微的行动：停止东西半球之间的相互购买，即本地的消费需求尽量通过本地采购来满足，2016 年当年就节省零售费用 1.75 亿英镑，与此同时，降低了大量的碳排放。再比如，传统的商业采购通常都是向劳动力成本更低的经济区域外包，但人们很快发现，这样的策略几乎是不可持续的。从成本最低的地方采购可以实现采购成本最低的要求，但是物流过程中能源消耗和排放成本却大为上升，而且导致大量的社会问题，如富士康工厂出现跳楼等事件。雀巢公司通过分享技术、供应链金融、提升咖啡品质等方式帮助小农场提升产品质量和生产力，而不是一味地将生产基地外包或转移到成本最低的国家和地区，雀巢咖啡整个价值链的竞争力却因此得到提高。此外，还有众多的案例都显示，重新思考价值链生产力能够产生巨大价值。iTune、Kindex、Google Scholar 分销大大降低了纸张与光盘等资源的使用，而 Johnson & Johns 帮助雇员戒烟以及推行健身项目，为公司节约了 2500 万元的健康费用，也使得员工生产效率大为提升。

3.2.3　促进产业集群的发展

没有一家公司是自成体系的，每一家公司的成功都依赖于协作与当地基础设施。企业的生产力和创新高度依赖于产业集群。狭义地讲，产业集群指的是特定地理区域内的关联企业、供应商、服务提供者以及物流基础设施，比如：IT 公司之于硅谷；钻石公司之于南非；灯饰公司之于中山。广义的产业集群，不仅限于商业范畴，还涉及学术研究、贸易与标准化组织、干净水源、公平竞争环境与透明化市场环境等。

产业集群对于任何成功与发达区域经济都非常重要，在推动生产力、创新和竞争力方面起到关键作用。高质量的本地供应商是高质量物流效率的前提。产业集群服务能力（培训、交通服务等）以及协作产业可以提升生产力，没有产业集群的支持，企业的生产效率将大受影响。产业集群的服务效率将影响企业内部的成本：糟糕的公共教育增加了制造与培新成本；交通基础设施不好，提高公司物流成本；性别与种族歧视降低可利用的劳动力资源数量；贫穷限制了产品需求并导致环境退化、不健康的工作人员和高安全成本。

一般而言，企业与产业集群的关系是依存与寄生的关系，企业选择产业集群较为成熟的区域开展业务经营，而较少从企业建设产业集群的角度去思考。当今，随着社会经济的发展，企业与社区的关系不是增加了，而是弱化了，而社区是产业集群的基础所在。但是，当重新思考企业与产业集群的关系的时候，企业可能通过创造共享价值的方式获得超乎想象的发展空间。以阿里公司的电子商务产业集群为例，对于电子商务企业来说，不同产品和服务的提供商、电信与网络服务商、物流商、市场诚信交易环境以及电子商务的众多 IT 公司构成了电子商务产业集群的核心组成部分。在 2002 年的时候，中国电子商务的产业集群不完善，交易机制不健全、假货横行、物流跟不上、品牌商家缺乏……阿里公司从产业集群建设的角度去创造了一个庞大的产业体系，创建淘宝网、支付宝、阿里妈妈……甚至后来建立菜鸟物流公司，凭借一己之力，整合不同的品牌、企业、资源等，与各方协调打造了一个网络产业集群。迄今阿里平台的销量与影响力已经超越沃尔玛，解决了中小企业营销问题、小微企业创业问题、商业诚信问题……阿里公司堪称发展产业集群创造共享价值的典型。

由于产业集群的范畴非常广，通常与社会发展存在密切关联，因而，促进产业集群发展的共享价值创造战略非常多元。从阿里公司以及电子商务这个巨大的产业集群的发展，可以粗略地勾勒出促进产业集群发展的价值创造选择。

第一，从创建产业集群与生态圈的角度来创造共享价值。阿里创建电子商务产业集群最开始的选择就是创建了淘宝网这样的商务平台，去聚集各类产业链关联企业，或者利用市场自身的力量，让平台上的企业发展成为产业集群中的重要组成部分。

第二，选择产业链中薄弱的环节进行突破。产业集群从某种程度上就是一定行业的产业链协作单位在一定时空范围内的集聚，关键自然在于突破产业链的关键环节。对电子商务而言，安全可靠的交易机制是核心难题。阿里创新地设计淘宝机制，解决了这个关键问题。可以说，淘宝机制不仅解决了交易问题，更重要的是解决了信用问题，淘宝由此飞速发展。当然，薄弱环节其实是变动的，因应产业集群发展的不同阶段而变化。

第三，推动产业集群的自然进化。产业集群不仅要实现聚集，还要实现自然进化，因而产业集群的生态系统就需要保证。阿里在促进电子商务产业集群的发展过程中，曾经因为市场规则问题责成其 CEO 及其关键人员离职，只有这样，健康的产业链关系、透明而且市场化的市场秩序产业集群才可能得到自然组织并不断进化。

第四，关注产业集群的价值共享。产业集群的发展直接影响社区以及整个社会，社区与社会利益必须在其中受到关注。可以说，湖畔大学、蚂蚁森林、阿拉善生态协会……均是阿里在建设产业集群过程中对社区与社会需求的回应。

3.3　共享价值创造的类型

3.3.1　共享价值创造战略框架

创造共享价值是一种竞争战略，是获得竞争优势的战略选择。在创造共享价值战略提出之前，大量的研究学者提出 CSR 可以帮助企业建立竞争优势，甚至有学者提出 CSR 战略的主张。但 CSR 并没有成为大多数竞争战略的选项，更多的企业是从公共关系角度（如慈善捐助）来推进 CSR 活动。创造共享价值战略与 CSR 并不相同，是通过在创造社会性价值的同时也创造经济性价值的方式来获得竞争优势，是一种企业战略。

创造共享价值从创新的视角来看，就是创造性地承担企业社会责任。从战略的角度来思考，创造共享价值依赖于一定的环境、条件与执行资源，在这些方面达到要求，才能成为有效的竞争战略。也有学者（如 Forest Reinhardt）认为，创造共享价值战略的有效性取决于企业的经济基础、企业所在行业的结构，以及企业在这个行业结构中的地位及其组织能力。

如果存在创造共享价值战略的有效性边界条件，那么基于不同的边界条件进行不同的共享价值选择就成为可能。在竞争战略研究中有两种基础性的观点：定位学派和企业资源能力学派。Porter 认为，企业竞争战略存在两种基本类型：成本领先和差异化经营，这是竞争战略的两个基本路径选择。而基于资源能力学派的竞争战略理论，企业建构竞争优势的切入点大致有三：组织流程、产业链和最终产品与服务。于是，从实务角度阐释，创造共享价值战略就存在两大类和六种形态。低成本导向的创造共享价值战略有：效率型、集约型和成本领先型，即从组织流程、产业链与最终产品及服务切入，创造具有成本竞争优势的共享价值。差异化导向的共享价值创造战略有：内涵型、可持续供应链和品牌型，也是以组织流程、产业链以及最终产品及服务等为切入点进行与众不同的共享价值创造（见图 3－1）。

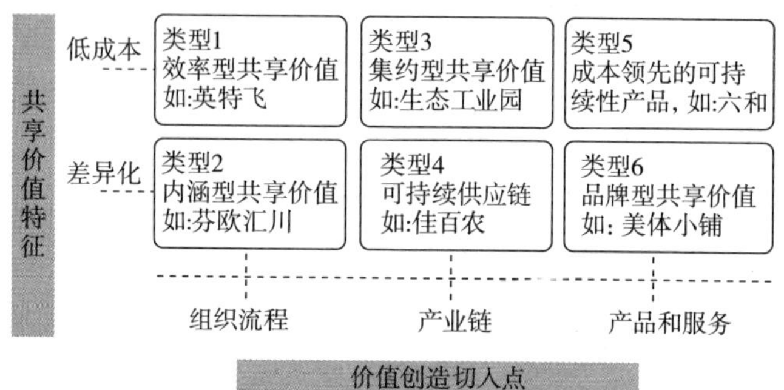

图 3－1　共享价值创造战略框架

这个框架模型有几个微妙但非常重要的方面。

第一，它不应该被看作是阶段模型。阶段模型通常专注于阶段性的共享价值创造，通常，初始阶段的共享价值创造是反应性的，发展阶段的共享价值创造是合作性的，成熟阶段的共享价值创造是战略性的，而该框架模型为企业创造共享价值提供各种并不递进甚至相互补充的共享价值创造。比如，一家企业致力于创造环境友好型的品牌形象，它既可以致力于绿色产品的开发，也可以在产业链上锻造高质量的绿色产业链，还可以引进 ISO19002 的环境质量认证。当然，这家企业也可专注于某一特定环节（组织流程、产业链及产品服务），进行特色化经营或者通过管理创新建构独特的成本优势。

第二，共享价值的类型非常多元，使得上述逻辑框架的扩展性非常强。何为共享价值？学术界并没有标准化定义。但从 Porter 的初始定义来说，解决了特定社会问题就意味着创造了共享价值，而社会问题的范畴就非常广泛。迄今，可持续科学已经得到广泛传播，该领域学者对社会问题的界定最为全面，《2030 全球可持续发展议程》中的 17 个目标范畴可以归纳社会问题的边界和社会价值的范畴：消除贫困；消除饥饿；良好健康与福祉；优质教育；性别平等；清洁饮水与卫生设施；廉价和清洁能源；体面工作和经济增长；工业、创新和基础设施；缩小差距；可持续城市和社区；负责任的消费和生产；气候行动；水下生物；陆地生物；和平、正义与强大机构；促进目标实现的伙伴关系。因此，只要有助于这17个目标实现的价值创造均可纳入社会价值的范畴。简言之，只要有助于这些目标实现的创新创业行动均可纳入共享价值创造的范畴。

第三，在竞争性的共享价值创造战略框架中，差异性与组织流程成本有关，也与顾客为产品或服务支付溢价的意愿有关。然而，如同现实的任何典型化处理一样，这些战略也是一种特定情况下的理想状态。换言之，上述理论框架是通过简化条件的方式来帮助我们理解共享价值创造。例如，我们应该在具体实践中考虑到，每一个差异化战略（以环境或其他社会价值为导向）中，都存在一个成本因素；类似地，每一个成本战略中，也都有差异化因素。例如，麦当劳和汉堡王可能以低价为基础进行竞争，但在低价的范畴之内，麦当劳可能通过再生包装材料来形成差别，而汉堡王可能以其差异性的产品品类来进行竞争。再比如，迄今，超市里存在众多生态或低碳标签（如绿色食品或有机食品），绿色食品之间也存在价格竞争。

第四，在组织流程、产业链和产品及服务的范畴之间存在重要的区别。组织生产流程涉及生产设备、机器与操作流程等多方面相互关联的活动，而产业链则是企业外部与企业市场经营直接相关的协同组织及其资源关系。流程上的活动与产业链之间的关系很难相互独立，它们彼此联系。而产品和服务相对容易被顾客识别和感受，因而，以流程、产业链以及最终产品为切入点的共享价值战略性质并不相同，但最终都应该以顾客为标准进行检验。例如，为单一的产品或品牌（如富平家政学校）确定一个战略是可能的。对一个方面的组织流程，如有机食品认证的专业生产线，也是可能的。但事实上，即使公司有一个无所不包的可持续发展战略，通常也会针对特定的项目与品牌、产品组合来分类设计可持续战略，即共享价值战略。也就是说，从组织流程、产业链和产品及服务的角度进行共享价值创造是非常实用的，可以让企业创造共享价值的战略得以顺利推进。

第五，专注于某一具体的战略（战略1～6）并不意味着可以忽略其他能够创造共享价值的领域。例如，一家公司专注于生态效率的提升（战略1），即通过低成本的生产流程创造环境价值（如佳百农公司利用岷江上游的自然山谷，因应地形建造不同的鱼池，既生产出有竞争力的鱼类品牌，又带动当地经济的发展，实现乡村振兴）。但这并不意味着这家企业在养鱼的过程中可以忽视绿色饲料的使用，或者，这家企业如果不在饲料、育种等方面做出努力，形成产业链上的竞争优势，其竞争优势可能受到影响。当然，企业共享价值创造的不同努力间存在着对资源的竞争，如生产流程的努力可能使企业在产业链整合上的资源投入不够。换言之，战略意味着选择、优先性和专注，在多种可能之中，一个被选中的创造共享价值战略的切入点，可能意味着企业将会做某些事情（如环境友好型产品的生态标签），而非其他事情（如绿色产业链的打造）。

3.3.2 效率型共享价值创造

20世纪90年代末，保罗·霍肯出版《商业生态学》，艾默里·洛文斯和亨特·洛文斯等推出《自然资本主义》，提出通过重新设计生产和消费系统来提升资源产出效率。他们主张的新商业系统处处模仿自然，能够实现企业、消费者和生态环境的共生共栖。德国汉堡市环境保护促进局的迈克尔·布劳恩加特和贾斯特斯·恩格尔弗里德博士提出"聪明的产品体系"，即"循环经济体系"——消耗品、服务品和不可出售的产品。合格的消耗品是废弃后必须能够进行生物降解的产品。服务品就是可以重新使用的产品如家电等，租赁给消费者使用，周期结束后返回企业循环使用。不可出售的产品包括有毒化学品、放射性物质、聚氯联苯、重金属等，这些东西在使用完毕后，存放在政府指定的租所，企业负责支付存放费用，或者找到安全地祛除毒性的方法并加以实施。

霍肯认为，可持续发展问题并不是企业的内在本质使然，也不是自由市场经济制度的必然产物，它只是目前商业制度设计和运行的结果。因此企业需要改造商业生态关系：用本地区生产的产品替代全国性和国际性产品；企业对自己对自然界造成的影响负责；不需要大量使用外来资金去实现发展和成长；从事以人为本的、有价值的、有尊严的、本质上令人满意的生产和消费过程；在地球、双手和嘴之间寻找最短、最简单的路线；创造具有持久性和长期效用的目标，产品的最终使用和处理将不损害后代；通过教育将消费者改变为顾客。

基于霍肯等学者重构商业系统的主张，世界可持续发展工商理事会

（WBCSD）提出“更少的投入，更多的产出”（Doing more with less）。其核心意思是：生态与环境是企业的生产资源，我们应通过减少资源的投入获得更多的产出。因此，从组织流程的角度减少资源的消耗就成为一种典型的创造共享价值战略。因为这种战略的核心在于提高效率，我们将其命名为效率型共享价值战略。该类战略关注生产、运输以及商品使用等组织流程的资源消耗、最大化产出与最小化社会及环境影响。效率型战略的核心目标是提升资源利用效率，降低流程成本，大多数企业都会主动优化改进组织流程的效率，提升效率和质量。

需要注意的是，企业在提升资源效率的时候，关注的不仅仅是成本，而是可持续视角的资源投入产出关系。比如，英特飞公司在检验地毯产品的使用流程时，发现多数客户其实不需要购买一整块的地毯，于是他们向客户提供小块地毯的出租服务，每周都可更换，而更换后的地毯可以清洁后在其他地方循环使用。这样的组织流程改进对英特飞和顾客是双赢的结果：因为只租不卖，客户的购买成本大幅下降，而英特飞也不用生产更多地毯，只需要提供一定的生产量，循环使用即可，对石油等资源的使用也大幅下降。这样整个企业的资源使用效率提升、环境影响大幅下降，为典型的效率型共享价值创造类型。

[延伸阅读]

效率型共享价值创造

1. 自来水公司改变污水处理流程

某自来水公司发现，随着城市与社会经济的发展，污水处理的需求越来越大，自来水公司被迫不停地建设污水处理厂。建设污水处理厂不仅需要较高的投入成本，而且维护成本也非常高。该公司重新审视污水处理的价值链，发现可以与某水资源公司合作，在城市的下游地带，与城郊农民合作建设观赏性湿地，这些城市的污水流经湿地，通过自然的方法对污水进行净化处理。这种创新的价值共创模式大大降低了净水成本，改善了环境，还与市政公司以及湿地所有者开发出新的郊游场所。

2. 啤酒副产品养蘑菇

在传统的啤酒厂，发酵过的谷物是主要的副产品（每百升啤酒大概会产生 18 千克）。这些副产品通常被低价出售给养猪场或养牛场。但是这些产品既不环保，对猪牛而言也不好消化，而且猪牛食用这些产品之后会产生过量甲烷，对健康不利。欧洲“零排放研究计划”认为，可将这些使用过的谷物用于培养蘑菇，这样的解决方案不仅很经济地将副产品中的纤维素和蛋白质转化为食用的蘑菇，而且不需要复杂设备与投资，从流程上解决了副产品的环境与社会影响问题，而且创造出新的社会价值。

资料来源：[意]奥萨多. 可持续发展战略：企业变绿何时产生回报[M]. 北京：机械工业出版社，2012.

3.3.3 内涵型共享价值创造

与效率型共享价值不同，内涵型战略对资源利用效率和资源成本的关注度不高，但对整个流程的环境与社会影响高度关注。为了提供社会环境影响管理的标准化方案，一些国际标准化公司提供的认证服务有突出贡献，并为企业广泛采用。因此，将内涵型共享价值创造的核心内容界定在：企业引进高标准的环境与社会影响认证管理，包括 ISO 14001 环境管理系统认证、EMAS 生态管理与审核系统、OHSAS 18000 体系等，或者加入“责任关怀”、环境责任经济联盟等可持续性俱乐部以通过自愿规范的组织管理行为降低企业环境与社会影响。通过这种战略方式进行的共享价值创造需要付出较高的成本，但也能获得两方面好处：其一，降低了因此可能引致的社会风险。其二，为企业赢得声誉，并客观上降低了企业的环境和社会影响。如芬欧汇川公司通过 EMAS 等认证，建立良好声誉，顺利进入欧盟市场。

方式 1： ISO 14001 环境管理系统认证。

ISO 14001 是国际化标准组织为提升企业环境管理水平而推出的商业性认证体系。标准是帮助企业实现环境目标与经济目标的统一，支持环境保护和污染预防。标准不仅是为了强调企业的组织管理应达到什么要求，更主要的是建立一个不断持续改进的管理体系。

环境管理体系围绕环境方针的要求展开，内容包括制定环境方针、实施并实现环境方针所要求的相关内容、对环境方针实施情况与实现程度进行评审并予以保持等。环境管理所涉及的管理要素包括组织结构、计划活动、职责、惯例、程序、过程和资源等。

可以这样描述 ISO 14000 环境管理体系：这是一个有组织、有计划而且协调动作的管理活动，其中有规范的动作程序，文件化的控制机制。它通过有明确职责、义务的组织结构来贯彻落实，目的在于防止对环境的不利影响。

环境管理体系是一项内部管理工具，旨在帮助组织实现自身设定的环境表现水平，并不断地改进环境行为，不断达到更新更佳的高度。

方式 2：EMAS 生态管理与审核系统。

EMAS 是欧盟于 1993 年发起的用于企业和其他组织进行评估、报告和促进其环境绩效的管理工具。EMAS 被公认为世界上最严格、最权威的环境管理工具。一方面，EMAS 要求组织须建立环境管理体系；另一方面，EMAS 相较 ISO14001 而言是一种更深化的管理工具，具有绩效导向、高度可信性、信息透明的特点，包括以下四个主要方面。

（1）关注环境绩效。EMAS 要求组织编制环境声明，在环境声明中明确要求组织应设定足以说明组织在特定环境领域的绩效情况的环境绩效参数（能源效率、材料利用率、水、废弃物、生物多样性、排放物等），并对注册组织的环境绩效的持续改进有严格的要求。

（2）环境评审。为了确保环境管理策划的充分性和有效性，EMAS 明确提出了组织应当实施环境评审，即对与组织的活动、产品和服务相关的环境因素、环境影响和环境绩效进行全面的初始分析，涵盖与环境相关的适用法律要求的识别、环境因素的识别、环境影响重要性评价准则的描述、对所有现有环境管理惯例与程序的调查、对以往事件调查结果的反馈进行评估等。

（3）环境因素。EMAS 指出仅限于组织场所与设施的环境因素识别是不充分的，出于对产品全生命周期的考虑，EMAS 将环境因素区分为直接环境因素和间接环境因素，并明确了两者的定义：直接环境因素为组织直接管理控制的与其自身的活动、产品和服务相关的环境因素；间接环境因素为可能由组织与第三方相互作用所产生的，且组织能够对其施加合理影响的环境因素。

（4）信息公开。EMAS 要求组织应能够证明其与公众和其他相关方（包括本地社区和顾客）就组织的活动、产品和服务的环境影响进行了公开对话，以识别公众和其他相关方的关注点，从而建立组织与相关方之间的信任。EMAS 还特别要求组织编写环境声明，在环境声明中必须将方针、方案、环境管理体系、组织绩效的详细信息作为组织环境声明的一部分对外公开，且环境声明中的信息需经过验证师的确认才能最后生效。

方式 3：OHSAS18000 体系认证。

OHSAS18000 系列标准是由英国标准协会（BSI）、挪威船级社（DNV）等 13 个组织于 1999 年联合推出的国际性标准，它是企业建立职业健康安全管理体系的基础，也是企业进行内审和认证机构实施认证审核的主要依据。OHSAS18000 是对企业应对可能的损坏财物、危害环境、影响人体健康或伤害风险的体系措施认证与评价。

为明确职业安全健康管理体系的基本要求，鼓励用人单位采用合理的职业安全健康管理原则与方法，控制其职业安全健康风险，持续改进职业安全健康绩效，特制定职业安全健康管理体系审核规范。此规范的目标在于：①建立职业安全健康管理体系，有效地消除和尽可能降低员工和其他有关人员可能遭受的与用人单位活动有关的风险；②实施、维护并持续改进其职业安全健康管理体系；③保证遵循其声明的职业安全健康方针；④向社会表明其职业安全健康工作原则；⑤谋求外部机构对其职业安全健康管理体系进行认证和注册；⑥自我评价并声明符合本规范。

方式 4：CERES 环境责任联盟。

CERES 原则，即《环境责任经济联盟原则》。1989 年以来，有 60 多家领域不同、规模各异的公司加入该联盟并签署了一揽子协议，内容包括：减少浪费、节约能源、降低员工和社会的健康与安全风险。核心任务是推动企业采用更环保、更新颖的技术与管理方式，以尽到企业对环境的责任。

CERES 环境责任联盟认为，全球可持续发展必须与环境责任相协调，其使命是鼓励企业做出环境承诺并践行 CERES 原则。接受该原则，企业须对影响社会发展的一系列问题做出承诺：保护物种生存环境；可持续地利用自然资源；减少废弃物和能源使用；恢复被破坏的环境；等等。接受 CERES 原则，意味着企业为改善环境而持续努力，并且为其全部经济活动的环境影响承担责任。CERES 原则包括以下 8 项：

保护生态环境：减少排放和努力消除对水、空气、土壤及居民有环保危害的物质。保护因经营而受到影响的所有栖息地。保护生物多样性时，保护开阔的空间和野外环境。

可持续使用的自然资源：持续利用可再生的自然资源，如水、土壤、森林，通过有效利用和缜密规划，保护不可再生的自然资源。

减少和处理废物：减少废物来源和循环再利用废物。通过安全且负责任的方式处理所有废物。

降低风险：通过安全的技术、设施和操作程序，努力减少环境上、卫生上和安全上对员工和小区的风险，同时为紧急情况做好准备。

安全的产品和服务：减少并根除使用、生产和销售的企业与社区环境状况。定期与工厂附近小区内的居民进行对话，征求意见。

通知公众：及时地通知每个会受到影响的人，知会由公司造成的危机健康、安全和环境的状况。定期征求公众建议和通过与在工厂附近小区内的居民谈话进行咨询。对向管理部门汇报危险事件或状况的员工，企业应采取措施保护他们。

管理部门的承诺：实施这些原则，保证董事会和 CEO 完全知晓有关环境问题，对公司的环保政策负完全责任。在选择董事会构成时，对环境的承诺是重要考虑因素。

审查和报告：每年对在实施这些原则中取得的进展进行自我评估，及时形成普遍接受的环境审查程序，每年要完成向公众公开的 CERES 报告。

3.3.4　集约型共享价值创造

集约型共享价值战略从属性来说是 Porter 和 Crammer 所主张的从产业链切入的共享价值创造，但在促进产业链建设过程中是成本导向的。集约型战略存在两个基本动机：其一，通过产业链的整合，降低产业链的环境和社会影响，甚至通过促进当地社会经济的发展而解决可持续性问题。比如，新希望公司聚焦 BOP 群体开发出公司 + 农户的商业模式。公司与农户签订合约，利用农户的牧场进行奶牛养殖，公司担保提供信用贷款帮助农户购买奶牛，并且提供奶牛饲养技术、生奶收购等服务。这样一来，新希望公司通过低成本的方式与上游的奶源之间建立关联，农户有了稳定的收入来源，合作共赢，为典型的产业链切入的共享价值创造。其二，在产业整合的过程中，存在明显的成本导向，确保产业链的竞争力。如果从产业链整合的角度，新希望公司可以走入内蒙古，与大型牧场进行合作。但这些牧场的联络和签约成本是高昂的，往往被大型奶业品牌所垄断。因此，新希望公司与四川等小型农户开展合作，由于农户与市场接近，奶源也具有本地化的新鲜优势。

本质上，标榜自己是生态圈的互联网企业，相当多都是在执行低成本导向的集约型共享价值创造。比如现在的拼多多以及曾经的淘宝，通过低成本的聚集，一方面聚焦于满足价格敏感度比较高的市场需求，同时通过降低成本以及特殊的商业模式实现过度生产能力的聚集。需求与市场生产能力有效对接，就可以完成集约型的共享价值创造。

当然，集约型的共享价值创造战略并不局限于低端或 BOP 市场，其目标是在保证竞争力的前提下整合并降低产业链的环境影响。如前文阐述的 Interface 不仅改变了地毯的产供销范式，将原先的大块整合购买改为小块组合式租赁，还从使用后地毯的循环使用上着手去提升产业链的竞争力。改变模式的地毯总生产量大为降低，但地毯使用结束后的处理依然是 Interface 需要解决的问题。他们通过一定的方法进行回收处理，一部分材料可以循环使用，还有一部分材料可以变成塑胶跑道。这样的解决方案使 Interface 成为一家生态循环公司，成为典型的绿色企业，原因是其产业链没有任何负面环境影响。

[延伸阅读]

集约型共享价值创造

1. 生态工业园

依照工业生态学的思想，来自一个企业的废弃物、副产品和能源可以进入另外一个企业的生产过程，从而构成一个闭环系统，这通常叫作生态工业园，目前在全球范围内至少有超过100个真正意义上的生态工业园。20世纪70年代，丹麦的凯隆堡市的生态工业园就已经建成了。煤电厂、炼油厂、专注于生物技术的制药厂、石膏与塑料板生产厂、水泥厂、硫酸厂、市政供热部门、养鱼场、一些温室大棚以及其他的农场企业参与合作。根据循环经济减量化、再使用、再循环原则，这些工厂通过资源共享和互换副产品的方式形成产业共生组合。在这些工厂和部门之间实行废物、废热的有偿供给和交换，实现了物质消耗的部分循环和能源的逐级利用。更有意义的是，企业间的物质和能量交换是以经济合同形式实现的，不仅改善了区域环境，在经济上也能取得效益。

2. 闲鱼

闲鱼是淘宝开发的二手交易APP，旨在帮助人们处理闲置物品。很多时候，生活中的某些物品长期闲置未做处理。其原因是，大部分用户没有闲暇时间及精力去倒卖与周转闲置物品，小部分用户则是不知道倒卖二手商品的渠道。淘宝推出“闲鱼”二手交易APP，迎合了很多消费者变“闲”为“现”的想法，也响应了社会低碳生活的号召。

闲鱼可以帮助解决人们无处安放的闲置物品，客户端无须注册店铺就能卖闲置物品：为家里狗狗的幼崽找一个新主人，换房后不再适合的家居其他人是需要的，旅游带回的特色小商品可以分享给其他驴友，孩子不再喜爱和使用的玩具可以送给别家的小朋友……“闲鱼”之上，不只有交易，还有价值的交互，有着共同爱好、趣味相投的人们还可以实现互动。

很多情况下，刚刚买到的东西你可能发现并不适合，在闲鱼上可“一键转卖”淘宝上已买到的宝贝。使用淘宝账号登录，点击进入“闲鱼”一键转卖功能后，就会跳出用户在淘宝所买到的宝贝列表；点击宝贝后面的“一键转卖”，可轻松设置转让信息。在“闲鱼”APP 手机软件中，网民出售的闲置物品被分为手机、电脑/电脑配件、相机/摄像机、女装、玩具、书籍、男装等详细类别，用户点击进入后可浏览，也可在检索栏中直接输入商品或卖家名称进行检索。

资料来源：作者根据案例所述公司网站信息及相关报道整理，本书其他部分未标注的案例信息来源同。

3.3.5　可持续性供应链战略

从狭义上说，企业的上下游就是供应链，企业从上游厂商那里获得生产经营的资源与原材料，并向消费者及厂商客户交付产品与服务，产业链范畴的社会与环境影响是全生命周期的，而不是局限在生产环节。因此，企业可以基于可持续性管理的目标，通过各种手段降低每一个环节的影响与资源消耗，同时可以推动更大范围的可持续性。正如 Porter 所述，降低产业链的环境与社会影响，并非一定是成本与费用的上升，也可能是产业链效率的提升。

从广义上说，可持续性产业链战略，可以理解为建设一个广泛联系的可持续性发展网络，使得致力于可持续发展的企业、NGO 组织、国家标准机构以及其他主体相互联结，搭建一个可持续的，知识、技术、信息以及理念充分沟通与协作的平台。我们注意到，要建设一个被称为生态工业园的产业链性平台，不仅需要组合循环经济链条，更重要的是建立可持续性主体的市场体系。在这个体系中，各种可持续性资源相互竞争，通过市场的方式与其他市场主体在可持续性价值规范下进行合作，从而产生出生生不息的体系力量。从发展的角度来说，可持续发展目标的实现有赖于一个个可持续性生态链的形成与发展。

因此，与强调成本竞争力的集约型共享价值创造不同，可持续性供应链战略志存高远，希望实现产业链上的协同来完成共享价值的创造，通常有以下两种做法。

第一，企业可以利用自己在供应链上的影响力，推动整合产业链达到较高的可持续性标准，实现更大范围的可持续协同。比如，鉴于沃尔玛在全球范围的采购影响力，他们可以提高采购标准，如只有达到绿色生产标准才能进入沃尔玛的供货体系，以提升上游供应商的环境保护行为动机。或者，沃尔玛利用自己在产业链上的特殊位置，对通过EMAS认证的企业优先采购，也能推动整个产业链向更绿、更环保的方向发展。

第二，企业可以全新地打造一条可持续性产业链，从而从整体上塑造可持续性品牌，同时也能达到提升企业声誉的目标。比如，东方园林公司转型为环境方案解决商，不仅提供城市水资源管理方案，也提供生态修复服务，还帮助城市区域建设进行文旅产业发展，成立巧女公益基金会，参与保护大自然与生物多样性。

[延伸阅读]

佳百农生态鱼的可持续性供应链

佳百农是广州佳百农公司和宜宾群星公司合作推出的生态鱼品牌。当前，对淡水鱼养殖行业来说，市场存在三个主要问题：其一，水体污染，使得淡水鱼的安全难以保证。其二，短期思维横行，几个月就出笼的"肥水鱼"（在肮脏的水塘里，浮游生物众多，为鱼儿提供了食物，鱼儿成长快，但不健康）和"泡澡鱼"（肥水鱼或使用生长素的鱼品长到一定程度，转池到净化水里集中养殖3~10天）大行其道。其三，规模化难题，由于涉及汛期问题，渔业养殖户很难实现规模化养殖。

佳百农公司与宜宾群星公司合作进行了具有可持续性特色的产业链整合。首先，两者合作推动建设生态鱼养殖基地。在岷江上游宜宾叙州区的自然生态区内找到一条原生态的山谷，山谷狭长，达几十公里，两岸少有人烟，谷内有延绵不绝的溪流。在山谷内，他们沿谷建设了几十个生态鱼池，溪水流进池，并从池内流走，实现水源的自然养殖。其次，拟推出公司+农户的产业链合作模式。淡水鱼养殖是一条长长的产业链，包括育种、培苗、养殖、捕捞、销售、餐饮和延伸品开发等环节。如果整个产业链都集中在沿溪的养殖基地进行，最终出品的鱼品规模会受到约束。于是，两家公司将从育苗到小鱼（1年左右）的养殖环节外包当地农户，农户利用自己的鱼塘散养。一年后回购并在基地流水养殖。如此一来，基地的生产规模扩大一倍；合作农户预计年均增收2万元；散养提升规模，回购后的流水养殖（也需要1年时间）则去掉泥腥味，确保鱼品的肉质与安全性。其三，两家公司拟定合作开发不同鱼饲料，进一步扩大产业链。

这样，佳百农生态鱼就成为农户、基地与公司参与的绿色生态链，生产经营范围包括饲料、育种、养殖等多个环节。此外，佳百农生态鱼还承诺将3%的销售收入用于留守儿童保护、新农村建设以及可持续乡村发展研究。其产业链的范畴从生产消费扩展到研发、社会发展以及包容性发展的更多范畴。通过可持续产业链的打造与经营，不仅可形成一条生态农业的新型发展模式，还推动了农村振兴，创造了多重共享价值。

3.3.6 成本领先的可持续产品战略

虽然环境意识与可持续性被消费者高度关注，但消费者愿意溢价购买的比率却不高。一方面，塑造可持续性品牌的成本比较高；另一方面，可持续性的利基市场比较小。因此，在提供产品与服务可持续性方面，很多企业并不希望走品牌建设之路，而是希望提供有成本竞争力的可持续性产品与服务。即，成本领先的可持续性产品战略，在提升产品与服务可持续性的方面，让环境友好、资源集约等体现为产品的成本竞争优势。这样，创造共享价值的公司在产品性能、价格等基本竞争要素方面不输给竞争对手，可持续性等共享价值特征就成为获得市场认同的额外条件。成本领先的可持续产品战略通常有以下三种形态。

（1）全生命周期的产品生态与社会友好设计。在很多行业（如钢铁、建材、包装等生产资料行业），企业之间主要基于价格进行竞争，留给供应商通过共享价值差异化（如生态与绿色）收取溢价的空间非常小。但是，随着生态保护与可持续发展要求的提高，企业及产品的环境方面的社会标准会越来越高。因此，通过创新的生态与社会友好型设计可以帮助企业提高成本与环境等方面的竞争力。例如，瑞典Ecolean公司是一家包装膜生产厂家。该公司为了降低包装膜的环境影响，几经探索，在包装技术创新性中，采用地壳中最丰富的碳酸钙替代原先的油基塑料（HDPE），不含任何有毒物质的同时，成本降低25%。一项全周期的评估得出结论：Ecolean公司产品在产品生命周期内任何环节的所有方面（水、能源使用和碳排放等）的环境影响，都远低于它的竞争对手。并且，由于使用碳酸钙，Ecolean公司的包装在任何条件下均可生物降解。该公司于2001年开始进入中国建厂，并获得了我国政府支持。在我国，紫荆花公司通过实施黄麻绿色创新战略，开发出以黄麻作为纺织及包装材料关键原材料的可持续性技术，将传统高耗能、高污染的纺织工业成功转型为高科技绿色企业。

（2）改变产品的性质，实现可持续性。Porter提出共享价值主张时呼吁：企业在创造共享价值时应该重新审视产品性质。在全球范围内观察，一些企业并不是重新设计它们的产品，而是通过改变它们的本质来获得优势。例如，近郊旅游市场萎缩得非常厉害，因为随着汽车时代的到来，城市家庭可以利用私家车自行出游，很多旅行社都取消了类似的项目。但我们惊喜地看到，广州有一家公司将近郊旅游变成自然教育项目：提供郊游的全程安排，融入自然教育、野外技能培训等众多项目。不仅让家庭可以集体出行，使得亲子之间有更多的交流；还能在郊游中学习自然，理解自然，感受自然，其成本也并没有上升。可以说，这家公司赋予和改变了近郊旅游项目的性质，从而让一个进入衰退期的服务项目重新焕发生机，并变得有可持续性。

同样地，改变产品性质而获得巨大市场增长的情况，我们在陶氏化学公司找到了支持。传统上，油基乙烯是最为广泛生产的有机化合物，其全球销售额达到1140亿美元。而生物乙烯被认为是狭小的利基市场，因为人们普遍性地认为，生物乙烯虽然对环境影响小，但由于成本偏高只能被较小的市场接受。但是，陶氏化学公司却改变了人们对生物乙烯的市场认知，通过技术投资将生物乙烯改造的质量更好、价格更低，而且环境影响更小，因而，生物乙烯摇身一变，成为大规模市场中的宠儿。追溯历史，陶氏化学公司改变产品性质的成功故事还有很多，在20世纪30年代他们就成功地将花生、马铃薯或其他作物转化为胶水、肥皂、油墨、燃料和其他工业产品。随着现代生物技术的发展，原先产品的性质可能会产生改变，也为共享价值创造提供了可能。

（3）重新定义产品的概念和用处。世界是多元的，视角不同往往意味着完全不同的可能。对不同的产业来说，重新定义产品的概念边界，通常会产生解决问题的不同方案。对畜牧业而言，环境影响较小，因而，畜牧业的可持续发展问题并不受关注。但现代化的畜牧业强化了土地使用，并且提高了单位面积牲畜数量，因而导致地下含水层硝酸盐—硝态氮的流失。一般地，人们可能会通过降低畜牧业强度去解决问题。但新西兰人发现，元凶不在于畜牧业的强度，而是牛的尿液。土壤—植物系统无法在草垫中保持这么多的氮元素，因此导致氮渗透到地下水中。为了防止硝态氮的流失，Ravensdown 公司开发了一种名为 eco. n 的产品，是一种硝化抑制剂，它的作用是降低有害的氮渗透和气态损失，通过在放牧过的草地上提高土壤肥力循环来增加牧场的生产力。

3.3.7 品牌型共享价值创造

共享价值品牌战略是从共享价值方面对产品与服务进行差异化的战略选择，其核心内涵在于，该品牌提供的产品与服务比同类产品有更低的环境与社会影响，同时还需要满足便利性、美观等其他要求。换言之，它不仅与消费者私人利益有关，也与产品本身附带的公共利益有关。对这些公共利益的态度，是将共享性品牌与传统差异化战略分开的关键。

在共享价值品牌战略的实施过程中，首先要解决的是信息可靠性问题。例如，参与生产一个餐桌的所有活动需要清楚地呈现给消费者。他们需要知晓其中的公共利益，伐木过程中对生物多样性的保护、在生产过程中的循环用水、在运输过程中的最小化碳排放、在劳动力使用过程中对于员工健康及发展的支持，以及对地球与社会的基本负责任的精神与态度等，展示这些信息的一个途径就是共享价值标签（如生态标签、低碳标签）。

事实上，在 20 世纪的欧美，就大量出现了产品认证俱乐部，他们通过不同但相似的程序和规范，对企业管理的规范、过程以及结果进行评估，试图以评估的结果为相应的企业及其品牌贴上类似生态标签一样的符号，以防止环境主义运动引致的各种认知成本。如美国的林业及纸业协会 1995 年设立自己的认证机制：可持续林业倡议（Sustainable Forest Initiative）。此前的森林管理委员会（FSC）就提出从环境（如种植园的土壤和生态保护）和社会方面（如对原住民和劳动力标准的尊重）等方面对林业企业进行认证，目前，通过FSC认证的企业占比已经超过10%，而且售价相较其他企业更高。

再如，“欧洲之花”欧盟生态标签（Eco. label）又名“花朵标志”，是欧盟于1992年出台的绿色生态标签。其核心思想是，选出各类产品中在生态保护方面的佼佼者，予以肯定和鼓励，从而逐渐推动欧盟各类厂家积极参与生态保护，降低产品设计、生产、销售到使用，直至最后处理的全生命周期的环境影响。欧洲之花的生态标签同时提示消费者，该产品符合欧盟规定的环保标准，是欧盟认可与信任并鼓励消费者购买的“绿色产品”。

除此之外，全世界范围内类生态标签的认证有：澳大利亚卓越环境选择（Australian Environmental Choice）、北欧天鹅（Nordic Swan）、ISO14025（量化全生命周期内工业流程、活动与产品的环境影响的方法）、碳信托（Carbon Trust）、有机食品、绿色产品、B公司（Benefit Corporation）等。需要注意的是，这些认证与此前ISO14001和EMAS认证并不等同，前者主要关注企业生产流程，而后者关注产品标准（见图3-2）。

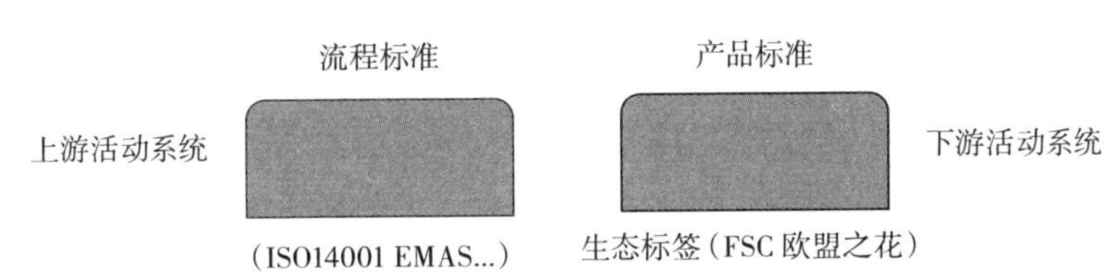

图3-2 关注组织流程与关注品牌塑造的战略比较

当然，信息可靠性并非一定要靠生态标签之类行完成，也可通过营销沟通来完成。比如，美体小铺（BODYSHOP）的品牌塑造过程就是通过定位于负责任品牌，通过鲜明的理念主张（支持社群贸易、维护人权、反对动物测试、积极支持自尊和保护我们的地球，对推动社会和环保改革不遗余力）以及系统而持之以恒的传播体系来完成的。也就是说，共享价值特征的品牌与其他突出特性的品牌塑造并没有本质性区别，均为企业基于特定的理念与标准，通过整合营销传播手段进行的系统性营销传播沟通与塑造（见图3-3）。

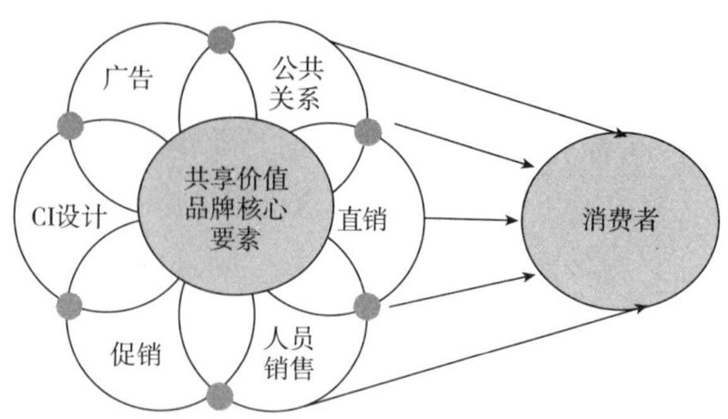

图 3-3　共享价值品牌建设路径

需要注意的是，具有共享价值特性的品牌塑造与传统的品牌整合营销传播存在差异。差异点在于，共享价值品牌的创造与传播通常借助于社会性媒体的协助，而非传统的进行品牌传播的投资。比如，尤纳斯针对 BOP 市场的格莱珉银行，并没有通过广告或者具有营销意义的公共关系活动进行宣传推广，而是通过著书立说的方式进行理念传播与价值沟通。

从格莱珉银行的传播沟通中，我们可以得到三方面的品牌创建启示。

第一，口碑的力量。从一定程度上说，共享价值是稀缺产品，其社会影响和价值对其受益者及其关注共享价值的群体而言，具有足够的口碑效应。有研究显示，认同可持续发展与共享价值的消费者往往具有可持续导向的心智模式，对于可持续发展与共享价值具有内在的认同，因而再次传播的可能性大为提升。

第二，共享价值的传播性。随着社会经济的发展，环境危机、资源耗竭、社会安全、贫困问题等可持续发展问题困扰着人们，全球性媒体、社会组织、政府机构、企业及个人为可持续发展问题展开了广泛而深入的研究与传播。迄今为止，在全球范围内甚至形成了可持续发展相关的社会关系网络，这个网络嵌入到整个社会结构中。他们创造、传播与影响着可持续发展与共享价值的知识与信息。共享价值创造可以被迅速地嵌入其中，并得到广泛传播。

第三，共享价值的体系性。不管是尤纳斯，还是美体小铺，抑或是韩国 SK 集团，不仅是通过实践创造共享价值，还提出了共享价值相关的理论体系。如韩国 SK 集团的金大中先生不仅创办了一系列的社会企业，还基于社会创业过程中遇到的各种问题进行了系统思考，探讨企业与社会的关系问题，解决社会创业如何创造共享价值并持续发展的关键障碍。

[延伸阅读]

九康生物的共享价值创造

传统地，农业对化学农药非常依赖，但是化学农药对农产品、环境以及农民自身的伤害却广受诟病。然而，生物农药由于技术与市场的原因，社会普及和社会认同程度较低。现在，我国每年农药600多亿元市场中有95%是化学农药，纯生物农药不足5%。致力于解决大量农药使用产生的环境伤害、食品安全等社会性问题的，于2005年成立的九康生物科技公司，联合浙江大学等科研单位、重庆蜂鸟叁号投资合伙企业等投资机构，经过十多年的专注性价值创造，目前已开发出生物农药、楝树生物肥料及其他楝树生物制品的环境友好型产品，已经创造出显著的社会性价值，而且还可产生更为可观的共享价值。比如，其开发的印楝素纯植物源生物农药（0.6%印楝素乳油）是无毒、无害、无残留的纯生物农药。不仅减少了环境影响，更提升了农产品的竞争力，对食品安全有特别重要的意义。

九康生物的共享价值创造，其实是通过解决三个关键问题来实现的。

1. 纯植物源的生物农药社会普及和社会认同度低

解决办法：①在研发出印楝素生物制药技术之后，九康公司为进一步推广，积极地和浙江大学合作，并商定共同组建“浙江大学亿蜂智慧农业创新中心”，并在浙江有关市、县建立智慧农业产业示范区。二者还共同建立印楝素纯植物源生物农药厂及生物肥料厂，从产业链的角度进行共享价值的创造和社会传播。②积极引进国际上先进的农药及毒物残留检验检测设备，并借助于浙江大学雄厚的技术资源，不仅能够帮助食品及农产品生产者、地方政府及时了解食品及农产品中的农药及毒物残留量，杜绝农药及毒物残留超标的食品及农产品进入流通领域，真正保障食品及农产品安全，而且提升了九康公司的知名度，让更多的人接触和了解生物农药。

2. 生物农药投资大，回报期长

解决办法：公司在不断进行研究投资的同时，也重视产品的后续研发及技术储备，积极整合各类平台资源。依托国内知名高校的技术研发力量，发挥产学研合作平台的资源优势，公司先后与南京大学、浙江大学、扬州大学、兰州交通大学及其他研究机构合作，进行产品技术研发。其中：由浙江大学教育部计算机辅助产品创新设计工程中心等机构共同投资，在浙江大学科技园区内注册成立了浙江亿蜂农产品检测股份有限公司，引进当今国际上先进的农药及毒物残留检验检测设备，并借助于浙江大学雄厚的技术资源，对农产品、林业产品和食品（包括出口食品及农产品）中的农药及毒物残留进行检测。

3. 生物农药不稳定，生产量能很难规模化

解决方案：从楝素组织化培养、工厂化育苗到大规模推广种植，再到采收楝素果，从楝素果的皮肉分离提炼并生产可再生生物能源、楝素生物柴油，从楝素果仁中萃取提炼植物克生素、楝素油，生产楝素的生物农药，分离萃取提炼后的废渣，再直接加工生产成楝素生物肥料。开发出三个拳头产品：0.6%印楝素乳油、楝素复混有机肥和含氨基酸水溶肥。

(1) 0.6%印楝素乳油。产品特点：①杀虫谱广，高效。可防治多种害虫，对蚜虫、粉虱、小菜蛾、斜纹夜蛾等效果尤佳。②选择性强，对非靶标生物安全。有效防治害虫时，对天敌昆虫、鸟类及人畜等安全。③害虫不易产生抗药性，长期使用可有效控制害虫种群密度及大小。④有效成分印楝素是从植物中提取的杀虫活性物质，易降解，无刺激性气味，无残留，无污染。⑤不含任何化学合成物质，是纯植物源生物农药。

杀虫原理：①拒食（不吃）、忌避（躲避）；②驱杀或排斥幼虫和成虫；③抑制或制止产卵；④阻止其表皮几丁质的合成，使其不能正常蜕皮或变态；⑤抑制生长发育等。

施药后害虫不是立即死亡，而是出现拒食、麻痹现象，活力明显下降，部分害虫从植株上掉落，1~5天内害虫大量死亡。

（2）楝素复混有机肥。九康楝树复混肥可用作绿色无公害农业和有机农业的有机肥料，遵循自然规律和生态学原理，精选多种天然原料配合楝树果粉和生物菌混合发酵而成，施用后提高土壤肥力，活化土壤、修复土壤、减少土壤板结，促进农作物生长，综合补充农作物需要的营养，长期供给农作物营养，促进农作物扎根生长，减少肥害药害的发生。施用后农作物根系发达，分蘖力增加，茎秆粗壮，抗逆性提高，病害减轻，蔬菜叶片增厚，结实率、坐果率提高，果子果色鲜艳红润口感好，同时根据当地种植习惯和农作物生长特性可以减少化肥和农药的使用量，提高农产品品质，耐储，增加农产品销售市场和销售价格，综合提高农业效益。

长期使用九康楝树复混肥，可减少化肥使用量，保护生态环境，保护害虫天敌生物，减少虫害和病害发生，减少农药使用量，减少劳动力操作，比常规单独使用化肥单产增产10%以上，提高农业综合效益。

（3）含氨基酸水溶肥。富含多种微量元素及生物氨基酸，具有工艺先进、配比科学、养分齐全、活性物质含量高的特点，能满足各种植物的营养需求，提高作物抗性、减少生理性病害的发生，促进根系发育，提高吸收土壤养分的能力。使用后叶片浓绿，植物光合作用增强，促进养分积累，从而使植株健壮，果实品质改善，植物产量显著提高；能促进花芽分化，使植物提前开花、成熟，保花保果。同时增强植物抗病、抗旱、抗虫、抗寒能力，减轻病虫害的发生和因用药不当造成的伤害。

资料来源：根据九康生物公司王章信息披露及其相关报道整理。

参考文献

［1］Casadesus – Masanell R，Crooke M，Reinhardt F，et al. Households' willingness to pay for "green" goods：Evidence from Patagonia's introduction of organic cotton sportswear［J］. Journal of Economics & Management Strategy，2009，18（1）：203 – 233.

［2］Font X，Guix M，Bonilla – Priego M J. Corporate social responsibility in cruising：Using materiality analysis to create shared value［J］. Tourism Management，2016（53）：

175 - 186.

[3]Crane A, Palazzo G, Spence L J, et al. Contesting the value of "creating shared value"[J]. California Management Review, 2014, 56(2): 130 - 153.

[4]Kramer M R, Porter M. Creating shared value[J]. Harvard Business Review, 2011, 89(1/2): 62 - 77.

[5]Lee D, Moon J, Cho J, et al. From corporate social responsibility to creating shared value with suppliers through mutual firm foundation in the Korean bakery industry: A case study of the SPC Group[J]. Asia Pacific Business Review, 2014, 20(3): 461 - 483.

[6]Lusch R F, Vargo S L. Service - dominant logic: Rreactions, reflections and refinements[J]. Marketing Theory, 2006, 6(3): 281 - 288.

[7]Orsato, R. J. Sustainability strategies[M]. Palgrave Macmillan, 2009.

[8]Payne S L, Calton J M. Towards a managerial practice of stakeholder engagement: Developing multi - stakeholder learning dialogues [A]//Unfolding Stakeholder Thinking [M]. Routledge, 2017: 121 - 135.

[9]Pfitzer M, Bockstette V, Stamp M. Innovating for shared value[J]. Harvard Business Review, 2013, 91(9): 100 - 107.

[10]Porter M E, Kramer M R. Creating shared value[A]//Managing sustainable business [M]. Springer, Dordrecht, 2019: 323 - 346.

[11]Tate W L, Bals L. Achieving shared Triple Bottom Line (TBL) value creation: Toward a Social Resource - Based View (SRBV) of the firm[J]. Journal of Business Ethics, 2018, 152(3): 803 - 826.

[12]Vargo S L, Lusch R F. Evolving to a new dominant logic for marketing[A]//The Service - Dominant Logic of Marketing[M]. Routledge, 2014: 21 - 46.

[13]霍肯．商业生态学：可持续发展的宣言[M]．上海：上海译文出版社，2007.

[14]仝允桓，周江华，邢小强．面向低收入群体（BOP）的创新理论——述评和展望[J]．科学学研究，2010(2):169 - 175.

[15]邢小强，仝允桓，陈晓鹏．金字塔底层市场的商业模式：一个多案例研究[J]．管理世界，2011(10):108 - 124.

[16]邢小强，周江华，仝允桓．包容性创新：概念，特征与关键成功因素[D]．清华大学博士学位论文，2013.

第 4 章　社会嵌入与可持续创新创业

创新创业通常嵌入在一定的社会关系网络中进行，遵从 CSR、商业伦理与可持续发展原则的可持续创新创业尤其如此。与传统不同，可持续创新创业是为社会问题寻求解决方案的行动，本质在于创造共享价值。创造共享价值内涵有二：价值为不同的利益相关者所共同创造以及所创造价值为利益相关者所共同分享。因此，构建或嵌入可持续导向的社会网络是创新创业的基本路径。通过与网络成员的互动沟通、信息交流、资源交换与角色扮演等，使可持续创新创业成为可能。

4.1　可持续创新创业的社会嵌入

可持续创新创业活动需要构建包括商业和非商业合作伙伴及其利益相关者在内的社会嵌入网络。在高质量的社会网络中，网络成员扮演不同的角色：供应商、分销商、知识贡献者、共同开发者、客户、信贷提供者、投资人和媒介人等。而且这些角色并不单一，不同成员在不同情境下可能扮演多重角色。一般而言，可持续导向的网络成员包括以下几种。

4.1.1　商业性质的合作伙伴

商业性质的合作伙伴包括营利性的供应商、分销商、用户、股东、金融保险企业或设计公司等服务类中介机构等，这些合作伙伴与企业的合作更多是基于经济利益交换，但只有存在解决社会、生态问题和促进可持续发展的共同愿景和目标，它们才能成为真正的伙伴。正如德鲁克所言，企业是社会的器官，承担着一定的社会功能。简单地说，企业的社会功能就是它们具有解决社会与环境问题的能力、意愿和资源。因此，这些商业合作伙伴可以为企业可持续创新创业提供资源。

张利平等（2013）基于可持续创新的案例研究显示，可持续创新创业较多地涉及商业性质的利益相关者，涵括：产业链上下游的供应商、分销商、顾客以及行业内独立的服务公司等。当然并非所有的商业合作伙伴都能帮助企业创新创业，一方面，需要企业在商业合作伙伴上进行高质量的建设，比如，青岛海尔与全球最顶尖的管理商学院、战略咨询机构、投资银行机构建立合作关系；另一方面，也需要企业在创新创业过程中进行资源识别，寻找契合自身需要的商业合作伙伴。比如，盒马鲜生在进行生态农业食品选择的时候，就设定了标准：有自己的生产基地，并且成熟经营的时间超过 3 年，而东方园林公司在学术合作机构上直接选择了国内最顶尖高校。

研究显示，在可持续创新创业与共享价值创造中，商业性质的利益相关者在可持续创新过程中起着辅助的作用。课题组发现，诸多致力于农业产业化与乡村振兴的企业在创新创业过程中，都得到了金融机构的关键性支持。比如：临武舜华鸭业公司在进行“公司 + 养鸭协会 + 农场”的创新模式推进中，金融机构为低收入群体提供贷款、养殖保险服务等，成了商业模式成功的关键力量。同时，张利平（2013）的研究显示，BOP 个体（金字塔底端人群，指低收入、弱势以及被主流社会经济体系“排斥”的群体）这一非传统的利益相关者却在可持续创新活动中起到举足轻重的作用。例如，舜华鸭业的临武鸭养殖者、六和集团的禽畜养殖户、横店草业的饲草农户和奶牛养殖户即为 BOP 个体，他们作为本地性供应商为企业提供了从事特定事业所需的知识、能力和专长，帮助临武、六和与横店草业迅速完成知识积累和快速发展。

可以说，BOP 群体既是可持续创新创业的受益者，也作为商业合作伙伴为创新创业的企业提供生产与代理服务，是可持续创新创业成功的关键力量。Hart 和 Simanis（2008）广泛研究了跨国公司在亚洲贫穷地区面向 BOP 的创新实践，他们最终提出，与 BOP 群体进行深度对话，倾听并响应 BOP 市场的潜在需求，不仅将 BOP 用户视为低收入的消费者，还视为商业合作伙伴，将企业社会嵌入到 BOP 社区并建立长期共赢的合作伙伴关系是企业进行 BOP 创新和开展业务并获得成功的关键。

在不同的可持续创新创业活动中，众多商业性质的利益相关者以及其他类型的合作伙伴的共同参与和协同合作非常重要，不可忽略。在社会紧密互联的今天，企业关起门来进行创新创业的时代已经过去，将采购商以及 BOP 这样的服务提供商或消费者视为单独交易关系的时代也不符合潮流。创新创业的主体应该开放包容地融入商业网络中，突破一般意义的“引进、消化和吸收”的线性创新思路，从共享价值创造或者战略性优势建构的高度来管理创新创业活动，即大家一同创造价值，价值为大家所共享。

4.1.2　非商业性质的利益相关者合作伙伴

在可持续创新创业活动中，非商业性质的利益相关者同样可以成为合作伙伴，如公共服务部门、中央或地方政府部门、相关产业联盟、各类大学及其科研机构、NGO 或公民团体、非政府组织、合作社等，这些组织更多关注社会、环境方面的具体问题，这些组织的价值诉求、社会资源以及技术能力决定了其可以成为企业可持续创新创业的贡献者。非商业组织与企业的合作往往基于社会和环境效益进行推进，很多时候企业与其合作往来并没有正式的协议，也没有明确的经济目标，但相互之间的合作却可以非常紧密。

与商业性质的合作伙伴不同，非商业性质的利益相关者在可持续创新创业合作中的作用存在显著差异。其作用存在三种类型。

第一，影响可持续创新创业理念与方向。非商业性质的利益相关者关注公共利益，其价值观念和思想主张可与商业企业形成互补与交互，可激发商业企业跳出狭隘的商业视角来看待商业。比如，霍肯的《商业生态学》催生了英特飞这样的可持续商业的全球性典范；Porter 和 Crammer 的共享价值主张的理念影响并推动雀巢、GE、可口可乐等全球性巨头进行可持续创新与创业；德鲁克的企业是社会性组织的观点影响了全球众多的企业高管，并推动他们通过商业的方法去解决社会问题。可以说，以全球契约组织等为代表的全球性组织在传播可持续发展理念与科学，推动全球可持续性创新创业中起到了思想引领的作用。

第二，协助可持续创新创业的推进和完成。作为信息、技术、媒介等公共资源的占有者，在可持续创新创业中能够起到协助的作用。比如：致力于环境友好型产品开发的企业往往借助于高等院校的科研实力，进行相关技术合作，共同申请国家课题，或者进行技术攻关；很多商业企业也邀请非营利性机构担任技术顾问或者外聘董事等职位，以让这些利益相关者在可持续创业的决策、推进与评估等环节起到补充与矫正作用；另外，很多可持续发展导向的企业组织聘请大专院校的资深教授担任技术顾问或独立董事，或者企业与科研院所共建企业实验室，以资源互补的方式推动可持续创新创业的实现和完成。

第三，对可持续创新创业活动起到媒介作用。在健康的社会体系中，非商业性利益相关者往往承担着商业性组织无法完成的任务（如知识传播、舆论表达、资源整合等），是社会可持续发展的重要力量。可持续创新创业在资源整合与市场目标达成的过程中，舆论支持不可或缺。非商业性利益相关者群体，尤其是具有良好社会公信力的机构（如联合国环境发展总署、大自然保护协会、KLD 指数评定机构等）则可提供支持与协助。例如，韩国 SK 集团在整合非商业性伙伴的媒介功能上不遗余力，甚至金大中先生自己成立社会创业的知识传播机构以帮助其可持续创新创业活动的传播，扩大其社会影响力。格莱珉银行、英特飞等公司也采取了类似的措施。

当然，非商业性机构非常多元，可持续创新创业活动不尽相同，不同的非商业性机构在创新创业活动中扮演的角色呈现差异性结果。其作用和价值取决于两个方面的因素。

第一，资源因素。比如，可持续知识传播机构（如生态论坛、地球峰会）具有全球性影响力，可连接全球可持续领域的行业组织、NGO、专有知识、专利、技术、资金等资源；大专院校、科研院所拥有专业的知识与技术，具有企业专业资产互补的功能，在互补性资产、业务模式创新、技术支持、配套服务等方面发挥着重要作用；政府在产业发展、政策制定以及宣传推广方面，具有其他组织无可替代的作用，并且可以起到背书的作用；NGO 等社会性组织则在联系社区以及目标消费者群体（如 BOP）等方面具有突出的资源优势，是衔接企业与 BOP 等群体的纽带。

第二，嵌入因素。非商业性利益相关者与企业的关系并非商业合作，比如，政府和企业之间很少存在合同，而是基于跨组织之间的松散交际。也就是说，主导可持续创新创业的企业与商业组织之间的关系是松散的，其联系程度类似于人际关系。学术界将这种松散的关系界定为嵌入关系，相互之间存有影响。开始的时候，这种关系对相互行为的影响并不直接，可能存在不稳定的现象。但是，随着双方交集的增多，双方的关系质量将得到提升，甚至达到紧密互联的朋友关系。如果相互之间存在共同的事业交集，彼此的关系就会变得稳定，其作用甚至超越合约关系。比如，在乡村振兴战略之下，可持续乡村农业公司与政府部门以及现代农业技术研究机构之间形成实质性战略联盟关系，相互嵌入程度大为上升。

［延伸阅读］

湖南临武舜华鸭业

湖南临武舜华鸭业发展有限责任公司（以下简称“舜华鸭业”）成立于 1999 年，是国家级重点龙头企业、国家级农产品加工业示范企业。临武鸭是中国八大名鸭之一，舜华鸭业专业从事临武鸭的孵化、养殖加工和销售等业务，目标是实现社会和经济可持续发展的“双赢”。“公司 + 养鸭协会 + 农场”是舜华鸭业的临武鸭养殖模式。根据公司网站披露的信息，舜华鸭业拥有种鸭场三个，现代化鸭肉加工厂四座，养殖农场约 170 个，临武鸭养殖农户 3260 户。辣椒和油茶种植农户 2.3 万户，年养殖并加工临武鸭约 800 万羽，年产值超过 4 亿元。

舜华鸭业是基于 BOP 的可持续创新创业的典型案例，他们并没有将 BOP 农户作为简单的上游商品提供商，而是通过“公司 + 养鸭协会 + 农场”的商业模式创新将农户纳入企业的生产价值链条中。在这一模式中，养鸭协会即临武鸭养殖协会，是临武县从事临武鸭养殖及其相关联活动的单位和个人自愿参加的非营利性质的行业性社会组织。下设十一个分会，当地集聚的养殖场就成为一个分会。协会主要业务范围包括：进行相关的课题研究，推广关键技术，管理养殖风险基金，协助养鸭户获得小额信贷，等等。农场即为分散在临武县的临武鸭养殖场，一般是由一家或几家农户利用闲置的山塘水库共同出资建成，在临武县各区域均有，数量过百。农场养殖规模一般为数万至几十万羽。在协会的支持下，养殖场成活率普遍在 90% 以上，最高可达 98%（依照设计，成活率达到 85%，农户即可盈利）。

舜华鸭业的运作方式如下：由舜华鸭业公司根据需求预测，通过合同与协会约定本年度的养殖数量、产品品质等具体指标，协会依据资源和农户意愿把生产任务分配到各个养殖农场。在这一模式中，舜华鸭业全心全意负责临武鸭的后加工、经营和市场销售；养殖协会则负责市场研究、提供市场咨询、协调临武鸭生产、调剂养殖资金、帮助进行价格谈判等；而农场则全面承担并负责临武鸭的养殖，临武鸭的“三统一”政策得以施行——统一提供种鸭苗，统一调配饲料，统一免费提供防疫服务，临武鸭的最终品质从源头到过程均得到保证。

在这样的商业模式中，养鸭协会将养殖农户组织并凝聚在一起，减少了公司管理 BOP 市场需要的资源和管理投入，公司管理效率大大提升。而且，由于养殖农场也是一种因地制宜的创新的 BOP 组织形式，既解决了 BOP 用户养殖临武鸭需要的资金问题，也能够对分散的 BOP 养殖劳动力实现组织管理，使资源得到很好的配置。同时，由于养殖场与协会存在一定的组织联系，公司的养殖政策、质量标准也因此得到实施。因为，养殖场必须遵照这些政策与标准，否则，舜华鸭业可以停止提供鸭苗，也可以拒绝收货。这种经营模式彻底改变了舜华鸭业公司与 BOP 的单一维度的沟通联系，而变成了事实上的相互相信的协作网络。

资料来源：根据舜华鸭业公司网站信息及相关报道整理。

4.2 可持续主题网络及其成员角色

可持续创新创业很多情况下是一种网络行为：各类商业性与非商业性合作伙伴基于资源整合与沟通互动建立一个具有主题性特征的网络。通常，网络成员会比较多，涉及不同的业务领域，既有商业性质也有非商业性质的成员；既有本地的成员，也有全球性机构；既有自然人个体也有法人组织；不同性质的成员基于特定的价值目标嵌入网络中，分享与贡献不同资源并扮演各种角色。因此，中心企业与网络成员的合作范围将非常广泛：技术合作、信息交流、业务分工、资金往来等。同时，这样的网络也意味着，企业与各成员间的合作不仅限于商业网络市场交易关系（Arms Length Relationship），也超越了商业往来的嵌入式关系（Embedded ties）。

根据不同的创新创业活动，网络成员构成与相互关系不同。如，关注 BOP 发展的可持续创新创业网络规模就比较小，但是涉及业务范围却非常广，网络成员所在的领域比较复杂。Zhang（2010）在研究中国农业产业化中“公司 + 农户 + 第三方组织”的业务网络时发现，可持续创新创业成员非常多样化，合作关系存在非正式倾向，其间，网络成员存在频繁的私人化互动和联系。而 Kleef 和 Roome（2007）则提出，可持续发展问题（如不可再生资源的耗竭、生物多样性的退化、自然资源存量的减少等）是人口增长、社会贫困、政治博弈、商业化市场、生产技术和消费文化等因素相互作用的结果。要消除问题产生的恶性循环并达成可持续发展的目标，需要国际、国家及地区和当地社区等层面的多行为主体的积极参与。因此，与传统创新创业不同，可持续创新创业需要平衡社会、经济和环境等多重目标，需要各种利益相关者群体参与并做出贡献，需要通过各种联系和沟通去推动目标的实现，网络成员更加多样，关系也更为多样化，而且因应不同性质的目标网络呈现巨大差异性。

张利平（2013）等对可持续创新的社会嵌入网络进行扎根性质性研究，发现这些网络成员大概扮演了七种角色类型，如图 4－1 所示。

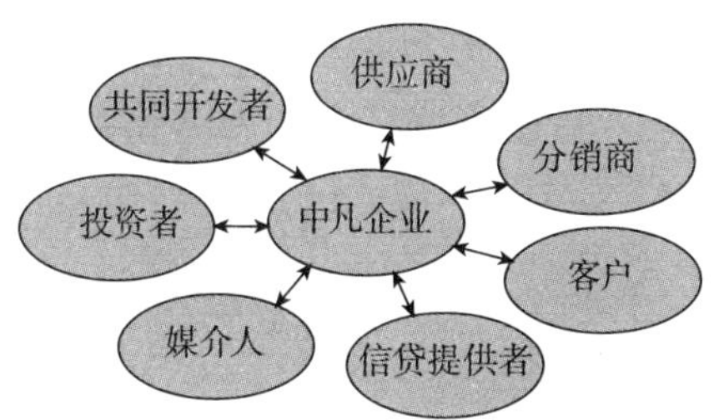

图 4－1　可持续创新创业的社会嵌入

4.2.1　共同承担者

可持续创新创业活动通常不是单一主体的活动，而是社会网络中不同成员基于价值观与知识的判断做出的集体性选择。在国际范畴内，我们经常看到，一些严峻的可持续性发展问题（如石油枯竭、地沟油、土壤酸化、气候变暖等）并不是单一企业能够解决的，一些国际性组织、各国政府、顶尖研究机构以及全球性公司就可能携手起来，为一个特定的目标进行创新创业活动。对于具体的创新创业活动而言，如果把全球气候峰会视为一次创新创业活动的话，这一活动的共同承担者就是联合国和 GE 等全球性企业，他们基于使命与责任，各自奉献自己的资源，共同努力携手促成了全球气候峰会。在国内范围内，这样的现象同样存在，不管是阿拉善生态协会，还是阿里的蚂蚁森林项目，其实都是各方共同参与、资源分享与协调发展的结果。

由于环境、社会问题关联广泛，具有复杂性特征，中心企业在可持续创新过程中可能会遇到凭一己之力难以解决的困难。在解决石油枯竭问题的时候，企业可能缺乏核心的新能源技术；在解决大气污染问题的时候，每一家企业都发现，自己的企业在其中的力量是微薄的；在开发出从地沟油提取燃油技术的时候，技术开发公司发现自己缺乏将航油卖给航空公司的能力；我们开发出可持续性农产品的技术的时候，可能缺乏对 BOP 消费人群的充分认知和完整理解等，因此需要与相关技术知识、市场与技术资源的合作伙伴来共同解决。而相关研究机构、NGO、政府部门以及具有特殊资源的合作伙伴往往具有解决这些问题的能力，比如：NGO 组织可以为中心企业提供具有本地情境的技术专长、隐性知识和沟通能力；政府可向中心企业提供政府的公信力、宣传资源，并可以发挥融资方面的背书优势。

张利平（2011）研究了金风科技等九家公司的可持续创新创业行为，发现可持续创新创业均为合作完成，不同的合作伙伴在创新创业过程中承担了不同事项。如表 4 -1 所示。

表 4 -1　网络成员的共同承担行为

案例企业	网络成员	共同承担事项
金风科技	Vensys（德国企业）	共同开发直驱磁发电技术应用
联合动力	Aerody（德国风电企业）	进行风力发电机组设计
迈瑞光电	上下游企业	共同研发低价 LED 照明灯
宜信公司	小额贷款机构	P2P 小额贷款的线下操作
舜华鸭业	临武县养鸭协会	帮助养鸭户实施“三统一”政策
六和新期望	地方政府	担保公司的发起人
九康生物	中国农科院	研究九康楝树杂交与成分提取技术
清华阳光	清华大学	真空集热管技术发明者
新日电动车	中国科学院	提供电动车电池等核心技术

4.2.2　供应商

可持续创新创业是一个复杂的过程，在实现创新创业目标过程中，各利益相关者群体的资源整合与利益调节机制因情境而动态变化，毫无疑问，最简单的市场化交易关系（资源供应与消费）极有可能成为现实选择。事实上，研究发现，可持续创新创业的资源拥有者很多情况下并没有以共同承担者的身份呈现，而是以供应商的形式出现。但是，我们发现，这种供应商关系与一般的市场化关系存在显著性区别。

张利平等通过案例研究发现，供应商可以成为嵌入式合作伙伴，并在可持续创新创业中可典型地分成两类利益相关者：本地供应商和共享价值的贡献与分享者（见表 4－2）。本地供应商利用本地化的资源和能力为中心企业的可持续创新活动提供特定产品或服务，同时，相互之间建立起了超越一般商业往来的嵌入式关系。例如，在风力发电机组制造业发展的早期，国内的本地供应商还缺乏相应的技术能力，金风科技派出技术人员，常驻当地供应商工厂，共同研发创造，甚至帮助一些本地企业融资和进行技术改造，以切实行动促进风电机组的国产化。由于这样的合作，双方的关系更加融合。而在另外的案例中，嵌入的供应商成了价值的分享者。比如，佳百农公司在打造生态鱼品牌的过程中，坐落于宜宾岷江山谷的流水养殖基地付十年之功，成功通过绿色水产品质量认证。该生产基地作为生态鱼供应商不仅提供了高质量的清溪鱼，同时绿色认证为佳百农公司推出的佳百农品牌提供了更高的附加价值使佳百农清溪鱼进入盒马鲜生等 O2O 超市的过程变得便捷和顺畅。当然，佳百农清溪鱼成为成都等地市场的流行产品，也帮助基地产品获得更大的市场空间，卖出更高的价值。

表 4－2　供应商与网络成员

案例企业	供应商	事项说明
金风科技	风力发电机零部件国内厂家	在风机国产化道路上结下“战斗友情”
联合动力	风力发电机零部件国内厂家	临近供应商建造风力发电机生产基地
迈瑞光电	上下游芯片封装企业	共同研发 LED 灯
舜华鸭业	BOP	养鸭户
六和新期望	BOP	养鸡户、养猪户
横店草业	BOP	种植饲草、养奶牛
九康生物	BOP	楝树种植
智联能源	BOP	小桐树种植
清华阳光	北京玻璃厂	共同研发真空玻璃管的商业化应用
新日电动车	300 多家零部件供应商	临近供应商建造风力发电机生产基地

客观上，共享价值的分享者在创新创业过程中也往往扮演供应商的角色，从而实现共享价值的获得与分享。在国内，农民群体作为农业相关的

可持续创新创业的受益群体，可以通过让他们成为供应商来解决。例如，舜华鸭业的临武鸭养殖、六和集团的鸡鸭猪等养殖、横店草业的饲草种植和奶牛养殖等、九康生物的楝树种植和楝树籽的供应以及智联能源的小桐树种植和桐树籽的供应，都是巧妙地将 BOP 群体转化为供应商，让他们在创新创业过程中作为资源嵌入进来，从而实现共享价值的创造与分享。事实上，可持续创新创业不仅体现在共享价值的创造，还体现为商业模式的创新：不同利益相关者依照一定的商业合作机制承担相应的任务，其任务分工恰恰构成了产业链的供求关系，但他们又是共享价值的分享关系。比如，舜华鸭业的养殖户与公司之间就存在供求关系，但是他们更相互分享舜华鸭业品牌的共享价值，因而相互的合作关系更为深度而稳固。

4.2.3 分销商与客户

可持续创新创业的最终实现依赖于市场成功和被消费者接受。作为共享价值的参与者，利益相关者群体对于可持续创新创业所创造的共享价值最为熟悉并理解，因而成为可持续创新创业活动所创造的商品及服务的经销商是有可能的，这取决于三个条件。

第一，利益相关者为可持续创新创业活动的直接消费者群体。如，广州有一家“爱有方家长培训学校”，致力于传播爱的理念和方法，建设美好家庭。在创新创业的过程中，借助于很多幼儿园、中小学以及中小学的教师进行更多的口碑推广，很多机构成了“爱有方家长学校”的分销与分支机构，甚至很多教师因此成了爱有方家长学校的客户，并成为课程的推广顾问。正是这个原因，“爱有方家长学校”迅速取得社会认可和商业成功。

第二，利益相关者有契合的资源和条件。例如对于民办教育机构而言，他们可能迅速成为“爱有方家长培训学校”的经销商与分支学校，但对于公立机构而言，这几乎是不可能的；对于一个即将结束全职妈妈生涯的母亲来说，她可能成为“爱有方”的客户，甚至可能着手加盟，建立“爱有方”分校，而对于一个职场达人来说，这种可能性就大为降低。

第三，可持续创新创业的分享理念及其营销方法。对于严谨而成熟的创业公司而言，营销控制与经销体系可能排除了利益相关者变成经销商的可能，事实上，很多情况下，某机构与组织应推动客户成为经销商，而不是相反，在互联网社会推动消费者参与分享与价值创造越来越普及的情况下尤其如此。当然，对一家重视分享营销与资源整合的创新创业来说，可能采取系统的措施推动各种利益相关者成为经销商和客户。

4.2.4　投资者与信贷提供者

可持续创新创业是开辟一番新事业，因而需要各类资金予以支持，资金提供者则通过两种角色来完成：信贷与投资。信贷是银行金融机构简单的借贷行为，它们提供信贷资金支持与推动可持续创新创业活动，或为创新创业的目标客户提供消费信贷，帮助可持续创新创业取得更好的市场绩效。我们发现，赤道银行组织大都具有较高的绿色信贷标准，实际上是为可持续创新创业活动提供支持；而许多银行为响应可持续发展的政策倾向和社会舆论导向，也纷纷推出消费性绿色信贷服务，甚至为“公司 + 农户”的商业模式提供信用额度，推动 BOP 导向的可持续创新创业。此外，政府部门在可持续发展事业上一直是主角，其通过贴息、政策性启动基金等政策，为可持续创新创业活动提供资金支持。

研究发现，不同的利益相关者也可能为可持续创新创业活动直接地提供资金。如清华阳光的股东之一——北京玻璃厂是真空管太阳能集热器的重要零部件（硼砂玻璃）的制造者，二者共同出资研发硼砂玻璃在太阳能热水器领域的应用；再如，南京市政府以旗下的风险投资公司直接投资九康生物的楝树生物农药的研发和生产，并且，在企业的日常经营活动中，南京市政府给予了相当多的支持，包括选址、推广楝树生产基地合作项目等。这些利益相关者作为投资者与中心企业参与可持续创新创业的前提是双方拥有共同愿景，使得可持续创新活动从初始阶段就肩负起解决社会、环境等可持续发展问题的使命。

4.2.5　媒介者

商业与非商业利益相关者主体构成的社会网络是可持续创新创业所依存的基本条件。要使这个网络有效地支持与推动创新创业活动，其间的部分成员一定要成为网络信息、资源与知识流动的枢纽。最典型的媒介作用表现在，创新创业的结果——产品或服务分销过程中，由于消费者的可持续消费意识（也可称为负责任消费、绿色消费等）或对新事物的认知程度不够，接受度不高，因此分销商将扮演消费者教育甚至消费投融资的角色。嵌入式合作伙伴的分销商可以是 BOP 群体，也可以是本地企业，还可以是企业参与的合作性主体（如联营公司）。文献研究发现，BOP 群体非常适合承担可持续创新产品或服务的分销，因为 BOP 作为深嵌在当地情境中的利益相关者，他们对当地市场、消费情景、社会网络等都有深入了解和方便切入的资源条件。例如，宜信小额信贷公司的信贷员本身就是当地 BOP 人群中有见识、有文化和有影响力的人，他们非常适合担任传播宜信的小额信贷业务并承担收放贷的具体角色；再如，清华阳光和江苏新日在乡镇建立村级的代理商，渠道下沉，必须依赖与当地 BOP 群体的协作，以方便 BOP 群体的消费购买和售后维护；在印度，杜邦公司的经销、技术服务人员都是经过培训的当地人员，使得杜邦公司的服务能够很快地渗透区域市场。

充当媒介人的利益相关者还可以帮助中心企业扩展可持续创新活动所需要的合作资源。其中，充当媒介人的可以是社会嵌入网络中任何性质的利益相关者，包括：NGO 组织、BOP 群体、地方政府机构以及关联企业等。调研发现，北京市政府推荐首钢集团成为清华阳光的合作股东，没有北京市政府的媒介与信用背书，合作很难完成；在南京市政府的帮助下，九康生物与江苏各村镇合作建设楝树生产基地，推进过程自然就会比较顺利；金风科技原来的齿轮箱的合作伙伴利用自身的行业资源，直接促成金风科技与直驱技术专业公司 Vensys 建立合作关系，推动风电机组研发项目得以顺利完成；西北工业大学是迈锐光电与 LED 产业链上的其他企业建立 LED 球泡灯合作研发团队的媒介人，省却了沟通协调的成本；在九康生物的案例中，不仅南京市政府起到了媒介作用，村委会也起到了媒介人的作用，为九康生物楝树基地招聘 BOP 管理人等。上述案例中，媒介人帮助中心企业完成了重要合作。

此外，作为媒介人的利益相关者对与 BOP 合作推进商业活动同样非常必要，这一观点在案例研究中得到了印证，如，临武县养鸭协会沟通着舜华鸭业与众多养鸭户，节约了企业管理成本，提高了企业与养鸭户之间的合作效率，弥补了企业 BOP 群体网络嵌入不足的缺陷；在智联能源的社会嵌入中，中心企业依靠自身的宣传来吸引 BOP 群体种植小桐树的效果并不好，后借助县政府、扶贫办出面与 BOP 沟通，利用政府的信用背书以及政府的沟通媒介作用，小桐树能源林项目的推进才变得顺利很多。

[延伸阅读]

包容性创新的网络特征及其企业战略选择

通过创新创业方式去解决社会贫困问题在学术界被界定为包容性创新，即通过创新创业的方法创造双赢，创造低收入阶层与弱势群体(BOP)的成长机会，满足这些群体的消费需求，以解决社会发展的不平衡问题。然而，包容性创新并不是一件容易的事情，创新主体必须嵌入到BOP群体组成的社会网络中间，与其充分互动并被他们所接受，并占据网络结构的有利位置，才能完整地实现包容性创新。研究指出，因应BOP网络结构特性、关系性质以及成员多样性等特征，企业嵌入及其最终创新实现均会不同。

1. BOP网络结构特征

从结构上看，BOP网络集中度较低，网络非常分散，因而相互之间的关联程度不高，存在无数的结构洞，结构洞是指BOP网络庞大宽泛，但缺乏紧密沟通与高效互动，在特定的范围内（如族群），网络有较高的密集性，但是范围之间的密集性却很低。因而，嵌入网络的企业一方面要充分利用网络中既有的网络中心；另一方面，既有的网络中心在数量和功能上存在明显不足，还需要企业重塑BOP网络。例如，尼日利亚手机企业Celtel Nigeria在进入农村市场时，不得不与当地的村镇主任和社区领导者沟通协商，这样不仅能获得在当地建立信号发射塔的许可，而且还能招募到适合的当地企业成为经销商。这导致BOP网络至少有两个主要中心，即Celtel和当地村镇主任。

由于BOP网络结构上的原因，需要企业深度嵌入，内化外部生产活动的现象非常普遍。非洲一家的叫Honey Care的蜂蜜企业，从肯尼亚、坦桑尼亚、乌干达等国家和地区的贫困农户处采购蜂蜜并在国际上销售，这家企业不仅是农业产品——蜂蜜的买卖者，它还出售蜂箱给农户，给打算购买蜂箱的贫困农户提供信用贷款，培训农户并进行技术指导，帮助农户尽快掌握蜂箱使用以及蜂蜜生产储存过程中的各种技术方法。这样的情况在中国农村市场也非常普遍。比如，在川南农村，奶牛农户饲养技术落后、资金实力不够、社会联络不充分，新希望公司也与 Honey Care 一样，在 BOP 网络中提供融资、分销、技术培训等服务，将这些在市场上普遍存在的产业链活动，进行了网络内化。即，通过寻找一个合作伙伴来填补价值链缺口，或者整合资源切入其经营活动中的某一特定环节来实现，从而使企业在 BOP 市场上有更好的纵横融合度。通常，这个合作伙伴就是企业，或企业的子公司。

2. 关系特征

一个网络内直接或者间接关系的比例是重要的关系特征。在 BOP 网络中，间接关系往往占主导地位，因为组织成员都间接地链接了链条上的成员。在实践中，建立了 BOP 网络的企业通常会通过减少间接关系的数量来降低成本和网络复杂性。而且，在 BOP 网络中，形成共识的正式制度有利于参与者之间的互动，提升互动质量，签订合同或股权分配协议等形式是正式化网络成员关系的方法。非正式网络虽然重要，但 BOP 网络成员更依靠正式的网络。在大多数 BOP 网络中，网络成员不会遵从相对低频率的交往规则，成员通常会依靠非正式的网络沟通，但正式的网络规则往往更受推崇，即在正式的网络沟通的协助下，网络关系将更加正式化，BOP 网络成员互动也会呈现高频状态。

此外，BOP 网络关系还具有内容多元、范围广泛的特征。内容多元指的是在 BOP 网络内，存在非正式制度因素，成员的关系并不仅仅是单纯的商业关系，宗族、社区、宗教、政治等都可能渗透与掺杂在 BOP 网络中。正是由于 BOP 网络中的多元关系，使得 BOP 的网络范围具有拓展性，增加了控制难度。因此，企业在推行 BOP 网络的过程中，不得不考虑网络成员关系的政治和社会维度。如杜邦旗下的子企业 SC Johnson 在基贝拉（肯尼亚内罗毕的一个贫民窟）开展 BOP 创新创业活动时，花费了大量时间与当地非政府组织和社区成员沟通讨论，以了解 BOP 消费者的愿望。同样，为了在印度曼德尔（Parvathagiri Mandal）的两个相邻村镇建立网络，杜邦旗下的子企业索莱（Solae）派遣三名雇员长时间参与当地村民的活动，包括收割水稻、经营小摊和村公用电话以及在当地儿童保健机构为孩子备餐等。

3. 合作伙伴多样性

对于嵌入BOP当地网络中的企业来说，主要目的是获取企业内部无法开发的资源和知识。通常，TOP网络中的企业会寻求各类合作伙伴，通过扩展企业网络的边界来获取更多的知识和资源。因此，TOP网络一般会涵括供应商、竞争者、经销或分销商以及其他性质的合作伙伴等。与TOP网络相比，BOP网络成员更为多元，网络内能独立进行活动的非市场参与者广泛存在。一个常见的现象就是包容性创新的企业（如一些跨国企业）与非政府组织建立联盟，共同参与创新创业与价值创造活动。如Solae公司与MARI（Modern Architects for Rural India，一个印度非政府组织）合作，由MARI介绍Solae给当地社区，双方在一定的组织框架内协同开展包容性创新活动。同样地，SC Johnson公司也与活跃在肯尼亚基贝拉地区的一个非政府组织（Carolina for Kibera）合作，公司在贫民区销售产品才得以正常进行。Carolina for Kibera通过体育竞赛、社区发展及招募失业青年等多种方式来传播反暴力的主张，并用SC Johnson公司的产品为社区成员提供清洁服务，只收取一点小费。事实上，对SC Johnson来说，与Carolina for Kibera的合作关系就组建了一个分销网络；对非政府组织来说，通过与SC Johnson公司的合作能为贫困青年人创造获得收入的机会，与其组织使命完全一致。与TOP网络不同的是，BOP网络中的研究中心等非营利机构在某些情况下也会被嵌入其价值创造的活动过程中。

4. 网络动态性

与TOP网络相比，BOP网络也具有动态性特征，有些方面演变非常迅速，有些方面演变却很慢。BOP动态性源自不稳定性和不可预见性的组合，一方面，网络是基于契约和制度支持的正式关系，另一方面，网络中也存在基于信任和社区支持的具有较大弹性的非正式关系。BOP网络中，正式制度也存在脆弱性，即使正式关系也具有不稳定性和不可预见性。比如，在市场与法律规制并不完善的农村地区，即使正式的合同都不可能得到很好地履行，从而会导致较高的不稳定性。而且，有缺陷的政治经济制度引起的治理不善也会导致不稳定，同时也会使 BOP 网络依赖的经济环境无法预料。经济环境的不稳定性也可能破坏正式网络，使得企业经济行为主体迅速出现和消失。此外，政治制度变迁不但会导致行政人员变更，而且会导致政府行政部门的重组，这样一来，可能阻碍正式组织运营效率及其正常能力的发挥。

然而，非正式的 BOP 网络以及 BOP 网络中非正式的关系是稳定的，且具有弹性。因为 BOP 网络是超越逐利商业动机建立起来的，其动机存在包容性创新的目标所指，通常被嵌入到当地社区预先存在的社会结构中，参与者不仅通过商业合同以及因此建立的关系捆绑在一起，而且，更重要的是通过 BOP 社区内业已存在的传统和社会关系联系在一起，如宗族关系、亲属关系、宗教关系等。因此，非正式 BOP 网络具有抵制外部冲击的能力和弹性空间。事实上，这些非正式关系会对 BOP 网络中正式关系的不稳定性产生影响，使得不稳定的正式关系更加不稳定。正式组织的不稳定性也可能提升 BOP 环境中非正式网络关系存在的价值。例如：在 20 世纪 90 年代，由于政治和经济的不稳定性，秘鲁政府没有能力帮助利马都市里的贫民窟社区，这些社区自发地建立的非正式网络和制度成为社会经济的稳定器。

资料来源：邢小强，周江华，仝允桓．包容性创新：概念、特征与关键成功因素［J］．科学学研究，2013，31（6）：923－931.

4.3 可持续创新创业的社会嵌入

4.3.1 嵌入可持续主题性网络

从《寂静的春天》开始，全世界的研究学者、国际组织、政府机构、负责任的企业以及绿色消费者等各类成员编织了一个广泛覆盖的可持续主题网络。一些主题性论坛，如地球峰会、生态论坛、绿色金融倡议、负责任投资论坛等得以常态化举行。这是一个巨大的可持续网络，由不同主题、不同地域及不同性质的子网络构成。同时，也存在各种形态的局域网络。在这些网络中，依据网络嵌入结构、内容与程度的不同，网络成员间在信息、知识、资源、技术等方面相互依赖，甚至在资金渠道上均存在深度合作。

对于单一的商业企业而言，主动嵌入某一主题的局域网可以提升可持续创新创业活动。比如，万科公司嵌入可持续网络的初期是缓慢和被动的，但随着嵌入程度的提升，公司的可持续创新创业活动的质和量均发生了显著变化。起初的时候，万科公司的董事长以个人名义参与全球契约组织与地球峰会；后来，直接以公司名义参与其中，推动公司按照可持续报告倡议（GRI）进行公司可持续管理；及至后期，万科的住宅工业化项目几乎扛起了中国建筑可持续产业化的大旗。再如，可口可乐公司随着嵌入可持续网络程度的提升，不仅从联合国环境署引进了水资源管理官，而且各种各样的可持续创新活动层出不穷。

[延伸阅读]

世界自然保护联盟

世界自然保护联盟（International Union for Conservation of Nature，IUCN），是全球规模最大、历史最悠久的非营利环保机构，是联合国教科文组织（United Nations Educational，Scientific and Cultural Organization，UNESCO）认证的世界遗产名录组织，为世界自然遗产唯一评估机构，也是自然环境保护与可持续发展领域唯一的作为联合国大会永久观察员的国际组织。IUCN 于 1948 年正式成立，总部位于瑞士格朗。

IUCN 关注最紧迫的全球环境和发展问题，并致力于为其寻找以自然为本的解决方案。主要使命是影响、鼓励和帮助全世界的科学家和社团保护自然资源的完整性和多样性，包括拯救濒危的动植物、建立国家公园和自然保护地、评估物种和生态系统的保护现状等，并且确保任何自然资源的使用都是平衡的、在生态学意义上是可持续的。IUCN 通过信息共享、国际交流、能力建设、地方示范项目等支持会员及合作伙伴开展工作，为不同国家等主体在重要的环境问题上与国际社会开展合作提供政策法规等支持，IUCN 还充分发挥全球性和区域性优势，开展“大都市水源地可持续保护计划”等项目。

IUCN 是政府和非政府机构都能参加的少数几个国际组织之一，其会员组织分为主权国家和非营利机构；而各专家委员会则接受个人作为志愿成员加入。目前，有来自 200 多个国家和政府机构的会员、1000 多个非政府机构会员及超过 16000 名学者以个人会员身份加入专家委员会。IUCN 现在全球近 50 个国家设有办公室，有 1000 多名雇员，在中国有 36 个机构会员，INCN 已经成为全球最有影响力的可持续发展网络。

[延伸阅读]

大自然保护协会

大自然保护协会（The Nature Conservancy，TNC）是全球最大的自然保护组织之一，成立于 1951 年，总部在美国华盛顿。协会致力于在全球范围内保护具有重要生态价值的陆地和水域，使具有全球生物多样性代表意义的动物、植物和自然群落得以永续生存和繁衍，以维护自然环境，提升人类福祉。坚持采取合作而非对抗性策略，用科学的原理和方法来指导保护行动。

大自然保护协会现已在全球 30 多个国家以及美国全部 50 个州开展工作，在世界范围内拥有 100 多万会员、700 余名科学家、3800 多名员工以及 20000 多名志愿者，管护着全球超过 50 万平方公里的 1600 多个自然保护区，8000 公里长的河流以及 100 多个海洋生态区。TNC 资产超过 37 亿美元，年融资近 5 亿美元。

TNC 支持生态学家发表研究成果、建立自然遗产网络、发起“人与环境同盟”倡议、探索“自然保护系统工程”方法框架，与政府、企业与机构合作开展自然区域保护行动。与其他环境组织不同的地方在于，TNC 直接参与自然保护行动。如 1955 年，通过“土地保护基金”购置土地的方式对纽约州和康涅狄格州交界处米安诺斯河峡谷（Mianus River Gorge）的 24 公顷土地进行保护。而在 1961 年，TNC 与美国土地管理局结为合作伙伴，共同管理加州的一片古生树林。

目前，大自然保护协会已经成为全球最有影响力的生态环境保护非营利民间组织。

[**延伸阅读**]

世界自然基金会

世界自然基金会（World Wide Fund for Nature or World Wildlife Fund，WWF）是在全球享有盛誉的、最大的独立性非政府环境保护组织之一。自1961年成立以来，WWF一直致力于环保事业，在6大洲153个国家发起或完成了约13000个环保项目，资金近100亿美元。目前在运作的项目超过1300个。WWF在全球拥有520万支持者，通过一个由27个国家级会员、21个项目办公室及5个附属会员组织组成的全球性网络，在北美洲、欧洲、亚太地区及非洲开展工作。

WWF致力于保护世界生物多样性、确保可再生自然资源的可持续利用、推动降低污染和减少浪费性消费的行动，目标在于减少人类对这些生物及其生存环境的影响。1996年，WWF正式成立北京办事处，此后陆续在全国九个城市建立了办公室。至今，WWF在中国共资助开展了100多个重大项目，投入总额超过3亿元人民币。WWF在中国的项目领域也由最初的大熊猫保护扩大到物种保护、淡水和海洋生态系统保护与可持续利用、森林保护与可持续经营、可持续发展教育、气候变化与能源、野生物贸易、科学发展与环境保护的国际政策等领域。

4.3.2　建立以企业为中心的社会网络

可持续主题网络是宏大的，但可能难以满足微观层面的特定创新创业项目的需要。正如Porter所言，创造共享价值的切入点因应企业、环境与时代的变化有重大差异，并且共享价值与可持续发展的概念边界非常宽泛，但宏观的可持续网络与微观的创新创业实际之间存在层次上的不同。因此，企业可以以我为主建构社会性创新创业网络。换言之，企业可以以嵌入可持续主题网络为起点，占据可持续广域网的关键结构点，吸纳网络信息，整合各类资源，构建以企业为中心的社会网络。以企业为中心的社会网络依赖于社会经济发展基础上催生的可持续发展目标驱动的成熟社会网络，同时也保持了相对独立性和微观上的完备性。前者指企业为中心的网络与外部网络存在角色、信息与知识的交互；而后者所指的微观网络则自成体系，能够独立完成资源整合与信息交互的网络功能。

例如，在城市水资源管理的创新创业活动中，北京东方园林公司通过社会嵌入组建了富有生命力的、以东方园林为中心的社会网络：其与北京大学、清华大学、中国人民大学、北京林业大学等知名高等院校组建了生态城市研究院；与中国农业银行、粤科金融等绿色银行组织达成战略性合作关系；与《中国企业家》和贵阳等城市合作举办生态论坛。如图 4－2 所示，东方园林在全球可持续发展网络之外，建立了城市水生态管理的可持续网络。

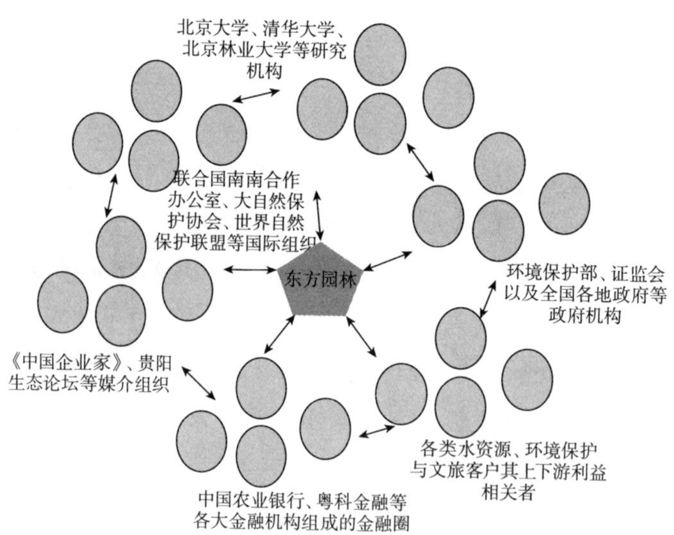

图 4－2　东方园林建构的可持续网络

[延伸阅读]

山东六和集团有限公司

山东六和集团有限公司（以下简称“六和集团”）成立于1995年，位于山东青岛，为新希望集团的全资子公司。六和集团专注于农牧行业的产业链经营，业务涉及饲料生产、种畜禽繁育、生肉食品加工、进出口贸易、养殖担保等。与包容性创新的要旨相一致，六和集团率先在国内扶持农户建设现代化的鸡鸭猪养殖基地，在构建安全、健康且可追溯的现代化农牧业产业链的同时，也提升了农户的养殖能力和水平。据公司网站披露的信息，六和集团下属企业多达300家，员工超过六万人，2018年六和集团销售收入近700亿元，饲料、禽肉加工销售在国内处于领先水平。

六和集团在可持续创新创业上的亮点在于：率先创立了由地方政府、行业龙头企业、六和担保子公司、金融信贷机构、保险公司、业内同行企业、养殖合作社和养殖户组成的“八位一体”的农村养殖金融担保体系。“八位一体”的金融体系，构建了支持BOP养殖的资金良性循环，解决了长期困扰中国养殖业现代化的融资难问题。长期以来，由于养殖事业时间周期长、投入资金较多并且有较高风险，而BOP养殖户信用能力不足等，一般商业银行极少向养殖户放贷，因此，资金短缺是六和集团帮助养殖户进行标准化养殖和提升效率的最大瓶颈。据测算，要建设一个卫生设备配备齐全、养殖流程规范、万只以上养殖规模的养鸡场，原始资金投入大约需要40万元人民币，绝大多数养殖户无法承受。为了解决融资难问题，并建立支持养殖业资金循环的长效机制，从2007年2月开始，六和集团提出并发展了“八位一体”农村金融服务体系，以资金为突破口，全方位解决BOP养殖资本、技术、优质生产资料等关键问题。六和公司成立BOP养殖户担保公司，并以其为平台和纽带，整合龙头企业的各种优势资源，同时，担保公司为BOP养殖户提供财务结算和生产核算财务等，如图4-3所示。

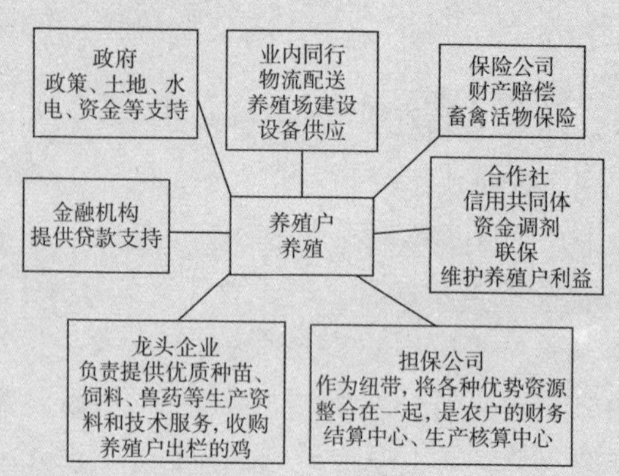

图4-3 六和集团“八位一体”养殖担保体系

2008年以来，六和集团在山东各地建立“八位一体”农村金融担保体系，7家养殖担保公司注册资金1亿元，可帮助养殖户获得银行信贷资金5亿~10亿元。据新希望六和公司提供的数据，2008年担保公司担保的贷款总额达2亿元，扶持养殖户1110户，养猪8000头，扶持养禽1150万只。而且，这些数字在不断地增长中。通过“八位一体”的养殖担保体系，地方政府、金融信贷机构、保险公司、养殖合作社、龙头企业、相关配套企业等实现了联动共赢，取得了“1+1>2”的效应。特别地，对于参与到担保体系中的养殖户来说，他们的资金问题得到解决，养殖效益实现大幅度的提高。更重要的是，六和集团通过这一融资模式的创新推动了传统养殖向安全规范的现代养殖转型，实现了养殖业的规模化、产业化、现代化与科学化。

资料来源：根据六和新希望网站信息及相关报道整理。

4.3.3 企业的嵌入水平和层次

不管是嵌入已有的可持续主体性网络，还是企业建立可持续创新创业局域网，企业的嵌入程度均可由图4-4所示的结构进行阐释，只有当中心企业嵌入到恰当的程度，方可有力推动可持续创新创业活动的开展及其绩效实现。

关系嵌入指嵌入式网络中经济行为主体之间二元关系的强弱，二元关系的强弱对主体行为和绩效会产生直接的影响，一般可以用网络成员的互

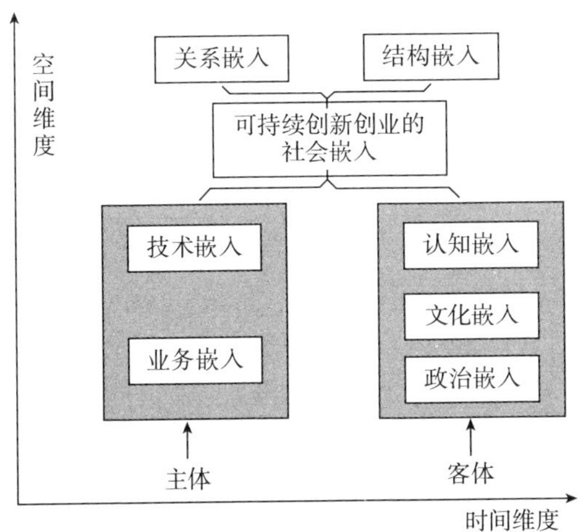

图 4－4　可持续创新创业的社会嵌入

动频率、亲密与信任程度、关系互惠程度以及关系持续时间等来判断连接关系的强弱。强关系意味着网络成员关系紧密、互动频率高，而且关系持续的时间长，互惠往来较多，这样的网络关系往往有生产性，能够帮助成员进行资源并达成各自发展的目标。而弱关系意味着相互之间的关联比较低，信息交换的数量和质量均不高，因此互惠性的往来就比较少。概言之，关系嵌入的程度决定资源整合与信息交换的质量。在可持续主题网络中，企业关系嵌入的强度往往影响创新创业的质量和绩效。

结构嵌入则是从整个网络结构角度来看待网络关系的分布情况，指的是中心主体所建立起来的关系结构的特征，包括网络成员的多样性、网络密度以及网络成员在网络中的相对位置。可持续创新创业网络的多样性往往能够形成互补的整合关系，使得网络呈现健康的状态，整个网络具有自动进化的生态功能。而且，网络是由不同的网络关系构成的，中间可能存在不同的枢纽和分中心，处在中心与枢纽位置的网络成员更能够获得信息、知识等资源，因而对创新创业有利。

企业嵌入还可以从其他角度来思考。从时间维度上来看，时间嵌入指的是可持续创新创业的企业与其他成员（个体与组织等）在合作中形成关系的存续时期长短，不仅影响创新创业行为的频率与质量，还影响创新创业的绩效和可持续性。通常来说，长期嵌入特定的可持续网络比短暂的交易性嵌入质量更高，更能获得创新创业需要的各类资源。比如，东方园林公司与国际组织、地方政府、金融机构和媒体组织进行互动交流，不断优化网络结构，促成不同形式的资源整合与合作，公司也从园林公司逐渐发展成为集水资源处理、生态修复、文旅开发与环境设计等为一体的综合性商业公司。可以说，东方园林的不断发展过程，是时间维度上不断嵌入及其持续创新创业的结果。

此外，从空间维度上考察，可持续创新创业的社会嵌入具有地理概念，其嵌入和反嵌活动具有国际、国内、区域性等空间特征，这些空间特征对企业行为会产生多重影响。对于全球性企业而言，企业的全球分支机构在各地理区域内通常均有较为深度的嵌入。比如，可口可乐公司在北美已经是很好的社区机构，其融入当地社区，建设当地社区，甚至将原定的广告费用用于支持社区发展；而在中国地区，可口可乐更关心水资源保护，确保可口可乐通过水土保持的项目保持的水比工业消化掉的水还要多。当然，空间维度的嵌入概念的提出主要是审查可持续创新创业企业对本土市场的融合度，只有变成本土化公司，组织与本土网络成员之间能够有充分的信息交互与资源整合，创新创业才能取得最后的成功。

此外，从企业行为受社会认知、文化以及政治制度等社会情境因素影响的角度出发，可以把社会嵌入分为认知嵌入、文化嵌入与政治嵌入。具体来说，认知嵌入是指企业以及创新创业主体在进行管理决策时会受到其认知水平的限制，突出地表现为，普遍意义上的社会认知会对个体认知形成影响。社会认知对个体认知的影响程度就是可持续创新创业的认知嵌入程度，嵌入程度越高，行为主体越能与网络成员沟通互动。认知嵌入的概念可解释道德因素对企业战略和企业管理的影响。Dutton 和 Dukerich（1991）展开的认知嵌入研究显示，企业高层管理者或者员工对待社会嵌入的态度和行为，是由各自所具备的情感、伦理道德甚至价值观等非传统的理性因素所决定的。文化嵌入主要强调合作嵌入网络的成员之间是否存在共同的理念、价值观、行为规范、思维逻辑等，或者说双方是否基于共同的文化基础来确定和规范互动行为并搭建与其协调的组织结构。政治嵌入指的是，网络成员的行为是否以及如何受到网络其他成员的影响和控制。当经济交易嵌入到政治情景中时，意味着社会网络中政治因素成为限制或促进某种行动或模式的来源。因此，可持续创新创业还可以从认知、文化及政治等视角进行嵌入分析，以推动创新创业工作。

[延伸阅读]

亚朵酒店的社会嵌入

近年来，亚朵酒店以“不只是酒店，而是生活体验平台”的品牌定位与互联网特色的商业创新成为当前情境下创新创业的一面旗帜。严格说，亚朵酒店并不完全契合可持续导向的创新创业标准，但这家让人温暖幸福的人文酒店却解决了一个社会性问题：酒店的人文关怀问题。因此，本书将亚朵酒店纳入可持续创新创业的范畴。亚朵酒店在发展过程中，与网易云音乐、三联书店与吴晓波等，甚至是普通住客之间的相互嵌入关系，带给了我们全新的感受。

让人温暖的人文酒店

亚朵认为，文化是链接人的纽带。因此，在每个城市的亚朵酒店等候区，均开辟有阅读空间。酒店与上海三联书店合作，为每间酒店提供的藏书超过千册，酒店住客甚至非住客可实地免费阅读，也可在异地的酒店归还。在这个 24 小时的免费阅读空间，亚朵酒店提供免费茶水。让人惊讶的是，亚朵酒店的阅读空间同时被定位为社区书店。我们还发现，亚朵品牌的推广是由附近的居民开始，周边的居民看书也不需要押金，可以来酒店阅读，并且与酒店每月邀请的作者进行读书分享，酒店口碑由此而来。

文化不仅是阅读，一切美好的分享都可归入文化的范畴。亚朵酒店还巧妙地运用摄影分享来增加用户黏性。亚朵酒店邀请知名摄影师苏学作为艺术指导，分享摄影作品、经历以及技术，因此酒店聚拢了一群爱旅游的摄影者，因此而来的城市特色的风土古迹、人文风貌的摄影作品便开始在酒店聚集。亚朵以比较便宜的价格购买这些作品的使用权，悬挂在每个所属城市的酒店大堂以及房间，并附有摄影师的信息。当摄影师的作品成为城市的形象媒体，摄影师的归属感得以提升，甚至以此为线索组织社会公众对城市深度空间和消失文化进行主题探讨，从而使亚朵酒店的温度得以保持。

回到住宿本身，亚朵酒店充分利用酒店基本功能，让酒店成为相关品牌O2O体验的载体。比如，床上用品、卫浴用品、茶托、茶几，住客用了喜欢都可以购买。亚朵引入中国顶级的床品，如果消费者感兴趣，只要扫一下二维码就可以提供销售方式，亚朵因此成为相关品牌的线下销售渠道。据悉，亚朵酒店已经成为一些床垫品牌的最大销售渠道。不仅如此，亚朵酒店因此获得了丰富的住客消费信息，相互之间的关联也大为提升。可以说，亚朵巧妙地将与酒店相联系的供应商、顾客之间的松散关系变得更为紧密，保温效果巧妙却直截了当。

“在此之前，做酒店的人能想到的只是酒店，但如果体会了星巴克的案例就会明白，品牌可以成为生活方式的倡导者”，创始人王海军说。

亚朵的社会嵌入方案

1. 员工与酒店的关系嵌入

“事实上，酒店是难以像家一样舒适的，为此，我们提出的是邻里服务”，王海军说，此间的区别是亲切、便捷，“我们希望做到海底捞一样的服务，不轻易说不，并在细节上强调人与人的信任”。而信任，恰恰是社会联系中最为基础的东西。

要实现亲切、便捷的邻里服务，首先从增加员工的归属感开始，归属感本质上提升员工与企业的相互信任。在亚朵酒店内部，除了一般的月营奖金之外，还设置了服务奖金。在亚朵，员工不论是否当班都提供三餐，员工宿舍里也备有宽带、微波炉等配套设施。

王海军说，“要求员工服务好客户，首先我们得服务好员工”。而且，公司不设屏风，不分办公室，管理层相互融合，公司上下直呼花名，平等称谓，不许称呼职称。可以说，亚朵首先是将员工嵌入到与酒店紧密联系的社会网络中，有尊重，有温度，更有信任。

2. 亚朵与资本的嵌入

创立两年以来，亚朵酒店已完成B轮融资达3000万美元，估值为10亿元人民币，这是酒店行业的新高度。目前，亚朵已拓展到全国18个城市，并且在中国酒店业投资回报最好的北京、上海、广州等城市迅速卡位，酒店数量在迅速地增长，并拓展向公寓、O2O等产品线。

亚朵租赁酒店物业，通常签署合同 15 年。在选址上，亚朵简单而直接地说没有困难：一般选择商场最难租赁的顶楼。B 轮融资结束之后，亚朵在核心城市开设了一定数量的直营店，并开放加盟。比如，2015 年推出 80 家新店，其中直营店约为 30 家。

后来，亚朵酒店与网易等各种具有社会投资能力的品牌之间也建立各种主题酒店，如网易云音乐亚朵酒店。将亚朵酒店与更大范围的利益相关者建立关联，同时也使得亚朵酒店获得更多的发展资源。

3. 与社区的嵌入

阅读和摄影是亚朵酒店联系社区及“朵粉”的两大主题，通过线上线下平台，将“朵粉”组织起来，在每个有亚朵的城市，每月会进行免费的主题性文化沙龙。亚朵还设想与旅行社合作，邀请知名学者在所在城市进行观光游、国学游、古迹游的讲解服务。

“我们希望将人文情怀融入具体产品和服务中，并集中目标群提供社群讨论交流空间，这将成为实现亚朵生活方式的途径”，王海军说，就像乔布斯最终将苹果电脑公司改名为苹果公司一样，亚朵也不会只是一间酒店集团。

4. 特许店：不靠谱的加盟商会被 fire

在完成几家核心直营店的实践后，亚朵酒店也渐渐放开了自己的扩张步伐。他们认为，只有自己的服务品质能被固化下来，快速复制才是有意义的。

在连锁酒店 1.0 时代，特许加盟就被验证是一个快速布点，扩张影响力的好方法。拥有 18 个品牌、3000 家门店的铂涛集团就在这样的运作下收获了近 1 亿会员。2015 年，在深圳的一场招商会上，王海军在众多国内连锁品牌负责人之后发言，他表示，“我们现在虽然只开业 41 家门店，但我们已经拥有了三百多万的会员，更重要的是，我们的会员忠诚度高。”

亚朵获得会员的方式也不仅仅通过住宿，更多的是通过众筹、电商、社群活动等不同的互联网方式和品牌传播的方式来发展会员。会员数量并不是他们的唯一目标，与其他酒店不同的是，亚朵通过不同的场景，与会员多层次连接，从而与用户的生活产生更紧密的联动。

为保证用户体验的一致性，贯彻极致服务的理念，亚朵选择特许商的过程也是严苛的，在第一轮沟通中，亚朵要求投资者拥有的物业是一线城市中心地段，抑或二三线城市的核心地段。

在第二轮沟通中，亚朵希望加盟商能够认可他们的企业文化，而不是把“项目能不能赚钱”放在第一位。“通常在这一轮沟通，有3成的投资者会被淘汰。”

最后，亚朵按照每间客房50平方米（含公摊面积）的改造来进行规划预算。每间房间，投资人需要投入12万元，平均4年即可收回成本，单间房的利润一年在4.2万元左右。

在运营方面，亚朵酒店会将自己的管理方案进行输出，并派一名经理级别的员工进行品控。

当然，投资者别以为这样就高枕无忧，假设违反运营条例，亚朵还是会进行摘牌，这是真的。曾经有个加盟商罔顾合约条例，私自把酒店二层出租给KTV，导致酒店客人无法休息。最终，这个投资者被予以摘牌处理，所有亚朵标识都要去除。

酒店行业的2.0时代，业主、客人、投资人、供应商的关系都在重新梳理。王海军说：“最好的服务源于最严苛的自我约束。”水能载舟，亦能覆舟，对用户体验的追求，是移动互联时代每个公司获取成功的不二法门。

资料来源：根据亚朵酒店官网信息及其相关报道整理。

参考文献

[1]Dutton J E, Dukerich J M, Harquail C V. Organizational images and member identification[J]. Administrative Science Quarterly, 1994(1): 239-263.

[2]Kramer M R, Porter M. Creating shared value[J]. Harvard Business Review, 2011, 89(1/2): 62-77.

[3]Porter M E, Kramer M R. Creating shared value[A]//Managing sustainable business[M]. Springer, Dordrecht, 2019: 323-346.

[4]Simanis E, Hart S. The base of the pyramid protocol: Toward next generation BoP strategy[J]. Cornell University, 2008(2): 1-57.

[5] Van Kleef J A G, Roome N J. Developing capabilities and competence for sustainable business management as innovation: A research agenda[J]. Journal of Cleaner Production, 2007, 15(1): 38 - 51.

[6] Zhang M, Fried D D, Griffeth R W. A review of job embeddedness: Conceptual, measurement issues, and directions for future research[J]. Human Resource Management Review, 2012, 22(3): 220 - 231.

[7]郭朝飞，贾睿．亚朵：经营的不是酒店，是生态[J]. 中国企业家，2017 (9): 65 - 70.

[8]郝凤苓，小庞．亚朵，不只是酒店[J]. 二十一世纪商业评论，2015 (6): 31.

[9]霍肯．商业生态学：可持续发展的宣言[M]. 上海:上海译文出版社，2007.

[10]蕾切尔，卡逊，国盛．寂静的春天[M]. 北京:科学出版社，2007.

[11]邢小强．包容性创新：概念，特征与关键成功因素[D]. 清华大学，2013.

[12]张利平．可持续创新过程中的社会嵌入[D]. 清华大学，2013.

第5章　可持续创新创业战略

放弃 CSR 的成本思维，拥抱创造共享价值的愿景，通过创新创业的方式来实现商业、社会与环境等目标，需要企业从战略视角来进行管理。可持续创新创业体现企业核心价值主张，需要有高契合度的企业战略。可以说，可持续创新创业本身就是一种与众不同的战略选择。因而，可持续创新创业活动需要清晰的愿景、使命、目标以及路径方案，还包括企业有与可持续发展目标相契合的理念，拥有支持愿景与目标实现的匹配的资源，以及将这些资源（尤其是人力资源）按照一定的方式进行组织，以建构可持续竞争优势。

5.1　可持续价值观

5.1.1　可持续价值

可持续价值在企业可持续发展战略与创新创业战略中占据中心地位。可持续发展关乎人类的共同福祉，强调当代人满足消费需求和追求生活幸福的同时不伤害下一代人满足消费与追求生活幸福的能力。其价值与意义似乎毋庸置疑，但是要达成与实现可持续发展的目标，要求企业调整经营模式，降低资源消耗、环境影响并促进社会进步，困难随之而来。依照发达国家的资源消耗与生活方式，在不到50年的时间之内，石油等不可再生能源就会枯竭。不仅石油无法满足人类发展需要，地球上的粮食、矿物质、水源以及其他资源均无法承载人类的生产和生活消费。为了避免这样的情况发生，必须大幅度降低经济增长速度，但是现代工业国家并不愿意这么做；而发展中国家更是将经济增长视为改善国家社会福祉的主要方式。因此，可持续发展本质上就是矛盾，可持续创新创业就是解决这个矛盾的钥匙。通过创新创业的方式来创造可持续价值，可有效地解决可持续发展的矛盾。彼得·圣吉（2007）对可持续价值进行了充分研究，如图 5－1 所示。

人们通常错误地认为，可持续价值宏大而遥远。事实上，可持续价值可以是非常商业性的，帮助企业获得回报，能够体现为股东价值的增值。

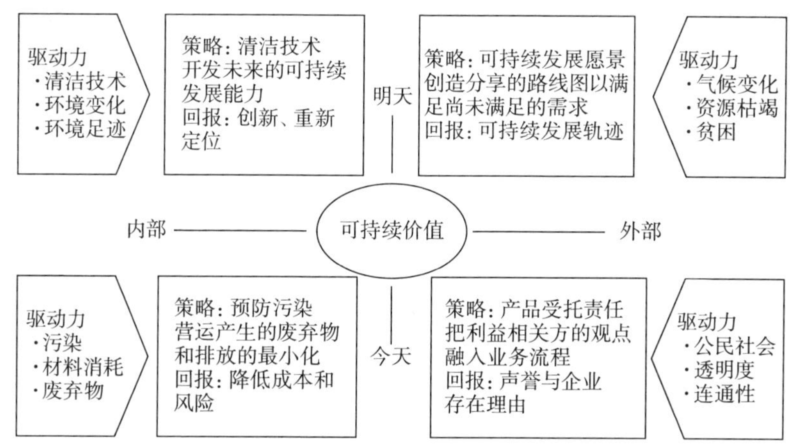

图 5－1　可持续价值发展框架

依照彼得·圣吉的观点，可持续创新创业可减少生产经营过程中的资源消耗，提高资源利用效率；而且，在 CSR 呼声越来越高的情况下，企业可持续行为契合公民社会的基本要求，可有效地建立品牌信任和口碑。以发展的眼光来看，可持续创新创业将帮助企业获得处理环境与社会问题的能力，掌握领先的清洁生产与环境影响管理技术（如管理碳足迹），为长期发展提供了保障。而且，掌握可持续性技术将推动企业战略转型，满足尚未满足的社会需求。这样一来，企业就变成了竞争对手难以超越的绿色公司、环境友好公司和可持续发展公司。

可持续价值发展框架（见图 5－1）表明，企业在应对内外部可持续发展压力的时候，只要积极应对，以负责任的态度和创新创业的手段去解决问题，都可以创造可持续价值。而可持续价值并不只是利他的或公共的，同时也是利己的，可以为企业带来益处，甚至可以建构独特竞争优势。今天，企业面临污染、原材料等资源消耗以及废弃物等问题，企业采取污染预防措施降低生产经营的排放，不仅降低因此引致的环境规制与消费投诉等风险，还可以帮助企业获得成本上的竞争优势。当企业受到公民社会以及利益相关者的压力，要求提高公司经营的透明性时，企业往往会将利益相关者的诉求融入业务流程，发布规范而有说服力的企业社会责任报告，则可帮助企业建立良好企业形象和声誉。有的企业则是前瞻性看到环境与可持续发展问题的发展趋势，以清洁技术等可持续技术开发为企业重新定位，引领公司变成一家可持续性突出的公司，进入特定的细分市场，并可建构基于可持续价值的竞争优势。同时，也可以一定程度上为气候变化、社会贫困以及资源枯竭等问题作出贡献。

5.1.2 可持续价值阶梯

虽然可持续价值广为接受，但是企业在创造可持续价值的时候，通常会经历不同阶段，即可持续价值的推进阶梯（见表 5－1）。普华永道曾对企业可持续性进行过调查，发现在可持续创新创业发展过程中，企业沿着可持续发展连续统一体推进。而 John Ehrenteld 巧妙地运用生物形象来比喻不同阶段的企业：蝗虫（1.2）、毛毛虫（3）、蜜蜂（4）与蝴蝶（5）。

表 5－1 可持续价值的推进阶梯

1. 不遵从	2. 遵从法规	3. 超越法规	4. 战略融合	5. 目标与热情
正统派运动		社会契约理论	应对利益相关者	管理人角色
违法者	守法者	案例创造者	创新者	开路先锋
浅层的企业社会责任	信服的企业社会责任	企业社会责任战略	完整的企业社会责任	深层的企业社会责任
—	法规的遵从	公开披露与超越遵从	公司可持续发展	全球可持续发展
公司可持续发展之前	守法驱动下的公司可持续发展	利益驱动下的公司可持续发展	基于多重底线的可持续发展	整体的可持续发展

（1）不遵从阶段。由于知识的缺乏或者观念上的误区，企业对可持续发展的规范较为拒斥。企业通常是市场主义者，主张单纯的市场交易，并不认为企业对环境和社会利益富有责任，并认为遵从可持续性规范是企业的负担，削弱企业生产与发展能力。因而，对于可持续性相关的法律法规寻求逃避与忽视。如，中国在推出新《劳动法》时，就遇到众多企业的反对。

（2）遵从法规阶段。一方面，为解决与回应相关社会问题，推进可持续发展事业，政府与行业主管部门提高了可持续标准，包括劳动、环境、健康及安全法规等。另一方面，企业也接受这些标准与法规，变成遵纪守法的群体。由于政策法规的政治性，即使在发达国家，在短时间内也难以将可持续标准提到很高的水平。因而，仅仅是遵纪守法是远远不够的。比如，仅仅是遵从《劳动法》等法律法规，劳动力与企业的可持续发展是无法实现的。

（3）超越法规阶段。前两个阶段是防御性的，第三阶段企业从防守转向进攻。企业认识到，通过积累生态效益、采用更洁净的生产方式、管理生产过程的环境影响和更有效的废物处理能够节约营运开支；对社会和环境的投资能够最小化企业经营的不确定性；可持续创新创业行为可强化企业声誉并将股东收益最大化。于是，企业超越法规进行可持续性技术开发、环境与社会影响管理以及可持续性产品提升等。

（4）战略融合阶段。在可持续创新创业的积累下，企业可以将企业目标形象与可持续发展进行衔接，并将可持续发展与公司商业战略进行融合。在这一阶段，企业从可持续发展计划以及塑造的可持续形象中获得附加效益并使利益相关者受益；企业将可持续创新与创业视为投资而非应对环境压力的成本和额外支出；如果公司生产出更清洁、健康与安全的产品，开展有益生态和生物循环的工作，便可享受可持续创新创业带来的竞争优势。

（5）愿景融合阶段。与战略融合阶段不同，处于愿景融合阶段的企业以可持续的愿景为目标，努力改善企业、社会和整个环境，为营建更加美好的世界而努力。企业将可持续发展视为一件值得做的正确事情，而非简单逐利的商业。这一阶段，企业已经不再是传统意义上的商业企业，已经成为社会性企业，成为创造共享价值的企业。比如，BP 公司企业愿景直接变成“Beyond Petroleum”（超越石油）。

[延伸阅读]

2030 可持续发展议程与可持续价值观

联合国 193 个会员国在 2015 年 9 月举行的历史性首脑会议上一致通过《2030 可持续发展议程》（以下简称为《议程》），《议程》设定了可持续发展目标，述及发达和发展中国家人民需求，并强调不落下任何一个人，是当前情境下可持续价值观的核心表达。新议程涉及范围广泛且雄心勃勃，包括消除评估、粮食安全、气候变化、经济不平等、创新、可持续消费、和平、正义以及高效机构等相关的重要方面。《议程》于 2016 年 1 月 1 日正式启动。

目标1：在全世界消除一切形式的贫困。

目标2：消除饥饿，实现粮食安全，改善营养状况和促进可持续农业。

目标3：确保健康的生活方式，促进各年龄段人群的福祉。

目标4：确保包容和公平的优质教育，让全民终身享有学习机会。

目标5：实现性别平等，增强所有妇女和女童的权能。

目标6：为所有人提供水和环境卫生并对其进行可持续管理。

目标7：确保人人获得负担得起的、可靠和可持续的现代能源。

目标8：促进持久、包容和可持续的经济增长，促进充分生产性就业和人人获得体面工作。

目标9：建造具备抵御灾害能力的基础设施，促进具有包容性的可持续工业化，推动创新。

目标10：减少国家内部和国家之间的不平等。

目标11：建设包容、安全、有抵御灾害能力和可持续的城市和人类住区。

目标12：采用可持续的消费和生产模式。

目标13：采取紧急行动应对气候变化及其影响。

目标14：保护和可持续利用海洋和海洋资源以促进可持续发展。

目标15：保护、恢复和促进可持续利用陆地生态系统，可持续管理森林，防治荒漠化，制止和扭转土地退化，遏制生物多样性的丧失。

目标16：创建和平、包容的社会以促进可持续发展，让所有人都能诉诸司法，在各级建立有效、负责和包容的机构。

目标17：加强执行手段，重振可持续发展全球伙伴关系。

资料来源：2030可持续发展议程 https://www.un.org/humansecurity/zh/agenda-2030/.

5.1.3 可持续价值战略的创建步骤

可持续发展战略以可持续价值与共享价值创造为核心，彼得·圣吉认为，创建可持续价值战略一般包含五个关键步骤。

（1）勇于思索：构建企业战略应对全球挑战。进入21世纪，社会问题不是变少了，而是越来越多，新问题层出不穷，大都可以归入可持续发展的范畴。可持续发展本质上是企业、人、环境、地球的相互关系出现问题，可具化为资源枯竭、粮食危机、留守儿童、社会公平、环境污染甚至社区问题。解决问题的关键并非国际组织和各级政府，最为关键的是工商企业，因为，企业可以改变与调整全社会生产与消费模式，是可持续生产与消费模式建设的关键力量。因此，企业应该战略性调整企业与环境、社会以及与各类利益相关者的关系，构建安全、和谐与可持续发展的企业战略来应对全球性挑战。如：GE 公司宣布“绿色畅想”战略致力于通过绿色技术推动建设公司业务增长；Google 的可持续性战略目标是让全世界的信息公开化。

（2）以可持续发展促进创新。对于任何企业来说，认可事实之后，它们的直觉反应不是退后一步，而是运用制造问题的思考方式去寻找问题的答案。但是，解决问题通常是把你不想要的东西拿掉，当我们不太可能直接拿掉环境污染等可持续发展问题时，创造才是解决方案——把你想要的东西带入现实。建设可持续的未来意味着在各领域完成不同凡响的集体创新，包括创造新的能源系统、新的交通系统、新的信息传播方式、新的降低废弃物和有毒物质的方法，而这些都要基于新商务模式、新产品创造、新工艺流程和新管理方法。例如，耐克围绕可持续原则来组建业务部门。其 Consigered 生产线，从产品设计时使用更多的天然材料，到生产过程尽量少产生废弃物；其全新改造的耐克鞋，已经基本实现 100% 可回收利用，实现零废弃。

（3）制定恰当的内外部激励机制。制度经济学认为，企业行为是制度的结果。因此，社会性的激励制度是推动企业可持续行为的外部条件。比如，对于环境友好的产品，社会应给予特定支持与奖励措施；而对于可持续性比较差的企业，可以限制销售或勒令整改。对于企业管理来说，企业可持续发展目标的实现，也是内部激励的结果。比如，壳牌石油公司 2010 年开始将公司绩效指标与道琼斯可持续发展指数联系起来（根据环境、社会以及政府问题等可持续原则对公司进行排名），直接推动各事业部及员工在可持续创新创业上采用更为积极而大胆的行动。

（4）支持透明化并开展合作。在当今网络化社会中，各利益相关者并不是被动接受的角色，他们有意愿、有资源、有能力参与到可持续价值的创造中来。迄今为止，大自然保护协会、世界自然联盟等众多组织，在推进企业与政府合作、促进可持续发展方面展现出不可替代的作用。在很多时候，企业与政府与非政府组织合作，能达到单靠一方力量所不能达到的发展效果，比如，福特、雀巢、雅芳等与非政府组织合作，甚至扩展到产品开放领域，通过调整整个价值链来推进创新创业活动。可以说，善于掌控这种复杂架构的企业就会获得竞争优势。

（5）让消费者成为你的合作伙伴。壳牌石油的马克·韦德精妙地描述公司与消费者、非政府组织以及广大社会公众之间沟通方式的转变。他说，消费者正从“相信我”“告诉我”向“让我知道”，最后向“让我参与”转变。这样的观点与服务主导逻辑的观点协调一致，即消费者既是可持续网络的资源整合者，也是可持续价值的共创者。沃尔玛、庄臣、星巴克等著名企业都将可持续发展与品牌特征相融合，鼓励消费者以此为基础来选择他们的产品。例如，宝洁鼓励顾客采用冷水洗涤衣服，这样不但节约成本，而且能减少环境碳排放，其实是一种双赢。而有调查数据显示，消费者愿意作为可持续合作伙伴，为道德型、环保型产品支付更高的价格。

5.2 可持续愿景与使命

可持续价值的创造需要创新创业来完成，其前提是可持续价值观。可持续价值观并不一定产生创新创业行动。一群环境管理专业的毕业生，拥有相近的知识，对于可持续问题的认知与态度大体一致，认可可持续价值观，但是这群人并不一定会参与到可持续创新创业行动中。依照 Drucker 对战略的要求，可持续价值观要推动具体创新创业行动，还需要清晰的可持续愿景和使命，可持续创新创业就成为完成愿景和使命的工具。

5.2.1 愿景和使命的定义及其作用

可持续愿景是企业从顾客价值角度描绘的动人蓝图，是具化的可持续价值观，是企业发展的远景和目标。可持续使命就是为了实现愿景而设定的必须要完成的任务，与愿景目标形成一个组合。愿景规范可持续企业的发展方向，推动并协助完成可持续愿景。

人类因梦想而伟大，企业因愿景而不同，企业为愿景孜孜以求而成就卓越。一个企业的可持续愿景必须是从客户出发，并为客户带来他们所渴望的价值。愿景是公司对于顾客价值的远期承诺，更是公司长期目标的远期设定与路径安排。对于默克公司来说，它的愿景是让病人远离病痛。在可持续价值观的推动下，聚焦于 BOP 市场的药品事业部提出的愿景更有价值——让所有人能够承受医疗。默克公司知道，现有医药市场的社会问题之一是价格非常高，导致很多人不能承受。因此，仅仅开发出高质量的药品，并不意味着能让病人远离病痛，只有开发出他们能够承受的高质量药品才可以。于是，药品事业部就将使命确定为：开发出低价高质的药品。这样的愿景与使命目标不仅清晰地描绘了企业的未来价值，而且规定了企业的发展方向，自然能推动默克事业部为此不断创新创业。

创新创业本质上是学习和变革，因此可持续创新创业面临着风险、高成本与不确定性的挑战。实践表明，企业愿景与使命是面临风险与不确定性的定海神针。从下面的［延伸阅读］中西部联盟错失良机可以看出，不同组织及个体发展出不同认知、行为和结构方式来强化现状不足为奇。因此，我们需要从固定的认知习惯中走出来，不受僵化而习惯性认知的桎梏。而且，商业社会主流地认为，为客户创造价值是企业的天职，为社会解决问题是企业的负担。因此，通过创新创业来创造共享价值，就需要克服惰性，需要有改变秩序的决心，需要通过坚持不懈的努力让组织形成创造共享价值的共识。

［延伸阅读］

错失良机

早在1875年，贝尔就发明了电话，甚至可以在有限条件下与自己的助手进行通话。但是当贝尔向当时的美国巨头企业西部联盟（West Union）的高层管理者介绍自己的发明时，得到的答复是这样的："在对你们的发明进行仔细考虑之后，我们认为你们的发明很有趣，但没有商业价值……我们认为一个电动玩具是没有前景的……"

事实证明，西部联盟对这一发明的市场判断是完全错误的，错失市场良机。因为在电话发明后的初始4年间，美国拥有电话仅有5万台。但20年后，这一数字迅速上升到500万台。贝尔1877年自行成立的 AT&T 公司，则在这一轮发展中成长为美国最大的通信公司，每股股票价格超过 1000 美元。而电话最初的专利（174455）也成为史上最有价值的专利。

资料来源：Bryson，B. Made in America，Minerva，London，1994.

可喜的是，我们在创新创业组织与活动中经常可以看到一些克服惰性和改变秩序的现象：创新者挑战权威，创业者冒险前行，去挑战已经被普遍接受的游戏规则。如阿里公司，从创业初期就坚定使命——“让天下没有难做的生意”，其核心就是解决商业信用问题，而解决商业信用这样的社会问题通常不被认为属于企业责任范畴。因此，不管是阿里公司的创办，还是天猫系统的创新升级，以马云为首的团队，无时不刻在挑战和改变组织惰性。

从另一个角度看，创新创业通常来自外部，也就是说创新创业通常不是在传统领域内突破，而是在看起来关联度并不高的其他领域产生。比如，取代马车的是汽车；超越沃尔玛的是阿里；传统餐饮的革命者竟然是美团；银行现今面对的居然是支付宝。

在这些情况下，组织从一种新的想法中看不到机会，或者认定一种发明并不适合组织目前的业务模式。而在另外一种情况下，组织意识到了变革的必要性，却低估了威胁的强度。因此，可持续创新创业组织不仅应该在动态的环境中保持开放的态度，还应该基于可持续愿景开放包容地去协作，从企业外部去获得实现愿景的资源、伙伴与路径。在动态的环境中通过愿景领导力，赋予其鲜活的内容和组织定力。就像马云的观点一样，创新创业者不要为了赚钱与盈利去努力，而应为创造共享价值和共同愿景奋斗，赚钱则是“自然而然的事情”。

5.2.2 愿景和使命的实现过程

要改变观念和重新调整组织力量，需要对新愿景做出清晰的表达，这对于可持续创新创业非常重要。不管是德鲁克的理论阐述，还是柯林斯基于伟大公司的概括总结，都强调企业愿景与使命在推动公司成为伟大过程中的重要作用。只有伟大的愿景和使命，才能凝聚组织力量，保持创造热情，激活组织活力，最终成就伟大的公司。GE、阿里巴巴、苹果公司、维珍公司等均是如此。但是我们必须避免对“使命”和“愿景”进行空洞的表述，一方面要求创造共享价值的愿景和使命真实具体，让“愿景”和“使命”本身具有生命力；另一方面也要求高管团队通过领导力形成全组织的共识，并建立管理系统去捍卫其基本价值观和推动“愿景”和“使命”的一步步实现。

愿景使命对创新创业的成功推动中，“高管层承诺”必不可少，甚至是一个核心秘诀。高管层的承诺，本质上是可持续创新创业的一种态度。致力于建立一个自然生态系统的愿景本身有生命力，但其间遭遇的困难与阻力一定非常多，高管层的承诺则可强化愿景使命的组织定力。从组织管理的角度来说，高层承诺是组织承诺的基础和必要构成部分。从现实中，人们经常都能感受到创造共享价值企业的承诺力量，比如：SK 集团、英特飞公司、GE 公司等，这些公司的 CEO 与高管团队不仅站在全球性会议的前台阐释并承诺其愿景和价值主张，同时也在企业内部以此为绩效目标进行管理改革与创新。以至于作为普通受众的我们都能够强烈地感受到上述组织提出的创新创业承诺，很大程度上是 CEO 或高管团队将组织人格化了，而愿景和使命因为高管层承诺与组织人格化而值得信任。

高管层的承诺不是形式上的 CEO 承诺，而是建立起将愿景与使命转化为现实的组织机制，组织机制证实和强化管理层参与、做出承诺、付出热情和积极支持的意义。特别地，高管层承诺对于可持续创新创业而言应该是长期的，不为寻求短期的回报。由于可持续创新创业活动具有不确定性，可能不会很快获得回报，那就需要进行“固定投资”。固定投资包含的是持续不断的投入，需要与愿景目标相协调一致的阶段性目标的逐步实现。

[延伸阅读]

阿里巴巴：一家价值观、使命与愿景驱动的公司

阿里巴巴虽然并没有强调自己是一家可持续价值驱动的公司，但事实上阿里巴巴是一家不折不扣的可持续发展企业。阿里巴巴认为，客户第一，这是第一位的核心价值观。而客户利益不仅包括功能、利润等商业利益，还包括健康、幸福以及永恒福祉等可持续价值要义。阿里的公司愿景是构建商务生态系统，实现超过100年的可持续发展。生态系统规定了阿里巴巴可持续发展内涵，“最少102年”的企业愿景①，阐述了可持续发展的结果。在这样的愿景之下，阿里的核心使命是通过提供基础平台与赋能营销“让天下没有难做的生意”（见表5-2）。天下没有难做的生意，其实也包含了公平、公正、透明以及环境友好等可持续发展的应有之义。

表5-2 阿里巴巴的价值观、愿景与使命

核心价值观	客户第一、团队合作、拥抱变化、诚信、激情与敬业
企业愿景	构建未来的商务生态系统，让客户相会、工作和生活在阿里巴巴，并持续发展最少102年
核心使命	让天下没有难做的生意。赋能企业改变营销、销售和经营的方式，并提升企业效率。为商家、品牌及其他企业提供科技基础设施以及营销平台，让其可借助新技术的力量与客户互动，以更具效率的形式开展运营

与所有高瞻远瞩的公司一样，阿里巴巴在成长壮大过程中也不断对员工进行愿景、使命和核心价值观的教育与传播，核心要点包括：描绘生动的使命与价值观、建立教派般的文化、拥有威权型领袖、采用运动式管理、严格层级性划分。“阿里铁军”就是通过这些手段来打造，这支铁军拥有统一的信念与意志，并转化为创新执行力与创业战斗力。当然，有效的愿景与使命不仅推动了阿里公司的创新创业行动，也规范着阿里面对不确定与挑战时候的选择。比如，2011年，阿里巴巴以捍卫客户第一的价值观不力为由卸任业务优秀的CEO（首席执行官）卫哲、COO（首席运营官）李旭晖。阿里表示，公司决不能变成仅以赚钱为目的的机器，违背公司价值观的行为不能容忍。

① 注：阿里巴巴成立于1999年，发展最少102年意味着至少横跨三个世纪。

20 年来，阿里巴巴的价值观、愿景和使命从未改变。以构建商业生态系统为目标，阿里核心业务拓展至电商、云计算、数字媒体和娱乐以及创新项目，形成淘宝网、天猫、聚划算、全球速卖通、阿里巴巴国际交易市场、1688、阿里妈妈、阿里云、蚂蚁金服、菜鸟网络等业务板块。经过 10 多年的创新创业，公司已经建立起围绕自身平台及业务的生态系统，涵盖消费者、商家、品牌、零售商、其他企业、第三方服务提供商及战略联盟伙伴。阿里巴巴 2018 年营收 2503 亿元，利润超过 600 亿元，已经成为全球最大的电商公司，全网交易量已经超过全球 70% 国家的国内生产总值。更难能可贵的是，这家公司依然保持着旺盛的创新精神与创业激情，成长速度依然保持在 50% 以上。

5.3　战略选择

5.3.1　理性主义战略 VS 渐进主义战略

（1）理性主义战略。理性主义导向的创新创业战略（简称理性主义战略）由以下几个部分构成：①描述、理解和分析社会经济环境；②根据分析确定创新创业行动方针；③执行决定的行动方针。这是理性创新创业行动的“线性模式”：分析评估、理性决策与执行推进。与此相同的模式是 SWOT：根据外部机会和威胁来分析公司优劣势；确定企业的创新创业选择，利用公司优势通过创新创业来抓住外在的机会，并采取措施规避潜在威胁。

理性主义战略可帮助企业：①能够识别出公司面临的可持续发展具体事项；②识别竞争情态，保持商业竞争与可持续价值创造的动态平衡；③为未来的变化做准备；④保证对企业长期发展的足够关注，同时关注即时的环境压力；⑤对于地域分散和功能专业化的组织来说，保证目标和行动大体一致。

然而，对环境的评估很难契合真实情况，原因在于：①外部环境很复杂，涉及竞争者、顾客和监管机构等，而且变化很快，在技术、经济、社会以及政治等领域均可能动态变化；②大部分管理人员对公司优劣势不能达成一致，部分原因在于他们对于企业内部的具体情况并不十分了解。③可持续发展领域宽泛，包括环境影响、贫困问题、资源短缺、生产排放、生物多样性、员工安全与成长等，企业要准确评估并不是一件容易的事情。

[**延伸阅读**]

战略规划的困境

William Starbuck 对战略规划做出了批判。

第一，形式化削弱了计划的贡献。第二，几乎所有的管理人员对他们所处的企业和市场环境并不是很清楚。第三，没有人能够对未来做出准确预测。然而规划人员可以更加现实地制定战略规划，并且使用它来建立更加健康、警觉和快速响应的企业。他们可以做出理智的预测，并据此提高警觉性；利用独特的能力、进入壁垒和专利信息；拓展管理人员的视野并帮助他们建立更加现实的信念；以更加容易改变战略的方式来制定规划。

除了上述三点之外，更加重要的是，随着环境动态性和竞争强度的增加，企业的内部优劣势很难识别，特别是在新的和快速变化的技术领域，例如：

第一，在 ICT 快速发展的情况下，即使很多公司有大量的投入，但最初的投资期望却未能实现。比如，京东自营物流一度被战略性定位为京东商城与天猫竞争的核心壁垒，公司连续投资 12 年，营业收入在 2018 年达到 124 亿元，但连连亏损，到 2018 年亏损额度达到 23 亿元。在 2019 年上半年，爆出京东物流裁员与降薪的各种传闻。

第二，2009 年伊始，东方园林开始可持续创业，转型水资源处理、固废处理与全域旅游业务，提供生态湿地的设计和建设、园林建设、水利和市政工程。转型以来，东方园林业绩增势迅猛，由 2009 年的 5.84 亿元增至 2018 年的 129.93 亿元。但是，公司核心业务主要为市政基础设施，采取 PPP 的业务模式，即，通过集合社会资本进行大规模项目投资，市政项目营运之后分期支付项目工程与投资费用。虽然绿色发展与生态保护的政策环境已经非常积极，但 PPP 项目投资建设周期可能遇到各种风险，可能导致项目停滞，一旦一个项目停滞将会产生严重的现金流问题。正是这个原因，2018 年东方园林实现销售收入近 130 亿元，但公司现金流不足 1 亿元。2019 年上半年裁员近 30%，股价因此跌入历史低谷。

第三，在计算机安全防护领域，过去十年间，中国出现过不同的安全公司：金山公司、江民公司、卡巴斯基公司、腾讯公司、360 公司等，各领风骚 3～5 年。在这个领域内首先进入的几乎没有一家企业能够稳定经营，很难维持稳定的市场占有率。实际上，每一家公司的技术差异并不大，但商业模式的变化非常快。比如，360 这家安全公司已经变身平台公司，做起搜索来。但是 360 董事会主席周鸿祎认为，就算 360 做了搜索，就算 360 搜索做得很努力，360 也颠覆不了百度，今天能颠覆百度的可能是什么？可能是今日头条的大数据推荐机制。今日头条不是做搜索颠覆百度，因为搜索是人找信息，而推荐是什么？是信息找人。

（2）渐进主义战略。鉴于不确定性的内外部环境，渐进主义者对完全了解并把握复杂性和变化缺乏信心，他们认为人们理解现在和预测未来的能力注定是有限的。于是，很多企业不会遵从理性主义的主张，而是采取渐进主义的思维模式与战略选择。渐进主义者强调，企业只能部分地了解内外部环境、自身优劣势以及未来变革的速度与方向，因此，有意识地搜寻和了解社会问题、环境变化以及竞争新信息必不可缺，因此进行战略调整是必然的。

在这种情况下，最有效的程序是：①为实现可持续创新创业目标采取大胆但谨慎的措施；②测量和评估措施所取得的效果；③如有必要，进行渐进式改良。

这是典型的“摸着石头过河”策略。对于渐进主义的创新创业战略，企业有试验探索与试错调整的心态，它们相信成功的路是走出来而不是规划出来的。我们经常听到这样的说法：试一试就知道，我也不知道答案，边做边学，就知道答案了。

典型的路径是：设计—开发—测试—调整设计—再次测试—运行。

不承认当前环境的复杂性以及未来不确定性的公司创业战略肯定是错误的。如果完全执行，很可能带来灾难性的结果，但这并不是我们在创新过程中拒绝分析和理性的原因。正好相反，在复杂和持续变革的环境下，渐进主义战略比理性主义战略更加合理。

[**延伸阅读**]

腾讯的战略与发展史

OICQ 的成功与 QQ 的诞生

1998 年 12 月 11 日，马化腾与张志东合伙建立新公司。他们计划成为一家专注于互联网和实时消息/通信的公司。在最初几个月，腾讯提供外包数字服务，如开发程序、搜索引擎、网站等。当时的腾讯只是一家小型科技公司，收入只足以维持生计。

1998 年底，当马化腾在互联网上冲浪时，他注意到一个名为 ICQ 的项目。很快，腾讯在短短几个月内开发了一个名为 OICQ 的计划，即开放式 ICQ。腾讯于 1999 年 2 月 11 日发布了该产品。在 OICQ 发布后的短短 8 个月内，其用户量高速增长，每隔 90 天，OICQ 用户增加 4 倍。

2000 年，ICQ 威胁起诉腾讯侵犯知识产权，并要求赔偿 1000 万美元。腾讯面临着第一次真正的困难。除了法律纠纷外，腾讯还面临着对互联网公司态度的转变。在世纪之交，许多公司遭受了与美国网络泡沫相关的崩溃，马化腾多年后说他当时甚至考虑过卖掉腾讯。

腾讯在 2000 年将 OICQ 改名为 QQ，改变 UI 设计并为 QQ 添加了更多功能。例如，与中国联通合作，将 QQ 和 SMS 短信结合在一起，让用户以更有效的方式发送信息。除此之外，腾讯还在 QQ 中添加了聊天组的功能。截至 2002 年底，腾讯的活跃用户增加到 3000 万，中国联通 70% 的用户都通过 QQ 发送消息。

QQ 数字货币模型

QQ 在 1999 年取得了巨大的成功。然而，腾讯很快发现他们处于一个非常尴尬的处境，他们无法从 QQ 用户手中赚到钱。腾讯意识到他们必须改变自己的商业模式，他们需要引入一种在 QQ 上获利的方式。经过一系列的讨论，腾讯在 QQ 内部开展全面变革。

首先，腾讯发布了平台货币“Q 币”，并将价格设定为 1 元人民币 1Q

币。其次，腾讯建立了一系列基于 QQ 及其衍生产品的社区。例如，最有名的产品之一“QQ 秀”，允许用户购买不同种类的装扮来打扮聊天形象。腾讯还开发了自己的在线游戏中心，并制定了一项政策，要求所有游戏和游戏内购买都需要使用 Q 币。

截至 2005 年底，QQ 上有 500 万用户每月花费 5 元人民币用于购买 Q 币，每月有超过 30000 名用户花费 100 多元人民币购买 Q 币。QQ 秀和 QQ 为年轻人提供了自我定义和表达创造力的机会。QQ 数字货币模型帮助腾讯赚取了大量现金流。

QQ 衰落与微信兴起

2010 年，智能手机开始普及，随着数据传输技术的发展，智能手机成为一种全新的互联网接入方式。

2010 年，Foxmail 与腾讯合并后，张小龙进入董事会。2010 年 12 月，张小龙在 iPhone 上发现了一款名为 Kiki 的应用程序。Kiki 是一个基于短信概念的在线聊天应用程序。在张小龙下载 Kiki 的那一刻，他意识到在中国开发类似应用程序的机会很大。他打电话给马化腾要求支持这个新项目，马化腾也看到了创建此类应用程序的潜力，因此项目很快就投入了开发。一个月后，“微信”得以问世。

一开始，微信每月只有 3000 名用户。过去 9 年中，微信至少推出了 8 个版本，每一个版本都是一个故事。迄今，微信活跃用户接近 10 亿，而腾讯也成了中国互联网商业帝国（见图 5－2）。

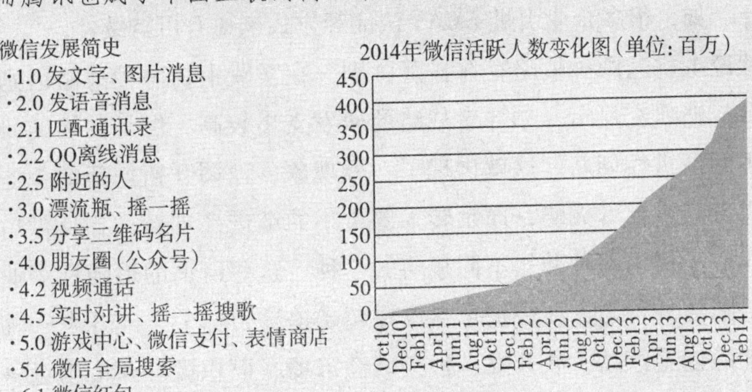

图 5－2 微信的进化

资料来源：根据腾讯公司上市年报及公开报道整理。

管理启示：鉴于环境变化和不确定性，企业应该通过可持续导向的创新创业来探讨未来各种可能趋势的影响；保证企业内外利益相关者广泛的参与和顺畅的非正式沟通渠道；开放地使用多种信息来源，允许争论、质疑与思辨，同时允许试错；根据新的证据改变创新创业战略及其行动方案。

5.3.2 领导者战略 VS 追随者战略

按照战略管理权威学者 Porter（1980）的观点，企业必须在两种市场战略之间做出选择，可持续创新创业亦然。

（1）领导者战略。企业致力于可持续技术领先或管理卓越的标准，第一个进入可持续性市场，通过创造共享价值成为领导者。这样的战略，意味着公司需要承担可持续创新创业的技术开发风险，需要探索解决社会问题与企业经营业务之间的衔接方式，需要与不同利益相关者沟通，确保可持续创新创业的市场有效性，如：GE 的绿色畅想计划。因此，企业不仅要有相应的可持续性知识储备，还需要有坚强的可持续管理储备，并且要密切关注市场需求变化及利益相关者反应。

（2）追随者战略。企业致力于基于模仿的创新创业，这需要公司努力进行竞争者分析、情报获取以及逆向工程。逆向工程指的是测试、评估以及拆解竞争对手的产品与可持续应对方案，以了解它有何功能、是怎样制造以及为何取得积极绩效，还有就是成本削减和制造流程改进的要求。由于可持续创新创业具有分享的特征，因此采取追随者的战略成为更多企业的选择。如，很多企业引进 EMAS 认证等方式来提升可持续性。

理论上，这两种战略存在显著区别，在实践中，两种战略区别并不明显。有战略研究显示，领导者战略的研发支出较高，但是后续的研发主要关注小的渐进性创新。这就出现了一种现象，强调开拓创新的企业并没有始终保持其领导者战略，而是转为侧重小的渐进性创新。相反，后来进入的企业似乎追求两种截然不同战略的一种。这些所谓的追随性企业一旦采取了追随性的行动，往往把重点放在超越追随目标上，或开发一种更具可持续性的创新产品，或开发一种突破性市场，以积极展开市场竞争。

这样的情况在历史上有更多的证据：少有企业可以持续地处在技术领先的位置。因此，在大多数实践情况中，那些致力于开发领导性新技术的创新创业公司，会迅速把重心转移到市场改进上；而跟随性的公司，则可以迅速地模仿、跟进甚至完成超越。在20世纪70年代，像IBM这样的企业清楚地觉知到半导体技术的发展趋势以及对主机生产商竞争地位可能产生的影响。事实上，IBM对革命性技术至少做出了一项重大贡献：研发了RISC微处理器。然而，尽管有这方面的知识，这家公司还是没能达到Porter定义的主要战略目标：找到一个位置通过技术形成区隔，最好地抵御外在的竞争力量，或按照自己主导的方式来影响它们。

是选择领导者还是追随型竞争战略，很大程度上取决于获得关键知识的成本。虽然获得关于竞争对手创新信息的费用相对较低，但是获得关于怎样复制竞争对手产品和流程创新的知识要昂贵得多，并且很费时。这类模仿的成本通常占原创成本的60%～70%，并且一般要花三年甚至更久的时间。日本和韩国企业的例子证明了这些结论。在日本和韩国，有效的模仿归功于相关的教育、培训和研发方面的大规模投资。管理人员认为学习竞争对手的创新最重要的方法是独立研发、逆向工程和专利许可，这些方法的成本比阅读出版物与专利文献要高得多（见表5－3）。一项针对500家大型欧洲企业的创新战略的调查显示，几乎一半的企业CEO认为，通过对竞争对手的逆向工程获得的知识对于创新来说非常重要。

表5－3　学习竞争对手的方法有效性

学习方法	流程	产品
独立研发	4.76	5.00
逆向工程	4.07	4.83
专利许可	4.58	4.62
从创新企业中雇佣员工	4.02	4.08
出版物或公开的技术会议	4.07	4.07
专利披露	3.88	4.01
向创新性企业员工咨询	3.64	3.64

注：范围1＝完全无效，7＝非常有效。

资料来源：Levin R A，Klevorick R N and S. Appropriating the returns from industrial research and development Brooking Papers on Economic Activity[Z]. 1987.

5.3.3　可持续价值的差异性VS综合性

以可持续价值创造为目标，企业需要在创造综合性还是突出性价值方面做出选择。

（1）综合性可持续价值战略。可持续性是对企业环境与社会贡献的整体评估，包括的范畴极为广大。按照商业生态学的逻辑，企业应该基于自然法则重新设计可循环的商业关系，才能确保企业以及其产品对自然环境的“零影响”，才能创造“一个愉悦、安全且健康的世界，拥有清新的空气、可再生的能量，人们可以公平、优雅、既经济又生态地享受这个世界”的可持续价值。

对很多企业来说，这样的目标是望而生畏的。但是，也有“孤注一掷”的创业者，Interface（英特飞公司）就是典范，这家公司不仅改变了地毯行业的消费模式，还探索生产过程中的石油削减与排放处理，致力建立循环经济体系。1994年，地毯还是一个以石油以及其延伸提取物为基础的制造业，生产周期内会排放大量污水、有毒气体和废料。20年过去了，Interface公司做到了，将地毯变成了一个循环经济过程：将温室气体排放量减少了82%；将废料减少了66%；将用水量减少了75%；将矿物质燃料耗用量减少了60%；欧洲工厂所用电100%为可再生能源（占英特飞全球耗电量的89%）；发明了新材料、新机器、新制造工艺并拥有大量专利权；在110个国家年销售额超过10亿美元，销售增长了66%，利润增长了1倍以上。2003年以来，Interface生产了超过1亿平方米的没有产生任何温室效应的气候中性地毯（酷地毯）；通过Re Entry反向物流地毯回收项目重复使用10万吨地毯产品，减少了废弃物；公司整体环境足迹减少60%以上；让人吃惊的是，1994年以来，累积节省废料成本超过5亿美元，企业经营成本未升反降，减少废料支出和成本节约足以支付整个为可持续发展目标实现而进行的资金成本投入。

（2）差异性可持续价值战略。差异性价值战略是指企业将可持续创新创业的范畴集中在一个领域中进行可持续价值的创造，或为企业有突出知识和能力的领域，或社会问题最突出的领域，或企业业务最为相关的可持续发展领域，这是一种务实的可持续创新创业战略。

在具体实践中，企业可以依据自身的实际和环境条件进行选择性推进。对于佳百农清溪鱼公司而言，他们天然地临近BOP人群，他们与农户结成的“农户+基地+公司”的产业链战略，不仅解决了企业养殖规模问题，同时，还降低了养殖成本。为了让佳百农清溪鱼更好地在乡村振兴中做出贡献，佳百农清溪鱼甚至提留 3% 的营业额用于乡村建设、关爱留守儿童、农村可持续发展相关研究。而对于万科公司来说，大规模的建筑消费，导致资源消耗成为严峻的可持续发展问题，他们 10 年前就开始了建筑工业化的试验，此举将大大降低建筑能耗，对于偌大的中国建筑产业来说，具有突出的可持续性价值。对于阿里公司来说，他们具有接近并影响消费者的能力和技术条件，他们推出蚂蚁森林等公益项目，倡导低碳生活与可持续消费模式，在创建差异性可持续价值方面表现突出。

[延伸阅读]

蚂蚁森林和“碳账户”

2016 年 8 月 27 日，蚂蚁金服为旗下支付宝平台的 4.5 亿实名用户推出“碳账户”，而蚂蚁森林则作为首个碳账户的新功能被积极推广。实名用户的地铁出行、参与步行、在线缴纳水电煤气等生活费、网络挂单、网上缴交通罚单、网络购票等行为若是在支付宝平台上完成，由于其可以减少相应的碳排放量，蚂蚁森林会增加与用户绿色生活方式相对应的能量。随着能量的增加，蚂蚁森林中的虚拟树也会随之长大。待这棵虚拟树长大后，公益组织、环保企业类的“蚂蚁生态伙伴”们会将这些“树”给买走，在现实生活中种植真树或保护自然保护地。此外，用户之间可以浇水互动，定点定时地“偷”朋友能量，悄悄开启“能量保护罩”功能防止好友偷能量等，蚂蚁森林将简单公益行为游戏化，增加该公益行为的娱乐性。一方面，蚂蚁森林为用户提供了社交互动的契机，在创造交流话题的时候，使得沟通充满乐趣，让低碳出行成为共同话题甚至变成集体参与的活动；另一方面，通过社会交互，给予用户低碳出行等行为以外部的推动力，其效应远远高于其他公益组织或行政主管部门的低碳号召及其努力。而“蚂蚁森林”确实落实在真实世界种植真树行为对社会产生一定的影响，获得媒体的关注和报道，对“蚂蚁森林”进一步分享传播，实现规模化传播。

截至 2017 年底，蚂蚁森林已累计种植和维护真树 1314 万棵，守护 12111 亩生态保护地，分别位于内蒙古阿拉善、巴彦淖尔、鄂尔多斯和甘肃武威等地区。蚂蚁森林项目的巧妙参与开掘了社会公众个体的行动力，让公益效果实现爆发式增长，也让参与人有更直观的获得感。在此基础上，这一现象级的环保公益项目，正在尝试变身社会公益创新的孵化器。2018 年的某一天，阿里巴巴公益周“天更蓝”论坛上，蚂蚁森林发布了蓝天（“planet blue”）公益计划，宣布将强大的互联网产品能力、科技为支持的互动平台开放给全社会，呼吁人人参与绿色未来。

蚂蚁森林最初的想法，只是在支付宝的余额旁边加上按钮“碳账户”。但产品负责人祖望提出，应该把减排数值产品化和价值化，于是，提出了“种树”的想法。简单来说，用户可以通过减排行为如走路等，积攒将减排量化的能量（走一万步，可获得 100 多克能量），在积攒能量的同时，用户可以在蚂蚁森林页面上种虚拟树，当能量积攒到一定量时，可以申请在荒漠地区种下一棵真实的树（例如，17.9 千克碳量可种一棵梭梭树，相当于一颗梭梭树一生能够吸收的平均二氧化碳量）。

个人碳减排行为背后需要精密算法的支持。蚂蚁森林的碳减排算法由蚂蚁金服和北京环境交易所（CBEEX）共同研究推出。现在，蚂蚁森林中可以收集能量的低碳行为有十余种，每一种方式的出现都意味着算法的更新，每天走一万步可以收 100 多克能量，而线上支付收获 5 克。未来生活中方方面面的低碳行为都可能被计算进减排行为中，并得到精确的结果，这就需要算法的不断升级。2017 年 6 月，蚂蚁金服成立个人碳减排专家委员会，致力于推动全球首个大规模个人碳减排算法标准的出台。

此外，蚂蚁森林不定期地推出新活动，吸引用户参与。2017 年春节集五福运动，蚂蚁森林算是迎来了最大的一次运营活动，支付宝的班委关胜，倡议蚂蚁森林介入给好友浇水集福卡的活动。这让蚂蚁森林用户上了一个大台阶，打破了两个亿；2017 年 3 月 21 日，世界森林日，蚂蚁森林决议邀请用户代表前往阿拉善，实地探访他们种下的梭梭树；2017 年 9 月 5 日，蚂蚁森林开放了明星合种功能，据先容，合种功能当前斟酌长期保留，用于激励用户合种大能量树种；2018 年 3 月 12 日，开展“我要去看树”活动，即写下“我与蚂蚁森林之间的故事”，经官方评选通过后，被邀请这 5 名用户前往蚂蚁森林中参观并进行直播。

资料来源：根据蚂蚁金服公司年报及其相关新闻报告整理。

差异性价值战略的门槛比综合性价值战略更低，具有相当的灵活性，而且容易为企业所接受，也契合可持续发展的开放包容原则。可以说，任何企业都可以因此而找到一条可持续创新创业的道路。而且，这种差异性价值战略还存在不同的方式。

第一，改变服务方式，降低提供顾客效应的社会与环境成本。Interface 将客户地毯需求的满足方式改为租赁制，这样地毯可以流转起来，其环境成本就大为降低；出版社大力推出电子图书，降低用户购置成本，而且减少图书出版的木材消耗；银行、保险、邮政以及公用企业更换电子账单，减少了纸张消耗，也节省了邮递过程中的能源消耗。

第二，降低产品生产的资源消耗与环境影响。通过技术研发与生产流程再造，提供环境友好型的产品。比亚迪汽车开发新能源汽车，使用替代石油的新能源，减少汽车生产与消耗的碳排放；美体小铺公司在生产美容和化妆品的过程中，拒绝使用化工产品和进行动物试验，从天然植物中提取化学成分，减少环境影响和资源消耗。

第三，提供客户价值而非简单满足需求。广州的爱有方公司在亲子教育的服务提供中，并没有将关注焦点放在孩子技能的改变上，而是关注家庭教育，帮助父母“懂爱”“会爱”与“能爱”，从根本上改变家庭关系；佳百农公司不仅提供高品质鱼品，更采取自然生态的养殖方法，提供营养、健康与安全的食品，而非简单地满足吃的需要；网易云音乐则是搭建了音乐爱好者与音乐人之间的直接渠道，在减少中间环节的同时，让音乐变得更为便捷。

第四，管理生产与营运过程的社会与环境影响。企业生产与营运的外在影响被广为关注，因此，全世界范围内有很多标准化公司为此推出系统的认证方法，企业可以从资源消耗、碳排放、成本等视角检查和审视组织流程的影响，从而达成降低流程影响、提升效率的目的。最为简单而直接的方法是，让自己的员工工作得更健康，这就是一种可持续价值的创造。

[延伸阅读]

商业生态学的战略标准

霍肯说，企业不仅是可持续问题与全球性灾难的推手，而且，因为其规模大、资金多、分布广、实力雄厚，更是唯一能引领人类走出自己制造混乱局面的机构。政府不是，宗教机构不能，大专院校也不行。因此，他提出重构商业生态的系统方法，而英特飞做出了示范。

1. 零废弃

向浪费开战是可持续创新创业的入手点。霍肯说，最环保的用电方式就是不用电；使用天然气、柴油等最环保的方式就是不耗用；利用垃圾桶最环保的方式就是不向里面扔垃圾。

英特飞将天然气等不可再生的矿物燃料的消耗列为纯粹浪费。首先，给予明确定义，解释浪费的含义和范畴，然后全面采用定义。其次，建立一套程序，用它来进行精确而又公平的浪费衡量。再次，设立浪费底线，制定每年、逐年的目标。最后，取得进展，并且向所有的参与者展示改进的成果。

2. 零排放

一家黑色的公司不可能造出绿色的产品。可持续创新创业的公司需要坚持五条原则：地壳中的提取物在本质上必定不会系统地增加；人造物质在本质上也不会系统地增加；自然界的生产力和多样性必定不会系统地增加；公平与效率相关；高效地利用资源声势日涨，这股大潮会托起所有浮游其上的行船（包括所有的企业组织）。

3. 可再生能源利用

风能、分散的太阳能与集中的太阳能会在21世纪这个后石油时期的能源结构中占有一席之地。等待可再生能源价格下调是成本与风险最高的事情。英特飞在利用可再生能源方面，与政府、与杜克能源、与客户之间几乎连接成了一个利益共同体。

4. 循环利用

美国每年约6.688亿平方米旧地毯被扔掉，每磅尼龙地毯消耗能源相当于3.785升无铅汽油。地毯是由各种混合物组成的，并分成地毯纱、乙烯塑料溶胶膜以及底胶等多个层次，回收利用将是一个难解的题。但英特飞创建了一个地毯的循环使用系统。

5. 激活利益相关者

利益相关者包括职员、股东、供应商、消费者、产品标准制定者，也包括运送并安装和维护产品的人，回收产品并制造新品的组织机构，在地方政府、学校、教堂、图书馆、志愿者组织工作的人，居住在社区的人们。可持续事业严格上是社会性事业，只有与这些人从产业链角度携起手来才可能成功，但关键的却是每个人/组织自己。

6. 重新设计商业

人们需要的是美观、舒适、噪声控制、清洁、环境氛围、耐用性、功能性、灵活性、安全、信任制造厂商。依照这样的需求，重构商业系统：自然以阳光为动力；自然只会用自己需要的能源；自然让形式适配于功能；自然将一切回收；自然奖励合作；自然累积多样性；自然在自身范围内控制过度发展；自然开发极限的力量。

资料来源：霍肯．商业生态学：可持续发展的宣言[M]．上海译文出版社，2007.

参考文献

[1]Bacq S, Hartog C, Hoogendoorn B. A quantitative comparison of social and commercial entrepreneurship: Toward a more nuanced understanding of social entrepreneurship organizations in context[J]. Journal of Social Entrepreneurship, 2013, 4(1):40-68.

[2]Drucker P. Innovation and entrepreneurship[M]. Routledge, 2014.

[3]Duane Ireland R, Kuratko D F, Morris M H. A health audit for corporate entrepreneurship: Innovation at all levels: Part I[J]. Journal of Business Strategy, 2006, 27(1): 10-17.

[4]Duane Ireland R, Kuratko D F, Morris M H. A health audit for corporate entrepreneurship: Innovation at all levels: Part II[J]. Journal of Business Strategy, 2006, 27(2): 21-30.

[5]Ehrenfeld J R. Industrial ecology: paradigm shift or normal science? [J]. American

Behavioral Scientist, 2000, 44(2): 229 - 244.

[6]Ehrenfeld J, Gertler N. Industrial ecology in practice: The evolution of interdependence at Kalundborg[J]. Journal of Industrial Ecology, 1997, 1(1): 67 - 79.

[7]Porter M E. The five competitive forces that shape strategy[J]. Harvard Business Review, 2008, 86(1): 25 - 40.

[8]Porter M E. How competitive forces shape strategy[A]//Readings in Strategic Management[M]. Palgrave, London, 1989: 133 - 143.

[9]Porter M E. Competitive strategy: Techniques for analyzing industries and competitors [M]. Simon and Schuster, 2008.

[10]Quinn J B. Technological innovation, entrepreneurship, and strategy[J]. Sloan Management Review (pre - 1986), 1979, 20(3): 19.

[11]Starbuck W H. Learning by knowledge - intensive firms[J]. Journal of Management Studies, 1992, 29(6): 713 - 740.

[12]圣吉．必要的革命：可持续发展型社会的创建与实践[M]．北京：中信出版社, 2010.

[13]霍肯．商业生态学：可持续发展的宣言[M]．上海：上海译文出版社, 2007.

第 6 章　可持续创新创业组织

创新创业特别强调团队协作以及不同学科和观点的创造性组合。人是最大的财富，但需要按照一定的方式形成团队型组织，否则，可持续创新创业就只能是构想。要在组织中产生乘数效应，以及可持续导向的组织环境的营造和保持，有机结构和企业文化不可或缺。而且，务必要消除僵化的官僚主义等桎梏和陷阱，锻造充满活力的创造性组织。

6.1　可持续创新创业组织的基本特性

组织层面的创新创业研究认为，创新创业型组织在很多地方具有相似性，比如：风险承担意愿、率先采取行动的倾向以及对不确定性的接受，有学者甚至采用可持续创业导向来刻画可持续创新创业企业的组织特性。也有学者认为，与其说可持续创新创业的企业具有某些特征，还不如说可持续导向的创新创业组织包含特定的构成要素。

6.1.1　可持续创业导向

在 Covin 和 Lumpkin（2011）等关于创业导向的基础上，Kraus 等（2017）学者研究了可持续创新创业企业的特征，提出"可持续创业导向"的观点。可持续创业导向包括四个维度（见图 6－1）：其一，社会价值取向，指企业在理解企业与社会、环境的关系上持负责任与合作的态度，面对兼顾社会、环境与经济的利益要求时有共赢的思想倾向，愿意通过主动

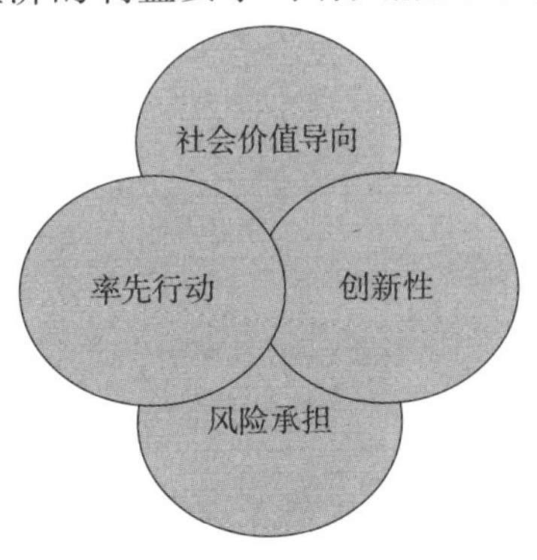

图 6－1　可持续创业导向构成维度

回应和解决社会问题来创造社会价值，达成企业目标；其二，率先行动，指企业采取主动行动的倾向，往往先于行业或其他企业对社会问题做出回应并探索创新解决方案；其三，创新性，指企业不拘泥于形式与条件，支持创新创业行动，或为技术创新，或为管理创新，或为商业模式上的创新，体现为企业在业务增长上创新的贡献程度；其四，风险承担，指的是面对不确定环境和各种困难的时候，企业勇于面对和承担责任的勇气与态度，往往体现为企业积极付出努力解决社会问题与采取创新创业的战略的担当。概括而言，可持续创业导向的企业就是，企业对待社会问题在先动性、创新性与风险承担上做好准备，且有行动的姿态。

6.1.2 企业家型组织

可持续导向的创新创业，特别强调企业家精神的引领，甚至可以说，可持续创新创业的组织充满了充沛的企业家精神，堪称企业家型组织。Jelinek 和 Litterer（1995）认为，不管是新创企业还是公司创业，企业家精神只有在一定的环境和特定的组织文化中才会兴旺。企业家型组织表面上与传统组织很像，但在一些不易觉察的方面存在本质差异（见表 6 - 1）。

表 6 - 1 企业家型组织与传统型组织的对比

状况	企业家型组织	传统型组织
问题含混	接受并界定含混性	忽略含混性
信息不充分	收集并分享信息	依赖于现有数据
存在不同解读	收集并汇编意见	争吵与分裂
不同价值取向	组织内协调	用命令来统一
目标不明确	通过参与找到共同基础	用集权方式定夺
资源不足	坚持不懈创业	停止创业行为
职责不清	扁平化管理带动所有人参与	通过等级制度强化专门化
评价体系不清	建立新体系	使用旧体系
因果不明	将因果链条看成整体对待	专注于零碎问题的解决
沟通不畅	建立信息共享系统	控制高层信息
流行性参与	鼓励基层员工智慧	建立规章控制流动和交流
风险响应	实验	从过去的经验中推断

Lumpkin 和 Dess（1996）对企业家型组织结构进行了明确界定，在 2005 年他们给出了企业家型组织的具体定义，认为企业家型组织与以下五

项组织行为有关。

（1）自治（Autonomy）。自治指在统一的理念与发展愿景的基础上，企业及其各独立工作团队或小组，有充分的自主决定权，在特定的目标下，各个工作团队或小组自主、自发地进行创新创业以及解决问题，自主性高，创造性强。

（2）创新（Innovativeness）。创新指愿意通过实验或创新性的程序引入发明和创造，以生产出新的产品、服务和流程。企业不墨守成规，激励企业内部成员的创造性，接受外部新思想、新观点和新方法，愿意为实现目标进行尝试和改变。

（3）超前行动（Proactiveness）。相对于竞争对手而言，企业先人一步采取行动。企业不是迫于外在的压力，或者基于模仿，而是基于创新创业的目标和企业行为惯性采取特定的行动。超前行动往往体现出与众不同的企业特质。

（4）竞争进取性（Competitine Aggressiveness）。竞争进取性指企业创新创业目标设定的高低以及企业为此努力投入的程度。和个体的人一样，有的人很有抱负，有的人志向远大，有的人则随遇而安。企业也是一样，创新创业是为创造价值，也是为获得竞争优势。

（5）冒险（Risk. taking）。冒险指面对未来环境以及创新创业结果不确定性的决策姿态，往往体现为企业在进行创新创业决策时的果敢程度和大胆性。

6.1.3　可持续创新创业组织的组成要素

正如 Lumpkin 和 Dess 等学者指出的那样，可持续创新创业企业经常呈现出特定的组织特性。这些组织特性并不是自然而然地产生的，而是由企业领导人倡导并在发展过程中逐渐形成的，也取决于企业是否采取了恰当的组织结构形式，是否营造了催生创新创业蓬勃发展的环境。因此，学者 Tidd 和 Bessant 从组织结构的视角，对创新创业型组织的组织结构进行了解剖。依照他们的观点，我们提出表 6－2 所示的可持续创新创业型组织的构成要素表。

表 6－2　可持续创新创业的组织组成要素

可持续心智模式	明确阐述创造共享价值与可持续发展的使命延伸目标，高管层的承诺
适合的组织结构	组织设计使得创造力、学习与互动成为可能 并不总是采用松散的"臭鼬工厂"模式 在有机组织和机械模式之间找到恰当平衡
关键个体	创业型领导，以及拥护者、建设者等赋予创新创业活力并促成具体的行动
有效的团队合作	适当地依靠团队来解决问题，需要在团队选择和建设上进行投入
全员参与创新创业	参与到微创新与持续改进活动中
创造性氛围	使用积极的方法来获得创造性想法，得到激励系统的支持
跨越边界	内部和外部的顾客导向嵌入或创建可持续导向的社会网络

Tidd 和 Bessant 认为，企业心智模式是可持续创新创业组织的灵魂，是指企业对可持续价值的认知、态度与行为意向的综合，是企业价值观在可持续发展领域的具化。可持续发展是一个需要不懈努力和坚持的事业，因此适当的组织结构是创新创业不断涌现的条件，既要保持可持续价值创造的愿景统一性，又要确保可持续技术的引导性，同时还要确保组织集体的创造性。组织是由不同角色构成的集体，在可持续创新创业活动中，不同关键个体与成员各司其职、协助促进，是创新创业活动取得成功与持续发展的关键因素，其中更需要团队协作、全员参与和创造性氛围的营造。社会问题的解决与可持续发展目标的达成，并不是一家企业，甚至不仅仅是企业界就可以解决的，企业、消费者、NGO、政府等需要携手前行，因此，企业组织还应该跨越组织自身边界，扩大创新创业的组织边界。

6.2　可持续心智模式

6.2.1　可持续发展原则

可持续心智模式是人们或企业面对可持续问题、事件与现象的思维定式与行为惯性，包括对可持续发展问题的基本认知、对可持续价值的基本态度以及面对可持续发展问题采取的行为意动，三个维度的不同组合会产生不同状态的可持续心智模式。可持续认知是行为人对人与自然关系的一般性认知，即可持续发展领域的知识积累，为可持续心智模式基础；环境价值观是行为人对自然（自然资源、生态环境、生物多样性等）价值以及可持续发展模式的认可和接受程度；行为意动是指人们在处理人与自然关系时的环境态度和行为倾向。

迄今，可持续发展的共识已经形成，就是当代人在满足需求的同时不能牺牲其他人与后代子孙生存和发展的需要。但是，对于究竟什么是应该保持的，什么应该是发展的，人们一直存在争议。为了解决这个争议，全球学者从不同领域展开了研究讨论，形成了可持续发展科学，包括农药污染、资源耗竭、气候异常、土壤退化、碳足迹、企业社会责任、商业伦理等。

毫无疑问，如果一个企业或个人在所有的可持续发展知识领域都有很好的储备，那么其可持续心智模式就有很好的基础，事实上，这是不可能的。一个在碳足迹领域的专家，可能对转基因的伦理伤害全然无知；一个生物多样性保护与生态保护方面的专业人士，可能对气候变化的知识知之不多；一个关注公平贸易的企业可能对如何降低企业原材料生产过程引致的土壤退化现象手足无措。与其说，可持续认知是企业或个人对可持续发展知识的掌握，不如说是企业或个人对可持续发展原则的认识和理解。

经过《21 世纪议程》等充分探讨，可持续发展原则渐成共识：无代际伤害、可控制增长、平衡原则、谨慎原则、可循环原则、污染付费以及公众参与等原则。无代际伤害是可持续发展的基本原则，今天的行为不能伤害未来的人们生存发展的能力与条件；可控制增长是经济发展与需求增长不能超越环境和社会承载的边界；平衡原则，不仅包括经济、社会与环境的利益兼顾，还包括利益相关者关系的平衡；谨慎原则，是指在没有科学证据表明行为不会产生不可逆的影响之前，停止相关行动；可循环原则是尽可能使用可再生资源，降低甚至达到零排放和废弃；污染付费原则是指企业或其他行为主体必须对自身的影响承担责任，必须承担治理污染和消除影响的费用；公众参与原则是指可持续发展问题需要保持信息透明，极大可能地允许社会公众参与其中，确保监督与行动的持续进步。

6.2.2　可持续发展价值观和行为意动

可持续价值观是我们对可持续发展原则的接受程度，也包含我们对可持续发展的意义判断（可持续价值观参见表 5 -1）。价值观的核心内涵就是，企业与行为主体认为最重要的价值是什么以及获取最重要价值的方式。依照这样的观点，可持续价值观就是企业及个人是否认为可持续发展是企业组织及个人最重要的价值，以及为实现这些价值目标，企业及个人是否承担核心职责。事实上，不同人对可持续价值观的接受程度确实存在差异：

A："300年前全世界只有5亿人，现在不是有65亿人，没问题的。"

B："我们一定要赢，就这么简单。"

C："泰坦尼克号已经下沉，救生圈肯定不够，所以，最好还是坐头等舱。"

D："事情就是如此，我们没有办法。"

E："如果别人都这么干，我要不这么干就是傻子。"

F："我的责任是对自己和家人负责。"

G："市场、技术、某个人或者某种东西总会有办法把事情搞好的。"

H："我想要更多，后果是什么，我不关心。"

I："别人都在消耗和污染，而我在节约和环境友好，我好傻。"

J："及时行乐是我的准则，我管不了未来的人，也不想管。"

K："人是地球的主宰，可以随心所欲地向地球索取，无须考虑和人类一样依赖着大自然的其他物种。"

L："可持续性不仅是怀着善心的绿色环保意识，也不是公关活动里为赢得市场份额冒出的某种创意点子，而是意味着我们摒弃我们已经依赖的经营方式。"

M："可持续创新创业一定不是漂绿，不是捐助一些环保资金，更不是贴上某个绿色的标签。因为如果是的话，可持续油田、可持续烟草、可持续杀虫剂就不是鬼话了。"

N："可持续性不只与美学和公正性有关；它也不是由专门人手负责查看的意见箱，那只用来收集不满投诉的；它更不是那种贴在产品上的标签。"

……

从上述不同观点，我们可以看到不同人对可持续价值观的接受程度并不相同，但同时我们注意到可持续心智模式并不仅仅取决于认知和价值观，还取决于人们的行为意动模式。例如，有的人认识到资源枯竭的紧迫性，认识到可持续发展的未来价值，但是行为意动可能并不是采取可持续创新创业的姿态来予以应对，而是像 C 一样，他们要占有有效的资源，在其他人沉入水中的时候，他可以拿到救生圈。也有人可能觉得，即便是大家都意识到可持续发展问题的严峻性，能够意识到人类无休止地向自然索取的代价，但是他们可能觉得：我不消耗，我不污染，我不排放，但别人在这么干，于事无补，我的可持续行为可能是愚蠢的。因此，可持续心智模式还应该包含人们的行为意动。

有人说，创新创业解决可持续发展问题的行为意动是由认识和价值观决定的，其实并不一定如此。比如，同样是环境科学领域的博士毕业生，有很多人可能就是环保主义者，主张循环经济模式，推广可持续消费和负责任企业行为；但也有人可能面对艰巨的可持续发展事业退而却步。龙成志（2017）研究显示，可持续认知、价值观与行为意动因子存在一定的相关关系，但行为意动因子更能预测行为。因此，研究显示，可持续认知、可持续价值观以及行为意动因子是三位一体的——只有认知和价值观的心智模式是没有行动力的，可持续创新创业行为很难发生；没有认知和价值观作为基础的心智模式是不稳定的，只有以对可持续发展原则的认知和愿意践行的姿态作为支持，可持续创新创业的行动才会得以保持。

6.2.3　锻造可持续心智模式

推动企业可持续创新创业活动，应该从企业管理层出发，锻造积极的可持续心智模式。知识是突破和改变企业行为的基础和钥匙，只有不断地学习知识，基于可持续发展原则的共识才能形成。积极学习和交流可持续发展的知识与原则，通过培训与相互学习学得可持续发展的相关知识。可持续价值的原则需要企业领导人自上而下地灌输，甚至捍卫。实践经验表明，高瞻远瞩的企业中往往都是高管人员在坚定不移地进行价值观的塑造与捍卫。

企业可持续心智模式的锻造是可持续发展导向下的创新创业组织管理的重点。彼得·圣吉提出了一个心智模式锻造的焦点事件模型方法——以可持续事件和现象作为切入点进行管理。比如，企业在面对“长生疫苗”

事件或者某房地产公司施工“死人”事件时，以公司或事业部为单位集体反思、讨论，对事件性质与发展做出预测，对造成这一事件的深层原因进行探索，并促成内部认知、思考方法以及行动趋向的总体共识。图 6－2 所示的以事件为切入点的企业心智模式管理模型，是企业管理中经常采用的方法。

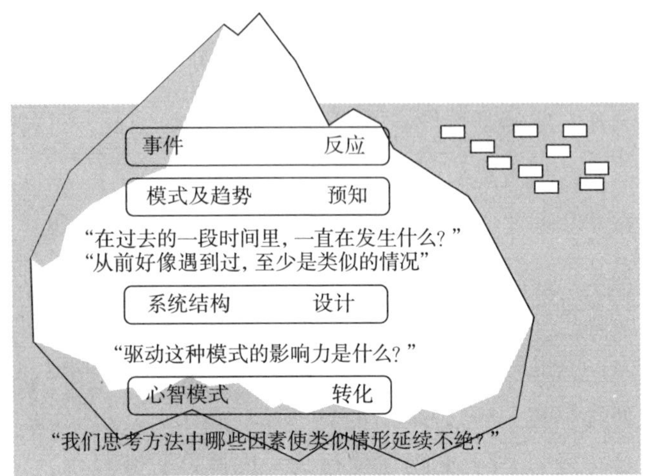

图 6－2　可持续心智模式的焦点事件管理法

[延伸阅读]

什么是商业的可持续性

商业领域的可持续性，就是想方设法满足我们今天的需要，同时不会影响到其他人满足明天的需要。简言之，无耗费，无损害。

通往可持续发展的道路有七条：

第一，向零排放的目标迈进。

第二，在排放物中使用友好型物质的比重逐步增加，为此带动供应链的改善。

第三，提高效率，更多地使用可再生能源。

第四，闭合循环式回收，复制大自然中变废料为宝的方式。

第五，有效利用资源的运输，从转换运输工具到物流运输再到设定工厂厂址。

第六，结合敏感性，转变观念，使员工、供应商、客户和居住的社区的认识一致，借用自然界的说法，缔造一个公司内的生态系统，在企业内部以团队合作代替针锋相对。

第七，重新打造商业生态，掌握新的基本经济观点，它能集合所有相关问题、评估确切的成本、设定真实的价格、最大幅度提高资源利用效率。

资料来源：霍肯．商业生态学：可持续发展的宣言［M］．上海译文出版社，2007.

［延伸阅读］

锻造可持续心智模式首先要改变观点

改变错误的观点是可持续心智模式锻造的起点：

第一，能源是无限的，并且是便宜的。

第二，总会有足够的地方来接纳我们所有的垃圾。

第三，地球可以养活更多的人，人类不可能改变和影响全球环境。

第四，人类是地球上的主要生物，其他物种没我们重要，而且许多物种无关紧要。

第五，诸如水和表层土壤等基本资源是无限的，如果限制或问题出现了，市场和新技术将把资金和资源投入进去，以便使我们能够继续我们目前的生活方式。

第六，提供生产力和标准化是经济进步的关键。

第七，经济增长和 GDP 增加，“水涨船高”，是解决社会不平等问题的最好方法。

[延伸阅读]

拥抱可持续发展新观点

第一，在变异中做冲浪运动。在我们的能源收入允许范围之内生活，增加使用太阳能、风能、潮汐能和生物能等可再生资源。

第二，零填埋。从汽车到 iPod 等播放器，到办公建筑和机器工具，都是 100% 可回收、可再制造，或可降解处理。

第三，我们在向我们的子孙未来举债，而我们必须还债。我们的首要责任是给我们的孩子、孩子的孩子等，留下一个健康的全球性生物圈环境。

第四，我们只是自然奇迹之一。我们只是许多重要物种之一，而且我们与其他物种之间相互依赖的关系之微妙，我们甚至无法想象。

第五，尊重地球提供的服务，这种服务对珍惜她的人是免费的。健康的生态系统是珍贵的，必须如是看待。

第六，拥抱多样性，建设社区。多样性中的和谐，是健康的生态系统和社会系统的标志。

第七，地球村里只有一条船，一个漏洞就会使我们全部沉没。全体的安全和福祉，依赖于对所有人的尊敬和关怀。如果我们中任何人处于不安全之中，那么我们就处在不安全中。

[延伸阅读]

可持续创新创业的巨大利益

可持续创新创业除了吸引员工和品牌增值，还存在以下几方面的核心收益：

第一，可以大幅度节约支出。杜邦公司大力减少温室气体排放和促进能源节约，过去 15 年就节省成本 30 亿美元，业绩却同期增长 30% 以上。GE 升级自己的工业照明系统，每年节省费用 1280 万美元，通过降低能源消耗、提升能源利用效率、减少温室气体排放，每年总共可节省能源支出 7000 万美元。

第二，可以获取大幅市场收益。《快公司》报道，General Mills 已将固定废弃物转化为利润。2008 年新启动绿色市场价值 120 亿美元，2010 年超过 600 亿美元，2020 年预计达到 3000 亿美元。

第三，为客户提供竞争优势。早在十年前，IBM 就推出大绿色计划，寻求大幅度降低数据中心的能源消耗，能为用户节省 40% 的包括能耗在内的系统成本。

第四，可持续性是一个品牌差异点。BP 和壳牌石油公司已经与其他同类企业完全不同。Interface 已经成为地毯行业的标杆，让消费者以可持续性形成明确的市场区隔。

第五，可以塑造产业未来。Interface 彻底改变了地毯行业，变成循环经济的典范，而远大集团几乎开辟了绿色建筑产业。

第六，可以成为有限供应商。突出的品牌可持续性使得企业成为市场中的有限供应商，享受高进入门槛和高溢价的品牌优势。

第七，改善企业形象和品牌。

资料来源：[美]彼得·圣吉著. 李晨晔，张成林译. 必要的革命：深层学习与可持续创新，北京：机械工业出版社，2017.

6.3　合适的组织设计

6.3.1　组织设计的基本原则

无论系统在定义和开发创新产品和创新流程方面多么有效，都不可能成功，除非周围的组织环境非常有利。要做到这一点并不容易，涉及创造一种组织结构和流程，使得技术变革与创新能够蓬勃开展。在严格的等级制组织内部，很少有跨组织的整合，沟通都是自上而下的，缺乏信息的充分流动和跨部分合作，而这些恰恰是创新创业成功的重要因素。与传统企业不尽相同，学者们从不同的角度对可持续组织设计进行了探索。

英国学者 Parrish（2010）研究了不同类型的可持续创新创业企业，采用数据诊断分析（Data Interrogation）方法，提出建构可持续企业组织设计的 5 个基本原则。可持续创业将人和环境定位于不仅是创造财富的手段，更是自己的权利；人和自然资源不是被利用的资源，而是在更广阔的视野上依照其优势相互支持、相互补充与丰富；组织设计的基本原则不是必须这样或必须那样，而是追求多种目标的最优化。

（1）资源永续原则（Resource Perpetuation）。与传统创业的资源利用是创造利润的手段不同，可持续创业将组织视为通过资源的延续创造利益流的平台，基本逻辑在于利用人力和自然资源的方式必须是尽可能地保持和提高资源的功能与质量。

（2）利益累积原则（Benefit Stacking）。与传统的经济化衡量目标实现的思想不同，可持续创业公司的利益与目标衡量是结构化的，对于不同利益相关者的利益目标尽可能实现累积，从而实现多重目标的渐进式达成。

（3）战略满意原则（Strategic Satisfi cing）。由于可持续创业目标存在多样性，不同目标之间的冲突在一定程度上是必然会发生的。组织战略设计时需要战略性地将可持续创业的不同目标进行分类，并基于满意原则进行系统性管理，这些目标达成连续性。

（4）量化管理原则（Qualitative Management）。可持续创业企业的决策管理系统必须是基于效果预期的量化管理。即使是定性问题，如成长与金融资源配置、最优化规模以及流程决策，也需要进行量化管理，如此才可能实现可持续创业的系统性管理。

（5）有价值贡献原则（Worthy Contribution）。强调对货币与非货币的价值贡献基于可持续目标与社会价值实现的程度来进行平衡，而不是基于利益者群体在公司中的地位以及话语权。

不仅如此，可持续创新创业组织还应该能够充满创新与企业家精神。基于Paul C. Light（2011）的观点，创新与企业家精神只能在强健的组织中才能繁盛。依据《新韦伯学院词典》（*Weber's New Collegiate Dictionary*）的释义，强健（Robustness）意味着能展示出理论或健康的活力；或表现出精力、力量和稳固性；被坚实地组成或建构着，牢固；在各种情况下均能有良好表现；粗野、野蛮；需要力量和活力；浓郁和强烈的，精神饱满的。换言之，强健对于激发和保持动力以改变占优势的均衡状态至关重要。

鉴于Paul C. Light（2011）的主张，我们认为可持续创新创业的组织设计应该围绕强健的组织目标来进行：首先，围绕确保可持续创新创业行为的繁荣与可持续价值创造的愿景来展开，具备一致性；其次，满足在发展过程中为实现突破性进展所需的适应性；再次，打破旧的社会均衡时对机会保持敏锐；最后，面对机会时组织反应的灵活性。四项属性特征共同营造出可持续创新创业精神兴盛的文化氛围。具体而言，有三个要求：①企业发展愿景融入可持续发展内涵，通过创造顾客价值，实现企业自身、自然环境与社会相关利益者群体及企业社区最大程度的和谐。②组织结构必须适合当前环境特性与要求，确保企业价值观、创新思想以及相关决策信息在组织中无障碍沟通与传递，如更多的自主权与自主性、商业活动单位更小、赋权一线员工等。③企业对环境变动具有足够的敏感度，以减少组织本身对于可持续创业的消极影响。如企业员工的工作自由度较宽、企业乐于支持创建项目组和跨学科工作团队、鼓励员工参与社区活动等。

6.3.2　组织结构受任务及环境的影响

传统的组织研究表明，组织结构受组织任务性质及其内容的影响。比如，组织任务如果是非程序化和不确定的，组织的关系结构就比较灵活。生产、订单与采购都很少变动的组织，决策过程就会非常程序化，组织结构以及相互关系就会非常稳定。这样的情况往往比较少，很多情况下组织决策活动需要组织做出判断和提供见解，组织环境变动，组织也会一天天地发生变化——这些活动中包括与创新相关的决策。这类活动不可能构建常规而稳定的组织结构及其正式关系，而是需要组织的灵活性和成员间的充分交互。研究表明，程序化决策与非程序化决策存在重大差异，可持续创新创业属于典型的非程序化决策，组织需要松散和灵活的结构。

20世纪50年代末期，研究人员Tom Burns和George Stalker对有机和机械的组织进行了大量研究，认为前者一般适合快速变革的环境，后者更适合稳定的环境，虽然这两种组织结构模式代表了两种不同的理想的状态，但确实为有效的创新提供了可供参考的组织设计原则。在实践中，两种组织结构模式都普遍存在，但其演化关系并没有那么机械。例如，GE经历了痛苦而成功的转型，从僵硬的、机械的结构变成松散的组织结构模式。

另一些研究表明，环境越不确定、越复杂，就越需要选择灵活的结构和流程，这部分解释了为什么一些快速增长的行业通常与更加有机的组织形式有关，而成熟的产业往往采用更加机械的形式。Lawrence和Lorsch两位学者从产品创新的角度进行研究，结果显示成熟产业和增长产业的创新成功既取决于拥有显著差异组织结构以满足多样化的市场需求，也取决于将这些专家小组联系起来的能力，稳定和灵活是难以分割的双元型组织结构能力。

可持续发展事业的动态性以及目标多元性对稳定的组织结构也提出了挑战。因此，即使是传统的机械官僚模式，在应对越来越多的社会与环境问题时，也会倾向于向灵活结构的方向发展，在一定限度内鼓励积极的创造力和灵活性。强调团队合作、参与问题解决、灵活的基层组织与扁平的层级结构，它通过给原先的模式松绑来提高创新能力。创新管理最关键的挑战就是匹配，即在特定的环境下采取最为适合的结构模式。表 6 – 3 中明茨伯格的组织结构原型及其与可持续创新创业的适配可能为我们带来结构设计的启示。

表 6 – 3　明茨伯格的组织结构原型

结构原型	基本特征	与可持续创新创业的适配
简单结构	有机的集权结构，有中央控制，但能够对环境中的变化快速做出反应。通常很小且由一个人直接控制。设计和控制都是由一个人负责，决策控制权也掌握在一个人手中。优点是快速反应和目标明确，缺点是容易受到个人错误判断和偏见的影响，以及资源限制对增长的影响	可持续导向的小公司的结构通常简单，优点体现在精力、热情和企业家的眼光上，简单的结构通常很有创造性。缺点是缺乏长期稳定性和增长性，对关键人物过度依赖，而关键人物并不总是能做出正确决策
机械官僚	由系统集中控制的集权式机械组织。组织结构设计得像一台复杂的机器，人就像机器中的齿轮。设计强调整体的功能和部分的专业化组成，部分之间能够很快地交流信息。成功来自开发出能够简化任务和日常行为的有效系统。这种系统的优点是具有处理复杂的合成流程的能力。缺点在于个体之间可能疏远，结构僵化不灵活	大型成熟企业在解决可持续相关问题时往往采用这种方式，这种系统依赖专家，创业被纳入组织系统进行整体的设计。例如，麦当劳等公司进行了大量创新，关注专家和系统层面的作用。优点是结构稳定，在技术技能方面有利于复杂任务的解决，缺点是结构僵化、不灵活，创新能力偏弱
分权形式	分权式的有机组织形式，可应对本地化的环境挑战。通常与大型组织相联系，这种模式设计了部分独立单元的专业化，例如战略业务单元或经营部门。优点是在中央的支持下进入特定的利基市场（特定区域、特定产品与特定人群等），缺点是内部存在部门和中央之间的摩擦	灵活的可持续创新创业企业通常遵循核心 + 边缘的模式，一般性质的研发在中央进行，同时更多的应用和具体的研究在部门内部进行。优点是集中精力在特定利基市场发展，并在组织其他部分产生和分享知识。缺点是“离心拉动”，远离中央开展研发活动，侧重于应用性的本地研究，阻碍知识共享的，部门间存在摩擦和竞争

续表

结构原型	基本特征	与可持续创新创业的适配
专业官僚	分权式机械形式，权力掌握在个人手中，但是通过标准进行协调。这类组织拥有相对高的专业技能，并有来自咨询公司、技术专家和律师事务所的专家小组协助。控制主要是通过在标准上达成共识来完成，个体拥有极大的自主权。优点是拥有高水平的专业技能，有能力使团队联合起来	这类结构的特征是设计和创新活动在组织内部和外部同时进行。正式的研发、IT 或工程小组就是很好的例子，特别重视可持续技术和专家优势。优点体现在技术能力和专业标准方面。缺点在于拥有高度自主权和丰富知识的个体较难管理
灵活结构	组织类型能够应对不稳定和复杂因素。灵活的结构以团队为基础，不总是长期存在，但提供了高度灵活性。个体的技能水平很高，能够协同开展工作。内部规则和结构都较少，主要服务于任务完成。优点是能够应对高不确定性并且有创造性。缺点是，由于一些未解决的冲突而不能有效地协同，缺乏正式结构，控制性较差	与创新性项目团队最为相关。例如在可持续性产品开发或重大变革中经常采用。美国航天项目就采用了最有效的灵活结构，在过去的十年计划期内，该组织几乎每年改变一次结构，以确保适应项目的不断变化与不确定性。优点是高度的创造性和灵活性。缺点是缺乏控制和对项目的过度投入
任务导向	自然浮现模式关系到共同的价值观。这类组织由拥有共同目的和利他主义的成员组成，如志愿组织和慈善组织。优点是高承诺水平，个体能够采取主动行动而不用考虑其他人，因为他们对整体目标的看法是一致的。缺点是缺乏控制和正式的管理	任务驱动的创新可能非常成功，但是需要投入精力，确定明确目标。全面质量管理和 EMAS 管理体系认证的组织原则与这种组织有关。持续改善的动力来自组织内部而不是对外部刺激的反应。优点是拥有共同目标，授权个体采取主动。缺点是过分依赖关键人士，缺乏对公司使命的认同

6.4　关键个体、全员参与和团队协作

6.4.1　关键人物

研究发现，可持续创新创业的不确定性、复杂性意味着有前途的创新创业可能遇到严峻挑战，使得这些项目生死未卜。解决这个问题的关键在于是否有一个或一群人目标坚定、坚韧不拔，通过组织系统提供资源支持并给予热情鼓励。本书将这个人或这群人统称为“社会创业家”。这个群体不仅从管理上推动创新创业活动，而且具有与众不同的个性特征。

企业家个体层面的研究发现（Zhang 和 Serbert，2006），企业家在 5W 人格结构中存在差异：情绪稳定性（Neuroticism）、外向性（Extroversion）、开放性（Open）、悦性（Agreeableness）和尽责性（Conscientiousness）。企

业家的开放性和尽责性强，但情绪性和悦性较差。综合而言，企业家是顽固不化（Abstinence）和锲而不舍（Perseverance）的混合体。

可持续创新创业家很多情况下是企业家本身，但也可能是企业创新创业项目的负责人。他们通过组织系统为创新创业活动提供支持并给予热情鼓励。他们可以起到其他的很多作用，比如提供关键技术知识的来源——通常是团队领导者或可持续性技术的发明者，并有能力解决很多从实验室研究到形成实际产品这个长期过程中的开发问题。当遇到技术瓶颈的时候，关键人物通常会带来灵感、充满激情并全力投入。当然，可持续创新创业项目的团队领导者非常重要。一些研究者甚至将项目团队领导者称为"重量级"项目经理。"重量级"项目经理深度参与，并确保各种元素凝聚在一起，形成组织合力。

除了创业家之外，可持续创新创业的拥护者可能很有影响力，但他们不能帮助一项达不到组织支持的项目取得成功。并不是所有的问题都是技术问题，对于可持续创新创业而言，管理与价值观问题才是关键的。这样一来，创新创业项目的发起者就变得很重要，他们从组织内外获得资源或者说服内部怀疑者和持有敌意态度的评论家。极为典型的是，他们拥有权力和影响力，并能够凝聚组织的各种力量，从而扫除可持续创新创业的障碍。

此外，还有学者研究了组织人员的协作。组织发展理论创始人之一 Richard Beckhard 说，如果一个人尝试改变一个组织，他一定会被"杀死"，不管这个人在组织中处于什么位置。然而，两个人在一起就可以相互安慰，只要三人就可以成为一个羽翼丰满的密谋同盟。可持续创新创业需要不同关键角色的协作：①一线领导者。几乎所有变革活动，都需要富有想象力，也勇于承诺投入的一线领导者活跃其中。②内部往来领导者和社区建设者。内部往来者可能包括团队成员、咨询人员以及在培训或管理能力开发部门工作的人员，也可能是销售、市场、生产及开发部门的一线人员。③有能力启动或协调跨组织关键流程的专业职能部门经理。④高层领导者。这些角色并不需要对每一件事都形成一致意见，一个大致的目标、共同的兴趣，或者相同的挫折与烦恼，常常就已经足够了。

6.4.2　可持续创新创业的全员参与

可持续创新创业涉及研发、营销及生产服务全部流程，所有环节都可以为可持续发展做出贡献。项目中每个成员都要参与创新创业活动，每个人都有潜在的创造性技能和问题解决能力。如果整个组织能够找到一种机制将这些能力集中在适当的基点，由此产生的创新和创业潜能是巨大的。虽然，每个人都只能开发有限的渐进性创新，但所有的努力会产生深远的影响。在互联网经济背景下，微小的改进累积成巨大的进步的现象非常突出，如海尔的重创平台、小米手机的产品迭代以及微信的不断改进优化。

可持续创新创业的全员参与的隐含之义是组织文化支持和鼓励创新。研究表明，高水平与高参与度的创新创业代表一种竞争优势。如：在质量管理领域可以清晰看到，主要竞争优势来自组织系统各部门更好和更一致的产品和服务。提高企业的可持续性与TQM（全面质量管理）的理念与方法非常一致，全员的参与、企业的环境和社会影响往往改进明显，其资源集约效应尤为显著，更能够在市场中间形成竞争优势。再比如，从20个世纪80年代开始流行的“精益制造”思想为日本企业带来了卓越绩效，在制造业、服务业与零售业等领域受到广泛追捧，精益模式最为强调的就是团队合作式参与的创新。

关于全员参与的研究表明，全员创新创业包括五个阶段（见图6－3、表6－4），成效主要表现在系统发展、让员工参与进来的能力以及最终绩效等方面。其中，每一个方面都要花费时间，但并不一定保证组织能进入下一个阶段。

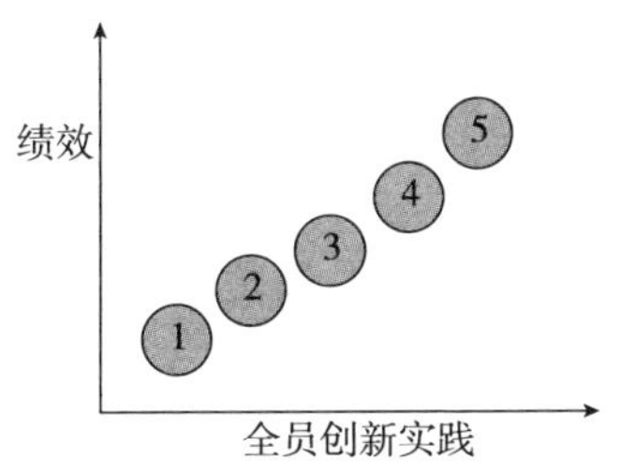

图6－3　全员创新创业的五阶段模型

表 6－4 可持续创新创业的全员参与演化

发展阶段	典型阶段
无意识或朴素的全员参与	· 问题解决的随机性 · 没有正式的努力与结构 · 偶尔迅速发展，但缺乏体系性和连续性 · 解决模式主要是依赖专家 · 短期收益 · 不产生战略影响
结构化的全员参与	· 正式尝试建立和保持全员创新 · 采用正式的问题解决程序 · 鼓励参与 · 使用全员创新创业工具进行培训 · 结构化的创意管理系统 · 支持创新创业的系统 · 通常是平行的操作系统
目标导向的全员参与	· 在上述方面基础上增加正式的战略目标部署 · 监控和测量偏离这些目标的全员参与活动 · 协调系统
授权的全员参与	· 在上述方面基础上增加正式的战略目标部署 · 监控和测量偏离这些目标的全员参与活动 · 内部指导而不是外部指导的全员参与 · 高水平的试验
全员的学习型组织	· 将全员创新作为主要的工作模式 · 自动获取和分享学习经验 · 每个人都积极参与创新创业过程 · 渐进性和突破性创新创业不断出现

阶段 1 为无意识的全员参与阶段。即使有全员参与的创新与创业活动，数量也不多，本质上是随机和偶然的。人们只是出于工作关系帮助解决问题，因而这一阶段的全员参与不是刻意追求的，没有得到认可，也没有得到否定，甚至没有被意识到。

阶段 2 代表了企业的尝试，采取了包括结构化和系统化在内的解决问题程序的设立。比如，公司成立一个创新创业团队，明确要求这个团队遇到各种问题时，每一个原先企业的职能部门和人员都有义务协助解决。这个时候，企业组织通常会设立一个可持续创新创业领导协调小组，在全公司范畴内协调资源、解决管理问题并营造全员参与的企业氛围。一般的创新创业项目，只有局部的协调和参与，并没有建立可持续创新创业与企业战略的关联。

阶段 3 则将全员参与作为一种规范，让每个部门甚至是每位员工与公司战略目标建立联系，使得组织各事业部、各职能部门与个体改进活动能够与组织目标保持一致。为了达成这一目标，企业往往需要作出战略部署的关键行为，对组织可持续发展战略目标进行总体阐述，并分解为可管理的小目标，而小目标则分属企业不同的事业部或职能部门，没有人可以置身事外，都可以而且必须为可持续发展的目标做出贡献。

阶段 4 是主动授权的全员创新。为了确保全员参与的创造性和创新效率，企业可能在组织可持续发展战略的基础上，授予不同事业部、项目团队、职能部门以弹性创新、灵活创造，通过自主学习与创新创业行动的方式来实现组织战略。其间，授权的核心目的是形成可持续创新创业相关的问题解决单元，通过高水平实验和内部指导的方式达成创新创业目标。

阶段 5 是可持续导向的学习型组织建设。每一个人都充分参与和改进过程，分享知识、方法与经验，相互尊重、支持并共同进步，积极创造学习型组织。但达成这一目标存在相当的难度。

6.4.3　有效的团队合作

可持续创新创业目标几乎都是经过复杂的项目设计、技术研发以及不同周期的累积和协作完成的。环境友好型的产品开发、资源集约的原材料探索、组织过程环境与社会影响的管理优化，都强调团队合作的重要性。而团队合作的本质就是整合解决问题的不同观点。

实践证明，相对于个体而言，小组能够更加顺畅而灵活地生成想法和找到解决办法。因此，人们在完成创新创业目标时倾向于在项目团队、跨职能团队和组织间的问题解决小组以及一些关注渐进性和适应性创新的工作组内进行高水平的团队合作。但是高绩效团队很少是偶然形成的，而是在实践中逐渐形成，在组织成员选择和投资过程、对团队任务进行明确指导以及对团队过程和任务管理的推进中，相互磨合并形成默契的协作关系。

可以说，团队是一种跨越组织内部界限的机制。同样地，在处理组织间问题时也是如此。跨职能部门的团队既能汇集解决问题所需的不同知识，也能消除一些深层次观点方面的差异。团队也为形成一种分散和敏捷的经营机构提供强大的支持机制。

一般而言，形成高绩效的团队还应该在以下关键因素上进行管理：

第一，团队必须有明确定义的任务和目标；

第二，有效的团队领导；

第三，团队的角色和个人行为风格的适当平衡；

第四，小组内部有效的冲突解决机制；

第五，与外部团队保持联络。

综合国内外高绩效团队研究结果，我们认为可持续创新创业团队应在以下方面做出努力。

明确可持续创新创业的清晰目标。这个目标为团队所认同，是鼓舞人心、相互理解、让人信服的，是团队的共同协议基础。当团队对未来有一致的愿景，朝着共同目标迈进时，团队合作就会发生。

以结果为导向的结构。当高绩效团队内部个体的努力得到充分认可时，他们有成就感和价值感。公开而顺畅的沟通、明确的任务协调、清晰的角色和责任、及时的绩效检测与反馈、基于事实的判断、有效率和公正的管理，这些都是以结果为导向的。

有能力的互补的团队成员。有能力的团队由能干的、有主动性的团队成员组成。成员必须工作主动、有必要的技能、有强烈的做出贡献的愿望，能够有效地合作，并有一种责任感。

统一的承诺。涉及小组成员的反应方式，有效的团队有一种共性：成员相互支持，忠诚于共同的愿景和目标；团队成员乐于贡献并庆祝他们的成就；完成工作的热情和决心都非常高。

合作氛围。这是一种重要的特征，彼此信任——相信他人的善良；鼓励新想法和创造的工作环境，无论存在什么样的分歧，都知道必须集思广益完成任务；在讨论想法和提供建议时，是以令人舒心的方式进行的。

卓越的标准。涉及个人承诺、动机、自尊、个人绩效和不断改进。团队成员对他们将要依赖的规则有清晰的理解。

外部支持和认可。团队成员要获得可持续创新创业需要的资源、奖励、认可、知名度和社会成功，作为个体受人喜爱和崇拜，为属于一个团队并为之贡献感到骄傲，对于保持高水平的个人能量很有帮助。

有原则的领导。对重要的事情施加影响并鼓励取得成绩的人，通常要遵从一些基本原则：对员工进行差异性管理，对能力稍逊的成员提供一定保护，营造鼓励所有人做出贡献的公平环境。领导者应以身作则，鼓励新想法并分享好做法，领导者提供清晰的指导、支持和鼓励。

恰当地使用团队。团队为团队目标和任务而成立，不能使用团队去完成与此无关的事项，影响团队凝聚力。

参与决策制定。鼓励参与，让成员有参与感，自主决定于成就感。

团队精神。有效的团队知道如何干得高兴，以及缓解紧张情绪和放松管制的必要性，有时关注的重点是发展友谊，在参与任务的过程中获得快乐与互动。内部团队氛围不仅需要合作精神，还应该对他人的贡献表示尊敬。团队成员应该充分沟通，并尊重所有成员的选择。

接受适当的改变。环境在变化，团队也应该保持弹性和自动进化，成员进行一定的更新，对团队结构做出改变，甚至对团队目标愿景做出大家均可接受的改变。

6.5　跨界合作

依照熊彼特的观点，可持续创新创业就是对可持续发展的资源进行颠覆性的组合。可持续发展事业不仅涉及不同的利益相关者，一个可持续的企业就是能为投资者、客户和员工创造价值的企业，它能够提高员工所在社区的生活水平，能够更合理地利用自然资源，并且能够公正待人，而且企业外部的各种资源同样可以被纳入资源组合的范畴。

世界可持续发展工商委员会（World Business Council for Sustainable Development）宣布自己的企业会员已经占到全球 GDP 的 1/3。谷神创业基金是由投资商、环保组织和社会利益团体组成的网络，专门支持应对各种可持续挑战；美国商务社会责任协会面向 250 家公司和其他类型组织提供类似服务；海洋受托责任委员会是世界自然基金会和联合利华公司共同设立的，为可持续渔业提供认证的服务机构；绿色点滴市场发展集团提供绿色电力保障，推动可再生能源发展；美国气候行动合作伙伴致力于推动国家制定更激进的温室气体排放政策，成员公司包括卡特皮勒、陶氏、杜克能源、通用电气、强生、壳牌、力拓和西门子等。因此，可持续创新创业企业应该与外部合作（参照阅读 4.3　可持续创新创业的社会嵌入）。

以沃尔玛为例，从2006年开始，就将企业外部的商业和非商业合伙人组织起来推进企业的可持续性管理。这种做法带来了大量的创新和远见，公司的经营发生了积极的变化。沃尔玛提高了能源的使用效率，减少了浪费并回收了废品，增加了对环保的有机产品的引进。沃尔玛还对其供应商的碳足迹提出更透明化的要求，以此对供应商施加影响。可持续价值网络以保障废料、替代燃料和建筑设计等为主题，其囊括的合作伙伴包括宝洁等供应商、世界闻名的非政府组织以及专业组织的有机交易所。仅就沃尔玛的货车运输而言，他们与外协的物流公司合作，重新调整货运方式，每年可节省费用数千万美元。

彼得·圣吉在2004年提出了一个与外部世界合作的方法，将把可持续创新创业的系统放在房间里，识别外部合作的对象与可能性，并采取行动（见图6-4）。

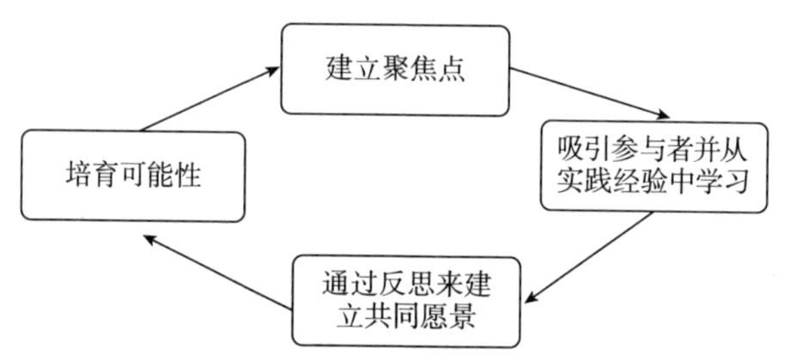

图6-4 外部协作的“房间”工作方法

第一，持续反思你正在试图改变的系统。明确你的愿景与热望、确定关键业绩改善指标，并由此建立各项目标。仔细思考那些指标面对的关键挑战和系统中的关键角色，哪些是维持现状的主要力量，哪些是可能协助支撑可持续发展创新工作的人。

第二，在这个系统中有哪些主要观点的代表人物，哪些还应当加入小组与网络中？为什么之前没有这么做？

第三，哪些重要的意见或角色还没有发现？

第四，如果在更大系统中一些重要角色还不是圈子成员，什么时候适合将其纳入其中？

第五，你会如何吸引目前排除在外的人参与进来？

第六，建立战略微系统需要持续的组织工作，哪些会发生变化？

［**延伸阅读**］

SHOKAY 绣嘉

SHOKAY 致力于用牦牛绒制作奢华产品的品牌，为全球首家。乔琬珊于2006年创建SHOKAY，旨在营造“既具异域风情又有社会责任的奢侈风尚”。SHOKAY 产品涵盖家具饰品、绒线等高级服饰及时尚商品，出口到日本、美国、欧洲等地，在全球拥有100多家门店。品牌精选喜马拉雅山区珍稀天然牦牛绒原料，采用手工方法梳理加工，完美呈现牦牛绒柔软细腻、轻薄舒适的奢华感。SHOKAY 领先国际，秉承可持续发展的理念，革新牦牛绒产业链，并在产业链中实现最大的社会价值，成了可持续导向的创新创业的经典案例。

1. 简要历程

2006年，正在哈佛大学念硕士的乔琬珊以打造牦牛绒产业为核心内容的商业计划书赢得哈佛大学商学院2006年度创业大赛社会企业组冠军。由于藏区交通闭塞，自然条件恶劣，当地藏民的生活来源非常单一，该创业计划拟通过开发牦牛绒产品来提高藏民的生活水平。拿到奖金后，乔琬珊和她的团队第一时间去青藏高原——牦牛的故乡进行实地考察。

2006年11月，“SHOKAY”正式成立。

2007年，在青海设立牛绒收购基地，委托当地畜牧局指导牧民如何生产与收购最好的牦牛绒。与此同时，团队在上海崇明岛建立了SHOKAY手工编织团队。

2008年6月15日，SHOKAY 中国的第一家旗舰店在田子坊隆重开幕。

2009年，SHOKAY 参加 Cartier 举办的女性创业比赛并获得亚洲区决赛的胜利者，对 SHOKAY 要做“Luxury Fashion”这一想法进行极性修正。

2010年，SHOKAY 在黑马河组织了妇女健康培训，提供了300余人的藏医义诊服务，弘扬社会企业精神。

2012 年，公司第二次在黑马河组织了妇女健康培训和义诊服务。

2015 年，SHOKAY 与当地藏族青年合作，为他们提供培训，辅导他们有关采购流程和如何建立自己的合作社。

2. 核心商业模式

（1）原材料来源地：青藏高原的黑河马牧民家庭。中国牦牛驯养史超过 3000 年，全世界牦牛的近 90% 都驯养在青藏高原以及毗邻的六个省区。但是，当地的牦牛绒没有形成产业链，在当地自然不存在生产价值。

创始人乔琬珊联系当地非营利性组织，通过获取当地基本信息后，确定黑马河成为采购区。然后，乔琬珊团队走访大大小小的牧民家庭，一边传播 SHOKAY 独特思想，一边教会牧民分辨、梳理以及收购牦牛身上最细软的绒毛。在收购原材料过程中，乔琬珊避开了中间商的环节，以 95 元人民币/千克的价格直接向当地牧民收购牦牛绒，这一价格远高于中间商价格。SHOKAY 每收一公斤的牦牛绒，向牧民的社区发展基金拨款 5 元。

2007 年夏天，在青海设立了收购牦牛绒的基地，并且对当地的牧民进行挑选牦牛绒的培训。2009 年，当地已经有大约 2600 户牧民家庭的超过 10000 名牧民加入 SHOKAY 的生产链。

2013 年，创始人开始教导和培训收绒地的牧民学习手工捻线，除了将以让他们获得更多收益外，也能保证更多的牛绒产品的供应，确保 SHOKAY 的供应链流畅。

在 2015 年，SHOKAY 将采购模式转变为与当地藏族青年合作。为他们提供培训，辅导他们有关采购流程和如何建立自己的合作社。到如今，当地的藏族青年能够提高当地藏民分类/分级及运输牦牛纤维的能力。这将是 SHOKAY 提高采购能力的主要方式。这种形式吸引了很多农村牧民要求加入 SHOKAY 的供应链。此外，SHOKAY 将“牦牛绒分级制度”带入藏区，不仅大幅度地提升了牦牛绒的产量和品质，更增加了牧民的稳定收入。

除了将牧民家庭作为牦牛绒的提供者纳入供应链之外，SHOKAY还采取了一系列的措施带动企业可持续发展。如，SHOKAY 教会藏区的女性使用双踏板手纺车，提高牧民家庭的收益；SHOKAY 成为当地和国际组织实施地方社区计划的平台，通过 SHOKAY 管道能接触到这些偏远的藏区；2010 年和 2012 年，SHOKAY 在黑河马组织了妇女健康培训，提供了 1000 余人的藏医义诊服务；实施了一个艺术家驻村计划和青海探险项目。

（2）上海崇明织娘团队是其一部分。SHOKAY 既定的目标是只生产牦牛绒纱线，通过销售牦牛绒纱线盈利。但是，半年多来，经营团队发现，由于纺织时尚圈 DIY 非常小众，简单的纱线销售困难重重。因为，即使是编织爱好者，如果没有现成的编织图案，他们购买纱线的愿望非常低。他们意识到，SHOKAY 的重心不应该是纱线，而应该是以纱线为原材料的时尚成品。

于是，在 2007 年夏天，SHOKAY 尝试性地推出家饰、儿童玩具、成人配件等各种手编产品，然后通过展销会尝试在美国市场销售，反响积极。但是，SHOKAY 没有忘掉社会创业的初衷，即利用社会创业去解决社会问题。由于 SHOKAY 主打手工编织品，与纺织女工甚至更大范围的弱势女工存在关联，编织合作社在崇明岛成立，纺织女工以及具有一定编织能力的弱势女工成了企业供应链的一部分。

调查发现，参与 SHOKAY 时尚纺织的女工多为在家照顾孩子或干农活的妇女。编织工作既能够使她们增加一定收入，同时，有弹性的编织工作对她们的日常生活和工作没有过大的影响。乔婉珊表示，SHOKAY 的核心策略依据是“运用商业手段，实现社会目的”，基本路径就是：在尽量不改变当地原住民（纺织女工以及牦牛牧民）生活习惯的前提下，改善这些底层群体的收入水平，同时为牦牛绒纺织品培育起一个市场。而牦牛绒市场的成熟反过来确保了 SHOKAY 对底层人群的持续不断地改变。

每一经过编织者编织的手工艺品，其标签都有着编织者的名字，在SHOKAY的网站上，可以查看到这些编织者的故事。SHOKAY希望可以通过这种无声的交流，让每个顾客都从SHOKAY产品中感受到所传递的温暖，使得SHOKAY的每一针每一线，都是有温度的人文关怀。当然，通过这种方式，SHOKAY同时展示了供应链的透明性和可追溯性，进一步推动了SHOKAY品牌的独特人文属性，社会创业的事业越来越有传播性。

资料来源：根据SHOKY网站及其相关报道整理。

参考文献

[1]Burns T, Stalker G M. The management of innovation[J]. London, Tavistock Publishing. Cited in Hurley, RF and Hult, GTM (1998). Innovation, Market Orientation, and Organisational Learning: An Integration and Empirical Examination. Journal of Marketing, 1961, 62: 42 –54.

[2]Covin J G, Lumpkin G T. Entrepreneurial orientation theory and research: Reflections on a needed construct[J]. Entrepreneurship Theory and Practice, 2011, 35(5): 855 –872.

[3]Harris R T, Beckhard R. Organizational transitions: Managing complex change[M]. Reading, Mass.: Addison – Wesley Publishing Company, 1987.

[4]Jelinek M, Litterer J A. Toward entrepreneurial organizations: Meeting ambiguity with engagement[J]. Entrepreneurship Theory and Practice, 1995, 19(3): 137 –168.

[5]Kraus S, Th N, Halberstadt J, et al. Social entrepreneurship orientation: development of a measurement scale[J]. International Journal of Entrepreneurial Behaviour & Research, 2017,23(6):977 –997.

[6]Lawrence P Y L, Lorsch J. JW (1967): Organization and Environment: Managing differentiation and integration[M]. Division of Research, 1976.

[7]Light P C. The search for social entrepreneurship[J]. Strategic Direction, 2011, 27(6):15 –35.

[8]Light P C. Reshaping social entrepreneurship[J]. Stanford Social Innovation Review, 2006, 4(3): 47 –51.

[9]Lumpkin G T, Dess G G. Clarifying the entrepreneurial orientation construct and linking it to performance[J]. Academy of Management Review, 1996, 21(1): 135 –172.

[10] Parrish B D. Sustainability - driven entrepreneurship: Principles of organization design[J]. Journal of Business Venturing, 2010, 25(5): 510 - 523.

[11] Tidd J, Bessant J R. Managing innovation: Integrating technological, market and organizational change[M]. John Wiley & Sons, 2018.

[12] Zhang X, Li X. Analysis of the special function of Chinese private entrepreneur and characteristic of Its promoting during transaction [J]. China Industrial Economics, 2008(5): 1 - 7.

[13] 龙成志. 可持续心智模式的结构与测量[J]. 心理技术与应用, 2017, 5(1): 32 - 42.

[14] 圣吉. 必要的革命: 可持续发展型社会的创建与实践[M]. 北京:中信出版社, 2010.

[15] 霍肯. 商业生态学: 可持续发展的宣言[M]. 上海:上海译文出版社, 2007.

第3篇

实 践

第 7 章　社会创新

与技术创新一样，社会创新是推动社会进步和成长的关键力量。社会创新是改变人与人发生关系的内容与形式，达成社会福利的增加，是企业可持续创新的一种实务形态。在旧的社会生活范式或体系的基础上，社会创新建立新的运作模式，其中，既包含对旧生活范式或体系的否定和改革，也包含建构新的理念、组织结构和制度体系的积极尝试和探索。但是，社会创新并不一定局限在政府与公共组织的范畴之内，所有人和企业均可参与到社会创新中来。事实上，社会创新通常都需要企业以及众多社会成员的共同参与才能完成。本书关注的重点是企业主导或参与的社会创新。

7.1　社会创新辨析

7.1.1　什么是社会创新

创新概念源自熊彼特（Joseph Alois Schumpeter），但首先提出社会创新的是德鲁克（Peter F. Drucker）。他说，创新不是一个技术术语，而是一个经济术语。作为一种非技术创新的社会创新，与技术创新同等重要，并且企业的职责在于把社会问题转变为创新机会。他认为，创新不应该只是技术的，而可能是社会联系的改变、制度与政策的改变、生活风格和价值观的改变等，凡是通过新做法、新方式与新手段满足社会需求与提升社会福祉就是社会创新。

随后全球学者（如 Wolfgang Zapf、Stuart Conger、Geoff Mulgan）展开了大量研究，梳理这些研究，属于企业主导的社会创新包括：社会发明（如保险、众筹）；为克服变革阻力而采用新的社会技术（如信用卡技术、移动支付）；政治创新（如联合国契约组织、临武养鸭协会）；市场创新（如分期付款、拼团消费）；管理创新（如 ISO14001 认证、EMAS 环境管理认证）；机构创新（如阿拉善生态协会、大自然保护协会）；满足需要的新模式（如沪江网校、3D 打印）；生活方式创新（如微信红包、互联网零售）；等等。概括而言，社会创新就是改变与创造新的程序、结构与组织形态，调整社会资源的组合及利用方式，改变人们相互之间交互沟通的范式，目的是满足社会新需求或解决社会问题，使得迄今为止还达不到的社会秩序或社会进步逐渐实现，变成可能，从而增进社会福祉。

通常人们习惯性地使用政府、非政府组织等主体概念来描述相关内容，将社会创新的主体范畴归于非营利组织。事实上，有利于达成社会目标或推动社会目标实现的新理念以及社会问题解决的新方法均属社会创新的范畴，因此，社会创新的主体不一定是政府或非营利组织。比如，全球知名的社会企业英国杨氏基金会（Young Foundation）认为：从经验的角度来看，社会创新是通过设立新机构、发展新产品和提供新服务来满足未被满足的社会需求的新想法及其实践，并不限定为非营利组织；社会创新的过程就是企业以及政府管理部门等利益相关者通过更有效的机制探索更有效率的新方法，从而应对城市扩张、社会贫困、社会不公平、公共卫生、文明传承、交通堵塞、人口老龄化等公共问题的过程，需要各类组织及个人的参与；从特征上看，社会创新也可以是各种类型的组织与个人为帮助大部分人实现美好生活，建立新制度或改进现有制度及社会关系，探索污染、贫困、疾病、卫生、健康、环境等社会问题的创新解决方案。因此，社会创新并不是非营利部门的专属，政府、市场以及非营利组织，甚至是宗教团队，都可能成为驱动社会创新的重要力量，都可以参与并推动社会创新。由于企业与众不同的生产和服务创造属性以及对绩效的关注，很多社会创新不能离开企业的参与。我们发现，在很多情况下企业是社会创新的主力军，主导着社会创新并取得巨大成就。

7.1.2　基本内涵

究其实质，社会创新是与技术创新相区别的概念，是创造一种新思想或新理念，组建新的可复制和可模仿的社会组织或设立新程序，进而提高社会资源的整合性和解决社会问题的能力，提升和促成新的社会福祉，实现新的社会目标。纪光欣和岳琳琳（2012）认为，社会创新的内涵可从以下几个方面来把握。

第一，与技术创新不同，社会创新的主要目标是解决社会问题，集中体现为满足特定的社会（如更干净的环境）或者特定群体的社会需要（如小学生学习负担变轻）。因此，社会创新都会有明确的目标指向，即通过改变社会关系，推动新的社会变迁。

第二，社会创新比商业与经济领域的创新范畴更广。社会创新通常集中于教育、卫生、医疗、政府以及政治等公共领域，若社会创新与商业领域相结合，空间范畴更为广阔。在商业领域的创新创业管理思想和技术，一旦与社会领域的问题解决连接在一起，社会创新就会变得精彩而富有创造性。可以想见，在社会生活的各个领域，不管是提升人的社会活动能力、改变人与人建立关联的方式与制度创新，还是解决社会贫困、关注藏区低收入群体的可持续发展等，商业创新创业均会产生重要绩效，体制创新、制度创新、组织创新、生活方式创新等将会层出不穷。

第三，在应用层面，社会创新强调对新“社会技术”（如佳百农公司的“公司+基地+农户”的产业链养鱼技术）的采用，即采用新的行动方式、工具手段、程序途径解决社会问题。可以说，社会创新是促成社会变迁与新社会形态形成的特定形式，是社会创新主体通过应用特定的技术、方法、途径和程序，建立新的规则体系，促成社会资源的整合，重塑社会系统的能力，有效率地推进社会变迁，最终达成社会目标。比如说，移动支付的社会创新重点不在于移动支付技术的开发，更重要的是移动支付在各种消费场景的技术应用。

第四，社会创新存在宏观和微观两个层面的理解。在宏观层面上，主要表现为整个社会系统或国家层次上的各种创新要素重组和资源整合，形成扩展性创新网络、社会资本配置模式和社会秩序，提高整个社会系统或国家的社会创新能力，如阿拉善生态协会、绿色生态论坛等。在微观层面上，社会创新主要表现为个人企业（包括社会企业）和各种创新组织的发展，如：华为等企业设立工业研究实验室、湖畔大学的成立、微信的社交联系模式以及移动支付模式的发明及其推广等。

第五，企业可在社会创新中扮演关键角色。一方面，社会创新是利用管理和商业创新的思想、方法去解决社会问题。德鲁克就从企业组织以及管理的社会功能来界定社会创新，突出管理作为创新手段在满足社会需求方面的重要作用，他着重强调了非营利组织引入绩效管理方法会产生巨大的社会影响。另一方面，企业要培养把社会问题转变为有利可图的商业机遇的能力，把“解决社会问题和满足社会需求的途径，看作是企业创造利润的机遇”，这代表着企业社会责任的全新定位——“在解决社会问题的同时，创建能够自我维系并盈利的企业”。

7.1.3　形式分类

换个视角说，社会创新是指在经济和商业领域之外的社会各领域（文化、卫生、扶贫、社会安全等）中由各类参与主体发展出的实践创新和创业精神。这些政府组织、非营利组织以及参与的企业或个人，对承担与推进可对社会关系产生重大影响的项目实施有效的管理，在满足社会需求或解决社会问题的同时促进组织和整个社会的发展。社会创新所关注的范围非常宽泛，涉及社会生活的方方面面：改善与提高生活期望、消除群体差距与不平等、实现乡村和城市的多样化发展、预防与应对慢性疾病、帮助青少年成长和完成角色转化等。

这些领域的问题有着共同的特征：该领域的需求不能被商业或技术创新所满足，旧的思考模式与技术手段不能解决新的问题。与商业创新一样，社会创新要求创新者充分利用已有资源，赋予资源新用途，或者通过新的资源配置来实现尽可能大的社会效益。

在实践上，社会创新存在众多类型。

（1）以创新范畴为标准。在社会学视域下，社会创新强调在服务供给过程中对社区与特定社会群体需求的满足。因此，有学者提出社会创新应该包括三个层面的内容：

在产品与服务层面，满足还未被满足的人类需求。关注传统商业认为没有商业前途、不值得关注的领域，为这些“弱势”消费群体提供产品与服务，帮助他们更好生活与成长。如现阶段老年人口增多，外出吃饭较贵，而自己做饭又比较麻烦。为此，文星公司在广州等中心城市为老年人经营了一个连锁食堂“文星素食”，定价为每位老年人每餐10元。

在过程层面，改变社会关系以满足需求，同时提高公众的参与度。随着社会环境的变化，人与人之间的关系也在发生变化，特别明显的一点就是公民的自主意识增强，其社会参与意识与愿望往往会越来越强。一般情况下，一个社会的治理体系改变是缓慢的，需要相关社会成员的积极参与，而商业主体的参与往往更有效果和效率。如微信、微博等社会媒体的出现，改变了人与人的沟通方式，提升了个体对社会关系网络建设的参与度，是典型的从过程切入的社会创新。

而在赋权层面，提升人们的资源获取机会，增强人们的社会政治能力，是满足人们社会需求的重要方式，也是社会创新的重要内容。创新主体通过设立新组织或建立一定的联系机制，赋予“离散”而不受关注的社会群体以权力和能力。如20世纪90年代日本出现了一个消费者合作社，消费者以邻居和社区为单位，自发地联系在一起，他们共同采购物品，由服务商直接送货上门。合作社不仅增强了社会沟通，还提升了消费者在特定消费中的话语权。类似地，2017年中国新发布的《农民专业合作社法》，目标是改变农民获取资源与参与社会事务的机会和渠道，是一种重要的社会创新。

（2）以社会创新的性质为标准。社会创新以解决社会问题和创造社会价值为目标，但社会问题可能与社会关系基本范式相关或不相关，因而其社会价值也存在差异。因此，依照性质来划分，社会创新可划分为基础性和辅助性社会创新。

基础性创新是指那些发生在社会发展“基本范式”层面或者对社会关系产生重大改变的创新活动，涉及社会发展目标、发展方式、发展动力的模式转换。这样的创新通常与社会治理模式的改变息息相关，党的十八大提出绿色中国的发展目标以及后来的环境治理体系的改变就是一种基础性社会创新。但是，基础性创新也可以是企业主导的，移动互联网的建设本质上就是基础性创新，它改变了社会成员之间发生关联（消费、社会沟通与参与）的基本范式，但移动网的建设确是企业推动的。

辅助性创新指的是，在社会发展基本范式转换过程中，一定会在不同领域、层面、环节、分支等产生社会创新的需要，这种创新是围绕基础性创新活动进行的，并对其起支撑作用。比如淘宝系电子商务，是对互联网社会基本范式在电子商务层面的支持与发展；四通一达的快递方式以及丰巢货箱等均是辅助性创新。辅助性创新虽然是局部而枝节性的，但其可以推动基础性创新的社会扩散，帮助达成基础性社会创新目标。

我们同时注意到，基础性创新和辅助性创新的区别并不是绝对的，是可以相互转化的。刚开始，电子商务系统只是局部地改变了一些领域（如T恤、书籍等）的交易关系，但后来电子商务改变了整个社会经济体系。并且，一个社会子系统的变革（如环境保护制度等）往往涉及全体和局部。具体的环节与分支等创新活动分别可以称为基础性创新和辅助性创新。

（3）其他分类标准。社会创新还存在如下分类方式：

1）原始性社会创新和应用性社会创新。原始性社会创新强调从无到有的独创性。从创新的原创性上界定，原始性社会创新与创造、发明等概念相近似，是在原来的社会体系中导入一个全新体系、新方案与新服务。不管是保险、信用卡还是电子商务等系统，都是从无到有的原始性社会创新。对原创的事物加以采借与改良，结合应用实际状况进行调试与再创新，即为应用性社会创新。如德国卑斯麦时期首推保险法，而今保险法在全球范围内广泛应用。前者就是原始性社会创新，英国在此基础进行改良的社保系统就是应用性社会创新。

2）体制性社会创新和工具性社会创新。体制性社会创新是指调整人们的相互关系和社会利益，以及在社会资源分配层面所进行的创新活动，如目前在全国范围内推进的新农村建设政策等。工具性社会创新是指为实现社会体制、制度转换而采取的社会创新活动。在20世纪30年代，福特汽车率先推出5美元一天的最低工资制度。从本质上来说，这是福特提升生产效率的一种方法，虽然其社会效应颇为广泛，但它并没有根本性改变工人与企业的关系（《劳工法》才是），它只是工具性社会创新。在非营利组织中的义工，几乎是非营利组织的基础性制度，为组织正常工作开展提供了制度性安排。

[延伸阅读]

《斯坦福社会创新评论》十大社会创新案例

1. 特许学校

政府资助的中学或小学，可以不受针对公立学校规定的限制。因此，学校的管理者、教师和家长有机会发展新型的教学模式。

2. 以社区为中心的规划

在规划过程中征集当地居民的知识和资源，以帮助制定符合当地需求的合适的规划方案。允许人们创建和实施他们自己的社区规划，进而有利于社区的可持续发展。

3. 排污权交易

通过使用经济诱因来减少排放的污染控制项目。为某一污染物的可排放总量设一上限，并向参与企业发放排污许可证。高排放企业可以向减排企业购买排污权。可排放的上限会随着时间的推移而下降。

4. 公平贸易

为咖啡、巧克力、糖等原材料产品建立高贸易标准的有组织的运动。公平贸易运动通过认证那些给生产者提供合理工资并满足其他社会和环境标准的贸易商，提高农民的生活状态、促进环境的可持续发展。

5. 栖息地保护计划

一项为保护野生动物提供经济诱因的协议，如果业主在另一个地方保护濒危物种，则允许濒危物种栖息地的发展获得基金资助。这项计划是由美国鱼类和野生动物服务署和环境保护局共同管理的。

6. 个人发展账户

有工作的穷人为教育、置业、创业及其他生产性活动在储蓄账户每存一美元，慈善机构、政府或企业资助者平均捐赠两美元配套到该账户。

7. 国际劳工标准

保护工人自由、平等、安全和人格尊严等权利的在法律上有约束力的标准。该标准是由国际劳工组织、各国政府、雇员和工人制定的，并在各成员国实施。

8. 小额信贷

向穷人和弱势群体提供如银行、贷款和保险等服务，否则他们无法获得上述服务。穷人们通过存钱、贷款和买保险，可以改善自身生活水平，甚至脱离贫困。

9. 社会责任投资

试图最大化经济和社会回报的一种投资策略。投资者普遍青睐那些支持环境可持续性、人权、消费者保护的企业和组织。

10. 辅助就业服务

帮助残疾人或其他弱势工人找到并保住好工作的项目。服务包括职业教练、运输、辅助技术专业的在职培训和个性化定制的督导等。

资料来源：J Phills, K Deiglmeier, D Miller. Rediscovering Social Innovation [J]. Stanford Social Innovation Review, 2008, 6(4).

7.1.4　社会创新的特点

（1）社会导向的创新目标。德鲁克指出，企业与非企业组织不论性质如何，其存在的意义在于为社会提供特定的服务。不同性质的组织置身于社会网络之中，置身于广泛的社会联系之中，必须与周围的“左邻右舍”和睦相处，核心在于依据自己为社会提供的服务扮演好特定角色。从企业社会职能的履行角度来看，社会创新是组织功能实现的必要手段，必须以明确的社会目标和社会结果为导向。无论创新内容是制度、组织还是生活方式，抑或创新是以企业为主体，还是参与其他组织主导的社会创新，社会创新都必须以更好地履行企业基本职能、满足社会需求和解决社会问题为导向。概言之，社会价值最大化是社会创新的出发点和最终落脚点。

（2）多元的创新主体。社会由众多成员组成，社会建设需要不同成员的参与，需要企业、政府机构、非营利组织等机构的创新精神。我们认为，凡是以新的社会行动方式、组织管理形态和技术方法创造性地解决社会问题或创造社会价值的都属于社会创新，但是每一种社会改变都需要各类参与主体的参与，包括政府、企业、非政府组织、个人以及其他各类利益相关者群体。德鲁克曾说，政府是社会管理的主要承担者，但是，随着社会发展程度的提高，当代社会创新的主体力量正在从政府转向社会，非政府机构、企业以及个人在社会性产品与服务的提供、青少年教育和成长、家庭与社区建设、特殊病患救治等方面发挥着越来越重要的作用。可以说，社会由众多社会成员构成，全体成员积极参与社会建设，社会创新才能源源不断地产生与发展，才能在满足社会需求、创造社会价值与解决社会问题等诸多方面发挥更大的作用。

（3）实践优先的创新导向。与管理一样，社会创新的显著特点是实践导向性，都强调在实践中去寻找解决方案，去创造社会价值。社会创新需要的不仅是新的理念、创意和思想，还需要创新主体实实在在地行在现实中，体现在人们的行动中，去接受实践的检验。同时，社会创新需要理想和愿景，更需要创新主体的意愿和热情，以及为达成目标而持续不断地努力。与管理创新一样，社会创新的重点是，创新主体从社会实践中发现创新机会，从社会问题中识别创新机会，从社会价值创造的愿景中寻找创新方向，抓住创新机会并自觉主动地进行实践创造，把创新理念变成实实在在的解决方案，通过实际行动来改变社会。

[延伸阅读]

"中国社会创新奖"折射出社会创新的特征

"中国社会创新奖"于2010年由中央编译局比较政治与经济研究中心、北京大学中国政府创新研究中心等机构共同发起。"中国社会创新奖"的评选每两年举办一届，迄今已举办了三届，共有632个项目参选，历届参评项目数分别为161、249、222，累积获奖（优胜奖和提名奖）项目数为69。

从获奖的数据来看，社会创新呈现"东部强、中西部偏弱"的特征（见表7-1），显示出社会创新程度与经济社会发展水平之间存在强烈的相关性。这种相关性显示了社会创新的需求受到经济发展水平的制约，也意味着高经济发展水平下，社会对社会治理与发展方面的更强诉求，创新能力、氛围、偏好、积极性等均受影响。数据显示，民办非企业（40.6%）、社会团体（27.5%）和基金会（15.9%）是社会创新的主体力量，如表7-2所示。同时，数据还显示：一是社会创新主体呈现多元化态势；二是民办非企业是社会创新的主体，比例长期居高；三是社会团体在社会创新中的作用并不稳定，忽高忽低。

表7-1 社会创新的地区分布

地区	第一届		第二届		第三届		总频数	总频率（%）
	频数	频率（%）	频数	频率（%）	频数	频率（%）		
东部	11	55	18	75	16	64	45	65.2
中部	2	10	1	4.2	2	8	5	7.3
西部	7	35	5	20.8	7	28	19	27.5
总计	20	100	24	100	25	100	69	100

表7-2　社会创新的组织类型

组织类型	第一届		第二届		第三届		总频数	总频率（%）
	频数	频率（%）	频数	频率（%）	频数	频率（%）		
社会团体	9	45	5	20.8	5	20	19	27.5
基金会	1	5	5	20.8	5	20	11	15.9
民办非企业	9	45	10	41.7	9	36	28	40.6
非营利组织	0	0	2	8.3	0	0	2	2.9
其他	1	5	2	8.3	6	24	9	13
总计	20	100	24	100	25	100	69	100

资料来源：周红云．中国社会创新的现状与问题——基于两届“中国社会创新奖”项目数据的实证分析［J］．经济社会体制比较，2014（4）：170-183.

［延伸阅读］

社会创新需要政府、企业与社会组织的合作互动

对于市场失灵问题的解决，人类大致经历了几个阶段。在20世纪的前50年，人们主要依靠慈善组织来解决市场失灵问题，如教会与红十字会等；20世纪50—70年代，问题解决的主体趋向多元化，体现在：国家福利兴起，政府承担了大量社会服务，同时，社区组织出现，对一些特殊弱势群体的照顾与政府力量形成补充，而且，大量企业慈善行为出现；80—90年代，新公共管理运动席卷全球，社会治理要求提高，对社会需求的满足则转变成政府通过竞争性服务外包与私营部门形成伙伴关系的方式达成；90年代之后，社会创新成为关注焦点，被社会各界寄予厚望，成为解决社会问题、创造社会价值、满足社会需求的主要手段。社会创新调动与整合政府、企业、社会组织的各类资源，注重服务对象能力的培养，具有可持续发展能力，而不是采取补贴模式，能够更好地处理复杂的社会问题。

张丽娜（2019）以苏州正荣书院为例研究了社会创新的合作机制。她认为，政府、企业与社会组织性质不同，只有倡导三方合作互动共治共建共享的理念，科学地创新组织，才能应对市场和政府社会管理中

存在的失灵和不足问题。由于性质不同，政府、企业与社会组织对同一问题会从不同视角进行审视和思考，往往能够产生建设性解决方案，带来各方都满意的结果。通过彼此间的合作，公共服务与社会福利的提供方式和主体将更为多元，社会治理的效率将大为提升，社会资源的利用更加合理，社会公众的服务需求能得到更好地满足。研究表明，市场可以在一定程度上缓解在公共产品供给面出现的失灵问题，同时企业可以通过社会创新满足CSR的社会要求，提升企业形象与发展空间。或者说，企业参与的社会创新与CSR形象需要政府和非营利组织合作，这样才能提升社会公众的认同和传播效应，同时这也是企业愿意参与社会创新也是企业愿意参与社会创新的关键动因。当然，非营利组织也需要主动地融入市场经济中，寻求和政府企业的合作，通过充分的资源整合，提高自己的生存和发展能力，实践公益使命。

但是，政府企业社会组织的跨部门合作必须满足以下条件。

（1）使命驱动 。使命是跨部门合作的基础。共同的使命才是彼此工作和努力的方向，否则就不太可能达成良好的合作。使命必须是基于社会价值创造而言的，必须满足特定社会需求或解决特定社会问题，还必须是合作各方一致认同并愿意为之努力的目标。

（2）平等信任。政府、社会组织、企业三者背景不同，组织特性及其行为目标存在相当大的差异。只有彼此间相互尊重和信任，才能根据各自的能力和资源达成整合，合作才能正常推进。要求在一定合作规范的共识下，相互肯定与尊重，相信彼此在合作过程中的能力和贡献。

（3）功能互补。政府、社会组织、企业三者之间的合作分为三种关系模式：协同增效、服务替代和拾遗补阙。政府主要为公众提供基本的服务，而企业作为盈利部门主要满足市场中的个性化需求，而专业、精干、高效的社会组织则为“调节变量”，能弥补和替代政府失灵和市场失灵，能直面社会公众的不同需求并提供精准化与个性化服务。功能互补是三方跨界合作的目的与重要特色。

（4）资源整合。合作各方的专业领域各不相同，资源差异巨大，有互补性和相互整合的可能。政府有强大的公共服务资源与资源整合的政策空间；企业在项目资金的提供、企业志愿者服务协助公共服务产品开发与活动开展等方面有灵活的资源配置能力，并且执行效率颇高；社会组织可作为联系平台，搭建政府和企业的沟通与合作桥梁，同时还可以进行服务专业人才的培训或者开展各类直接服务。

（5）分工协作。三者功能互补的隐含之义就是分工协作。比如，随着城市化进程的推进，很多现代新型社区得以涌现，而新型社区的治理则需要政府、企业与非营利组织的合作，要求政府进行社区职能及其工作的分解，及时转变角色，从社会治理与服务直接提供者转变为资源整合者、制度设计者、政策制定者以及服务采购商。在政府等机构的跨部门合作关系中，政府的主导地位没有改变，主要负责社会治理与总体规划，进行制度和政策设计并协调社会关系，引导社区治理与发展，社会组织和企业负责在体系内承担差异性角色。

资料来源：张丽娜．城市社区治理中的政府、企业、社会组织跨部门合作——以苏州正荣书院项目为例[J]．陕西行政学院学报，2019，33(1)：12－16.

7.2　社会创新机制

7.2.1　“蜜蜂”和“大树”的联盟

社会创新是新思想的诞生、实践与推广的过程。新思想往往诞生于个人，个人行动迅速并富有弹性，是为蜜蜂；在每个阶段，新思想都必须得到支持才能得以生存，能够给予他们支持的企业、政府与大型机构，是为大树。换言之，社会变革依靠“蜜蜂”和“大树”的联盟。有学者梳理了社会创新的一般逻辑过程，并以“蜜蜂”和“大树”的联盟来阐述。

（1）通过理解社会需求和发现潜在解决方案来聚集想法。社会创新起始于对一些未被解决的社会问题的识别以及对可能的解决方案的探索。有时，社会需要极其明显，如社会公平、交通堵塞的城中村、手机依赖等；但有时需要不是那么明显，如防止家庭暴力或种族主义等。不管社会需求是否可以明显地被识别，理解社会需求都是社会创新的首要步骤。而且，这些社会需求需要恰当的社会运动来深度发掘并进行描述，才可能得到更多的关注、理解和认同。

社会需求可以通过愤怒群体的意见表达、新闻与社会媒体的关注、成为社会热点和政治运动焦点等途径表达，而被社会公众所认识到的社会需求也可以产生于非正式的社会事件（例如三聚氰胺）、现有的非营利组织的特定行动（罗马俱乐部发布《增长的极限》）、个体社会企业家的观点（例如韩国 SK 集团公司董事长崔泰源推出《社会创业》并发表一系列观点）或者是人群整体改变（例如爱有方家长学校在全国范围培训家长如何做好父母）。不管是怎样的社会需求线索，社会创新的成功之道都是从各种线索中去识别并发现未被市场满足或政府解决的问题，社会创新者往往善于倾听也善于表达，往往能从看得见的事物中发现看不见的问题及其事物本质，能够深入现象的背后理解冲突与未被满足的要求。其中，社会需求的识别特别强调同理心，站在当事人的立场和情景来理解未被满足的社会需求，由此，才能容易地找到问题解决之道，而且是有效率的解决之道。

社会创新有效方法之一是相信人们是他们自己生活的最好诠释者，也是问题的最佳解决者。如果想要改善手机依赖引致的身体健康，如果要解决青少年之间沟通不足、关系疏远的问题，如果要让青少年喜欢运动、热爱生活，最好先看看青少年是如何看待自身的处境的。再就是看看一些优秀的年轻人是如何解决问题和困难的，从手机依赖里走出来的年轻人比任何人更有资格帮助其他人从类似困难中走出来，他们的方法是一种有益的例外——那些一般人可能无法解决的问题——可以帮助我们发现比现有方案更节省成本的可能性。然后，将需求和新的可能性结合起来。新的可能或许是技术方面的——比如利用移动互联网支持前线员工，让他们充满力量感。的确，迄今为止，互联网正在聚集众多将在社会领域产生重大影响的商业模式（“开放商业网络”就帮助杨氏基金会发展出众多新型商业模式）。其他的可能性则或许来自新型组织结构，比如：近年来，农村建立了很多专业合作社，专业合作社通过产业链的整合促成农户之间的交流、协作与资源整合。在互联网领域，像猪八戒之类的创意交流平台不仅帮助人们发展出不同创新创意，同时，也为不同企业提供了高质量、高效率的创意解决方案。新的可能性还会来自新知识的获得，比如：癌症治疗技术可能是新的靶向治疗药品与人工智能技术的结合。

通常情况下，创新者需要有开阔的视野，善于捕捉些微的环境变化，能够将貌似并不相关的事物与方法进行联系来寻找新的创新创意。很少有创新创意一开始就非常完善，均需要不断试错，在试错与实践中不断调整与修正。试错和对方案的不断修正似乎在所有创新中都扮演了重要角色，当然，试错还包含了承担风险的意愿和改变自己的思想准备。新的想法很少在本质上是全新的。在很多时候，一些新方案是将原先看起来并不相关的想法和创新进行了组合，这些新组合却可以解决此前难以解决的社会问题。创造性的组合有健康互联网好医生（组合了移动互联网、专业医生和网上药店）、滴滴快车（让闲置的汽车资源、闲暇的工作时间通过滴滴打车平台进行衔接，解决打车难、成本高的问题）、网易云音乐（通过搭建一个音乐平台，建立起音乐人与乐迷之间的直接沟通，降低音乐流通发行成本，更重要的是可以最直接、最快捷和最有效地满足乐迷的需要）。有研究显示，很多新想法都跨越了学科和部门的边界，比如，50%的公共部门创新均被认为是跨越组织边界的。

在潜在方案的探索中，创造力激发方法被经常使用。比如，设计公司 Ideo 利用创意风暴的方法激发参与者解放思想，让人们更加自由地思考，发现更多的创意与新模式。在解决社会问题的时候，让创新团队直面最难应对的客户、最难解决的问题、最难面对的社会场景，以激发他们想出解决方案。其基本思想是：人们在面对挑战的时候，创造的潜能才能得到释放。当然，创造力需要不断积累和相互激发。在社会创新领域，Nicholas Albery 是 Miachal Yang 公司的长期合作者，他们定期出版书籍以记录社会创新案例、思想以及该领域的发展动态，一方面保持公司在社会创新领域的活跃，另一方面以这些社会创新激发更多的社会创新。1995 年，Miachal Yang 及其合作者甚至创建了全球创意银行（Global Ideas Bank），由此建立了一个积累创意、想法和经验的在线资源平台。通过创意银行的平台运作，促使不同创新主体源源不断地产生社会创新创意。在某些情况下，一些想法会得到市场的认可，这样会激励更多创意。比如，Linus Pauling 公司以现金方式来奖励有效的创意贡献者。他们的行动依据是：在相同情境或临近地区的社会问题很有可能被某些组织或社区解决了，这些解决方案就是我们正在寻找的创意。

当然，并不是只要是好的创意或解决方案都能得到采用，我们会错失积极的社会创新方案。调查发现，很多想法从来就没有走出过咖啡馆，这种现象不在少数；也有很多创意失之粗糙，只是一个简单的组织模型，当创新创业主体付出试错的高昂时间成本等之后，却因热情减弱或发现想法并不是很好而渐渐失去力量；另外的情景是，很有价值的社会创新可能遇到巨大阻力，最后不了了之。但是，社会创新要取得成功，一个很好的条件就是保证有足够多的选择。正如诺贝尔和平奖和化学奖获得者鲍灵（Linus Pauling）所言："得到好想法的方法就是有足够多的想法去扔掉不好的想法而选择出好想法。"

（2）发展想法→形成模式→开始实践。发现问题以及对解决方案的探索是社会创新的起始，往往伴随的是一个创意的产生。但是，创意和大多数想法很多情况下会遇到阻力，甚至一接触现实就会流产。或者说，一个创意需要通过实践才能完善、发展和提高。一般而言，市场调研或者书面分析可以启发社会创新的思想和创意，但是人们总是习惯性地发展想法、形成模式和开始实践，并且在此过程中聚拢热情而获得更加迅速地进步。

早期，有高驱动力的社会创新者往往会行动迅速，因而他们知道，等待政府和专业人士来解决问题其实会产生很高的成本，而试图以行动来推进社会创新的人们，往往会对社会创新产生更好地推动，因为榜样的力量比书面的调研报告或论文更有说服力。在社会创新领域，迈克尔·杨就总是非常迅速地创建各种孵化性组织，而不是等着详细的商业计划和分析；我们也看到，Interface 并没有去等待政府性环境标准的提高，而是亲身践行绿色地毯的商业模式。

一般而言，可以快速形成模式的前提都是不断尝试，因为，首批次的"产品"不是有缺陷的，就是良品率不高，中国的垃圾分类制度推行了 20 年，迄今依然不成体系；在技术已经成熟的情况下，收音机在市场上的诞生却花了十年时间，因为，它的早期设计者错误地将收音机的使用方式假定为人们相互联络的工具，就像使用电话一样；致力于互联网零售的很多巨头都在成功之前就倒闭了，亚马逊的电子商务平台亏损超过了 20 年；维基百科、搜狐、盒马鲜生开始时都曾经历失败。

随着社会创新得到持续不断的关注，人们在保护创意和想法的实践推行方面做出了有益探索。比如，当今社会的慈善家和基金会利用手头的闲置资金为新创意与新想法的阶段性工作进展进行风险基金性质的扶持。如今，社会创新孵化器得以推行，是政府等组织通过提供一定的资源条件推动社会创新方案的实践。在商业领域，诸如3D打印、新能源技术、移动支付商业模式等很多发明创造能够迅速形成模式，孵化器功不可没；而在社会领域，很多类似的孵化器方法正在发展，它们可以推动社会创新的实践者更加清楚地表达想法，并得到先行先试的支持，在实践中形成模式，在发展中评估，在评估中完善、扩大规模和进行扩散。

（3）事实、复制与扩张。当社会创新的创意在实践中证实可行，模式经得起检验，就可以通过有机成长、复制、实施和加盟扩张来实现进一步的成长，以提高社会创新的社会价值创造效应。让社会创新在实践中扩大规模需要战略规划和资源整合计划的配合。“蜜蜂”需要找到支持的“大树”以获得力量，就需要以让人信服的事实来说服潜在的支持者，这些事实包括：社会创新的投资评估、影响力评估以及社会价值判断。

在“蜜蜂”与“大树”的合作中，相互沟通至关重要。社会创新者们需要展现有感染力的勇气、呈现注重实效的事实以及坚韧不拔的创新创业精神，这样才能影响支持者，激发这些支持者的想象力。除此之外，社会创新者同样需要采取整合营销传播的思维，让“大树”及其周遭的生物物种能够感受到社会创新的价值感，比如：社会创新需要一个有沟通性的项目名称，通过项目名称，受众能够理解、认知并产生丰富联想，并产生认同与参与感。在传播过程中，要对社会创新传播的内容进行管理，让受众对社会创新项目有“一个形象与一个声音”的感知效果。比如，如今全世界都知道有一家叫Interface的公司，这家公司就是一家绿色的低碳公司、遵循商业生态学的公司。看法能够如此一致，一方面是这家公司确实如此，当然，从传播上来说，是他们不停地对市场讲相同的内容结构。当然，社会创新传播还要选择性地对传播渠道和方式进行管理。比如阿里巴巴选择蚂蚁森林项目作为自己绿色公益创新的渠道，非常稳定而且有可持续性；而东方园林则选择了与《中国企业家》杂志开展绿公司年会等渠道来传播绿公司形象及其相应项目。当然，在互联网社会下的今天，网络传播可以帮助社会创新在更大范围传播。

社会创新项目得以复制有两个前提：其一，社会创新组织及其项目具有成长的能力。经过上一段的探索，社会创新项目已经被验证具有可复制性。项目的可复制性与组织的成长性息息相关，需要社会创新组织建立良好的组织管理体系并发展出支持项目复制的支持与管控能力。其中，社会创新的创始人至关重要，一方面，要求创始人及其管理团队在组织成长和巩固的过程中发展出必需的技能和态度；另一方面，社会创新创建者及其团队还需要因应投资者和股东们的加入而产生变化，以协调处理相互间的关系。而且，在发展的过程中，管理层的无情变革必然会发生，组织成长过程的平稳性关乎组织成长能力。因此，组织创新创建者要完成自我的超越，要有能力和决心，推进整合管理团队的成长和能力提升。其二，项目成长面临有利的外部环境。良好的外部环境包括较多范畴：①与政府和行政主管部门的良好协作关系必不可少。社会创新很多时候是为了解决政府失灵的问题，是对政府职能的补充，但并不是取代，与政府并不是竞争的关系。②形成社会创新相关问题的舆论关注效应。社会创新是为解决社会问题而生，但能够意识到社会问题的社会公众可能是少数。或者说，社会公众对某些社会问题的认知与社会创新者存在偏差。如，高收入者可能非常在乎餐桌上的健康和安全问题，而价格敏感者以成本为由可能漠视生态鱼项目解决餐桌安全问题的努力。③社会资源的支持度。在特定的阶段，食品安全可能是社会的关注热点，企业、公益慈善事业以及其他社会组织对于与食品安全相关的社会创新的支持度可能比较高。在经济发展上升周期，企业支持 CSR 形象的努力能够与社会创新项目的扩展形成契合。与此相类似，社会创新项目的扩展需要形成一定程度的社会资源聚集。

同时，我们发现，上述很多阶段并不是连贯的，也可能并不是线性的，有时行动先于认知和理解，有时实践促进了想法的产生和完善。在上述的每个阶段之间，可能存在往复和循环，使得真实的社会创新更像是多重螺旋式推进而不是线性成长。在社会创新过程中，不同部门或不同区域的项目会发展出不同的模式，这个过程是社会发现的过程，其中的模式、方案与路径总会不断改进和变化。比如，解决年轻人肥胖问题的创新模式可能是纳税人支付成本的公共健康项目，也可以是“体重管家”这样的自助性商业APP。

7.2.2　社会创新的基本过程

与科学发现和技术创新相似，社会创新大致会经历修正提炼、逐步采纳并与其他社会方案产生互动的渐进演化过程。它包括一系列创新链条，大致经历如下阶段：有少数忠诚支持者，缓慢增长；快速传播，参与者大量上升；缓慢进入饱和成熟期。加拿大学者司徒·康格（1999）将一般的创新过程划分为12个阶段：概念研究—探索开发—样本开发—试验性研究—高技术开发—项目实验—项目定型—田野检测—操作系统开发—展示项目—宣传—实施。康格的创新阶段划分是从创新者角度提出的，其中忽视了接受者及其与创新者的互动的作用。从接受者及其互动的角度来看，所有社会创新都毫无例外地经历了三个阶段：“首先，它被嘲笑；接着，被猛烈反抗；最终，不言而喻地被接受。”这三个过程不仅反映了受众的状态，其实也是交互的过程。因为，在复杂的科技、社会环境条件的约束下，创新思想及其接受方案与接受者之间存在复杂的互动关系。因此，孙启贵和徐飞（2008）认为，社会创新过程模型需要充分考虑接受者以及科技与社会环境在其中的作用，并把社会创新过程划分成三个阶段。

（1）创新思想的形成。思想创新是社会创新的灵魂与起始。从长远来看，思想甚至比物质更有力量。正如凯恩斯所言：“世界就是由少数精英的思想所统治的。”德鲁克指出：“当今社会已由管理的社会变革为创新的社会。当今社会最有价值的活动无疑是寻找创新的来源。”但是，社会创新究竟是如何发生的？社会创新思想的产生既有内在的原因，又受外在因素的影响。

从内在方面看，创新主体对社会现实的不满、期望与现实情境之间的差距以及突然爆发的社会危机等都可能成为社会创新的基本驱动力。回顾历史，科学管理思想的诞生是20世纪最重要的社会创新之一，其产生的原因就是大型工矿企业的怠工现象非常普遍，严重影响了企业的生产效率，使得很多有识之士对生产系统的低效率强烈不满。对当下流行的互联网购物而言，支付宝的诞生居功至伟，而支付宝的诞生是阿里公司对中国商业信用问题的担心。此外，期望与现实情境之间的差距往往会激发社会创新思想。现实是指经过时间的积累，社会公众及其成员之间已经形成的约定俗成的关系模式。比如，在中国，家庭重大困难的承担模式几乎就是家族尤其是近亲承担，这样的习惯已经根深蒂固。但是，这样的现实已经不能满足人们的期望，因为现在的三口之家越来越多。而且，家庭承担模式也制约和影响着更多的社会资源的流动与更好配置。从某种程度上来说，意外险、重大疾病保险等商业解决方案就因此诞生（当然也是对西方保险市场的借鉴）。有学者认为，社会危机和困境对社会创新可以产生更大推动力，是激发社会创新思想的重要线索。困境是发明之母，危机是社会创新的刺激因素。当一个国家和地区出现严重危机和困境时，解决危机的社会创新思想即将产生，能够成为解决危机和走出困境的重要手段。当雾霾笼罩中国，中国的环境承载能力濒临极限的时候，中国的环境管理体制就发生了巨大改变——环境督查制度由中央直管；当非典肆虐，大家都不愿意出门购物的时候，淘宝网开始诞生；当中国乡村越来越被遗忘的时候，绿色中国与乡村振兴计划得以提出。

从外在方面看，特定群体的社会需求是影响社会创新形成的关键外在因素。正如前文所述，社会创新是通过发现、识别、理解社会需求和寻求解决方法而实现的。而社会需求的形成并不是显而易见的，也不是大部分人都能意识到的。社会需求往往出现在以下几个地方：①意外情境。当毒奶粉导致的大头婴儿出现的时候，人们突然意识到，食品安全是所有人的公共需求。②特殊人群。在中小学群体中，有相当一部分不爱学习、沉迷于手机的学生，让社会各界开始反思，我们是不是应该采取措施来解决什么。过度使用手机以及家庭沟通问题因此浮现。③典型群体。当我们走进欧洲，发现欧洲人的手机没有中国的智能化的时候，我们会思考：采用一定的社会创新来杜绝手机干扰，以满足人们健康生活的社会需求。此外，周直和臧雷振（2009）还认为，社会创新思想的形成还与其他因素有关，包括：①社会技术发展水平。互联网时代下的开放性商业网络—社会创新很大程度上得益于互联网技术的普及。②思想碰撞。现在的社会，各种观点相互碰撞，互相激发等，变得丰富多彩。而众多平台提供了碰撞与交流的条件。如技术、娱乐、设计（Technology，Entertainment，Design，TED）大会在全球范畴内传播创意，也激发了更多创意。③可交易与可获得的创新。迄今为止，全球范围内借助互联网平台建构的创意交换平台越来越发达，而社会创新实验室也不断涌现，如 MIT 社区创新实验室。南非的希望行动实验室等以及各种形态的社会创新论坛，正在逐步成为形成、获得和交易社会创新思想的重要场所。

从创意的开发来看，一些社会创新创意的开发方法已经得到了实践的检验：①交谈和倾听。通过交谈和倾听，我们可以发现社会群体的不同动机，建立不同人群需求的直接有效关联。全球社会创新的标志性人物迈克尔·杨经常在街角、公交车或者墓地，与不同的人进行交流沟通，很多创意由此诞生。实践证明，交流与倾听能够扩展个体思维的局限、联结更多创意资源和激发更多的思想。②集成。集成就是将不同的思想和方法进行整合以形成新的创意。由于社会创新关涉众多领域，需要集成与整合不同领域的创新创意，创造性的创意组合往往能够取得整体层面的效果。比如：平安好医生就是移动互联技术、电子商务技术以及专业医生空闲资源的组合与衔接；现代热线健康诊断就是电话、护理和诊断软件的有机结合；美团就是团购与互联网技术的组合。

几乎所有的社会组织（企业、政府、非营利机构以及个人）都可能产生社会创新，都可以成为社会创新的主体，但是，能真正取得成功并创造改变的社会创新却比较少，其中的原因在于社会创新需要不断更新，在试错经历中不管完善。也就是说，创新思想并不是一成不变的，极有可能遇到阻力和遭遇失败。如要取得成功，社会创新者需要尽可能多地了解与熟悉和原始思想并不一致的观点和方法。社会领域是一个大熔炉、一个大花园，不仅社会创新者自己要根繁叶茂，还要调试自己、借鉴别人，甚至大胆地整合别人的思想和创意，才可能实现“蜜蜂”与“大树”的相互成就。

（2）创新思想的试验评估。创意往往意味着可能，要将创意发展成为被采纳的方案，还需要进行一系列试验，以对社会创新的思想进行检验、优化与调整，并对其解决适合问题的能力和效果进行评估。不仅如此，还需要对社会创新的技术、市场以及财务可行性进行全面评估。比如，无线电广播花了数十年才找到普遍接受的模式，尽管技术上已经被验证为可行。我们还了解到，早期的无线电先驱者错误地假定，收音机的听众愿意像打电话一样，按照通话时间支付费用。事实上根本行不通，后来才发现广告是收音机商业盈利模式的核心，否则收音机无法进行复制和扩展。同样地，复印机作为一种具有广泛社会价值的产品解决方案，也曾经历各种挫折。当复印机制造出来的时候，施乐公司希望帮助印刷厂解决小额印刷的问题，但事实上并不成功。复印机被广泛接受并产生广泛的社会影响是经过长时间探索之后的事情了。因此，社会创新的试点试验必不可少，试验可以在真实的环境下试点推进，也可以在介于真实世界和实验室之间受保护的模拟情境下进行，需要注意的是，社会创新试验需要充裕的资金支持。

正如前文所言，社会创新的评估可以借鉴在商业领域广泛推行的孵化器制度。因为是创新项目孵化，失败难以避免，因此人们对于项目的失败有较高的容忍度。在较为宽容的条件下，社会创新项目的实验推进就会比较从容，如此状态更能让试验者成长，从实验中调整和改进方案。而且，我们认识到，即使是失败的创意，也并不是一无是处，失败的尝试通常能够提示正确的改进方案，预示成功的方向和路径。在“反复地努力尝试，再一次失败并修正，下一次会更好”的进程中，社会创新将得到逐步地完善。社会创新不仅是试验，其实也是营销展示，通过采用真实的产品与服务方案展示、与潜在对象的互动沟通、对财务与运作模式的梳理，为社会公众及其可能参与其中的其他人提供证据。

（3）创新机制的传播与扩散。与上一章节观点不同的是，传播与扩散被视为社会创新的重要实践环节。这一阶段是全面实践的一部分，需要必要而有效的沟通，以扩大其社会影响。在前一阶段实践评估的基础上，社会创新的传播不仅强调理念，更强调社会创新实效。当然，在传播的过程中，社会实践的孵化器、与此相关的非营利机构与政府组织等都会为社会创新提供背书性质的传播支持，其传播的说服力因此可以得到提高。

通常情况下，政府组织在社会创新的扩散过程中所起的作用至关重要，有学者甚至将政府部门的作用形容为“开关”能力。就像中国改革开放中最大的社会创新是家庭联产承包责任制，这一社会创新来自民间。但该创新改变中国，解放农民以及农村的生产力的伟大影响，却是在政府更定并全面推广之后才产生的。由于政府机构的权威性、资源筹措能力以及对社会公众的强大影响，其在社会创新的传播过程中的合法性确认、资金与资源支持、公共机构授权等都可以为社会创新提供强大的推力，让社会公众以及创新设计的其他潜在对象产生信任，从而加快社会创新的传播速度以及扩大扩散面。与此同时，由于创新测试已经完成，在政府推动的社会传播中，对社会创新进行扩展的边界成本非常低。因此，解决好传播问题，社会创新的扩展效应会呈现全面加速的状态。

从经济效应方面分析，利益分配机制可能是影响创新扩散速度的关键因素。从价值创造的角度来说，社会创新是不同利益相关者共同创造的；从分享的角度来说，社会创新一定要由不同的利益相关者合理地分享。因此，如果社会创新的利益被充分地分享，其扩展速度就会非常快。依照这样的逻辑推演，社会创新的扩散和落实还需要理念的传播与组织学习来使参与者获得认知和能力。其中关涉两个层面的内容：其一，让参与者充分了解和熟悉利益分享的机制。其二，让参与者了解利益分享机制的获得条件。一般而言，大型组织的学习能力比较强，他们能够迅速掌握社会创新的利益获得路径，而小型组织要获得这样的能力，需要的是通过培训以及嵌入到一定的社会网络中进行组织学习。如果社会创新利益的分享机制是充分的，社会创新的扩散以及因此产生的组织学习就会有较好的扩散性。而组织学习本身也会是社会创新的高效传播机制，可以有力地推动社会创新的实现及最终完成。

7.3　社会创新的作用

（1）社会创新推动社会健康发展。科学创新对于社会的贡献毋庸多言，但社会创新的价值往往被忽视。

一方面，社会创新是科学创新的指南针和助推器，影响甚至决定着技术创新的广度、深度和速度。甚至，有学者将社会创新视为技术创新的重要条件。对于社会创新的重要作用，德鲁克有精彩阐述，他认为，知识社会来临的标志性事件不是世界上第一台计算机在 1946 年诞生，而是美国在“二战”结束后通过了《退伍军人权利法案》，该法案破天荒资助“二战”退伍军人上大学，从而为美国信息与知识经济发展储备了重要人才。对中国而言，家庭联产承包责任制的社会创新对于中国农村改革以及温饱问题的解决举足轻重；而改革开放等社会创新，尤其是允许乡镇企业以及民营经济发展等制度创新，则直接推动中国社会经济发生翻天覆地的变化。如果说，家庭联产承包责任制以及市场经济制度的改革是政府主导的社会创新，那么今天的互联网零售以及移动支付等社会创新，则完全是企业主导的社会创新，其广泛、深远而持久的社会影响，与曾经的家庭联产承包责任制相比也毫不逊色。因此，“社会创新——大多不是由科学发展和技术进步驱动的——会对社会和经济产生更为深远的影响，甚至还会对科学与技术本身产生深远的影响”。

回顾人类文明史，分期付款制度、教科书发明、研究实验室的创建、现代医院的诞生等社会创新表明，社会创新远比蒸汽机、电报以及生产流水线的发明更为重要。随着社会经济的不断发展，社会需求结构在不断变化，教育、卫生、医疗保健、环境保护与生活方式等方面的社会创新对社会发展将产生越来越重要的推动作用。《西方致富之路》的作者罗森堡·小伯泽尔详细考察了创新在推动西方经济增长和社会进步中的突出作用。他认为，早在 15 世纪，创新就已经成为推动西方经济发展的重要因素，到 18 世纪中叶，西方社会的各类创新已广泛展开，是社会经济发展的主导因素，其界定的创新不仅包括技术创新、科学进步与工业改进，也包括企业组织的发明、市场经济制度的创立、会计制度以及种种社会职能部门的设立，如银行及其信贷业务的开展；保险公司成立以及保险业务的开展；律师的出现以及相关的法律业务形成。技术创新与社会创新的结合成为推动社会经济发展的关键力量。

（2）社会创新能有效地解决社会问题，满足社会需求。在德鲁克看来，农业服务机构是 20 世纪初的一项重要社会创新，它让农民们能够接触到新的农业知识，并将其运用于农业生产，从而大大提高了农业生产率，有效地解决了因生产力不足而导致的粮食短缺问题。因此，“在把社会问题转化为企业机会的过程中，最有意义的机会可能不在于新技术、新产品和新服务，而在于社会问题的解决，即社会创新”，社会创新将以新的思路，通过多样化的方式和灵活的形式，把政府市场和社会的力量统合起来，在解决复杂的社会问题、满足多元化的社会需求的过程中发挥越来越重要的作用。

未来的社会将是一个充满风险危机、不可预测性和不确定性的社会，每前进一步都需要把握机遇，克服危机，化解风险，为此需要不断创造解决问题的新方式、新手段、新程序，以增强社会能力，迅速调节社会运行机制。对于任何一个社会来说，随着社会经济的进一步发展，都会出现各种各样的社会问题。比如，中国即将全面进入小康社会，但是社会贫困问题、留守儿童问题、电子产品问题、包裹垃圾问题、青少年成长问题……这些问题只能依赖社会创新来解决。在移动互联网迅速发展的今天，“互联网+”的社会创新在解决城乡资源、知识、技术等不平衡的问题上具有突出的价值。即使在西藏的偏远山区，你也可以通过移动互联技术，接受全国最好的教师的授课内容，接收到全世界最好的医生会诊。由此带来的社会问题解决方案让人激动不已。

（3）解决政府与市场失灵问题。社会治理需要政府、企业与社会组织协作完成，因为，政府失灵或市场失灵的现象总会出现。为了解决政府失灵问题，世界各国政府先后提出各种措施，如机构精简与整合、调整政府职能、缩减福利政策等，它们试图通过对行政官僚体制的调适和修补来解决政府失灵问题，但实际效果不尽如人意。对中国来说，党的十八大以来，反腐的力度提到空前高度，但中国的社会问题依然层出不穷。有人说，政府的归政府，市场的归市场，试图通过市场和政府角色与作用的互补来解决问题，但是市场解决不了政府失灵的问题。同样地，市场失灵的问题也经常性出现，比如：面对巨大的低收入人群，面对广大的农村市场，面对城市贫困人群，少有企业愿意付出高额的市场成本去开发一个“无利可图”的市场。而对于巨大的金字塔底层人群的社会需求，政府也无能为力。因此，即使我们改良政府，即使我们倡导CSR，我们依然无法祛除市场失灵和政府失灵的迷惘。

为了解决政府与市场失灵的问题，人们开始了社会创新，希望通过引入第三方力量，形成政府、市场与非营利组织的社会治理三角系统，发挥第三方组织对社会与经济发展的平衡作用。第三方机构的引入是全新社会创新的开始，其基本思想是：在个人独立自由意志得到保障的条件下，很多人有意愿和能力为社会建设作出贡献。同时，第三方机构的引入还主张限制政府权力、缩小政府活动范围以及规范政府行为。引进第三方机构的社会创新的兴起不是偶然，通过第三方机构及其相关学者的主张，我们可以梳理出一条清晰的链式，即：“市场失灵—政府弥补” +“政府失灵—社会创新”。在中国社会经济高速发展，但社会环境日趋复杂的今天，一些体制性与结构性矛盾变得更加尖锐。这个时候，有专家学者指出，社会创新作为调节性工具可以承担更重要的角色，因为，社会创新可以调动不同人群的社会主动性和参与性，激活社会活力和创造力，最终形成各种来源的社会合力。

（4）推动不同社会组织的整合与协作。跨领域性决定了社会创新对不同社会组织之间的整合促进。社会创新通常都要求政府部门以及不同机构之间的跨部门、跨行业、跨地区协作。事实上，社会创新的成功关键点就在于多种要素的融合，只有充分协调，实现了在共同价值创造目标下的资源整合，社会创新才能取得成功。当前，面对城市扩张、环境恶化、社会公平、公共安全、人口老龄化、慢性病以及失业等迫在眉睫的问题，政府和市场均应该参与其中，通过社会创新来对社会发展做出积极贡献。其中的部门协同合作就逐渐成为一种趋势，而相互协作不仅是政府、市场与第三方机构合资源整合的需要，也是社会创新的必然要求。中国的政府机构改革推进了至少 20 年的时间，重点已从结构性分权、机构裁减和设立单一职能的机构转向整体政府。而整体政府强调的是政府不同部门资源和职能的整合。迄今，走出政府不同部门整合的框架，与市场合作，借助市场的力量完成社会改变，成为政府机构改革的一个重要方向。

就整体政府的机构改革方向而言，其实是不同部门、不同领域以及地域的政府资源的整合，即整体性治理，内涵包括三个层面的整合：①业务层级的整合。不同的地方政府、不同的政府职能代理机构以及全球性的社会治理网络在共同的业务领域进行协作整合。比如，生态保护领域，生态环境部、地方政府以及全球性环境保护组织之间，可以进行充分的协作整合，形成在生态保护、环境污染治理以及生物多样性领域的合作。②功能的整合。环境治理关涉众多的行政主管部门，包括环境保护部门、工商行政主管部门和治安管理部门。它们都可能对环境问题进行业务管理，为了确保业务功能的统一性，这些部门的功能应该实现整合，一方面杜绝相互推诿的情况发生，另一方面也避免让业务主体无所适从。③公私部门间的整合。政府部门、企业以及非营利性机构之间应该协作整合，毫无疑问，企业是社区治理的主要力量。早在民国时期，在江浙的工业小镇上，当地的民族企业对当地社会及社区治理贡献巨大。而且，我们清楚地知道，当初在抗战时期，不管是山西的商贾，还是重庆的企业家，抑或是宜宾的乡绅，在解决重大社会问题的过程中，都担负了政府无法承担的重任，他们付出金钱、交通工具、厂房、人力，承担战区学校以及研究所的大转移及其物资供应。而第三方组织，不管是西方社会的宗教机构，还是关心青少年健康的青年地带，抑或是鼓励健康生活的体育组织，它们广泛地活跃在社会的各个领域。可以说，政府、企业与第三方机构是社会治理的关键力量，三方协作不仅是必然的，也是必需的。社会创新就是推动协作与整合的发生。

（5）社会创新推动公民社会孕育成长。社会创新是社会成员都可以参与甚至主导的社会改良与价值创造活动。对个体而言，社会参与其中，显现的是个人对社会需求以及更美好未来的承诺与努力；对社会而言，社会创新创造了社会价值与共同福祉。社会创新所传递出的创新以及为美好未来付出努力的创业精神可以对社会成员的心智产生影响，可以对社会起到整肃和榜样的作用，改变人们外在的行为，甚至将社会价值创造的理念和主张内化为人们的价值观。同时，社会创新的共同创造价值与价值共享模式，可以唤醒、整合社会自下而上的改变动力，对社会问题产生正面冲击，其精神能够渗入社会成员的日常生活中，成为公民社会发展的重要动力。从某种角度来看，社会创新是一种精神，一种能为未来付出努力的分享精神，一种为改变现状并创造未来的创业精神。

既然社会创新是一种创业精神，学术界认为，社会创新正在成为孕育公民社会的推动力量。关于这一点，我们可以从不断涌现的社会企业家身上找到证据。对于印度来说，有一位社会企业家——德蕾莎。她面对贫穷和疾病，面对种族歧视与敌视，以个人的力量成为印度的国母，她改变了很多人，影响了很多人，推动周边的每一个人承担责任，为社会问题的解决寻找答案。在孟加拉国，社会企业家——穆罕默德·尤纳斯教授把目光聚焦到贫穷人家的脱贫问题上，他创造性地开展小额贷款业务模式，帮助农妇发展自己的事业，对整个孟加拉国的农村家庭来说，简直是救命稻草，帮助这些农户和家庭自立，推动他们成为自立的健康的社会公民。在韩国，SK 集团创办了一个又一个社会企业，从设立助学金，支持寒门子弟完成学业，到关心流浪汉，他们的行为告诉每一个人：这个社会每一个人的冷暖都与你息息相关，他们的痛就是你的痛，他们的快乐也可以成为你的快乐。可以说，在全球各地崛起的各种社会企业家，正在成为公民社会建设的推进器，他们不仅直接推动公民社会的发展，为社会进步作出贡献，也正在以榜样的力量影响和改变着更多的人和企业成为良好的社会公民。

（6）社会创新是企业履行 CSR 的新途径。迄今为止，很多人和企业仍然质疑 CSR 的合理性，否认企业的社会价值和功能。争论是没有价值的，行动更有力量。正如上文所述，全球范围内不断涌现的社会企业家关注社会问题的解决，但是他们一样创造出经济价值。比如，尤纳斯的格莱珉银行已经在全球很多国家开展业务，在帮助农民成长的同时，也实现了业务的积极增长。同样地，Interface 等参与社会创新的企业，在解决特定社会问题的同时，企业的经营成本降低了，市场影响力与销售业绩增长了。他们的行动具有说服力：企业关注社会问题和承担企业社会责任与经济利润不相冲突。从某种角度说，德鲁克是一位社会企业家，他关注社会性问题——管理绩效，提出了一系列迄今依然有效的解决方案，他帮助很多企业克服了管理的盲区，同时，也推动很多企业在取得管理绩效的同时，成为健康的社会器官。德鲁克不仅从理论上驳斥了企业自身利益与公共利益不相干的观点，为企业的社会功能与 CSR 提供了理论依据，同时，他以社会企业家的身份传播管理理念、方法与工具，以一己之力建设更美好的商业社会。

我们一直强调，更美好的社会是我们每一个成员的共同追求，社会创新的主体可以是企业，而且现代商业企业更有优势在社会创新上创造奇迹。不管是曾经的卡耐基、洛克菲勒、福特等世界商业巨头，还是今天中国市场新近崛起的有影响力的阿里公司，他们的社会创新正在改变着整个社会。正是阿里关注“社会信用问题”，关注小企业营销问题，才一步步推动了移动互联商务社会的到来，整个社会效率大为提高。我们特别推崇德鲁克的观点，把社会问题转变为发展机遇才是企业的永续发展之道，才是真正的有社会价值的企业，才是可持续发展的企业。从另外一个角度来说，如果企业能够将自身业务与社会性需求建立关联，能够让社会因此更美好，就是在承担 CSR。如果企业能够将负责任消费与生活方式进行重塑与传播，就是在进行社会创新，企业行为就是负责任的。我们认为，社会创新是一条比 CSR 承担更有效的新途径，依照德鲁克的观点：“企业只有把社会责任转化为自身的利益，也就是转变成商业机会，才可能真正履行‘社会责任’。”而社会创新超越了 CSR 的伦理性说教，是让企业自觉地从社会问题和未满足的社会需求中寻找商业机会，不断改进产品、提升服务和更新技术，创造能够解决社会性问题的共享价值。

[延伸阅读]

社会企业家

过去一个多世纪来的众多社会创新活动，往往都与重要的社会企业家紧密关联。如，诞生于工业革命起初的罗伯特·欧文、社区发展组织的爱德华、杨氏基金会的迈克尔·杨等。这些社会企业家们，精力充沛、坚韧不拔，有美好而崇高的社会情怀，并通过社会创新推动了一次次的社会变革，他们的成就迄今依然影响着这个世界。

18 世纪的罗伯特·欧文在英国 New Lanmark 创建了四家丝绸工厂。他声称，创办四家企业，他不但要追求利润，而且要改变世界。因此，他的企业模式与众不同，他的企业为社区建立学校，为工作的母亲提供托儿所，提供免费医疗护理和综合性学校等。在其企业社区里，他还举办音乐会、舞蹈表演、音乐制作和建设优美的风景区。他以行动为新型合作社树立典范，并直接推动互助社运动。

奥太维娅·希尔于 1864 年在臭名昭著的贫民窟买了 3 栋楼房，通过坚持不懈的努力和付出，确实地将那些贫困地区转化为至少可以忍受的和谐社区。为了增强社会的归属感，她在社区里建设社区会议厅、存钱俱乐部等。同时，她通过培训与系列活动鼓励这些社会开展民主活动。我们还注意到，奥太维娅·希尔在社区开展的培训和活动项目为当代的物业管理奠定了基础。此外，奥太维娅·希尔是伦敦绿化带的最早倡导者，发起“军队学生力量”以团结青少年的力量，发起公园创建活动使得医院周围变得美丽。

迈克尔·杨是 20 世纪最伟大的社会创新者之一。1945 年，作为英国工党的研究带头人，他帮助建立了社会福利系统，推动政府推行国民健康计划和综合福利制度等社会创新，让政府更有力量改善社会和人们的生活。在其一生的社会创业中，他创建了开放大学、组建了消费者协会、发展出语言热线、推出特别教育和开放艺术学院。不止这些，基于社会成员是社会的建设者的观点，他开创性地提出，在市场和公共领域赋予公众和消费者更多力量。此外，他完成了英国国民健康计划、社区议会计划以及课外俱乐部的发展等社会创新项目。

资料来源：本书作者搜集整理。

[**延伸阅读**]

黑暗中对话

1. DID 概况

“黑暗中对话”（Dialogue in the Dark，DID）是 Andreas Heinecke 在 1988 年创立的一家德国社会企业，其主要服务内容是在全黑的环境下、利用角色互换的方式定制创新性企业团队培训和提供公众娱乐活动。DID 秉承促进社会平等、多元及可持续发展的理念，让公众与视障人士相遇并彼此了解。在满足创新性团队培训和公众娱乐的同时，也为视障人士提供不同领域的就业机会，旨在激发社会人士对弱势人群不同能力的关注和认知。至今，DID 服务项目已延伸到无声中对话（Dialogue in Silence）以及对话时间（Dialogue with Time）。并且，该社会创新项目已经扩展至全球超过 34 个国家及 164 个城市，体验学习者超过 1000 万人，为视障者提供了超过 9000 个工作机会。其中，该企业扩展的城市包括中国的香港、成都、深圳、上海，日本的东京、大阪，新加坡，韩国的首尔，澳大利亚的墨尔本，俄罗斯的莫斯科，墨西哥的蒙特雷，巴西的圣保罗等。

2. DID 历史过程

当年，在学校里修读完哲学后，Andreas Heinecke 在他的家乡 Baden. Baden 的一家广播公司里做记者。有一天，他接到了一个培训年轻记者的任务，这位年轻记者很特殊，他是一位因为交通意外导致失明的人。起初，Andreas Heinecke 对视障人士一无所知，他对盲人的生活没有什么概念，然而当他与这位视障人士记者接触后，他发现这位同事很乐观、幽默和直爽，并淡定从容地面对自身不足。从此，Andreas 意识到视障人士拥有着正常人无法想象的潜力和能力。面对社会上对残障人士的歧视，Andreas 希望能够为视障人士提供更多的就业机会，改变大众对残障人士的看法。于是，Andreas Heinecke 于 1989 年在德国创立了“黑暗中对话”，企业最初的内容服务为：为公众提供一个全黑的房间，让他们和视障人士一起在各种情景下交流相处。

1990 年，DID 用众多绳子搭建成第一次场景。

1992 年，Andreas Heinecke 开始将社会企业作为一个典范推出，与当地相关展会合作。

1993 年，引入了新项目：在黑暗中进餐。

1994 年，增加了企业工作坊的想法。

1997 年，Andreas Heinecke 与策展人 Orna Cohen 推出“Dialogue in Silence”。

2001 年，DID 工作坊在德国汉堡正式注册。

2008 年，作为社会企业家的 Andreas Heinecke 声明为所有的“对话概念”建立控股。

2011 年 3 月，DID 以授权的方式在上海落户。

2012 年，Andreas Heinecke 和 Orna Cohen 推出 Dialogue with Time。

2013 年 9 月，DID 成都体验馆开馆。

2015 年 12 月，DID 深圳体验馆开馆。

2017 年，DID 首次在监狱开设工作坊，让囚犯体验黑暗的环境，放下囚犯的社会标签。

2017 年 6 月，DID 获得了 2017 度 Mariano Gago Ecsite 可持续发展成功奖。

3. DID 社会创新

（1）DID 体验馆。DID 体验馆是对话企业（Dialogue Social Enterprise）

最先提出的体验黑暗的项目产品，主要内容是让大众在黑暗环境中与视障人士交流沟通，体验在黑暗环境下的生活，在达到娱乐目的的同时能够对视障人士的能力有新的认识，改变对其的偏见。

图 7－1　DID 体验馆

（2）DID 工作坊。此工作坊的主要部分在完全漆黑的环境中进行，是极少数可以在短时间内改变参与者行为模式的体验式培训之一。参与者与视障培训师之间进行强弱角色的转变，促使其必须适应突如其来的短暂“失明”，强迫自己谦卑、放慢步调、关注内心，真实地审视自己的核心价值观和潜力。通常被许多机构用于人力资源的发展训练，创造了团队成员自我觉察的情境，使团队成员在领导力、合作、沟通、创新、执行力、企业文化等方面得到提高。

“这是我参加过最有影响力、最吸引人的团队组织活动，它开启了我的眼界与心灵。”（安联领袖年会代表，德国慕尼黑）

图 7－2　DID 工作坊

(3) DIS（对话不需要言语）工作坊。Dialogue in Silence（对话不需要言语）工作坊让参与者们在听语障碍培训师的带领下进入一个无声的世界，使其需要迅速适应这一变化，摆脱日常工作和社交的束缚，发掘自己非语言表达方面的技能，进一步提升沟通能力。

无声意味着安静和放松，聆听之外的能力——观察、眼神沟通、动作和表情都是沟通的重要组成部分，而这项练习将带来全新的自我认知，开发新技能和能力，并能激发个人全新和人际互动方面的创新，为领导者和员工带来长远的积极影响。

在日常工作和生活中，我们已经在有意识地使用表情、手势、动作和身体语言以更有效地沟通。而在无声中对话工作坊，参加者有机会深入探索已有的非语言沟通技能，并运用洞察力不断发展完善，达到人与人之间相互理解的目的。

图7-3　DIS工作坊

(4) DWT（与时间对话）工作坊。与时间对话（Dialogue with Time）是一个互动式的展览，这个展览让人们面对年龄差距上出现的最基本的问题，这是一个具有开创性的项目，能够让更多的来访者了解老一辈的世界。使用最新的技术，使人们通过亲身的体验消除人们对老一辈的陈词滥调的刻板印象。

图 7－4　DWT 工作坊

4. 产品的推广

“黑暗中对话”的服务和产品具有创新性，这使它没有走传统营销模式的道路，也没有通过大规模的广告、推销等方式进行产品推广。“黑暗中对话”的产品推广使用的是做口碑的方法，在客户与客户之间进行传播，使客户走上门。

由于产品的独特性，大众并不能很好地通过广告等媒体体验“黑暗”，所以亲身体验是最好的推广方式。受众可以先到具有代表性的体验馆中体验“黑暗”，通过体验的历程认识 DSE 企业，并且激发对其他产品的好奇心，而工作坊的产品中有一项叫“公开工作坊”，是特别设计给企业的决策者和人力资源部的人的——所谓影响有影响力的人——使他们体验到良好的效果，便产生了口碑以及后续的购买行为。

5. 运营及盈利模式

DID 已经在 30 多个国家进行过培训项目，它采纳社会连锁经营的模式，在世界范围内寻找合作伙伴，他们相信社会企业中一定有共识者。一旦有伙伴与共识者有意向做黑暗中对话的培训，DID 就会派人对他们进行培训，以及对当地的盲人雇员进行指导。

结束指导后，由当地想要做DID培训的组织完成具体的事务，包括场地搭建、盲人雇员的雇佣等。DID会在培训、组织、招聘相关人员以及赞助商寻找方面提供帮助。如果在DID的指导下“在黑暗中对话”体验成功举行，当地企业将缴纳相关的许可费作为报酬。也就是说，DID在帮助更多人参与到事件中来的同时，也实现了一定的收益和盈利。

而且，DID在世界各地扩展时会有与会注册费，通过举办研讨会和开发自己的经销商获取盈利。DID也接受公共机关或政府方面给予的资金，从而实现企业的正常运营。

总而言之，“黑暗中对话”的特别盈利方式是在扩展企业的过程中收取注册费、许可费以及接受政府所提供的资助，而全球各地的“黑暗中对话”企业的资金来源若单靠DID体验馆（黑暗中对话体验馆）的门票，是不可能实现的，由于体验馆的成本过高，每日接纳的客人有限，要想实现盈利非常艰难，因此DID的盈利模式就是用工作坊的收入来支撑体验馆的运营，以此扩大其社会影响力。

此外，各地的黑暗中对话企业都得到了不同地方的企业的赞助。

6. DID在中国遇到的问题

（1）版权和理念冲突问题。2009年以来，德国DID总部就一直在寻找合适的中国合作方，但交流过后却频频遇到知识产权被侵犯的“山寨”问题。2010年上海举办世博会时，残联也曾邀请DID来上海，但终因双方的理念不一致而没有敲定合作。

（2）大众对公益模式缺乏了解。在中国推进黑暗中对话的这六年历程中，人们发现像DID这样聘用视障人士的企业的管理成本要比一般的商业企业高很多，普通人难以理解这样一种自负盈亏、自我造血的公益模式，很多人包括一些政府部门都认为公益就应该免费。

（3）社会企业尚未建立明确的制度体系。国内对于社会企业尚未建立明确的制度体系，最初DID在中国以“民间非营利组织”的形式注册，根据规定，不能分红。但按照DID的性质和商业模式，DID企业本来将盈利分配比例设计为3∶3∶4——30%用于企业自我发展、30%进入视障教育基金、40%用来分红——但以“民间非营利组织”的身份根本无法实现。

（4）当地管理团队的缺失。真正能够接受等同创业的挑战，具有商业市场经验去开发全新市场，又能够有耐心去经历一个全新企业模式慢慢成长的人才非常难找，据悉，成都DID体验馆花了两年的时间才有了一支相对稳定又能胜任工作要求的管理团队。

（5）教育制度的缺失。黑暗中对话很难在中国找到合适的视障人才，也有些企业在体验过工作坊之后愿意聘用更多的视障者做员工，但却找不到能够胜任的视障人士；再加上在现有的就业制度下，视障人士不愿放弃现有的特殊待遇，不愿去做一份更有挑战性的工作。

（6）在中国社会，教育瓶颈、就业歧视、社会偏见都不可能在短时间内消失。

资料来源：根据DID网站信息及相关报道加工整理。

参考文献

[1]Conger S. Fostering a career development culture: Reflections on the roles of managers, employees and supervisors[J]. Career Development International, 2002, 7(6): 371-375.

[2]Schumpeter J A. Theory of Economic Development[M]. Routledge, 2017.

[3]Drucker P F. The discipline of innovation. 1985[J]. Harvard Business Review, 2002, 80(8):95.

[4]Drucker P F. Converting social problems into business opportunities: The new meaning of corporate social responsibility[J]. California Management Review (pre-1986), 1984, 26(2): 53.

[5]Mulgan G. The process of social innovation[J]. Innovations: Technology, Governance, Globalization, 2006, 1(2): 145-162.

[6]Zapf W. Über soziale innovationen[A]//Wolfgang Zapf. Modernisierung, Wohlfahrtsentwicklung und Transformation: soziologische Aufsätze 1987 bis 1994[M]. Berlin: Edition Sigma, 1994: 23-40.

[7]纪光欣，岳琳琳．德鲁克社会创新思想及其价值探析[J]．外国经济与管理，2012，34(9)：1-6.

[8]杰夫·摩根．社会硅谷：社会创新的发生与发展[J]．张晓扬译．经济社会体制比较，2006(5)：1-12.

[9]宋刚，张楠．创新2.0：知识社会环境下的创新民主化[J]．中国软科学，2009

(10):60 - 66.

[10]孙启贵，徐飞．社会创新的内涵、意义与过程[J]．国外社会科学,2008(3):90 - 97.

[11]周红云．中国社会创新的现状与问题——基于两届“中国社会创新奖”项目数据的实证分析[J]．经济社会体制比较，2014(4):170 - 183.

[12]张丽娜．城市社区治理中的政府、企业、社会组织跨部门合作——以苏州正荣书院项目为例[J]．陕西行政学院学报,2019,33(1):12 - 16.

[13]周直，臧雷振．社会创新:价值与其实现路径[J]．南京社会科学，2009(9):59 - 64.

第8章　社会创业

社会创业是发现社会问题与识别创业机会，在不受当前资源约束条件下的社会价值创造行为与过程。社会创业通过创建以解决社会问题为使命的社会组织，锻造识别政府和市场双重失灵带来的变革机会以及解决问题的能力，探索不同于传统公益慈善的问题解决模式，最终实现社会创新与社会价值创造。同时，社会创业在创新的程度上比社会创新要高，需要付出的努力更多。

8.1　社会创业辨析

8.1.1　概念内涵

社会创业作为社会创新的实现手段，要求创新主体采取领先的行动并承担一定的风险，是一种较高层级的社会创新，其概念最早可以追溯到20世纪80年代。一些创业者从社会问题中看到了将创造社会价值与经济价值相结合的商业机会，创立了与商业企业存在明显区别的社会企业。随着社会经济的持续发展，在中国以及全世界的工业化国家，出现了越来越多的社会问题：贫富差距、能源枯竭、老龄化、环境污染和食品安全等。由于传统的政府和非营利组织很难彻底解决这些问题，因此商业企业参与其中的创业活动被寄予厚望。

Dees（1998）认为，社会创业是通过变革与创新的方法创造社会效益，并且，在创造社会效益的时候，创业主体引进了商业经营的模式来产生经营效益。因此，Dees从四个方面来界定社会创业：①社会创业开创的事业将持续不断地产生社会价值，而不是简单的一次性活动；②社会创业处于不断的变化中，是通过对社会问题引致的机会进行挖掘、利用和开发来达成社会目的；③社会创业不仅是机会的识别、开发和利用，还是持续不断的创新、调试和学习；④与其他创业一样，社会创业是不受当前资源约束的大胆行动。Bacq等（2013）从社会需求满足的角度指出，社会创业是利用市场化手段满足社会性需求的过程，社会性需求则与简单的消费性需求相对应。Bornstein和Leadbeater（2006）强调社会创业的社会目标选择，认为社会创业并不是以投资者营利为目标，即使取得盈利，也会将盈利投资于组织与社会。Peredo（2002）进一步指出，为因应社会创业解决社会问题的目标，社会创业的方法是灵活的，既包括营利组织的社会价值创造活动，也包括非营利组织支持个人创立自己的社会事业。在诸多定义中，Dacin等（2010）所做的定义得到了较多认可，他们认为：采用商业化方法与手段为社会问题提供创新的解决方案，即社会创业兼顾社会价值与经济价值的创造。

概括而言，社会创业是与社会问题相关的商业机会识别、利用与开发的过程，目标是为创造社会价值、解决社会问题和让社会变得更美好。与商业创业一致，社会创业包含风险管理、前瞻性和创新性的核心要素，但受到社会使命、可持续性与创业环境的约束（见图8－1）。

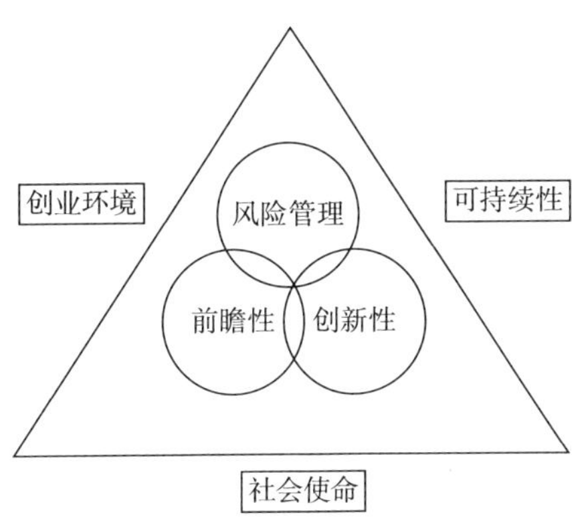

图8－1　社会创业的三维结构图

核心要素中，风险管理是指创业主体有一定的风险意识和承担能力，愿意承担创业失败的成本与风险；前瞻性是指创业人员不仅具有远见，而且有先人一步的行动倾向；创新性是指解决社会问题的方式具有创造性，即创造性的资源组合产生效率并达成社会目标。

约束条件方面，任何社会创业的前提与基础都是其明晰的社会使命，即社会创业存在清晰的社会价值创造愿景，而愿景规定了创业准则与行为边界。每一个社会创业都有不同的社会价值目标，但也存在共同的价值标准，那就是可持续性，即在获得个人成长与需求满足的同时，能够增益环境、社会以及其他人的福祉，至少不伤害环境与其他人的利益，解决社会问题。当然，社会创业还受到具体创业环境的约束。比如，在中国非营利组织制度空间并不充分的情况下，创业者只能坚持做“好”生意，而不能完全像社会企业一样去营运；在非洲，创业者也不太可能像在中国那样，通过互联网技术，直接为贫困人群开办一个网络学校，因为非洲的互联网基础设施与中国并不相同；大企业（如韩国SK集团）的创业条件可能就比一个致力于乡村振兴的年轻大学生有更好的创业资源。

8.1.2 社会创业的识别标准

王皓白（2010）认为，社会价值在实践中存在众多维度和形态，甚至很多商业企业也纷纷打着为社会创造价值的旗号进行不同程度的“漂绿”，但这种“漂绿”行为把企业的社会性功能与社会性价值创造并不相同。一方面，企业的社会性功能是指企业是社会的有机组成部分和器官，应处理好与股东、员工和顾客等的关系：企业为顾客创造价值的同时，让股东获得回报，让员工以事业为基础获得成长和幸福。可以说，企业的社会性功能由其社会属性所决定。另一方面，社会性价值创造则是指在社会性功能之外，企业以解决社会问题为切入点去识别和开发商业机会，创造企业与社会相结合的价值。依照德鲁克的观点，企业的社会性功能是指企业做好已经开始的商业事业，或者按照社会性标准来做好企业，而社会性价值创造则是从起点上要求企业对事业机会和业务方向做出选择，将创造社会性价值与经济性价值结合起来。因此，社会创业具有与众不同的特征，以这些特征为标准，可以对社会创业进行识别。具体见表8-1。

表8-1 社会创业的界定框架

标准类别	标准	公益型社会创业	市场型社会创业
判定性标准	1. 社会导向的组织使命 2. 变革机会识别 3. 解决方案的创新性 4. 社会目标稳健性	以解决社会问题为优先的组织目标 具有识别由政府和市场失灵带来变革机会的能力 具有不同于传统公益慈善的创新问题解决模式 具备行为或机制来保障商业追求不会损害社会使命	
区分性标准	1. 组织形式	非营利性社会组织	非营利性公司组织
	2. 收入模式	通过获取稳定外部捐赠或资助来实现财务持续	通过市场经营活动或与捐赠相结合来确保可持续
	3. 分红政策	组织性质决定不能分红	自由分红、自愿不分红

（1）社会导向的组织使命。一般的企业使命是以为顾客创造价值或实现经济性目标为标准，而社会创业的组织使命则是为社会创造价值。该标准强调社会创业必须具有清晰的社会使命，明确要解决的社会问题以及明确期待产生可以测量的社会影响力。组织使命是指导组织决策与活动的依据，规定了一个组织的决策方式和增长路径。同时，社会导向的组织使命为社会创业组织提供持续不断的创业力量，为创业组织的可持续发展提供价值基点。这条标准是社会创业公司与其他类型企业最为根本的区别所在。

（2）社会创业机会的识别、开发和利用。创业是一个机会识别、开发和利用的过程，而社会创业与社会问题息息相关。因此企业不仅要有特殊的能力识别未被满足的社会需求以及与政府、市场失灵相关的社会创业机会，同时要具备解决社会问题和创造社会价值的能力。一方面，社会问题的解决有时可能与政府职能重叠，这就不是创业机会。创业机会不仅要抓住未被满足的社会需求点，还应识别政府解决问题的必要性和可能性。另一方面，解决社会问题需要能力，不管是小额贷款，还是清洁生产，都需要以能力为前提。

（3）社会价值与经济价值的双重标准。社会创业采用了不同于传统公益慈善模式的解决方案，包括财务可持续性和盈利性两个方面。一方面，社会创业提出了社会问题的全新解决方案并创造了社会价值；另一方面，该解决方案从财务可持续性上来说是可行的，即解决方案可以创造恰当的经济价值，社会价值创造是社会创业的核心价值所在，而经济价值则确保社会创业能够持续地创造社会价值，为社会价值创造提供稳定的支持。

（4）社会目标的稳定性。社会创业的目标要保持稳定性。例如，一个保护野生动物的社会企业与一个金字塔底层创业导向的农业企业，都在创造社会价值，都在解决问题，但它们不可以游移。尤其应该注意的是，社会创业可能在商业目标和社会目标之间出现偏移。有学者甚至将社会目标稳定性明确为社会创业企业的行为机制，以确保组织使命的实现。有的社会企业非常明确创业利润的分配机制（如尤纳斯明确指出，格莱珉银行不进行利润分配），也有的创业企业对治理结构做出约定（如董事会成员中社区成员人数或占有一定比重）。

[**延伸阅读**]

社会创业的兴起

近年来，社会创业在全球范围内风起云涌，并得到社会各界的高度关注。作为一种全新的创业理念，社会创业追求社会价值和商业价值的平等实现，主张以商业的方法解决社会问题，而解决社会问题因此成为商业机会。社会创业不仅支持非营利性机构的创业活动和营利性机构践行 CSR 活动，而且还强调个人和组织必须运用商业知识、技能与方法为社会创造更多的价值。社会创业的出现昭示着“公民社会”理念对商业行为的覆盖，也说明公民社会的再分配方式正在发生变化以及不同组织和个人在社会进步中的角色会发生改变。社会创业的兴起，有三方面的背景。

1. 市场失灵

20 世纪 80 年代以来，许多发达国家奉行政府收缩的新自由主义经济思想，缩减政府职能，减少政府机构对非营利组织和福利事业的直接资助。但是，人们对社会服务的需求有增无减，由于政府用于社会服务支出的预算缩减，非营利组织在资源调配上捉襟见肘，面临不断增加的社会性需求，它们承受着提升运作效率和持续发展的双重压力。所以它们必须借鉴和利用商业化操作与市场化手段来解决问题，而不是像福利部门一样免费提供服务。因此，“企业家”“创业”和“成果管理”等概念陆续被引入公共事业与公益领域，社会创业理论和实践应运而生。

2. CSR 新情境

随着市场经济的持续发展，全球社会财富不断地向私营组织集中，不仅导致社会财富的分配不公问题，还产生了机会公平以及越来越多的社会问题，对企业承担更多社会责任的呼声愈来愈大。另外，政府等公共资源受到压缩，原来提供这些公共服务的机构因为资源不足，无法满足不断增加的社会需求。在各种因素的共同作用下，企业逐渐在社会问题的解决中扮演越来越重要的角色。企业不仅可以通过慈善以及公益项目的投资参与相关社会问题的解决，还可以与非营利组织组成战略联盟，进行社会创业。有学者称其为 CSR 新规范。

3. 商业和公益事业边界模糊化

在中国乃至全球范围内，近年来都出现了一些新现象，那就是商业与公益事业的边界正在模糊化。比如，恒大公司响应政府的精准扶贫号召，在贵州进行社会性投资，同时，恒大公司利用贵州的山水资源开发出成规模的文化旅游项目；碧桂园公司免费培训农民厨师，帮助喜欢厨艺的年轻人掌握一门技能，同时，将培训成才的厨师作为碧桂园系统（酒店及公司餐厅）的专业人才储备；成都的一家文化公司，在宽窄巷子开发出有文化传承与四川美学的餐厅及文旅项目，同时获得政府授权的商业旺地的商业经营权利。也就是说，商业与社会事业在推进的过程中并不泾渭分明，它们之间的边界正在模糊化。或者说，解决社会问题，不能采用传统的服务购买或者公益模式，商业和公益的结盟正在成为趋势。商业与公益的协作与结盟，使得相互之间的优势集中，形成整合性影响力，可有效提升为社会服务和创造社会价值的能力。

资料来源：刘玉焕，井润田．社会创业的概念、特点和研究方向[J]．技术经济，2014(5)：17-24.

本文在该文基础上重新整理。

8.2 社会创业的特征

与传统的商业创业比较，社会创业存在诸多不同：创业机会在于充分利用人们未被满足的社会需求，而非消费需求；社会创业特别依赖创业者个人在资源受限情况下坚定不移的信心与创新精神；并且，社会创业并不依赖于捐赠，而是通过自给自足的经营活动与商业营运实现价值创造的可持续性，如表8-2所示。关于社会创业特征的研究比较多，概括来说，社会创业具有社会性、混合性、连续性、社会差异性和多维复杂性等特征。

8.2.1 社会性

社会创业的社会性体现在以下四个方面。

（1）目的和产出的社会性。社会创业的目标是解决社会问题，而不是股东盈利。社会创业在于通过社会问题识别未被满足的社会需求，创建健康

表 8-2　社会创业与传统创业的区别

类别	传统创业	社会创业
核心	创业者以机会为前提，整合资源，创造价值	以解决社会问题为目标，创造综合价值
机会	利润导向	社会需求导向
资源	受限制相对较少	受限较多，尤其是资金和人力资源方面
创业者	团队居多	个人居多
价值	以经济价值为主，兼顾社会价值	以社会价值为主，但需经济基础

而可持续的生活方式，促进社会共同福祉。2006 年诺贝尔奖和平奖得主，“穷人的银行家”尤纳斯认为，如果只是向别人提供慈善捐款，而不帮他们解决技能的问题，实际上是害了他们，而不是帮助他们，因为他们会过度依赖你。

（2）核心资本是社会资本。社会创业的核心在于社会资本的聚集与发展，社会关系网络及其紧密关联的信任、相互合作带来的实体资本和财务资本。成功的社会创业家都非常注重社会资本的建设，通过出版、演进与会议促进社会资本的多维度发展。

（3）组织的社会性。社会企业从创业的开始就不归股东所有，为股东追求利润不是创业的主要目标。可以说，社会创业企业是新型的公民社会组织。当然，社会创业的资金来源均有典型的社会性特征，其工作人员可能有相当一部分是义工或志愿者。

（4）社区性。社会创业与特定的社会问题息息相关，因而其服务有区域性。在社会创业企业服务的特定人群或特定社会需求的范畴之内，往往具有社区的属性，相互之间有紧密的沟通交流和情感维系。比如，关注 BOP 创业的项目一般都会建构相互联系的社会网络，具有强烈社区性。

8.2.2　混合性

社会创业的混合性是指社会企业同时具有企业与非营利组织的特性。体现在三个方面：社会创业兼顾经济和社会目的；营运上采用了商业化的手段却有清晰的社会性标准；创造的是兼顾社会性和经济性的综合价值。

社会责任企业（Virtue Ventures LLC）创立者金·阿特尔（Kim Alter）

指出，混合的社会创业是可能的。综合金·阿特尔关于社会创业的观点和主张，我们概括性提出社会创业的混合性范畴：社会创业运用商业手段和方法达到社会目标，其营运过程中融合了社会资本和商业管理方法；社会创业不仅创造经济性价值，还利用商业营运的收益来支持社会项目的价值创造；社会创业是由商业机会所驱动，但是却由社会导向的使命所引导，因而社会创业的绩效标准应从财务绩效和社会影响两个方面推进；社会创业通过公共产品的创造性提供实现商业利益的目标，赚取的是阳光下的利润；社会创业的最终使命无疑是通过商业营运的方法完成社会价值的创造，其中融入了与众不同的商业战略。

社会创业领域的研究大家 Dees 指出，社会企业不是非营利机构，也不是仅为财务目标而存在的商业组织，而是一种多元混合的综合体。Dees (2002) 提出了著名的“社会企业光谱”概念，从社会创业企业的主要动机、方法和目标等多个角度，分析了社会创业企业与非营利组织、商业企业间的关系。如图 8－2 所示，在社会企业光谱中，社会创业企业是处于纯慈善的非营利组织与纯营利的私人企业之间的连续体，预示着非营利组织融合商业化手段创造更大社会价值以及商业企业通过把握社会问题引致的商业机会成为社会企业的可能。

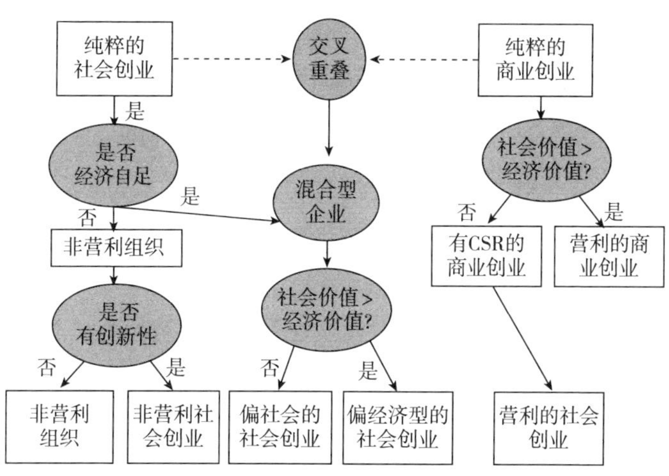

图 8－2　社会创业的混合性特征

8.2.3 连续性

社会创业的混合性意味着其连续性。依照金·阿特尔的观点，社会创业介乎传统营利性组织和营利性商业组织之间的连续地带，其组织形式具有连续性特征。如图 8－3 是 Dees（2002）提出的社会创业连续光谱图所示，社会创业是处在非营利组织创新创业活动与营利性商业企业 CSR 承担的中间地带，向左是非营利组织的商业化，向右是商业组织的社会化。严格地说，左右两边的边界是模糊的，很难清楚界定。我们通常将企业的社会化视为社会创业，但非营利组织的商业化同样可以视为社会创业。不管是哪种情况，保持商业与社会的平衡，通过商业化手段解决社会问题才是社会创业的核心所在。

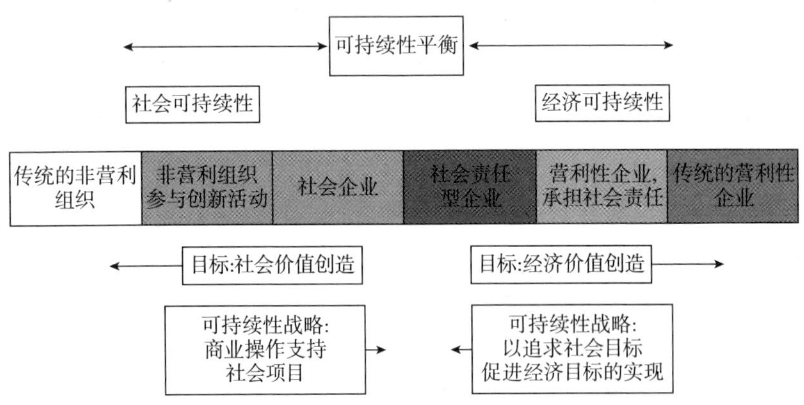

图 8－3 社会创业的连续光谱图

Dees 连续光谱说明，企业承担 CSR 与社会创业存在区别。在企业 CSR 实践中，CSR 是企业的“附加”责任，可做也可以不做。而且，在很多 CSR 活动中，企业经常将活动视为一种传播性活动，希望通过 CSR 活动塑造企业值得信任的形象。当然，CSR 活动与企业的核心经营业务之间并没有太多关联。社会创业则不同，是将企业的业务经营与社会问题的解决建立关联，通过商业化手段去解决社会问题。社会创业企业并不认为 CSR 是附加的责任，而是从事符合道德标准的经营事业。可以说，社会创业是对 CSR 的超越，是创造性承担 CSR 的一种新范式。基于 Dees 连续光谱表（见表 8－3），我们发现，社会创业也可以是非营利组织的商业化创业。对非营利组织来说，依赖单一的基金与企业赞助模式，其可持续性会受到影响，非营利组织的商业化创业更接近社会创业。但是，非营利组织以解决社会问题为目标的商业创业属于社会创业的范畴。

表8-3　社会创业连续体

	选择的连续体		
	纯慈善性质	混合性质	纯商业性质
动机、方法与目标	诉诸善意 使命驱动 创造社会价值	混合动机 使命与市场驱动 创造社会与经济价值	关注自我利益 市场驱动 创造经济价值
受益人	免费	补助金方式或全额支付与免费的混合方式	完全按市场价格付费
资本	捐款与补助	低于市场价格的资本或捐款与市场价值资本形成混合资本	完全市场价格的资本
人力	志愿者	志愿者+市场全薪员工	完全市场价格
供应商	捐赠物品	特殊折扣或物品捐赠与市场混合	完全市场价格

8.2.4　社会差异性

由于社会问题的范畴非常宽泛，社会创业与社会、文化、经济和政治背景高度相关，不同的社会创业项目及其组织形式存在巨大差异。而且，在不同社会文化背景下，社会治理模式并不相同，社会企业的标准界定、支持系统以及税收政策没有一致性。在英国，社会创业企业有专属法律形式，被界定为“社区利益公司”（The Community Interest Company），英国政府将通过企业创业活动推进社区建设、为社区成员谋取福利以及解决其他社会问题（很多社会问题其实也是社区问题）的社会创业活动上升到法律层面，形成一个独立的支持与管理体系，因而，英国的社会创业活动非常活跃。在北欧的芬兰，也有相应的社会创业企业的法律文件，但社会创业企业需要满足两个条件：至少要雇用30%的残疾人或长期失业人口，虽然清楚界定了社会创业企业的标准，但与社会创业的本质存在偏差。同样地，比利时法律将社会创业企业分成了非营利组织和与商业企业性质相同的社会企业。对前者，政府管理严格，目的是达成其社会目标，而社会使命型商业创业企业没有制定差异性法律条文，使得比利时与英国相比，社会创业的活跃性大受影响。放眼全球，在社会治理体系中，政府、市场与社会的关系并不一致，因而社会创业活动在其中的角色也出现差异。粗略地说，在英国，政府给予了社会创业企业较大力度的支持，让社会企业尽可能做出贡献；在欧洲，政府给予了非营利组织较大的空间，将社会创业与商业企业等同，希望建立企业的归企业、社会的归社会、政府的归政府模式；在美国，存在一种新自由主义思想，企业、政府与社会的边界各行其是，比欧洲更为理想主义；而在中国，虽然已经出台一些社会企业管理办法，但政府对社会创业、慈善事业等领域的管理仍在探索中，社会创业活动在缓慢增长中（见图 8 -4）。

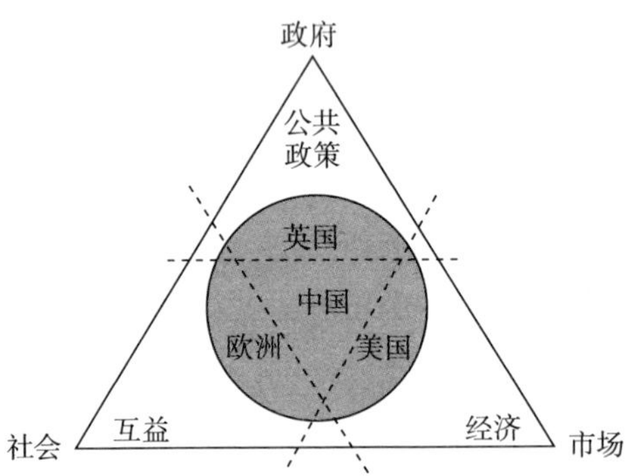

图 8 -4　社会创业的差异性与主体多元性

8.2.5　多维复杂性

社会创业的多维性在于社会性事业与创新创业精神的结合，因此 Dees（1998）认为，社会创业包括三个维度：通过机会的识别与利用来建立持续性事业；不断创新、调试与改进；克服不确定性的大胆。Mort 等对 Dees（1998）的三维社会创业进行了发展：社会导向的创业的使命；强调面对道德、利益等复杂情境的目的和行为的一致性；对社会价值创造的机会感知和识别；创新、超前行动和风险承担等创业行为特质。显然地，Mort 等（2003）不仅强调社会问题引致的机会识别与利用，关注社会使命导向下目的行为的一致性，还认为创新、超前行动和风险承担这些创业特质依然是社会创业的关键构成要素。Weerawardena 等（2006）则运用扎根理论和多案例研究方法，构建了一个社会创业多维概念特征模型（见图 8 -5）。他们将研究分成两个阶段。首先，通过质性访谈聚类编码，提炼出创新性、超前行动、动态环境、风险承担、可持续性社会使命以及机会识别等主题；其次，将这些主题整合成具有内在逻辑关联的多维度特征模型。其中，作为创业核心要素的创新性、超前行动和风险承担在社会创业活动中，依然具有基础性地位；包含核心要素的社会创业行动会受到环境动态性、可持续性和社会使命等要素的制约；在外在环境要素的约束下，创业个体与组织去识别、利用和开发机会，完成社会价值的创造。由此可见，社会创业的复杂程度非常高。

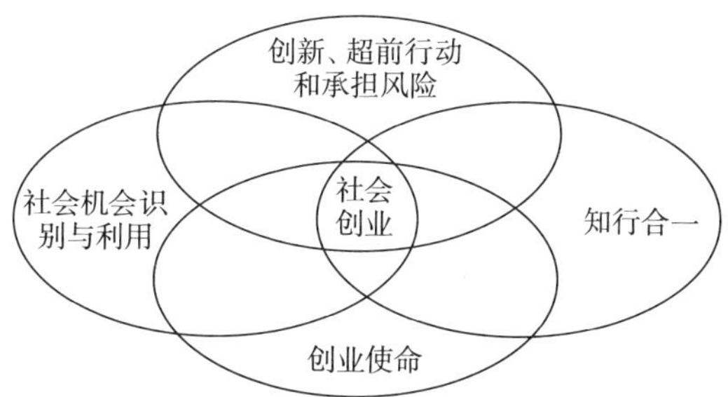

图8－5　社会创业多维概念特征模型

[延伸阅读]

社会创业成功因子

近年来，社会创业既有成功的案例，也有不少创业项目遭遇了失败。学界对社会创业成功要素的探索逐渐展开，相关研究成果不断涌现。比较典型的成果是，Sharir和Lerner（2006）引入社会创业事业发展模型，对33个社会创业项目进行了探索性研究，详细考察了社会创业者、环境、企业组织等要素以及创业过程。他们认为，社会创业的八个要素至关重要：①创业者的社会网络，社会网络不仅决定社会创业的社会影响，更重要的是社会网络可以提供社会创业需要的资源；②创业者献身社会创业事业的精神，几乎每一个创业项目都有一个坚韧不拔的社会企业家；③资本积累基础，与商业创业一样，社会创业需要创业资本的支持；④社会环境的友好度，尤其是社会公众接受创业理念的程度；⑤创业团队是一个关键要素，创业团队中既有投身于社会创业事业的投资人，也有业务能力强悍的商业人士，甚至还包括志愿者；⑥与政府部门和非营利机构的协作，社会创业是共享的事业，需要得到政府及公共部门的支持，也需要非营利组织的协同；⑦社会创业不只是理念，更不是空中楼阁，还应该有经得起市场检验的问题解决方案和社会服务能力；⑧社会创业者的管理能力和经验，社会创业需要管理能力的支持，也需要商业运作能力的支持。因此，管理者及其团队的管理能力也是不可或缺的成功要素。在所有的因素中，社会创业者的社会网络以及为社会使命而奋斗的创业精神不可替代，Sharir和Lerner（2006）认为两者是社会创业成功的最关键因素。

上述因素中，社会创业成功因子存在于两个方面。

1. 社会创业者

一方面，社会创业的基本理念与传统的自由市场制度之间存在不一致的地方；另一方面，社会创业的难度、复杂性较高，要求创业者付出的努力比较多。因此，社会创业对于创业者的要求比较高，不仅要求社会创业者有正面的社会使命，还要有坚韧不拔的意志；不仅要求创业者在商业利益和社会价值之间保持平衡，还要求创业者能够说服团队成员、相关资源拥有者以及政府部门等协作单位。只有这样，社会创业才能够从理念变成现实，从起步中逐渐壮大，从独立成长中得到更多的追随。尤纳斯先生在全世界备受推崇，从商业价值的角度来看，比尤纳斯先生优秀的人不在少数，但尤纳斯先生却被认为是改变穷人社会的英雄。有不少的研究指出，社会创业者个人是社会创业成功的决定性因素。更有学者明确指出，社会创业者的使命感最为关键。只有使命感可以激发社会创业的激情；只有激情才可以驱动创业者全身心地投入到创业活动中，创新地寻找创意和解决方案；也只有激情可以传播和感染更多的人，获得社会的认同、理解和支持。Leadbeater（1997）则指出，优秀的社会创业者都具备多种特质：敢于自我否定，愿意分享荣誉；能够突破自我，勇于超越边界；有使命感和道德动力，善于用行动去践行理念。当然，还有研究指出，每一个卓越的社会创业者善于解决复杂问题，具有爱的理念、乐观豁达、敢于创新、承担风险、谨慎冒险的素养和能力，他们善于抓住机会和利用资源达成社会使命。

2. 社会资本

社会资本是社会创业企业嵌入到社区、组织以及社会网络中的各类社会关系的综合，这些社会关系意味着实际或潜在的资源集合，它们的联结可以实现资源配置效率的提升，最终帮助实现社会创业目标。社会资本并不是一个有形的概念，通常体现为相互信任、信息交互以及合作机会，能够提升社会创业的货币资本和人力资本的收益和效率。但是，社会资本不是通过市场交易来获得，而是社会创业者及其企业通过理念、社会联系以及品行积累来获得，同时社会资本也会影响企业及个人的行为、能力以及潜能。研究学者指出，社会资本主要体现为社会创业及其个人嵌入的社会网络，包括三个重要维度：①结构资本。指的是社会创业企业及个人嵌入的社会网络的成员情况，网络是具有高质量的资源和信息的交互，创业者及其社会创业企业在其中的位置。②关系资本。指的是企业所嵌入的社会网络成员相互之间的关系性质与质量，突出显示为创业企业及其创始人在相应的社会网络中与其他成员的信任程度、沟通数量与频率，以及是否进行充分的资源整合。③认知资本。指的是社会网络中是否存在充分的共识，涉及共同的经历、语言、立场和各种主张。如果企业及创始人与一定的社会网络之间在价值观、理念与发展的共识，其社会资本就将非常强大，是为关系资本。

资料来源：邬爱其，焦豪．国外社会创业研究及其对构建和谐社会的启示[J]．外国经济与管理，2008(1)：17－22.

8.3　社会创业过程和机理

8.3.1　社会创业意向形成过程模型

由于社会创业的社会性、混合性、连续性以及复杂性特征，社会创业是一个非常有研究价值的领域。其中的一个重要研究方向，就是从社会创业意向形成的角度去探索创业过程。在社会创业意向的形成研究中，Mair

和 Noboa（2006）做出了很好的探索。他们认为，社会创业是社会创业者创造性利用社会资源创造社会价值的过程，应该从过程上去研究，而创业的行为意向无疑是研究的重点。因为意向是创业条件与创新行为的必然性中间变量，是预测和解释有目的、有计划的社会创业行为的有效指标。没有意向，社会创业行为就不可能发生。类似地，消费意向在消费者行为研究中占据重要位置。循此思想，Mair 和 Noboa 提出创业意向视角的社会创业一般流程（见图 8 – 6）。

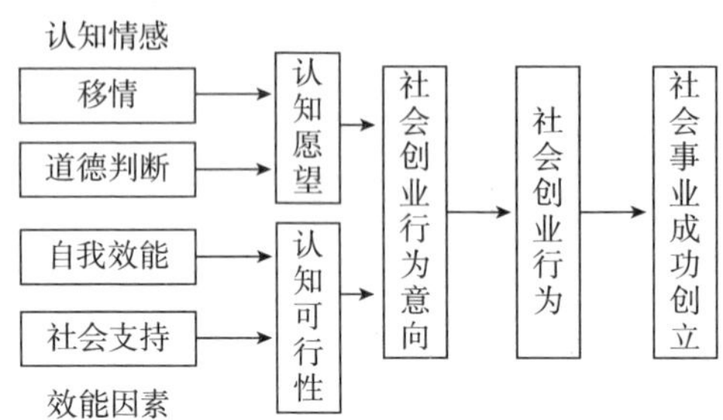

图 8 – 6　社会创业意向形成过程模型

Mair 和 Noboa（2006）认为，个体的社会创业者在社会创业过程中居于核心位置，他们的创业意向与其个人因素紧密相关。外在的环境因素对创业者的影响没有得到充分关注，因为他们认为，环境因素可能影响创业者的意向和行为，但个人因素才起决定性作用。在他们提出的过程模型中，社会创业者的创业意向受创业者基于自身认知的创业愿望和创业效能感的判断的影响。其中，创业愿望是指创业者对于社会问题的移情认知以及对创业行为的道德判断，两者共同决定创业者的创业意愿；创业效能认知指的是创业者对于自己能否完成社会创业目标的能力判断以及在创业过程中得到支持的预期，这两方面的感知会让创业者得出一个创业可行性的判断。也就是说，社会创业意愿的形成是一个多阶段的复杂过程，政府部门也好，非营利组织也好，它们在进行社会创业管理与辅助的过程中，应该对影响创业意愿和感知效能的各种因素进行分类管理，采取有的放矢的措施，鼓励与支持社会创业行为。同时，这样的过程模型也能够为社会创业者在团队建设与创业管理过程中提供帮助。因为，社会创业要求每一个参与人都是创业者。

8.3.2 社会创业机会发展二阶段模型

与关注创业意向的形成不同，还有学者关注社会创业创意的产生与发展。也就是说，社会创业过程研究还可以从创意视角进行解析，Guclu、Dees 和 Anderson（2002）就是创意视角研究的代表。他们认为，社会创业机会的识别、创造与开发需要创造性，需要灵感、洞察力和想象力，还需要认真的观察、严谨的推理以及科学客观的研究。依照这种理论观点，他们提出并发展出基于机会识别、创造和开发的二阶段模型（见图8-7），创意的形成在其中扮演关键角色，提出的模型中，社会创业过程分成社会创业创意的形成和将创意发展成为机会两个阶段。

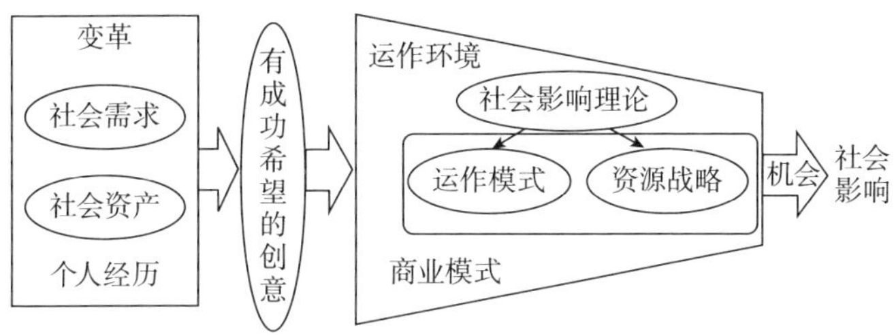

图8-7 社会创业机会发展二阶段模型

创业者能否产生美好的创意的影响因素较多，包括创业者个人经历、创业者感知到的社会需求的程度、社会资本情况以及社会环境等。个人经历是激发创意的基础条件，如果社会创业者与各种社会领域有充分的接触，对社会问题有切肤的体会，能够感受到个人与社会的密切关联，并且见证和经历过社会创业的美好，创意产生的可能性趋高；创业者的感知也是重要影响因素，尤其是创业者的期待与社会现实的差距，它会强烈地刺激创业者去寻找满足社会需求的创新方案；创意形成还与创业者的社会资本情况与资源积累直接关联，丰富而多样化的社会联系会促成创意者进行各种资源的整合与信息链接，而这些整合与信息链接将可能产生新的创意可能；当然，社会创业的创意还受到社会大环境的影响，遥想中世纪，文艺复兴运动的社会背景下，有多少艺术家、社会运动家以及各领域的有识之士迸发出各种有价值的社会创意。

创意并不是创业机会，将创意发展成为创业机会才能促成社会创业的发生，直至社会创业取得最后的成功。在社会创业机会发展二阶段模型中，将创意发展成为机会的分析框架包括了环境分析、商业模式研究、资源整合战略和运作模式等要素。也就是说，创业者要在一定的环境条件下，形成适合资源计划的商业模式，并从营运上进行可操作性论证。在西方社会，公益基金非常发达，企业进行公益赞助非常普遍，因此西方社会的社会创业商业模式可以将重点放在做好社会事业及获得赞助支持上。在中国情景下，通过获得赞助的方式来做大事业的路径并不通畅。同样地，创业者的社会资源，尤其是资本情况，可能是影响商业模式以及后期营运计划安排的重要因素。此外，营运模式还要考虑社会支持情况等。

概言之，创意对于社会创业非常重要，根据特定情境和资源情况厘定可操作的商业模式和营运模式，创意才能成为机会，才能创造社会价值和成就社会事业。

8.3.3 基于机会识别和评估的社会创业过程模型

在创业意向和创意视角之外，还有学者沿袭传统创业研究的路径，从机会的角度来研究社会创业的过程、机制并解析其中的各类影响因素。该类研究认为，正确识别、评估和利用创业机会是社会创业的起点和关键点。其中，典型的研究学者是 Robinson。Robinson（2006）运用案例研究等研究方法，提出基于认知导向和战略导向的机会识别、评估和开发的社会创业过程模型（见图 8－8）。在 Robinson 看来，社会创业被认为是发现与识别创

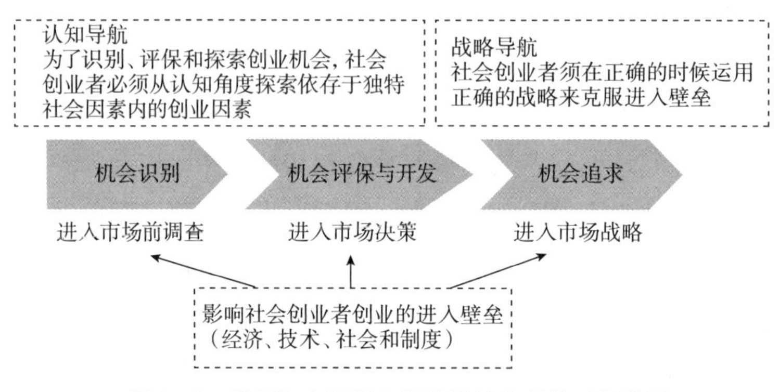

图 8－8 基于机会识别和评估的社会创业过程模型

业机会，并排除障碍和困难，抓住和利用机会的过程。首先是机会的识别。机会存在于特定的社会生活情境中，需要创业者善于通过现象去找出未被满足的社会需求，理解和判断社会需求的强烈程度，以此形成机会的判断。

其次是机会的利用。社会需求未被满足一定存在某个或多个方面的约束条件、困难情境以及市场壁垒，甚至还与行政治理体系以及消费者认知等因素有关联。机会的利用则着重强调创业者采取一定的创业战略，克服市场、政府以及社会因素的障碍与制约，解决社会问题。在 Robinson 看来，社会创业机会存在于现实之中，但几乎都是潜藏状态，并不是显而易见的，更不是每个人都能感知到它的存在。其中核心原因在于，创业机会嵌入在特定的社会关系和结构中，受到历史性的社会制度、习俗以及文化等因素的制约，而人们已经习惯这些环境条件。因此，社会创业者需要移情才能理解社会需求，更需要“脱离”情境才能发现社会创业机会的所在。

Robinson（2006）不仅强调机会的识别和发现，机会的利用与开发同样重要。在 Robinson 的社会创业机会模型中，机会评估并不是关注的重点。在每一个领域中，有成功者，也有失败者，并不是因为他们面临的机会不同，而是他们利用开发机会的战略与方法不同。因此，Robinson 在模型中特别关注创业者创业战略的制定，创业战略包含以下几个层面的内容：其一，资源整合的计划。社会创业的核心在于资源的重新配置，创业企业必须有清晰而可持续的资源整合计划。其二，社会创业使命的确定。清晰而富有生命力的社会使命是创业战略的核心内容，从愿景到具体方案必须得到贯彻。其三，社会创业计划路径与方案。创业计划与路径不仅与社会使命协调一致，更重要的是创业战略能够帮助企业克服壁垒和破除障碍，否则机会的开发利用会遭遇困难。

8.3.4　社会创业过程整合模型

与 Robinson（2006）不同，Zahra 等（2008）从整合的视角关注社会创业的机会过程，其重点在于社会创业机会的开发。

（1）社会创业机会识别。与其他学者相似，Zahra 等（2008）关注创业机会，并具体提出社会创业机会的五个关键特征：普遍性、相关性、紧迫性、可及性以及创新性。普遍性是指与创业机会不可分离的社会需求的普遍性，社会问题是否广泛地存在；相关性是指创业者的背景、价值观、社会资源、技术技能是否与社会需求的满足的要求相匹配；紧迫性是指社会问题解决的紧迫程度，紧迫程度与社会问题的严重程度有关，也与其他社会问题的严重程度有关，还与社会公众的认知有关；可及性是指通过社会创业能够解决问题的有效性感知，但与传统的社会福利方法能够有效解决社会问题的可能性有关；创新性则是创业者解决社会问题的创新程度，以及能够产生重大的社会影响和变革。Zahra等（2008）提出的5个标准凸显了社会创业与商业创业的机会差异。在五个特征之间，商业创业机会也需要企业家资源条件、生活背景以及事业经历与机会相匹配，但普遍性、紧迫性、可及性以及创新性与社会创业并不相同，甚至，可及性不是商业创业机会的特征。

（2）社会创业机会开发。Zahra等（2008）的整合模型特别重视社会创业机会的开发。他们指出，社会创业机会开发主要围绕合法性构建、资源动员和社会创新来展开。

1）合法性构建。合法性指的是社会创业被社会接受的程度。由于制度与行为惯性等方面的原因，社会创业希望创造的社会改变通常会面临阻力，可能是制度的抗性、利益相关者的理解偏差、社会关系改变导致的心理逆反，也可能是社会创业解决社会问题的方法不为人所知。只有获得来自社会层面的合法性，社会创业才可能获得成功。

为了解决这个问题，不同的研究学者提出了不同的合法性建构方法：社会创业的充分参与，尤其是利益相关者的参与；跨部门合作取得更大范围的共识；取得政府部门以及有影响力的非营利组织的支持；等等。格莱珉银行在孟加拉国取得成功，离不开孟加拉国政府的支持，让格莱珉银行的小额但高息贷款少有阻力。因为，传统观念认为，帮助穷人就应该提供比别人更低的回报，怎么可能以比商业银行还要高的利贷款给穷人。当然，为了被社会接受，获得格莱珉银行的合法性，尤纳斯不仅获得了政府的支持，还对自己的理念和主张进行了全世界范围的传播。因此，合法性的建设是一个系统工程，需要持续不断地说服与传播。

在学者们主张的各种合法性策略中，修辞策略越来越受到关注。所谓修辞策略，指的是社会创业企业通过说服性语言来构建创新创业核心逻辑。修辞策略有点像广告传统中被经常使用的指示性广告传播策略，如：送礼就送脑白金。依照修辞策略，格莱珉银行获得合法性的修辞策略可以是“有困难，格来帮”，让社会受众能够直白简单地建立一种符合社会创业逻辑的认知。研究表明，建立修辞导向的社会价值认知的同时，其实是让社会受众无法启动抗拒性机制，即修辞战略不仅可以建立社会创业的有效认知，还可以去除合法性障碍。

2）资源动员。任何机会的开发都是以资源配置为条件的。与商业创业相比较，社会创业的投资周期会更长，因为要兼顾社会价值的创造。所以，大多数社会创业者都面临着较为明显的资源约束，缺乏资本、缺乏人力、缺乏技术资源、缺乏专业知识。而且，社会创业者还面临着社会使命与经济回报之间的冲突，以及商业模式的复杂性与利润分配约束。因此，不管是社会创业企业还是专业研究人员，都关注社会资源的整合与动员。

Desa 和 Basu（2013）提出，社会创业可以利用资源拼凑和资源优化来完成创业资源的动员与整合。资源拼凑指的是创业者充分利用闲置资源进行价值创造活动，也可以认为是重新配置现有资源来完成创业目标。在社会创业的资源动员中，资源拼凑是一种有效策略，能够帮助社会创业有效解决资源匮乏的问题。在资源匮乏的情况下，对现有资源进行重新组合和转换，可以实现“从无到有”的效果。比如，一个负责家庭教育的社会创业项目发现没有那么多的资金用于场地租赁，或可与中小学进行合作，充分利用学校晚间的空闲教室来进行家庭教育拓展与教育实施。同时，制度缺失在社会创业过程中经常会遇到，资源拼凑则可打破常规，突破制度的约束条件。与拼凑不同，资源优化指的是从市场化的角度利用市场机制来完成资源的组合。不墨守成规，在现在的市场系统尤其是网络交易非常发达的情况下，资源优化的策略是奏效的。当然，建立充分联系的社会网络也是资源动员的一种方法，因为社会网络其实就是资源的集合，也是资源整合的平台。在特定的网络中，政府组织、基金会以及非政府组织、商业企业角色不同，占有的资源具有互补性，各自动机也存在差异性。政府组织希望提高效率、基金会以及非营利组织希望扩大影响力、商业企业希望提升合法性，因此资源整合的可能性就比较大。

对于社会创业而言，财务资源的动员是必要的一环。目前，在全球范围内崛起的公益创投或为重要渠道，公益创投不仅直接提供社会创业的资金支持，还为社会创业的合法性提供信誉背书，因此社会创业企业应尽可能与其建立关联并达成合作。

3）社会创新。创新是任何创业活动的要求，如果没有创新，创业的合法性几乎不存在，Zahra（2008）强调社会创业的创新性，认为社会创业的关键就是通过创新的思想、创新的资源组合、创新的产品及其服务以及创新的商业模式来解决复杂的社会问题。需要说明的是，社会创新是一个绩效结果，可以涵指社会改变，即新的社会关系形成。社会创新也可以是解决社会问题的方法的新颖性、独创性以及解决社会问题的巧妙程度。对创业机会开发而言，社会创新是指后者，是指创业者需要创造性提出提供公共服务的新方式，可以是以技术革新的方式解决问题，也可以是新产品与服务形式的传播，但可以解决社会问题。比如说，解决餐桌安全问题的方法，可以是通过第三方机构发放绿色认证，让消费者对安全食品具有辨识能力；也可以是通过打造绿色品牌，让消费者吃到自然生态的好产品，不再购买便宜但不安全的食品。

研究发现，社会创新作为社会创业的内在特质，可体现在三个层面：在政治层面，社会创业可以通过赋能的方法来改变社会关系，从而达到解决社会问题的目标。比如，在印度，有社会创业者成立妇女自雇协会，让自我雇佣的妇女成为一个有话语权的社会团体，她们在社会、商业和家庭中的影响力因此大为改变。在经济层面，社会创业通过纯粹的商业模式创新来解决社会性问题，比如 SHOKAY 通过开发出一个牦牛绒的高端手工品牌，让牧民、有手工技术但缺乏机会的家庭妇女以及牧区获得品牌成长的收益，改变特定人群的生存状况。在制度层面，社会创业也可打破惯例来改变认知，建立新的社会关系与生活方式。比如，佳百农公司推出道地鱼的品牌概念，消费者从道地鱼的概念中认知到：吃本地出产的东西最好，而不是去购买远在天边的看起来高大上的食品，这样的认知改变可能推动社会制度体系的改变，比如对非本地化生产的食品执行高税收政策。

具体而言，完成创业机会开发的社会创新可进行两种方式的划分（Cui 等，2017）。其一，按照推动社会变革的程度来划分，社会创新可分成赋能、扩展、构想和连接 4 种类型。赋能就是赋予特定人员权力感，改变其社会地位认知，从而积极生活，参与社会建设；扩展指的是社会创新扩展公共产品及服务的服务人群及其影响区域，扩大特定社会组织、产品与服务的服务功能；构想则是说社会创业构建了一种新的社会关系蓝图，激励社会成员为了新的蓝图目标和愿景而开展活动；连接是指社会创业促成和建立了社会组织与个人间的充分联系，在充分联系与沟通基础上，社会关系将变得更为健康，社会能力也因此得到改善。其二，按照资源视角来划分，社会创新对本地与外部资源的依赖程度存在差异，可分为本地化、协作型和外生型策略。本地化策略指的是，社会创新主要依赖本地资源，改变本地资源的配置方式，对本地资源的使用方式进行创新，从而实现社会价值创造的目标。协作型创新是指社会创业通过建立不受地域约束的社会网络，整合内外部资源来完成社会使命。通常情况下，协作型创新需要不同组织的共同参与，而不是社会创业者的孤军奋战。外生型社会创新，指的是在特定的地区引入外在的社会服务项目，通过外部的新鲜事物、资源以及公共服务方式，来推动本地社会关系和生活方式的改变。

（3）社会创业机会实现。在 Zahra（2008）看来，经过机会发展，社会创业机会实现主要体现在组织和制度层面。

在组织层面，创业机会实现主要体现为社会企业及其完整组织的建立。但这里说的社会企业建立并不是工商注册意义上的，而是说建立具有稳定使命感和可持续发展能力的创业组织。稳定使命感指的是企业不仅提出为解决社会问题而创造出的社会价值的愿景，还形成清晰的战略路径和计划体系。同时，企业的使命感得到了创业组织成员的内在认同，不会发生使命漂移。由于社会价值与商业利益的冲突，社会企业向商业利益妥协而背弃创业初衷的现象便是使命漂移，在社会创业中较为普遍，值得关注。需要创始人有社会创业的使命感和坚韧不拔的创业精神，更需要在机会发展过程中有充分的资源以及社会创新。此外，提升管理质量、完善组织治理和社会绩效管理等也是防止使命漂移的常见手段。可持续发展能力是指创业组织具有财务、人力以及其他组织资源的持久经营能力。可持续发展能力要求社会创业企业必须有创新且可行的商业模式，确保财务经营的可持续性，也要求社会创业企业形成系统的战略管理方案，在资源储备、人力发展、市场拓展与公共关系上做出安排。

在制度层面、创业机会实现主要是指社会创业企业的社会创业活动已经按照一定的秩序对地区与社会发展产生影响。如果一个社会创业企业还在业务探索阶段，我们很难说这个企业已经对社会问题的解决做出制度性的贡献。因此，Zahra（2008）认为，社会创业机会真正实现的标志是，社会创业企业有效地融合了商业创业与慈善公益的优势，建立了两者的有效联结，可持续地对社会变革、包容性增长以及消除贫困的社会问题产生影响。有学者指出，要使得社会创业可持续并制度化地对社会产生影响和改变，资源优化和公平公正是必然要求。比如，在消除贫困方面，世界银行等国际机构通过援助的方式过于宏观，而民间公益慈善又容易令被援助者形成依赖心理，公平公正性也容易出现问题，他们消除贫困的方案不具有可持续性。在中国，很多社会创业（如蚂蚁创业等）真正推动的是贫困人口的本地创业，其资源优化效应非常明显，而且符合公平公正原则，它们在乡村振兴中正制度性地产生影响。

[延伸阅读]

中国社会企业发展简史（2008—2018 年）

1. 播撒种子：社会企业培训与研究的推动

2008 年，尤纳斯自传《穷人的银行家》和戴维·伯恩斯坦的《如何改变世界——社会企业家与新思想的威力》在中国出版，社会企业家的概念被引入中国大陆。英国大使馆文化教育处（British Council，BC）发现社会企业话题在中国非常受关注，便开始与中国不同机构交流并组团考察英国的社会企业。在友成企业家扶贫基金会的资助下，于 2008 年 6 月开始试点培训社会企业家技能项目，并于 2009 年 6 月正式实施。这是中国社会创业的起始。

“社会企业家技能”项目是 BC 携手合作伙伴开展的一个大型全球项目，除了中国之外，还有其他 13 个国家参与。八年来，该项目培训了超过 3200 名社会企业/创业家；协同合作伙伴向 117 家社会企业提供了 3700 万元的社会投资；举办沙龙、巡回演讲和其他公众活动，共计超过 17000 位专家、慈善家和大学生参与；通过社交媒体促进社会企业理念在中国的传播，受众已达 1200 万名。2016 年 3 月，BC 社会企业技能培训项目在中国正式结束。

让社会企业成为一股潮流，除需要有培训教育类项目，还需要有社会企业的研究作为支撑。上海社会企业研究中心（SERC）创建于2008年，是国内第一家社会企业研究中心。SERC完成了80个社会企业案例，在上海财经大学开设硕士和MBA的“社会创业”学分课程。为了提升国内社会企业整体状况，连续多年组织社会创业和社会投资高峰论坛，在2013年博鳌亚洲论坛上发布第一份中国社会企业白皮书《中国社会企业与影响力投资发展报告》。

报告提出社会企业定义的三个要素：“目标设定”“运营模式”和“利润分享方式”。“目标设定”是指企业的主要目标和使命内容是否具有明确的社会性特征；企业存在的主要动机是什么，是否以解决社会问题为出发点。“运营模式”是指企业采取了什么样的手段与商业模式来实现其目标和完成使命。“利润分享方式”是指企业如若盈利，其利润如何分配、最终流向哪里。报告认为：社会企业具有三个基本特征：为成员提供均等的机会；创造明晰的社会价值；不破坏自然和生态环境。

2. 社企之声：来自香港社企民间高峰会的声音

社企民间高峰会于2008年由香港政策研究基金会创立，当时社会企业在世界各地开始受到重视，认为有助于解决各种社会和发展问题。从2008年起步，2009年参会人数达400余人，2010年达800余人，近几年每年达近参会者3000名。“社企峰会”成为内地与香港社企交流的重要桥梁，不尽推动着香港社企发展，也推动了全国社会企业的发展。

2010年，希望工程发起人、南都基金会理事长徐永光老师第一次参加“社企峰会”，他提出：“社会企业是以创新有效的商业化手段解决社会问题的组织。非营利机制的竞争劣势是社会企业做不大的根本所在。因此，适合中国的理想模式是：在社会收益为先的前提下，让创办人把社会理想和个人发展的需求契合到一起，让社会企业的理想不仅适合少数圣徒，更要适合许许多多有社会理想、有能力的普通人。”2015年，徐永光老师第二次参加“社企峰会”。他在会上说：“未来5年二三十万亿的社会投资，将刺激数万家乃至数十万家社会企业的生长。这是中国社会企业发展的内生动力。”2017年，徐永光老师在“社企峰会”上提到“中国特色的社会企业”发展道路：民非+企业的双轮驱动模式。

此外，香港社会企业的重要推动者之一、香港社会创业论坛创始人谢家驹先生通过峰会对中国社会创业产生了重要影响。他认为："社会企业是介乎牟利企业与非牟利组织之间的一个崭新企业形态。"谢家驹先生认为：要推动社企发展，关键在于创办人是否有社会创业家精神。"要先有社会创业精神，社会企业才会茁壮成长；相反地，光是用政府资金，造就一些社企项目，实有揠苗助长的味道。"过去十年，由私人出资创办的社企大幅增加。比较瞩目的例子包括：银杏馆、公平栈、黑暗中对话、钴的、要有光、仁人学社等。

3. 社企推手：南都基金会与"中国社会企业奖"

南都基金会成立于2007年，其使命是"支持民间公益"。2007—2019年的阶段性战略是"建设公益生态系统，促进跨界合作创新"。其理念是"不仅授人以渔，更在改造渔业"。受阿育王（Ashoka）资助Fellow3年的生活费用并创造各社会企业家交流平台的启发，南都基金会于2010年推出"银杏伙伴计划"。为契合公益青年基本生活保障、社会认同和自我能力提升的需求，"银杏计划"提供1年10万元人民币，连续3年的资金支持和1年2次的集体活动。项目于2010年启动，2015年正式成立北京市银杏公益基金会。

南都基金会资助的许多银杏伙伴，有的一开始就是社会企业，有的后来变成民非+企业。南都基金会在决定资助对象时，并不问机构性质，就看它是不是一家能有效地解决社会问题、环境问题的机构；是公益登记的，指望支持其扩大影响力，努力实现规模化；是企业登记的，指望他们做大挣钱。而这些投资是纯公益的，无须金钱回报。南都秉承以创新者为中心的资助理念，以此来激发公益领域的社会创新。

除了重点支持中国社会企业与社会投资论坛，南都在社会企业板块还支持了北京乐平公益基金会的共益企业（B Corp）推广、清华大学X. Lab社创硅谷启动和运作、瓶行宇宙等项目。其中，2017年，南都基金会成为中国社会企业与社会投资论坛（以下简称"社企论坛"）轮值主席，推出"中国社会企业奖"。"中国社会企业奖"对社会创业与社会企业发展非常有影响力。南都公益基金会秘书长彭艳妮强调社会创业家精神，“正是由于社会创业家精神，这些创始人在解决社会问题的道路上没有因循守旧，而是创造性地将公益与商业结合，用最有效的方式去达成使命；他们逢山开路、遇水搭桥，他们将人们眼中的问题变为机遇，将传统视角下的弱势群体翻转成改变自身命运的发动机；他们解决社会问题的同时，创造了各种形态的组织，推动了社会企业这一概念和实践的演进；他们重新定义什么是成功企业，只追求利润而不追求共享价值的企业不再被公认为成功”。

“中国社会企业奖”启动时曾公开申请者需具备六大条件，即清晰的社会使命、大规模地解决社会痛点问题、符合商业逻辑的商业模式、卓尔不群的创新力、拥有出色领导力和合作进取精神的团队以及可持续的发展理念。

4. 社创生态：友成基金会与社会价值投资联盟

友成基金会（YouChange China Social Entrepreneur Foundation）成立于2007年，是国内首家由中国著名企业家发起的公益基金。基金以构建以人为本的和谐社会为目标、以参与式资助为主要运作模式。其愿景是：“探索中国社会创新之路，成为推动人类社会公正和谐发展的重要力量。”友成强调精神扶贫与物质扶贫同等重要。精神贫困是当代社会面临的普遍问题，甚至是社会贫困的主要原因。友成基金关注人的物质需求与精神追求的统一与和谐发展，并倡导志愿精神和社会企业家精神。

友成基金会是全国第一家以倡导社会企业家精神为使命的公益基金会，是第一家以发现和支持社会创新领袖型人才为使命的基金会。十年来，已累计支出3.5亿元人民币用于打造社会创新的生态系统。并出版了《社会企业家的战略工具》《探求社会企业家精神》等书籍，推动了社会企业研究的发展。

2014年，友成基金会提出社会价值的概念：“组织和个人通过物质和精神成果的创造，通过创新的方式，为全体社会成员带来的共同利益。”友成认为，“所谓社会企业家，其实就是最能创造社会价值、增进社会福祉、推动社会进步的一群人。”

2016 年友成联合几十家投资机构、商业企业和研究机构，正式发起成立了社会价值投资联盟（CASVI），以倡导社会价值理念、建立社会价值评价标准和打造社会价值投资生态为使命。目前的品牌项目有发现中国义利 99、中国社创独角兽、中国社创号等。

5. 青年参与：社会企业发展的最大动能

社创之星 2018 年报告《生生不息：中国社会创业家新生代数据画像》显示，从创始人年龄来看，40 岁以下高学历人群成为社会企业创业的主力军。

2018 年香港社企高峰会的核心主题之一也是把年青一代与社企发展联系起来。过去十年，香港地区涌现了各种不同形式的社企创业计划比赛，主办者包括政府、大学、商业机构、平台组织等。参加者最多的是一年一度的“香港社会企业挑战赛”（HKSEC），由民政事务局赞助，香港中文大学主办，对象是全港各大专院校的学生。十年间有数以千计的创业小组参赛，获得奖金的也有数十家。

在内地比较早地推动青年参与公益创业，且影响力最大的组织之一当属《中国青年报》创业教育项目——KAB（Know About Business）。KAB 是国际劳工组织为培养大学生的创业意识和创业能力而专门开发的教育项目。2008 年 5 月，经共青团中央书记处批准，由中国青年报社组建 KAB 全国推广办公室。迄今，KAB 项目已培训来自 1500 多所高校的近万名教育，在 330 多所高校创设 KAB 创业俱乐部，上百万的大学生参加了学习和创业实践。

除了 KAB 全国推广办，特别值得一提的还有成立于 2007 年的湖南大学中国公益创业研究中心。该机构于 2008 年出版国内第一本《公益创业学》教材，2009 年策划举办中国大学生公益创业挑战赛暨年会，2010 年举办中国大学生公益创业论坛，2011 年举办中国公益创业高峰论坛，2012 年举办中国公益创业者训练营，2013 年策划发起中国公益创业周。这些在一定程度上也推动了公益创业和社会企业理念的传播。

2014 年，团中央“挑战杯”中国大学生创业计划竞赛品牌升级为“创青春”后，增设公益创业赛，覆盖了全国 2200 多所普通高校。到 2018 年已举办了三届创青春全国大学生公益创业大赛，大大推动了高校青年参与公益创业的热情。2016 年，教育部第二届中国“互联网 ”大学生创新创业大赛开始，增设“互联网 +”公益创业赛。支持学生创办以社会价值为导向的非营利性创业，进一步推动了公益创业理念在大学生群体中的传播。

6. 认证出现：中国慈展会社会企业认证与中国特色社会企业

目前，国际上已有 22 个国家具备较完整的社企认证体系，部分欧洲和北美国家则有多种认证模式。社会企业认证在中国的“破冰”，始于顺德。2014 年，广东顺德社会创新中心发起了全国首个地方性的社会企业认证。截至 2017 年底，顺德通过两次认定共认证社会企业 14 家，观察和意向社会企业 10 多家，服务领域涵盖助残、环保、公共安全、文化教育、社区营造、国际交流等。

社会企业认证在中国变成全国性的认证，始于深圳。2015 年第四届中国慈展会期间，7 家来自大连、上海、兰州和深圳的社会企业在深圳获得主办方颁出的“民间执照”。

在 2015 年、2016 年的认证过程中，中国慈展会共收到 221 家机构的申请（2015 年 67 家，2016 年 154 家），有 85 家机构进入最终的专家评审环节。经过两届认证，23 家机构获得认证（2015 年 7 家，2016 年 16 家）。

2017 年，作为中国慈展会社会企业认证的执行单位，深圳市社创星社会企业发展促进中心成立。中心致力成为中国社会企业专业服务平台，以“让社会创新有价值”为愿景，以“服务中国社会企业，打造社会企业的开放共享平台”为使命，以“利他利己，做有中国特色的社会企业”和“公益不仅仅是捐赠”为理念，倡导“至善、至诚、至美”的价值观。通过赋能及营销推广来推动创新公益的产品与服务走进中国人的生活，实现独立、可持续的创新公益模式。目前正开展中国慈展会社会企业认证，为社会企业提供社企认证、孵化、培训、管理咨询、传播、对接渠道及金融服务等六大产品服务。推动社会企业实现产品化、专业化、市场化、场景化与规模化。中心为社企提供产品展示和销售渠道，目前已帮助9家机构上架共计27款产品（青杏、老爸评测、黑暗中对话、行益中国、喜乐颂、开慧女红、伍威权庇护工场、雅思、成都绿生活）。

资料来源：根据《中国发展简报》和相关素材整理，http://www. chinadevelopmentbrief. org. cn/news. 22343. html.

参考文献

[1]Alter S K. Social Enterprise: A typology of the field contextualized in Latin America [J]. Inter – American Development Bank, 2003.

[2]Austin J E. Three avenues for social entrepreneurship research[A]//Social entrepreneurship[M]. Palgrave Macmillan, London, 2006: 22 – 33.

[3]Bacq S, Hartog C, Hoogendoorn B. A quantitative comparison of social and commercial entrepreneurship: Toward a more nuanced understanding of social entrepreneurship organizations in context[J]. Journal of Social Entrepreneurship, 2013, 4(1):40 – 68.

[4]Bornstein M H, Bradley R H. Socioeconomic status, parenting, and child development [M]. Routledge, 2014.

[5]Dacin P A, Dacin M T, Matear M. Social entrepreneurship: Why we dont need a new theory and how we move forward from here[J]. Academy of Management Perspectives, 2010, 24 (3): 37 –57.

[6]Dees J G. Enterprising nonprofits[J]. Harvard Business Review, 1998(76):54 – 69.

[7]Dees J G, Emerson J, Economy P. Enterprising nonprofits: A toolkit for social entrepreneurs[M]. John Wiley & Sons, 2002.

[8]Dees J G. 1 The meaning of social entrepreneurship[A]//Case studies in social entrepreneurship and sustainability[M]. Routledge, 2017: 34 – 42.

[9]Desa G, Basu S. Optimization or bricolage? Overcoming resource constraints in global social entrepreneurship[J]. Strategic Entrepreneurship Journal, 2013, 7(1): 26 – 49.

[10]Guclu A, Dees J G, Anderson B B. The process of social entrepreneurship: Creating opportunities worthy of serious pursuit[J]. Center for the Advancement of Social Entrepreneurship, 2002(1):1 – 15.

[11]Leadbeater C. The rise of the social entrepreneur[M]. Demos, 1997.

[12]Mair J, Marti I. Social entrepreneurship research: A source of explanation, prediction, and delight[J]. Journal of World Business, 2006, 41(1): 36-44.

[13]Mair J, Noboa E. Social entrepreneurship: How intentions to create a social venture are formed[A]//Social entrepreneurship[M]. Palgrave Macmillan, London, 2006: 121-135.

[14]Peredo A M, McLean M. Social entrepreneurship: A critical review of the concept [J]. Journal of World Business, 2006, 41(1): 56-65.

[15]Robinson J M C. The secrets of judas: The story of the misunderstood disciple and his lost gospel[M]. Harper San Francisco, 2006.

[16]Sharir M, Lerner M. Gauging the success of social ventures initiated by individual social entrepreneurs[J]. Journal of World Business, 2006, 41(1): 6-20.

[17]Sullivan M G, Weerawardena J, Carnegie K. Social entrepreneurship: Towards conceptualisation[J]. International Journal of Nonprofit and Voluntary Sector Marketing, 2003, 8 (1): 76-88.

[18]Weber M. General economic history[M]. Routledge, 2017.

[19]Weerawardena J, Mort G S. Investigating social entrepreneurship: A multidimensional model[J]. Journal of world business, 2006, 41(1): 21-35.

[20]Zahra S A, Gedajlovic E, Neubaum D O, et al. A typology of social entrepreneurs: Motives, search processes and ethical challenges[J]. Journal of Business Venturing, 2009, 24 (5): 519-532.

[21]陈劲, 王皓白. 社会创业与社会创业者的概念界定与研究视角探讨[J]. 外国经济与管理, 2007(8):10-15.

[22]焦豪, 邬爱其. 国外经典社会创业过程模型评介与创新[J]. 外国经济与管理, 2008(3):29-33.

[23]刘玉焕, 井润田. 社会创业的概念、特点和研究方向[J]. 技术经济, 2014(5): 17-24.

[24]刘振, 杨俊, 张玉利. 社会创业研究——现状述评与未来趋势[J]. 科学学与科学技术管理, 2015(6):26-35.

[25]彭伟, 于小进, 郑庆龄. 中国情境下的社会创业过程研究[J]. 管理学报, 2019, 16(2):76-84.

[26]舒博. 社会企业的崛起及在中国的发展[D]. 天津:天津人民出版社, 2010.

[27]邬爱其, 焦豪. 国外社会创业研究及其对构建和谐社会的启示[J]. 外国经济与管理, 2008(1):17-22.

[28]王皓白. 社会创业动机、机会识别与决策机制研究[D]. 浙江大学, 2010.

第9章　绿色创新

绿色创新是企业面对环境问题时做出的产品和流程方面的改变，包括新开发的或改进的有利于避免或降低环境损害的流程、技术、系统和产品或能达成环境改善的实践，也包括环境影响的管理与市场创新。绿色创新着力于通过管理手段降低企业及其产品的环境影响，甚至促进生态环境的改善。绿色创新是最早的可持续发展导向的创新，具有广泛的实践价值，备受社会各界关注。

9.1　何谓绿色创新

9.1.1　定义

工业革命之后，环境问题就受到了关注。一些工业国家纷纷提高环境标准以治理环境污染，但人们很快就意识到“末端治理”远远不够。这些措施在一定程度上减少了污染物的排放，但环境管理的重心游离于生产过程之外，缺乏对资源利用效率及原材料消耗的关注；环境污染是一个系统工程，只有按照物质、能量在自然界和人类社会之间转换、流动的顺序进行系统管理，资源利用、废弃物管理、污染防治才能得到解决。于是，人们的关注重心从污染的治理转向污染的防范，转向绿色流程、技术以及产品的开发与利用，即绿色创新。

绿色创新是企业为规避和降低环境伤害而采用的解决方案，或对现有生产流程、核心技术、运作系统和最终产品进行改良，或导入全新的流程、技术、系统和产品。它涵括与绿色产品和工艺相关的软硬件创新，包括资源集约、能源降耗、污染预防、排放控制、绿色产品设计及企业环境管理上的新思想、新技术与新工艺。因此，绿色创新的范畴非常广泛，不仅包括绿色产品、绿色生产或绿色技术创新，涉及解决环境与资源问题的组织管理改变以及制度创新，还涉及推进绿色营销、塑造绿色品牌和打造绿色生活方式等更大范畴的市场创新。

管理学界对于绿色创新存在诸多定义，大致分为三类：降低环境影响、引入环境绩效管理和改进环境绩效的绿色创新，关注点在于企业行为是否降低了环境影响、是否对环境绩效进行了管理与是否改善了企业环境绩效。在关注环境行为及绩效的同时，有学者以绿色绩效实现的路径为分类标准，将绿色创新分成技术创新、制度创新和文化创新。但三种创新并不对立和分割，而是相辅相成的关系，绿色技术的发展与创新是核心部分，制度和文化创新为绿色技术的发展提供支持和引导，三者的结合才能达成环境绩效目标。还有学者依照绿色绩效的实现途径提出，绿色创新包括三类：资源节约型、环境友好型以及混合型创新。资源节约型创新的重点是采取创新方法降低对原材料、能源的消耗，提升资源利用效率，从而降低对环境的影响；环境友好型创新，是指管理企业行为的环境外部性影响，包括对产品生产过程、营运行为以及产品使用的环境影响的管理，减少环境伤害，甚至做到不对环境产生影响；混合型创新就是依照商业生态学的思想逻辑改变企业经营理念、开发与改进产品的资源消耗、降低产品生命周期内的环境影响，既可减少环境影响，也可提升企业竞争优势。

虽然学者从不同角度对绿色创新进行了探索，但内涵是共同的。

第一，创新内容不拘一格，包括产品、流程、服务和方法等方面，甚至可以说，只要能降低环境影响，提升企业绿色程度及影响力，各领域的资源组合改变均可视为绿色创新的内容。其实，绿色创新从提出伊始就是一种广义定义，并不局限于环境技术、工艺和产品创新的范畴，组织、管理和制度创新等均涵括其中。如 Jaffe 和 Palmer（1997）所言，绿色创新是“软硬件”的创新，目的是实现资源节约、减少排放和环境友好，包括产品生产或服务提供的资源节约、原材料的替代、可循环生产模式的探索等。

第二，市场导向为满足需求和赢得市场竞争。绿色创新是企业回应利益相关者要求的一种市场化的行为。通过改变各种范畴的资源组合，实现经济、环境与社会价值等多重目标的平衡，不仅是对企业社会责任与伦理性的要求，而是通过绿色创新提升企业满足客户需求的能力以及建构企业竞争优势。在满足社会与环境需求的同时，实现企业的可持续发展。

第三，结果导向原则，绿色创新的结果是降低对环境的消极影响或促进环境绩效的改善。甚至有学者认为，即使企业行为动机中没有降低环境影响，只要环境绩效得到改善，其行为均可被视为绿色创新。在定义绿色创新的时候，学术界非常强调环境绩效的概念，但环境绩效的内涵非常分化，并且在不同情境下的内涵并不相同，但基本可以界定为资源集约和外部性减少，能够改变企业对环境的外部影响和减少资源消耗均可视为绿色创新。

第四，可持续发展原则。绿色创新的目标是降低资源消耗与环境影响，因此从产品生命周期出发，绿色创新就是可持续发展的标准。绿色创新不仅考虑产品的环境标准，还考虑生产、运输、消费以及回收处理全过程的资源消耗与环境影响。不仅要降低企业承担的部分，还应该考虑优化与降低供应商以及消费者相关的资源消耗和环境影响。

第五，内容与结果并重。很多学者在定义绿色创新时都强调内容。比如，Chen 等（2006，2012）认为，绿色创新需要绿色发展的软硬件创新，涉及绿色产品设计、节能减排技术研发、污染防治与管理、废物回收与利用、企业环境管理技术创新等。2008 年，中国环境与发展国际合作委员会环境创新课题组发布《机制创新与和谐发展》报告，将环境创新的概念扩展到社会创新和制度创新等领域，包括：环境治理的公众参与创新、环境管理制度的变革与创新、改革环境教育体系等。同时，该报告还认为，国家层面的公共环境技术的创新对于绿色创新及和谐发展至关重要。

[延伸阅读]

环境绩效的分歧

学术界出现过几个几乎可以相互替代的名词：“环境创新”“生态创新”与“可持续创新”，它们的关注点均为环境绩效。所谓环境绩效，就是通过导入新的和具有竞争性的产品、服务、流程与程序，可满足人类的需要，同时最小化单位产出的资源消耗和废物，并在其生命周期范围内改善所有人的生活质量。

该定义的核心在于环境收益，但环境收益也存在一些分歧：

首先，环境收益的定义和度量问题。迄今，不同视角下环境收益的界定不尽相同：避免或降低全生命周期内的废物排放；减少单位产出的使用量；避免或降低对环境的影响与破坏；减少温室气体排放等等。每一个视角的环境收益很难同时达到，可能存在此消彼长的关系；即使是同一指标范畴的定义，在不同时间与视角上，也难以统一标准；这些概念与定义，因研究者所在领域和价值观的不同，其侧重点存在差异。

其次，随着社会、经济和技术的发展，环境收益也会出现变化，很难形成一个一成不变的统一界定，也很难对其涵盖面做出固定的范围界定。可持续发展的境遇与环境收益相同，很难给出一个统一界定，而是给出了模糊的界定：不伤害下一代人以及其他人利用资源满足需求的能力。

再次，追求环境效益的自觉性问题，是指绿色创新在实现绿色绩效的过程中，创新者是否有意追求环境效益。虽然存有争议，但大部分学者认为有意识和无意识追求环境绩效的过程均为绿色创新。例如，Kemp（1990）明确将无意识取得环境收益的行为视为绿色创新；OECD明确将有意识和无意识地追求环境绩效的过程都认定为绿色创新。

最后，环境收益的分配问题。Rennings和Klaus（2014）指出，绿色创新具有“溢出效应”和“外部环境成本”构成的“双重外部性”。通常，只有当绿色创新能够获得收益时才有意义，因此“双重外部性”可能会阻碍绿色创新的意愿，使企业层面的绿色创新缺乏动力。换言之，环境效应可能存在于企业内外部，有的完全是内部的，与单纯的外部效应型环境效应就不太一样。

资料来源：李旭．绿色创新相关研究的梳理与展望［J］．研究与发展管理，2015（2）：1－11.

9.1.2　绿色创新的特性

（1）双重外部性。Rennings和Klaus（2014）指出，绿色创新除了拥有生产环节所具有的溢出效应之外，还会在扩散阶段产生溢出效应，这是另外一个视角的双重效应：直接减少企业生产或产品使用的外部环境成本和因为创新扩散而通过其他企业降低环境影响。对一般创新而言，技术推动和市场拉动可以推动创新行为的产生。以技术创新为例，行业存在自然的技术创新压力，技术创新可以保持一定的推进节奏。在需求强烈的情形下（如智能手机刚刚开始导入的阶段），技术创新将呈现加速度状态。研究发现，技术进步推动的创新在先，需求拉动的创新在后，两者对技术创新产生交互影响。但是，对于绿色创新而言，需求拉动的市场创新可能偏弱，因此需要行政管理环境给予外在的刺激：比如提高环境规制标准或者给予一定的奖励。进一步梳理，绿色创新驱动因素包括绿色供应（技术能力、具体的环境问题和市场特征）、绿色需求（预期市场需求、公众环保意识以及对环保产品的偏好）以及规制因素。

（2）目标二元性。绿色创新追求的是企业与环境的双赢，同时兼顾经济和环境目标。正如前文分类陈述里所阐释的那样，也有一些无意的绿色创新：有时企业为了节约成本或规避环境规制，其结果是实现了经济目标的同时也产生了环境友好效应。但真正的绿色创新是目标二元的创新，是一定底线上的创新，是平衡的创新。事实上，企业是社会的构成部分，也是生态系统的构成因素，生态创新并不是环境中心主义，也不是人类中心主义。

在绿色与可持续发展中，有一种流派认为：人类本质上应该遵从“强可持续性”的规范——控制经济增长与消费需求的增长速度，以确保可再生资源的持续存在，不伤害下一代人的生存与满足需求的条件和能力。但我们今天主流的观点是“弱可持续性”——在发展的过程中尽量降低消耗以及控制对环境的消极影响。绿色创新本质上来说是企业的战略性企业社会责任承担，将环境价值纳入企业管理与创新发展体系之内。

（3）动态性与多样性。绿色创新的范畴非常多元，甚至是一个情境化的企业行为，其内容会随着时空变化而变化。其一，生态创新是嵌入一定情境下寻找更低环境影响的行为。如对于电商时代的企业而言，绿色创新行为可能很大程度上是：在现有体系内寻求资源消耗与环境影响的最小化，而不是如《商业生态学》所规划的一样去重新设计一套商业流入与产出体系。其二，绿色创新是相对于传统而言的，因而具有动态性特征。对于建筑企业来说，住宅产业化提升工业化的程度，可能就是建筑绿色化程度的提升。但绿色建筑企业可能强调的是能耗、社会生态化、空间利用等范畴的绿色创新。其三，绿色创新不仅包括产品、公益与技术等技术与生产领域的改善，也包括生产和消费模式的创新。

（4）复杂性和系统性。绿色创新复杂性体现在以下几个方面：首先，绿色创新的内涵实际上是可持续发展的范畴，包括资源消耗与环境影响。任何资源都是稀缺的，尤其是不可再生资源，但是企业的资源消耗在任何阶段都可能产生。同样地，环境影响的范畴也非常大，可以是碳排放，也可以是对生活方式的影响，如手机对儿童的影响。其次，绿色科学是一门复杂的科学，涵括范畴广泛，可能涉及生态学，也可能与高分子材料科学相关；与农业相关，更与现代工业相关，还与整合社会科学体系相关，绿色创新需要将不同的知识与资源整合，才可能真正地实现环境绩效与可持续发展目标。最后，绿色发展是一个整体的社会生态系统的搭建与优化，确保整个社会经济的可持续发展。这个体系中各种力量、各种诉求相互关系，甚至彼此竞争。企业要有胸怀，同时又要着眼于每一项具体创新行动，才能真正实现创新。

9.2　绿色创新的驱动因素

9.2.1　环境规制

环境规制对创新活动能产生极大的影响，大致存在两个方面：

环境政策：环境问题不同国家和地区，会出台不同的环境政策。一般来说分成市场型和命令型环境政策，前者如排污税、减排补贴、绿色技术支持等，后者如直接的污染标准、排污配额等。市场型环境政策是激励导向的措施，是通过政策措施鼓励企业采取环境创新手段降低环境影响或者对环境改善作出积极贡献。2008年，欧洲成为最大的绿色能源市场，其原因就是绿色能源补贴制度。命令型环境政策是惩罚性制度措施，如制定工业企业的排放标准，达不到标准就采取关停罚没措施等。当然，也可能出现社会性规制，社会性规制则指的是要求企业公开企业环境信息或发布企业责任报告等规范。

制度结构：制度机构指的是在社会政治经济中环境力量的话语权结构，环境力量可能代表的是环保群体，可能是支持环境运动的环境保护部门，可能是对社会舆论影响比较大的新闻媒体，也可能是对国家与地区政策有显著影响的国际组织等。在西方国家，一些环境组织对国际环境政策的影响力非常大，即使并没有严格的环境政策出台，企业也不会轻视环境运动组织的声音以及可能的政策变动。当然，这些环境力量在社会制度体系的影响力强弱，直接形成了整个社会的环境意识。比如，地球峰会召开前后，有关气候变化的社会舆论都会大大地影响企业的环境行为，促使企业积极推动绿色创新活动。

2016年，是中国环境制度变革的具有里程碑意义的一年，中国相继推出《土壤污染防治行动计划》；成立“水气土”三个环境管理司；建立覆盖所有固定污染源的企业排放许可证制度等。中国正在形成以排污许可制度为核心，整合“大气十条”“水十条”《清洁生产法》《循环经济促进法》《节约能源法》等各项环境管理制度的统一环境管理平台。最终要实现排污企业在建设、生产、关闭等生命周期内的全过程“一证式管理”。陈吉宁部长预告说，所有企业都要持证排污，按照所在地改善环境质量的要求承担相应的污染治理责任，企业应承担的环境义务要在排污许可证中予以确定。并且主管部门的责任明确并可执行，强化监管，落实企业诚信责任和守法主体责任，推动企业从被动治理转向主动防范。其中，主动防范就是绿色创新，可以预计，绿色创新在中国正在迎来黄金发展时期。

9.2.2 资源能力

自然资源基础理论认为，在环境状况不断恶化的今天，企业处理与自然环境关系的能力是企业生存与发展的稀缺资源。那些能够处理好企业与自然环境关系的企业才可能赢得可持续竞争优势。企业处理好和自然环境的关系与实施绿色创新战略有密切关系，关涉以下内容：

第一，基于绿色产品和绿色生产流程投资的常规能力。指企业开发环境友好型产品的能力，不仅在生产过程中降低资源消耗与碳排放等，同时也能够使产品在使用周期内的环境影响最小化。换言之，企业在绿色产品与服务的开发方面应该有基础的储备，能够评估全生命周期的环境影响，而且对经营流程有相应的环境管理能力。

第二，针对环境问题的员工参与和培训。指企业具有可持续性知识的储备，并在企业内部进行知识传播；通过激励与团队建设，使得所有人能够参与其中，为解决环境问题做出贡献；通过知识传播/交流互动以及解决环境问题的行动，形成环境友好导向的企业文化。

第三，跨越内部职能的绿色组织能力。围绕降低企业环境影响的目标，企业在资源调整与优化方面需做出针对性应对；为实现组织目标，除进行资源调整之外，更重要的是对资源的调配，在一定的组织原则规范内，企业协调各方建立特定结构的组织关系，确保组织效率。

第四，正式的环境管理体系和程序。企业应具备环境战略方案实施所需的组织机构、规划活动、组织惯例、程序、过程和资源，即企业应该建立完善的环境管理体系，不仅包括组织的环境战略、目标、方针与政策等管理方面的内容，还包括推进环境影响管理的协调动作体系，涉及规范的动作程序、文件化的控制机制以及职责明确的组织结构。在实践环节，EMAS 管理体系认证是一个规范的标准，实践证明，通过 EMAS 与 ISO26001 认证的企业有更强的绿色创新能力。

第五，考虑环境问题的战略规划。指企业的环境战略目标规划，以及为达成目标在资源和能力方面的阶段性计划。Simpson 和 Sampson（2010）认为，充分考虑环境问题的战略规划推动企业形成共同一致的愿景，帮助企业提升管理利益相关者的能力。同时，企业战略规划将提升企业应对环境问题的主动性，确保企业环境创新绩效的实现。

9.2.3　组织支持

组织支持是影响绿色创新的重要因素。研究显示，组织战略、组织结构、组织领导方式、高层管理支持、激励机制、员工参与团队、组织氛围与文化等因素都会对绿色创新产生影响。Teitelman 和 Robert（1994）的研究显示，集权的正式组织结构有利于实现资源共享和部门协调，有利于分散风险，实现突破式绿色创新。而 Chen 和 Chang（2013）则主张，变革型的领导风格更能够完成绿色创造力的提升，实现绿色创新的绩效目标。其中，他们强调了高管团队在其中的重要作用，因为高管团队对创新资源的调配是绿色创新所必需的。Bansal（2003）的研究显示，高管团队的态度会正向影响企业响应环保相关实践议题的范围和速度，是推动绿色创新的重要力量。只有高管团队参与，绿色创新才会被纳入公司战略计划。

基于组织管理理论，Sarkis、Gonzalez 和 Torre（2010），张钢和张小军（2013）等学者提出，创新组织开展绿色培训必不可少。通过培训，组织成员的环境意识才能改变和提升，他们才有参与绿色创新的内在驱动，组织绩效的实现才有坚实保障。Tung（2014）则认为，对绿色创新推行目标管理制度非常重要，应该在组织内部引入创新奖励机制，通过外在的激励去激发组织的创造力，提升员工对环境绩效的心理承诺，提高创新管理过程的有效性。如前文所述，绿色创新任务具有复杂性，很难通过单独的部门或个体去实现，职能部门的相互协作非常必要。研究发现，目标导向的跨部门协作更能产生新思想，发现新问题，激发新创意，并推动最终环境绩效的实现。

9.2.4 冗余资源

实践发现，企业资源很难达到理想状态，一个萝卜一个坑地像流水线一样地创造价值。也就是说，每个企业、每个组织甚至每个人都有冗余资源。冗余资源是指企业可用的资源与维持组织运营所需开支之间的“不受约束的资源”的差额。冗余资源虽然被定义为“剩余”和“闲置”资源，但它们作为组织实际或潜在的储备资源，可以帮助企业在相对较小的压力下做出战略或政策调整。通常，只有保持一定资源冗余的情况下，企业才有变革的空间和可能，否则企业会被桎梏在原有的发展模式中不能自拔。

绿色创新是企业环境战略的重要组成部分。企业要通过创新来应对环境问题，预防企业污染与因此引致的环境挑战，此时企业冗余资源的存在就非常有价值。冗余资源为绿色创新提供条件，给予企业应对环境问题以心理上的安全感。我们发现，在资源匮乏环境下经营的企业，对环境投资心态保守，会尽量避免在绿色创新上做出反应。囿于资源困境，有限的资源不得不投资到直接的生产与市场经营。因为，绿色创新常常被视为“奢侈”投资行为。这也难怪，很多绿色创新的企业均为全球性公司，小公司很难成为绿公司，小企业的绿色创新总是举步维艰，其中的原因就是“冗余”资源不足。对大企业而言，资源较为充分，有较大额度的冗余资源，企业有条件也更有意愿在相对长期的绿色创新上进行投资。

虽然组织冗余是绿色创新行为的一个前提，但并不意味着冗余越多越好，越能推动企业的绿色创新行为。冗余资源能够促成绿色创新行为很大程度上取决于冗余资源的属性。在冗余资源中，可支配性是一个重要条件。超出预算的资源、离退休的技术专家、雇员剩余时间和充裕的现金流有利于绿色创新战略的制定和实施。相反，因在生产设备、特定用途的固定资产投资而出现的冗余对绿色创新行为助益不多。而且，研究显示，中间水平的资源冗余更有助于企业进行绿色创新和进入绿色市场，帮助企业对环境问题做出正确回应，最终改善长期绩效。过多的资源冗余可能形成组织惰性，是否能够影响和推动绿色创新并无定论。

9.2.5　预期经济收益

从商业经营的角度来看，只有预期收益超过实施成本，或者预期收益高于其他选项，企业才会采取绿色创新战略。在广泛的案例研究中，不同学者提出绿色创新的收益来自以下方面：避免政府规制提高带来的环保处罚；切入绿色利基市场获得的额外收益；绿色创新提升企业声誉改善组织合法性。

首先，绿色创业降低与防范环境风险。如前所述，迫于利益相关者的压力以及中国社会经济可持续发展面临的挑战，中国环境管理系统初步建成，企业经营的环境规制正在变得越来越严格。企业进行绿色创新是在防患未然，降低环境罚没的风险。并且，环境问题与安全、健康以及更美好生活的追求息息相关。在环境问题日益严峻的今天，任何环境事件都可能损害企业声誉，企业通过绿色创新管理环境绩效是管理风险和满足规制最好的方式。

其次，绿色创新具有销售力。对于绿色创新战略而言，销售力体现在以下几个方面：绿色创新可以实现企业产品和服务的差异化，满足相当绿色细分市场群体的市场需求；绿色创新传递出企业负责任的形象，可以帮助获得消费者信任；绿色创新可以切入更多的市场机会，比如，高标准的欧盟市场就把很多企业挡在门外，但对于绿色创新能力强的企业来说，意味着独占的市场机会。

最后，绿色创新提升组织合法性。组织合法性是企业被社会所接受的程度。绿色创新可以提升员工组织承诺，企业员工通过罢工行为抗议企业不道德环境行为的现象非常普遍；消费者对环境友好型企业的接受度趋高，即使他们不消费绿色产品，但也会给予绿色创新企业以赞誉；在供应链上，绿色创新企业获得认同——商务合作的可能性远高于其他企业；政府部门、金融机构、新闻媒体、非营利组织对于绿色创新的接受度也会大大高于其他类型的企业。

我们很难量化这些积极收益。即使短期内绿色创新的成本可能较高，但绿色创新的全方位收益完全可以覆盖创新成本，甚至帮助企业建构先发优势，获得行业竞争的新优势。因此，绿色创新的收益具有战略性、前瞻性和长期性。

9.2.6 利益相关者压力

环境是关系所有人的共同福祉，几乎每个人都是环境问题的利益相关者。在公众环境意识不断提升的背景下，利益相关者群体对企业环境行为的压力正在成为绿色创新的动力。细分来说，包括政府及环境规制相关者、组织机构、社区、媒体以及社会公众。由于面临各类利益相关者的压力，企业不仅要给予回应并主动管理，还应该整合利益相关者，与他们一道寻找环境问题解决方案。

战略管理权威 Ansoff（1990）认为："要实现理想的企业目标，企业必须综合考虑各类利益相关者之间不一致甚至是相互冲突的索取权，包括了管理者、员工、股东、供应商以及顾客等。"任何公司的发展都离不开各种利益相关者的支持、参与和合作，企业不应该只关心股东、顾客或员工等某类主体的利益，而应该对各种利益相关者群体的利益诉求进行回应。这些利益相关者不仅包括股东、员工、供应商、债权人和顾客等交易伙伴，还包括政府部门、媒体、环保主义者、当地社区和居民等看起来与企业关联并不紧密的群体。有学者将环境视为利益相关者，我们则将环境视为各类利益相关者的共同关切。

利益相关者理论认为，企业发展取决于其满足各种利益相关者不断变化的需求的能力和程度。虽然不同性质的利益相关者有各自的需求，但环境保持是所有利益相关者共同的诉求。在全球消费者以及普通社会公众环境意识不断提高的背景下，环境保护诉求不断上升。也就是说，企业通过社会创新回应利益相关者环境诉求就成为必然，不仅是回应当前利益相关的当下关切，为企业获得一定的组织合法性，同时是为企业未来发展积累社会资本。

[延伸阅读]

中国迎来环保制度大变革时代

2016 年，中国多项重磅环保新政出台："水气土"三个环境管理司成立；《土壤污染防治行动计划》（简称"土十条"）出台，并与"大气十条”和“水十条”共同形成污染防治的顶层设计蓝图；省以下环保机构监测监察执法施行垂直管理制度；建立覆盖所有固定污染源的企业排放许可证制度；中央环保督察开展巡视工作；环境保护税法获全国人大常委会通过并于 2018 年 1 月 1 日起开征。中国迎来环保大变革时代。

1.“水气土”三司成立，环境监管精细转型

2016 年 3 月 3 日，生态环境部宣布：设置水、大气、土壤三个环境管理司，原有污染防治司、污染物排放总量控制司不再保留。按照职责设定，这三个司分别负责全国水环境保护的监督管理；全国大气、噪声、光、化石能源等污染防治的监督管理；全国土壤、固体废物、化学品、重金属等污染防治的监督管理。“水气土”三个环境管理司的成立，主要目的是围绕环境质量改善的总目标，以水、大气、土壤三个有明确质量要求的环境介质管理为核心业务，理顺内部职责和业务关系，提高工作效率，更好履行环境保护各项管理职能。标志着中国环境管理向系统化、科学化、精细化迈出了实质性一步。

2.“土十条”出台，污染防治行动顶层设计蓝图全面展现

继“大气十条”（《大气污染防治行动计划》，2013 年 9 月 10 日）、“水十条”（《水污染防治行动计划 》，2015 年 4 月 16 日）之后，国务院又于 2016 年 5 月 28 日印发了《土壤污染防治行动计划》（简称“土十条”）。“土十条”作为当前乃至今后一段时期内中国土壤污染防治工作的行动纲领，不仅提出防治硬措施，要求重点防治土壤污染，加强生态保护和土壤修复，还给出了任务时间表：到 2020 年全国土壤污染加重趋势得到初步遏制；到 2030 年全国土壤环境稳中向好；到 21 世纪中叶，土壤环境质量全面改善。“土十条”“大气十条”和“水十条”共同勾勒出中国覆盖大气、水、土壤三大领域的污染防治行动指南。

3. 省以下环保监测监察执法垂管，落实环境保护主体责任

2016 年 9 月，中共中央办公厅、国务院办公厅印发《关于省以下环保机构监测监察执法垂直管理制度改革试点工作的指导意见》。中共十八届三中全会后，中共中央、国务院相继出台《关于加快推进生态文明建设的意见》《生态文明体制改革总体方案》等生态文明“1 + N”

改革方案。这些文件都将着眼点放在落实地方政府环境保护主体责任和强化排污者污染治理主体责任。垂直管理制度改革是生态文明体制改革的关键环节和具体实践。实行省以下环保机构监测监察执法垂直管理制度，将切实解决“难以落实对地方政府及其相关部门的监督责任”“难以解决地方保护主义对环境监测监察执法的干预”“难以适应统筹解决跨区域跨流域环境问题的新要求”等突出制度问题，打破地方行政干预，增强执法效力。

4. 企业排放许可制建立，固定污染源“一证式”管理

2016 年 11 月 21 日，国务院发布《控制污染物排放许可制实施方案》，为建立覆盖所有固定污染源的企业排放许可制作出“顶层设计”。针对当前污染源的不同环境管理制度之间衔接不上，对企业的要求缺乏一贯性等问题，排污许可制度改革的最终目标是以排污许可制度为核心，整合各项环境管理制度，建立统一的环境管理平台，实现对排污企业的全过程管理、“一证式管理”；明晰各方责任，强化监管，落实企业守法主体责任……排污许可证成为企事业单位在生产运营期接受环境监管和环保部门实施监管应当遵守的主要法律文书。它将带来政府部门之间和不同层级的政府间在污染控制上的权力和责任再平衡，也将对政府与排污企业间监督与被监督内容、方式产生重大变革。

5. 中央环保督察组亮剑，“环保钦差”入驻全国 15 省市

按照 2015 年 7 月中央深改组第十四次会议审议通过的《环境保护督察方案（试行)》要求，自 2016 年 7 月起，中央环保督察组启动第一批环境保护督察工作，对内蒙古、黑龙江、江苏、江西、河南、广西、云南、宁夏等 8 地开展环保督察。截至 2016 年底，中央环保督察共受理群众举报 3.3 万余件，立案处罚 8500 余件、罚款 4.4 亿多元，立案侦查 800 余件，拘留 720 人，约谈 6307 人，问责 6454 人。建立环保督察机制，首次提出环境保护“党政同责”“一岗双责”。督察工作以中央环境保护督察组的形式，对省区市党委和政府及其有关部门开展，并下沉至部分地市级党委政府部门。督察结束后，重大问题要向中

央报告，督察结果将作为对领导干部考核评价任免的重要依据。督察机制使地方党委将与政府一道接受监督，督察内容从“督企”向“督政”转变，地方党委政府保护生态环境的责任得到全面强化。

6. 环保税法获人大通过

走过 6 年立法之路、历经两次审议，2016 年 12 月 25 日，《中华人民共和国环境保护税法》在十二届全国人大常委会第二十五次会议上获表决通过。这标志着酝酿近十年的环境保护税落地，这一新税种于 2018 年 1 月 1 日起开征，排污“费改税”成中国环保里程碑。

环境保护税法的总体思路是由“费”改“税”，即按照“税负平移”原则，实现排污费制度向环保税制度的平稳转移。该法将“保护和改善环境，减少污染物排放，推进生态文明建设”写入立法宗旨，明确“直接向环境排放应税污染物的企业事业单位和其他生产经营者”为纳税人，确定大气污染物、水污染物、固体废物和噪声为应税污染物。实行环境保护费改税有利于解决排污费制度存在的执法刚性不足、地方政府干预等问题，提高纳税人的环保意识和遵从度，强化企业治污减排的责任，促进生产者向绿色发展转型。

资料来源：杨珂．中国迎来环保制度大变革时代[J]．世界环境，2017(1):35－36.

9.3　绿色创新的分类

9.3.1　基于“动机—过程—结果”的分类框架

从动机上来说，创新的环境效益存在自觉与不自觉的差异；创新在过程上并不相同，有的降低生产、使用和回收处理过程中的废物排放；有的侧重于生产资源消耗的减少；从结果上来说，绿色创业的环境效应对企业的益处存在分别，有的是降低负外部性，有的是产生正向的溢出，但企业的成本是上升的，有的则体现为资源消耗建设与成本降低。因此，李旭(2015)提出“动机—过程—结果”的不同组合，由此提出三类不同的绿色创新。

表9-1 基于“动机—过程—结果”的分类框架

动机	绿色创新过程	直接结果	分类定义
无意识	单一外部性（溢出外部效应）	资源/能源节约	Ⅰ类绿色创新
有意识	双重外部性（溢出效应+环境外部效应）	环境友好	Ⅱ类绿色创新
无意识+有意识	单一/双重外部性	资源节约+环境友好	Ⅲ类绿色创新

（1）Ⅰ类绿色创新：资源节约型创新。一般来讲，该类创新关注资源效率和效益的改善，这是创新的主要目的。由于该类创新提升了资源利用效率，也会产生显著的资源节约的效果。资源存在于自然生态系统中，节约生产资源是一种环境友好的自然行为。例如，一家企业采取技术更新来节约能源的消耗，不仅可以因为降低能源使用量带来直接效益，还会减少二氧化碳等排放而带来环境友好的效果。

（2）Ⅱ类绿色创新：环境友好型创新。这类创新除具有创新本身的“溢出效应”（创新带来资源消耗降低，并具有示范效应）外，还能够降低“外部环境成本”（降低资源使用的排放或污染），是为“双重外部性”。正如众多研究学者所指出的，企业为了改善对环境的影响，成为一家环境友好型的企业，致力于管理、技术、流程与服务模式的可持续性改进。从直接的结果来说，企业对资源的消耗减少，可能排放降低，最终体现为企业可持续性的整体改善。与此同时，企业的成本降低、声誉提高、市场机会增多等的战略层面的受益也会体现出来。

（3）Ⅲ类绿色创新：复合型绿色创新。Porter（1991）认为，企业绿色创新行为可以通过环境规制进行引导，也即环境规制可以激发企业的绿色创新行为。企业遵从环境规制的时候，并没有环境友好的动机，只是为了应对环境规制的影响。事实上，企业在应对环境规制的时候，通常能够带来动态而复合的效果，既可以激发企业补充合规成本的成本节约的创新，也可以让企业认识到环境友好的实践意义和价值，从而推动企业以环境友好为动机的创新行为。因此，李旭（2015）提出的Ⅲ类绿色创新的动机较为复杂，结果既呈现出资源的节约，也体现为企业环境影响的减少。

9.3.2 基于自然资源基础观的分类

Hart（1995）提出了基于自然资源基础的竞争优势理论。他认为，传统的战略管理理论所提到的环境只包括政治（P）、经济（E）、社会（S）和技术（T）等社会环境的内容，并没有充分关注自然环境对企业竞争优势的影响。Hart（1995）将自然资源视为企业基础性资源，并考察企业与自然环境的互动关系，提出了塑造企业竞争优势的自然资源基础观（Natural Resource Based View），以弥补RBV（Resource Based View）理论未将自然环境考虑进企业竞争优势来源的缺陷。Hart（1995）的核心理论是：管理企业与自然关系的能力可构筑企业核心竞争力。管理与自然的关系指的是企业环境创新行为，可分为三种：污染预防（Pollution Prevention）、产品责任管理（Product Stewardship）和可持续发展（Sustainable Development），如图9－2所示。

表9－2　基于RBV战略的绿色创新分类

战略分类	目的	资源基础	竞争优势
污染预防	降低生产过程废弃物的排放	不断改善	成本领先
产品责任管理	降低全生命周期产品的负外部性	整合利益相关者	市场领先
可持续发展	同时关注社会经济的和谐	共同使命构建	将来站位优势

污染预防战略是指企业从管理“末端”污染物的治标中走出来，探索防止资源浪费与减少污染物排放的前瞻性解决方案。基本要求是企业不断改善和创新生产管理技术，提升资源利用效率，降低废弃物排放水平，以达成最新环境绩效。需要强调的是，污染预防战略的目标是达成全生命周期内废水、废气、废物的最低排放，以此获得成本领先优势。

产品责任管理战略是指企业以产品为关注点制定环境影响管理的战略，从企业内部扩大到整个产品价值链。同样地，其产品责任管理战略管理的是全产品生命周期内价值链上各环节的环境影响，方法是通过加强与价值链成员（主要是供应商与客户）的沟通，让利益相关者参与到绿色产品的设计等环节，与企业共同创造价值，建立企业竞争优势。

可持续发展战略与前两类创新不同。首先，企业不仅关心现在，更关注未来；其次，企业不仅关心环境，也关注社会问题。也就是说，企业要做出环境保护的长期承诺。因此，可持续发展战略对绿色创新要求最高，不仅要求企业在理念上能从商业利益中走出来，还关注企业与环境等更大范畴的可持续价值；不仅要求企业有可持续性技术能力，还要求企业关注与提升可持续性管理甚至文化；不仅要求企业关注短期行为，还重视企业长期利益价值。

9.3.3 以企业应对环境问题的姿态来分类

实践表明，企业应对环境问题的姿态至关重要。不同的姿态意味着企业不同的绿色创新策略、过程与结果。换言之，企业不同的绿色创新行为反映出企业应对环境问题的态度和立场的不同。例如防御型绿色行为企业往往消极应对，只是被动地降低企业的环境影响，而主动且前瞻性处理环境问题的企业，其绿色创新的程度及效果将大为不同。因此，很多学者以此为切入点对绿色创新进行了分类：Sharma 和 Vredenburg（1998）把绿色创新分为前瞻型（Proactive）和反应型（Reactive）环境策略，前者是主动的环境影响管理，后者是对环境规制等外在压力的被动应对；Brockhoff 等（1999）以特定行业（化工产业）的企业为研究对象，根据它们响应环境规制的态度把绿色创新战略分为防御型、逃避型、静止型和积极型，除了积极型战略之外，其余均为被动，消极程度并不相同；类似地，Henrique 和 Sadorsky（1999）把企业应对环境问题的战略细分为主动型、适应型、防御型、反应型等四种战略；Murillo – Luna 等（2008）根据企业的环境管理目标范畴以及企业为实现目标而进行的内部资源配置两个维度，把企业应对环境问题的策略分为消极应对、依法应对、利益相关者响应和全面环境质量响应等（见表 9 – 3）。

表 9 – 3 基于企业应对环境问题的战略的绿色创新分类

学者（年份）	分类
Sharma 和 Vredenburg，1998	反应型绿色创新与前瞻型绿色创新
Brockhoff 等，1999	防御型、逃避型、静止型和积极型
Henrique 和 Sadorsky，1999	主动型、适应型、防御型、反应型
Murillo – Luna 等，2008	消极应对、依法应对、利益相关者响应和全面环境质量响应
董颖，2011	末端治理、工艺生态创新、产品生态创新、组织生态创新

[延伸阅读]

杜邦公司的绿色创新

杜邦公司是最有历史的全球性企业之一，产品涉及化工、农业、食品与营养、电子、纺织、汽车等多个行业，是最早进入中国市场的跨国企业。一次突发的危机事件，让杜邦公司于1989年开始进行绿色转型。这一年，绿色和平组织示威者潜入杜邦新泽西州深水市一家工厂，爬上180英尺高水塔，挂上大标语：杜邦这家开发氟利昂制冷剂的公司是全球头号污染者。以此为警醒的起点，公司开始了持续不断的绿色创新与转型，重新定位企业目标：以植物为基础的化学原料和新型环境友好产品的全球领袖，并调整企业核心价值观为“保护环境、倡导安全与健康、遵守最高的职业道德操守标准、尊重他人与平等待人”。

到今天，杜邦已经不是高分子材料合成产品供应商，而是着力于生物技术、化学产品和自然系统的解决方案。杜邦甚至将业务聚焦到三个超可持续趋势（Mega Sustainability Trends）：对可再生能源和材料的需求，对于安全和保障的更高要求，以及增加绿色食品生产的需求。在2005年，杜邦被《商业周刊》评选为“全球领先的绿色企业”第一名。杜邦制造了太阳能电池板必需的八种产品；在玉米基生物制品综合炼制生产域处于领导地位；与BP推出生化丁醇（Biobutanol），是可以替代汽油的生物燃料；特卫强（Tyvek）为杜邦独有专利技术产品，与Attic Wrap共同使用可以改善建筑隔热能力，帮助降低能源成本。

杜邦的绿色创新最先始于降低社会舆论风险和制造成本，减少排放、降低废弃物和节能。当绿色和平组织占领杜邦公司的水塔后，杜邦公司看到了公司环境影响隐藏的巨大风险。不仅如此，他们也看到了应对环境风险时降低成本提升竞争力的机会。在1990年，杜邦公司制定目标，用15年的时间，降低90%致癌物质的使用，废弃物降低70%，能源支出降低40%。到2004年，杜邦公司因此节约的成本超过30亿美元。

2005 年，杜邦公司的绿色创新进入良性循环，他们提出雄心勃勃的目标，持续不断地推进绿色创新工作。到 2015 年，通过绿色创新，杜邦公司的温室气体排放在 2004 年基础上再降低 15%；在淡水资源稀缺与紧张的地区，降低水消耗 30%；在所有其他地区，杜邦商务车队和轻卡车辆 100% 采用节省燃料技术和化石燃料替代技术；将致癌物排放进一步降低 50%；100% 的全球生产基地进行环境管理目标和体系的认证。事实上，杜邦公司在为客户创造能源效率或大幅度降低温室气体排放的产品方面，年收入提高至少 20 亿美元，将通过不可耗尽资源产生的收入提高近 1 倍，达到 80 亿美元。

杜邦 CEO 克莱德·豪利戴（Clad Holiday）从前的观点是，把科学家关到实验室，去发明新的奇妙的东西，而后再将这些东西推向世界。现在，这种看法已经让位于从市场出发的方法了。要想让创新成功推向市场，为社会所接受，就必须基于各种形式的合作，还要持续地与利益相关者对话，包括政府、NGO 和学术界。科学和创新不能满足人类需求，就无法推动可持续发展。同样，如果设想可持续发展可以脱离科学，也不会取得成功。

资料来源：圣吉．必要的革命：可持续发展型社会的创建与实践[M]．中信出版社，2010.

作者搜集杜邦公司最新进展综合整理。

9.4 企业绿色创新的路径

从多样性的角度出发，李华晶（2018）提出企业绿色创新的五条关键道路，本书逐步梳理如下。

（1）后果主义道路。后果主义（Consequentialism）是指以结果而非动机判断绿色创新的道德性。具体而言，是指个人行动措施及组织行动政策，所依据的准则是目的正确性，但判断目的的方法只有一个：行动是否改变了企业的环境影响。一直以来，渐进性创新和绿色专业化被认为是常见的绿色创新形态。主张后果主义道路的绿色创新坚持渐进性创新和绿色专业化的融合，一方面，强调环境规制、竞争压力等力量对企业创新行为的驱动，另一方面，关注环境绩效的逐步改善，主张采取审计核算等手段来强化绿色创业的专业化程度。坚持后果主义道路的学者认为，中国已经意识到中国环境承载能力已经不堪负荷并提出绿色发展的理念，为此企业应该积极推进绿色创新，但路径是：将绿色创新纳入绩效管理体系，并补充绿色专业化措施来获得突破。以绿色照明工程为例，我国就是按照后果主义道路逐步推进的，甚至制定了“中国逐步淘汰白炽灯的线路图”，通过中央预算内投资、财政补贴以及国际合作等措施扶持绿色照明技术的研发与改造。在政策激励下，传统的白炽灯生产厂商逐步转型，一些绿色照明企业不断出现，绿色照明技术也逐渐走入千家万户，环境绩效目标是一步步达成的。

（2）契约主义道路。绿色创新的契约主义（Contractualism）道路是指，在企业管理的体系中，将绿色创新设定为组织成员必须遵守的合作规则，大家共同遵守绿色承诺、规范与准则。契约主义道路改变目标推进过程中可能的角色缺失，让绿色创新在企业管理的整体上产生影响，以制度和契约的力量带动企业进行绿色创新和价值创造。

与后果主义主张不同，契约主义道路是渐进性创新与绿色综合化的融合。在绿色创新的推动方面，2017 年发布的《绿色治理准则》非常有意思，该准则试图与各利益相关者一道以契约的形态建立多元治理体系，明确绿色治理的规则，让大家共同遵守，以推动绿色创新行动的发生。此外，还有学者从企业主动更新董事会制度、设立绿色投融资机制、加强绿色创新、绩效管理内部控制等角度进行了分析，发现绿色导向的契约和制度可以推动绿色创新，并对企业资源利用模式、绿色供应链以及绿色营销等诸多领域产生影响。

在契约主义的道路上，联合国全球契约组织等绿色发展倡议扮演着重要角色。虽然全球契约组织和其他 CSR 相关倡议组织都主张自愿遵从原则，也就是说企业关于绿色创新的行动完全是自我裁定的，但加入这样的契约组织其实就已经与契约组织签订了一份心理契约，这份心理契约往往能够成为推动企业绿色创新的持久力量。一般而言，加入这些绿色发展倡议的企业本身都具有比较高的绿色创新起点，而契约组织成员相互的绿色理念交流与经验分享，能够推动更多更为积极的绿色创新行动。在心理学领域有一个自我形象效应。当企业加入这个组织的时候，这个组织就会赋予企业一种心理上的预期，而心理预期可以持续不断地给予企业一种行为暗示：要成为更好的绿色企业。并且，绿色创新本身不是一个企业的行为，相互之间的沟通交流可以形成相互巩固与推动的效应。

（3）行动主义道路。行动主义道路与后果主义类似，偏重行动而非行动的结果。该类绿色创新主张认为，知识和创意只是开始，行动才能创造价值，行动才能带来环境绩效。同时，该类主张强调组织及成员的行动自主性，认为只有自发主动的行为才是可持续的绿色创新。从实践上观察，后工业化情景下的企业管理呈现高度的复杂性和混沌性，创新管理的难度大为提升。在这样的情形下，维持系统稳定性的管理假设已经不再适用，组织成员的自主性、能动性与创造性变得空前重要。于是，绿色创新研究人员特别强调企业组织，尤其是参与绿色创新的每一个人都能够对日渐强烈的环境诉求进行反思性重构，探索具有实效的创新方案。

可以说，行动主义者是对企业及经济系统的主体作用的放权与赋能，是在现有的组织管理系统中创建一个能够创新创造的生态系统，通常体现为突破性绿色创新与绿色专业化的战略结合。即，有强烈自主意识的创新者在可以激发创新管理激情的系统中，选择具化的环境管理领域专注投入，创造环境价值与商业价值的平衡。实践表明，行动主义的创新道路可有效地释放组织潜力，可以产生突破性的绿色创新。而且，行动主义通过批判反思与实践探索形成突破，而不是其他情境下的，走一步看一步。此外，行动主义的绿色创新研究表明，行动主义能够促成组织的绿色转变，而非简单的环境诉求回应。其原因在于绿色创新的主动意识、价值感受到了保护。事实上，环境问题多为复杂问题，困难重重，只有让组织主动面对，以问题为导向，通过资源整合和创新才能找到绿色创新的答案。

（4）德性主义道路。德性是理性人存在的本质功能，是通过习惯和行为展现出来的道德品格。与行动主义不同，德性主义道路更主张企业等绿色创新主体通过理性去对行动作出选择。只有企业内在的道德、价值标准与绿色创新相契合，绿色创新的行为才会有持久性。其中，不仅需要人的理性功能得到卓越的发挥，还需要创造理性思维的场景。因此，德性主义道路与后果主义等道路具有根本性差异，倡导对企业及其管理者进行道德评判，不仅要对绿色创新的行为进行评判，还需要通过其行为对其道德品格进行评判。比如，某企业致力于风电发展，在多晶硅等领域有突出成就，但是该企业在多晶硅的生产过程中却产生了巨大的环境伤害，德性主义者就会认为，这家企业并不是在保护环境、改善社会，因为他们的品格是存在瑕疵的。也可以说，德性主义道路瞄准的是企业和人更为本质的认知与价值取向，强调高质量发展进程中企业及其管理者培养与保持优良道德品质，从更为整体的角度为社会带来福祉。

德性主义道路趋向于完美主义，是突破性创新和绿色综合化的融合。各类主张下，企业的绿色发展要求颇高，难度不小。李华晶（2018）基于典型企业样本的研究表明，不同高管团队的环境认知以及环境价值观直接影响企业绿色创新的程度，体现为企业处理利益相关者的环境诉求受到高管态度的影响。这样的研究发现表明，德性主义道路有它合理的地方。德性主义道路主张与此前的环境伦理研究也有一定程度的契合，甚至可以说，环境伦理研究为德性主义道路提供了理论支持。其实，中国经济经历了几十年的高速增长，生存问题已经不再是问题，道德要求逐渐成为选项。需要企业以及企业管理者调整思维定式和行为习惯，主动适应高质量经济发展阶段的社会要求，保护我们共同的环境福祉。也就是说，企业必须从伦理层面重建，树立保护环境、爱护自然的生态伦理信念和道德自觉，生态创新才可能不断涌现，人与自然的关系才能和谐。

（5）认知主义道路。认知主义道路强调的是学习，强调企业及其创业者通过学习改变环境认知与行为。绿色创新的认知主义道路将企业及其他创新主体视为学习者，通过知识的传播、信息的交互与情感的传递，建立创新主体刺激与行为之间的联结。当然，学习也是创新主体主观建构认知体系的心智活动。在环境知识的建构基础上，创新主体和环境问题与创新行为之间的联系就可以建立起来。其内在的逻辑在于，被知识充满的行为主体不会对环境刺激进行机械的响应，而是基于对刺激的认知解释来做出行为回应。因此，认知主义道路主张灵活运用认知与心理规律来改变创新主体的行为，甚至可以通过控制企业及管理者的认知对其动机进行修复，促使他们进行态度及其行为的纠偏，引导他们采取进一步的行动。

确实，绿色创新需要知识作为支持，尤其是以企业及其管理者以知识为基础的环境认知为条件。诺贝尔经济学奖得主理查德·塞勒先生将认知心理学纳入经济决策分析，着重探索有限理性、社会偏好和自控力缺乏等对经济决策的影响，为基于认知心理机制的绿色创新认知主义道路提供了理论借鉴。他提出的“助推”（Nudge）概念其实就是心理暗示或心理干预，即在保持行为主体自由选择权的前提下，通过认知心理学手段引导人们朝特定方向行动的非监管性和非货币性干预。在绿色创新领域，通过知识传播或一定的学习机制，可以助推企业展开绿色创新行为，贵阳绿色生态论坛即是如此。

[**延伸阅读**]

紫荆花公司的绿色创新战略

江苏紫荆花纺织科技股份有限公司（简称紫荆花）成立于1987年。通过实施黄麻绿色创新战略，紫荆花从高耗能和高污染的纺织企业成功转型为高科技生态型企业，获得国家技术发明奖二等奖、联合国开发计划署“绿色扶贫杰出贡献奖”等荣誉。10年来，紫荆花已构建出以黄麻纤维为核心的集育种种植、纤维处理、纺纱、设计、生产、销售等为一体的创新型绿色生态产业链。黄麻纤维也凭借绿色环保新材料的“新身份”，走进人们生活的各个领域。

1. 偶识黄麻

黄麻俗称络麻，属椴树科黄麻属的一年生草本植物，生长期为140天左右，比棉花短40天。与其他麻类相比，黄麻生长条件要求低，在24~38摄氏度的潮湿气候中生长茂盛。黄麻是最廉价的天然纤维之一，其种植量仅次于棉花。全世界年产麻约500万吨，其中黄麻占总量的60~70%。黄麻主产地在中国、印度和孟加拉国。印度是世界上最大的黄麻种植国，占世界黄麻总产量的60%，而其余部分主要来自孟加拉国、中国等地（见表9-4）。

表 9－4　全球黄麻产量分布

国家	产量（千公斤）	国家	产量（千公斤）
印度	2140000	缅甸	30000
孟加拉国	800000	巴西	26711
中国	99000	乌兹别克斯坦	20000
科特迪瓦	40000	尼泊尔	16775
泰国	31000	越南	11000
全球	3225551		

黄麻纤维有其他纤维难以比拟的优势：黄麻纤维可 100% 生物分解和回收，对环境无害；纤维悬垂性良好，具吸湿、散湿与透气的功能；防虫防霉、静电少、不易污染；凉爽挺括、出汗不贴身、质地轻、强力大；色调柔和大方、粗犷；适宜人体皮肤的排泄和分泌，不起球；能屏蔽紫外线功能，抗菌能力在麻类织物中最强；取自植物茎内皮或外皮，成本低，价格廉。

但长期以来，由于黄麻产品加工技术难度很大，黄麻仅被用于做成麻袋、包袋、包装材料等低附加值产品。中国的黄麻纺织行业在 20 世纪 80 年代迅速膨胀，全国 400 多家黄麻纺织厂几乎全部盈利，但产品较为单一：麻袋，且年生产能力达 12 亿条。但是，近几年来，以不可再生的石油为原料的合成纤维和塑料制品等包装材料的大量应用，使黄麻用品市场进一步萎缩。同时种植面积不断减少，全国黄麻种植面积从高峰时期的 1500 多万亩减少到近几年的 300 万～500 万亩，麻袋产量也剧减至 5000 多万条，超 90% 的黄麻纺织企业倒闭。

20 世纪 90 年代，紫荆花意识到，以劳动力和原材料密集为特征的粗放式纺织业经营模式亟待改变，取而代之的是对环境影响更小的精细化生产方式。而要实现这一转变，原有的以棉花和化纤为原材料的生产系统已经非常完备，创新空间很小。因此需要进行原材料创新。经过长期市场摸索和调查，紫荆花将目标锁定在自然特性优良并具有环保价值的麻纤维上。但因为麻纤维的特性，传统上只适用于做麻袋、麻绳等低附加值的产品，要在麻纤维上有所作为，需要突破性的技术创新。

2. 黄麻绿色技术

2002 年，紫荆花联合国内高等院校和科研院所推进产学研项目，针对黄麻纤维粗硬、染色难、加工难等缺点进行了联合技术攻关。2006 年，经江苏省科技厅批准，公司联合六所高等院校成立江苏省黄麻纤维材料工程技术研究中心，为国内唯一一家省级黄麻研究中心。经过了 8 年艰苦攻关，成功申请核心发明专利《黄麻的脱胶工艺》，随后进入批量规模化试生产阶段。公司先后投入约 1.5 亿元科研经费和 2 亿～3 亿元厂房及产业化建设费用，专门进行黄麻种植改良、纤维处理、纤维产品的研发设计。目前工程中心取得了一系列科研成果：研发了黄麻棉混纺纱线；开发了黄麻棉牛仔布、纱卡、帆布、平布等 50 多款面料；试制了黄麻混纺地毯、服装、包袋、家用纺织品、汽车内饰、医用保健服饰及轻软箱包等产品。

黄麻绿色技术包括两个方面的内容。

(1) 黄麻品种改良。经紫荆花改良后的黄麻品种，在种植上具有以下优势。

首先，对土壤要求低，黏土、沙壤、盐碱地等均可种植。盐碱土在全球陆地分布广泛，全球盐碱地面积约 9.5 亿公顷。我国盐碱地面积约 5.27 亿亩，其中盐碱耕地 0.88 亿亩。改良后黄麻品种能够利用废地和废料，既减少对耕地和农田的占用，又可以满足人们对天然纤维的需求，同时还可以为农民增收。

其次，种植成本低。全程无须农药，除沙质土壤的苗期需要灌溉水外，其他地域和时段基本不需要人工灌溉，用水量少。

最后，可促进土壤良性循环，有改良作用。改良后的黄麻品种，植株更健壮，相比普通黄麻，能增加土壤中的有机质，改良土壤结构，增强土壤的渗水性和保肥力，相比普通的黄麻，更有利于保护和改善环境。

紫荆花在江苏省滩涂开发的基础上，已逐步向甘肃、福建、新疆等地展开。迄今，紫荆花已在全国 12 个省市区开展黄麻种植。非洲 Songhai 采购团在充分了解到紫荆花黄麻改良土地、改善生态、增收创汇等集经济、社会、环境多方效益于一身的特点后，对黄麻产业产生了浓厚的兴趣，不仅下了大批量订单，而且将紫荆花黄麻品种带回非洲进行试种。

(2) 精细化黄麻纤维。由于黄麻纤维纤维粗硬、可纺性差、色素不易去除、上色性差等缺陷，传统上黄麻纤维主要用于麻袋、麻绳等包装材料。紫荆花科研团队对黄麻纤维的精细化处理、纺纱、织造、染色、后整理等各项工序进行缜密的控制和选择，成功地解决了国际上一直未能解决的“黄麻纤维分离度低、脱胶、脱色难、可纺性差”等技术问题，突破性地开发出一种天然舒爽、抗菌防臭、环保保健的全新麻纤维，并在可控精细脱胶技术、协同脱色技术、柔性细化技术和高性能生化处理技术等方面形成了自主知识产权。目前，已开发了精细黄麻纤维制品数百余种，申请专利285项，建立起了集研发、黄麻种植、纤维处理、面料、加工、终端产品销售于一体的绿色生态型产业链，创造了无可估量的社会价值。

首先，原材料黄麻种植能够改善地质、降低种植成本、大量排氧、吸收二氧化碳。原材料黄麻的种植成本低，不使用农药，用水量小。对盐碱地有改良作用。改良后的黄麻品种，植株更健壮，相比普通黄麻，能增加土壤中的有机质，改良土壤结构，增强土壤的渗水性和保肥力。相比普通的黄麻，改良后的黄麻品种的种植更有利于保护和改善环境。

其次，引进NRDC的环保认证，实现生产过程的节能减排。紫荆花从以环境为代价的粗放式制造向精细化生产方式转变，加大力度从环境保护和绿色生产入手，降低营运的经济、社会和环境成本。紫荆花每年投入近千万元用于污染治理和节能减排。这一努力使紫荆花先后获得了沃尔玛、ISO9001、ISO2000质量管理体系认证、欧洲绿色环保产品OEKO. TEX . STANDARD 100认证、ISO14001环境管理体系认证、OHSA18000职业健康安全体系认证等，从而塑造了紫荆花绿色、环保、有社会责任感的品牌形象。

最后，紫荆花精细化黄麻纤维，使用可再生黄麻，生产和消费过程均能达到环境减负效应，其良好的持久性还能节约大量资源。不规则多角形构造使其吸湿性高于一般化学纤维数倍。制成品透气性强，散热快，且手感舒适、光泽柔和。基于黄麻纤维具备的诸多优良特点，紫荆花大力推进产品创新，将精细化黄麻纤维及制品应用于各个领域，取得了良好的经济效益和社会效益。目前，紫荆花已开发的黄麻产品有纤维、纺纱、面料、服饰、日用品、家纺、室内装饰、卫生用品、包袋等，涉及了纺织服装面料、复合材料、产业用纺织品等行业。

(3) 创新商业模式。绿色消费在中国并未成熟，价格依然是国内消费者的主要考虑因素，导致价格偏高的节能产品无法大批量应用；同时国内消费者的环保意识不强烈，对传统原材料（如黄麻）存在偏见，使得紫荆花必须考虑利益相关者资源的整合。为此，紫荆花以黄麻绿色技术为基础，制定了新的企业发展战略，构建了一个绿色的商业生态系统：在供应上，指导和帮助农民在荒地上种植改良后的黄麻品种，并通过雇佣、签订采购协议等方式与低收入者共同生产黄麻产品；在需求上，以低收入者为目标顾客，针对其需求提供低价优质产品。

1) 建立共享平台。以科技创新为核心，紫荆花通过黄麻绿色技术创新构建了一个分享技术应用平台（见图9-1)。通过这一平台，价值链上各个环节的利益相关者资源得到整合，各利益相关者共同创造经济、社会和环境价值。

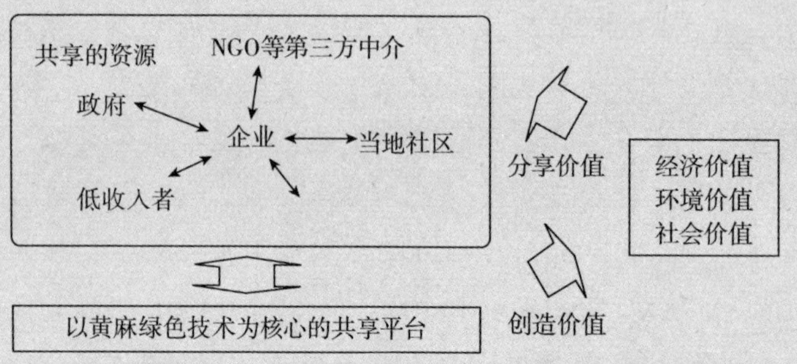

图9-1　以黄麻绿色技术为核心建立共享平台

2) 目标顾客定位与确定产品价值。紫荆花的黄麻产品具有廉价、优质、绿色等特征。但是在传统的服装和家纺市场，棉花和亚麻产品已经占据了很高的市场份额。与这些产品相比，黄麻产品虽然有其差异化的优势，但顾客接受新产品需要一段时间，在短时间内还难以达到销售规模，难以通过规模经济降低前期在产品研发和推广上占用的固定成本。这意味着在传统市场上难以发挥黄麻产品的独特优势。因此，紫荆花需要寻找一个可以孕育创新的黄麻产品的市场。

通过对市场的分析，紫荆花发现，传统的棉制品使用范围广泛，覆盖了从低收入人群到高收入人群的整个市场区间。但是大部分优质的棉织品和采用创新技术改良过的棉织品都是针对高收入人群的，很少有企业针对低收入人群推出具有高附加值的棉织品；对亚麻产品来说，因为其成本较高，产量较少，主要面向高端市场。要将黄麻产品推向市场，低收入市场可能是一个最佳的选择。低收入市场有大量的消费者，这些消费者希望获得优质低价的产品，但棉制品和亚麻制品显然还不能很好地满足他们的需求。而黄麻制品具有优良的生态特性，并且一旦市场规模得到保证，黄麻制品的成本能迅速控制在合理的范围内，从而为低收入者提供低价高质的产品，满足他们的需求。另外，随着经济的发展，这些消费者的购买能力在逐步提升，市场的进一步扩大能带动生产成本的进一步降低。

顾客的需求决定了紫荆花的黄麻产品应该提供的顾客价值主张。紫荆花黄麻产品的目标顾客是低收入人群（见图9-2）。低收入人群能够投入购买纺织、家纺用品的资金较少，因此需要紫荆花提供低价的产品。另外低收入人群所能获得的市场信息通常比较有限，因此一旦建立对某个品牌的忠诚度则不容易改变。因此面向低收入人群的产品如果能够具有优良的性能和品质，则很容易建立其顾客的忠诚度，迅速占领市场。最后，低收入者往往对绿色概念缺少认识，也难以辨别“绿色产品”的真伪。但低收入者受到环境问题的影响更大，并且在应对和解决环境问题上比高收入人群更加无力。因此致力于实现可持续发展的企业应该将这一因素考虑在内，为低收入者提供绿色环保的产品。

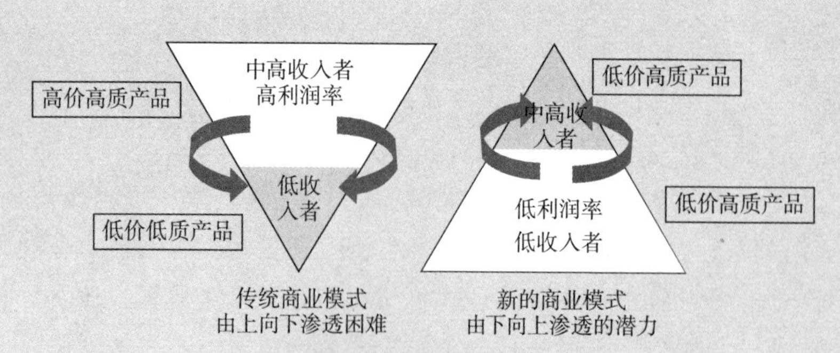

图 9-2　紫荆花的目标顾客

针对顾客需求，紫荆花提出了三个一般性顾客价值主张：低价格、性能优良、绿色环保。除此之外，紫荆花的产品还暗藏了扶贫的顾客价值主张。这一主张将顾客的购买行为与扶贫相结合，将低收入者纳入黄麻产品的生产或销售环节中来，实现每生产和销售一件产品，就为低收入者提供一份收入，改善他们的经济情况。

具体来说，紫荆花黄麻产品的顾客价值主张如图 9-3 所示。

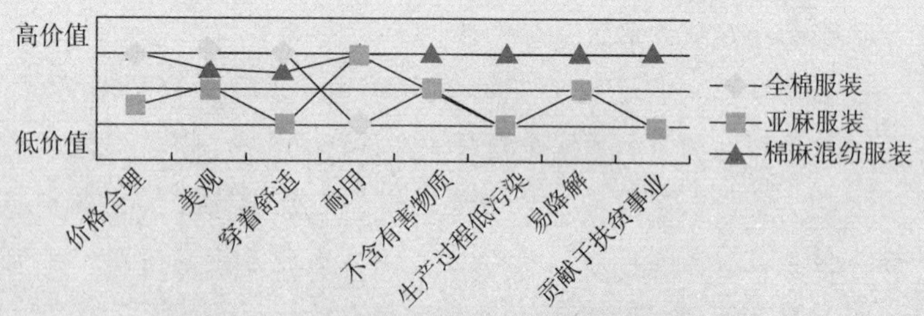

图 9-3　紫荆花黄麻产品的顾客价值主张

3）利益相关者参与的价值创造。基于这一共享的技术应用平台，紫荆花重新定义了顾客价值主张，并以此为基础再造黄麻纺织品的价值链，路径是对不同利益相关者的资源进行了整合。

与低收入者开展商业合作。紫荆花的产业基础是黄麻绿色技术，在黄麻种植的地区，农民种植效益不佳，积极性不高。他们作为消费者和生产者都存在动力不足的问题。紫荆花投入技术研发，改良黄麻品牌，低成本的种植要求对积极性不高的种植户可以形成推动作用。紫荆花公司与这些种植户合作，充分利用了土地资源和劳动力成本低的优势，黄麻产品的成本优势也得到强化，并从终端产品的竞争力体现出来，而终端产品的竞争力不仅可以推动种植户成为消费者，同时也可以提升种植户的积极性。因此，紫荆花以黄麻绿色技术为核心环节切入，实现了与低收入农户的深度合作，并推动整体产业链的持续运作。

与政府的合作。与农业相关的任何产业投资，都离不开政府的支持与协作，黄麻绿色产业的发展中，政府更是不可或缺。首先，政府的政策支持需要与紫荆花的产业发展相协调。传统上，由于黄麻应用范围有限，经济价值开发不足，农户的种植热情并不高。所以政府的支持至关重要，甚至出台了黄麻最低价收购政策，对黄麻产业的启动起到推动作用。其次，黄麻产业需要大范围跨行业的资源配置，企业行为只有得到政府协助，才可能实现。事实上，紫荆花选择黄麻种植基地、建立黄麻纤维提取工厂以及后加工等环节的业务展开，都得到了政府的大力支持，促进了行业的整合与发展。最后，政府媒介作用突出，沟通了企业、农户以及其他资源参与机构。比如，紫荆花公司的产业研基地、与美国自然保护委员会以及与国际采购商的长期采购合作，几乎都是在政府的媒介下完成的。

与高等院校开展科研合作。围绕黄麻种植和黄麻纤维开发这一产业链核心环节，紫荆花公司将研发打造成为品牌核心竞争能力。紫荆花充分整合高等院校与科研机构的研发能力，与东华大学、南京农业大学、南京林科院等6家机构、40多位纺织技术专家，成立中国首家黄麻纤维材料工程技术研究中心，对公司黄麻纤维纺织技术及成品研究贡献巨大。另外，紫荆花还投入高额科研经费与产业投资，与研发机构一道进行黄麻种植改良、纤维处理、成品研发设计，最终在服装、家纺、产业用布等领域开发出有竞争力的新品，对其他材料的制品起到完全替代的作用。

以国际组织为中介扩展分销渠道。为扩大黄麻产品的市场边界，紫荆花将黄麻新品推向了国际市场，以推动产业链的升级发展。在国际市场的拓展中，紫荆花面临至少两个困难：市场资讯缺乏以及国际营销能力不足。张文红（2011）的调查发现，紫荆花在切入美国市场的时候，美国最有影响力的非政府环保组织之一——美国自然资源保护协会（NRDC）成了非常好的中介，公信力强，对美国市场也非常熟悉。紫荆花经过坚持不懈的努力，通过了 NRDC 的审核，获得了 NRDC 认定的“有责任的供应商”（RSI）资质。紫荆花的一系列黄麻产品不仅进驻了中国的沃尔玛、宜家、永旺等，同时，也借道进入国际市场。

资料来源：张文红．江苏紫荆花黄麻绿色发展之路[A]//第二届“中国管理案例共享国际论坛”论文集[C]. 2011.

参考文献

[1]Bansal P. From issues to actions: The importance of individual concerns and organizational values in responding to natural environmental issues[J]. Organization Science, 2003, 14(5): 510-527.

[2]Brockhoff T, Brinksmeier E. Grind-hardening: A comprehensive view[J]. CIRP Annals-Manufacturing Technology, 1999, 48(1): 255-260.

[3]Chen Y S, Chang C H. Towards green trust: The influences of green perceived quality, green perceived risk, and green satisfaction[J]. Management Decision, 2013, 51(1): 63-82.

[4]Chen M F, Tung P J. Developing an extended theory of planned behavior model to predict consumers' intention to visit green hotels[J]. International Journal of Hospitality Management, 2014(36): 221-230.

[5]Ghisetti C, Rennings K. Environmental innovations and profitability: How does it pay to be green? An empirical analysis on the German innovation survey[J]. Journal of Cleaner Production, 2014(75): 106-117.

[6]Henriques I, Sadorsky P. The relationship between environmental commitment and managerial perceptions of stakeholder importance[J]. Academy of Management Journal, 1999, 42(1): 87-99.

[7]Jaffe A B, Palmer K. Environmental regulation and innovation: A panel data study[J]. Review of Economics and Statistics, 1997, 79(4): 610-619.

[8]Kemp P, Wall D. A green manifesto for the 1990s[M]. Penguin Books Ltd., 1990.

[9] Hart S L. A natural - resource - based view of the firm[J]. Academy of Management Review, 1995, 20(4): 986 - 1014.

[10] Murillo - Luna J L, Garcés - Ayerbe C, Rivera - Torres P. Why do patterns of environmental response differ? A stakeholders' pressure approach[J]. Strategic Management Journal, 2008, 29(11):1225 - 1240.

[11] Porter M E. Towards a dynamic theory of strategy[J]. Strategic Management Journal, 1991, 12(S2): 95 - 117.

[12] Sharma S, Vredenburg H. Proactive corporate environmental strategy and the development of competitively valuable organizational capabilities[J]. Strategic Management Journal, 1998, 19(8): 729 - 753.

[13] Teitelman R. Profits of science: The American marriage of business and technology [M]. Basic Books, 1994.

[14] Sarkis J, Gonzalez - Torre P, Adenso - Diaz B. Stakeholder pressure and the adoption of environmental practices: The mediating effect of training[J]. Journal of Operations Management, 2010, 28(2):163 - 176.

[15] Thomas K J, Simpson S S. Social learning theory[J]. Encyclopedia of Criminology and Criminal Justice, 2014: 4951 - 4963.

[16] 董颖. 企业生态创新的机理研究[D]. 浙江大学, 2011.

[17] 李旭. 绿色创新相关研究的梳理与展望[J]. 研究与发展管理, 2015 (2): 1 - 11.

[18] 张钢, 张小军. 国外绿色创新研究脉络梳理与展望[J]. 外国经济与管理, 2011, 33(8):25 - 33.

[19] 李华晶, 张玉利. 创业与伦理的融合: 研究评析与前瞻[J]. 管理学报, 2014, 11(11): 1686.

[20] 李华晶, 张玉利, 汤津彤. 基于伦理与制度交互效应的绿色创业机会开发模型探究[J]. 管理学报, 2016, 13(9): 1367.

第 10 章　绿色创业

绿色创业是指创业主体识别应对环境问题的商业机会，投入资源建立组织实现创业目标的过程，其最终结果是绿色创业在达成商业目的的同时实现环境价值的创造。如果说绿色创新是解决与环境相关的问题的话，那么绿色创业就是开辟一番与环境相关的事业。因而，无论从事实内涵、结果事实以及对可持续发展的意义来说，绿色创业都比绿色创新更具影响力。

10.1　什么是绿色创业

10.1.1　概念定义

20 世纪 70 年代，西方国家的工业化以及粗放型发展方式对自然环境产生了极大破坏，严重降低了经济系统的可持续性，一些学者因此开始关注绿色创业问题。例如，Quinn（1971）在《哈佛商业评论》上发表开创性文章，认为“环境活动”（Ecology Movement）不仅不是对经济活动的消耗，不会对企业业务产生负面影响，还能帮助企业成长并拓展有利可图的全新市场。20 世纪 80 年代末至 90 年代初，绿色创业研究非常活跃，“环境创业者”“绿色创业者”和“生态创业者”等术语纷纷出现。

迄今，很多学者开展绿色创业的研究，并给出了不同角度的定义。Dean、Jeffery 和 McMullen（2007）提出，绿色创业是识别、评价和利用市场失灵下经济机会的过程，机会与环境问题相关，可帮助实现可持续发展。Cohen、Monika 和 Winn（2007）认为，绿色创业着眼于未来，是把“未来性”产品和服务带到现实当中的机会，绿色企业家辨识、创造和利用这类机会，其中还关涉由谁来完成“未来性”产品和服务的导入以及将会产生何种经济、心理、社会和环境结果等。Divito 和 Bohnsack（2017）认为，企业家创造经济利润时也解决了生态问题就是生态创业，从动机上来说是环境与商业的混合，既能赚取经济利润，也可提高环境效益。Johnson 和 Schaltegger（2015）认为，绿色创业是可持续发展范式的衍生，将创业行动与环境保护、经济发展和社会公平有机地结合起来，但并不拘泥于“绿色化”本身。

狭义地看，绿色创业是指既有企业出于对差异化、成本管理或顾客价值等方面的优势塑造而实施的绿色化，或创立一个提供环境友好的产品和服务的创新性企业，这种绿色创业是短期的、局部的。广义的绿色创业建立在环境创新基础上，致力于差异性、市场导向和个体推动的价值创造，这类创业活动以“可持续发展”为目标，具有长期和全面的特性。广义视角下，绿色创业从工艺、设计等每一个环节切入，去实现“绿色化”，去探索事业可持续发展的路径，显示出强烈的伦理观、环保主义理念与创业动机的整合特征。

不管是狭义还是广义的视角，学术界对绿色创业的理解基本一致，即整合商业创业和可持续发展分析企业创业活动，强调对绿色化机会的识别与利用，目的是创造可持续价值并实现环境、社会和经济的共同发展。创业的核心是商业机会的识别与利用，而绿色创业则是以实现环境、社会和经济“三位一体”成长为目标的创业。简言之，绿色创业是为实现可持续发展而识别、评价和利用市场失灵状态下出现的与环境密切相关的商业机会的过程。其中关涉三个要点：①根据绿色创业的目的来定义，绿色创业是通过建立新组织等方式实现绿色化与可持续发展目标，强调绿色参与倾向；②从绿色创业的发展机遇来看，绿色创业强调公众环境意识提升和绿色市场扩大的“绿色化”契机，因应“绿色化”契机企业采用商业化手段形成新的利润增长点；③从绿色创业的主营业务来看，绿色创业者前瞻性地把握未来市场方向，开发出“未来”需求的绿色产品、技术、服务等来打开市场，提高企业竞争力。

10.1.2　绿色创业的特征

绿色创业不同于传统创业，绿色企业也不同于传统企业。体现在：其一，生态化参与。即使不同的绿色创业或绿色企业的绿色化程度并不相同，但它们都具备了“绿色创新和创建绿色组织的倾向”。其二，依赖于绿色市场。在战略选择方面，绿色创业最明显的特征是开拓绿色市场，利用绿色优势来实现自身的生存和发展。通常，绿色创业定位于绿色市场，没有初具规模的绿色市场，绿色创业就没有生存的基础，更没有发展的空间和可能。其三，绿色市场需要教育。绿色企业必须让消费者认识到现存技术和产品的不可持续性，唤醒他们对绿色产品的需求。其四，绿色创业需要一定时间周期并存在政策依赖性。绿色创业回报周期较长，同时还承担了一定社会责任，因而需要一定政策扶持，它往往扮演着生态建设和创业的双重角色。不仅如此，绿色创业还显现出以下显著特征：

首先，绿色创新是创业核心。绿色创业者探索、发展与应用绿色创新方案是绿色创业的灵魂所在，创业者能够抓住创业机会的关键点。绿色创业涉及绿色技术的开发、绿色产品的设计、生产过程的绿色化管理、绿色化利基市场的开拓等。虽然，绿色创业是为了实现绿色创新，但绿色创新内容及其程度却关乎绿色创业能否成功。因为，绿色创业的内容和程度决定了创业者能否建立先行者优势，能否打造绿色品牌，能否提升品牌形象。或者说，绿色创业能够帮助企业获得市场认同、孕育利润增长点和建立竞争优势，确保创业成功。

其次，绿色价值观与可持续发展理念。绿色创业不仅仅是为了赚钱，而是要通过商业创业的手段实现环境价值的创造，为我们的共同福祉做出贡献。我们经常发现一些以绿色为名（如很多“漂绿”行为）的创业企业，它们以绿色与环境保持为旗号，但很快就被市场唾弃，因为企业的价值选择会遭遇到市场的检验，“漂绿”行为与绿色目标貌合神离。比如中石油建设绿色厂区与英国石油公司开发新能源（Beyond Petroleum）就并不相同，差异点在于两家企业行为背后的理念。可以说，绿色创业者是以绿色价值观和可持续发展理念为前提，与将环境保护视为副产品但更追求商业利润的商业企业家有根本区别。

最后，取得绿色绩效。绿色创业的绿色绩效存在于几个方面：绿色创业通过创新减少了环境伤害，解决了困扰社会发展的环境技术瓶颈或产品缺陷，甚至是创造了环境增益；与绿色公益不同，绿色创业实现了环境、社会与商业的三赢结果，绿色创业以行动告诉市场：绿色是金，让更多企业对忽视环境伤害的传统商业做出改变；绿色创业与绿色市场的开发相互谐振，一方面，绿色市场支持了绿色创业的发展，另一方面，绿色创业推动了绿色市场的进一步成长。

10.1.3 绿色创业的驱动因素

林燕等学者（2018）通过归纳总结，概括性提出绿色创业的驱动因素模型（见图 10-1）。他们认为，绿色创业驱动因素包括市场失灵、制度刺激、绿色文化、教育引导、绿色文化及消费者行为、创业者个人价值观和意图等六个主要方面，下面分别展开论述。

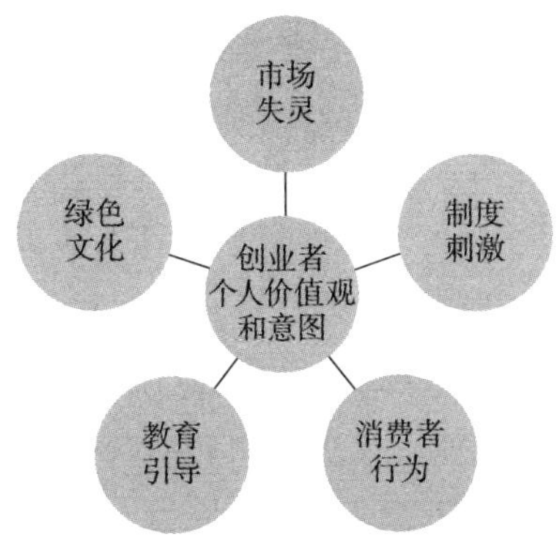

图 10－1　绿色创业的驱动因素

(1) 市场失灵。Dean 等（2007）以理论假设结合案例分析提出，市场失灵（定价机制、外部效应、信息不对称、公地悲剧、垄断等）存在于多个行业，绿色创业家敏于观察，试图通过创业手段来予以解决；Cohen 等（2007）将市场失灵归结为四种类型（无效率的企业、负外部效应、定价机制缺陷和信息不对称），每一种市场失灵都可能为创业者提供创业机会，使创业者获得创业租金的同时保护当地的生态环境。

第一，无效率的企业往往意味着资源浪费。依照经济学的观点，最优化的资源配置减少浪费，提升企业效率。因而，绿色创业家往往可以从中找到机会，他们通过绿色技术应用链的创新，或者提升现有资源的生产效率，或回收利用嵌入在产品中的低效率自然资源，将废物转化为高质量、高价值、有效用和可重复使用的产品。可以说，相当多的绿色创业是从提供资源效率和减少浪费开始的。

第二，负外部性意味着经营分析。例如，采矿作业企业可能对地下水造成污染；纺织品染色过程对径流产生破坏；能源生产企业产生大量的排放。这些企业囿于历史的原因，对环境的伤害置之不理。但是，这样的负外部性正在遭遇越来越严格的政策规制，可能引起消费者或社区居民的投诉、抗议甚至是法律诉讼。因此，很多绿色创业家通过一定的技术开发，可以为这些企业降低经营风险，创业行为由此产生。

第三，市场定价机制方面存在缺陷。在现有体系中，自然生态系统为人类提供的服务（清洁水源、干净空气、蔚蓝天空、太阳能等）通常被低估或忽略。正因为这样，可口可乐等公司消耗了大量廉价水源，却没有支付更高的费用。这样的情况在市场中经常发生，比如：汽车公司生产了大量的汽车，但他们并没有支付排放的费用。随着环境意识的上升，绿色会计推行，人们很快会重估自然资源的价值，而消耗更多资源或伤害环境的行为将会支付费用，大量创业机会也会涌现。

第四，市场信息不对称。即便在互联网社会，信息不对称也普遍存在。在绿色市场与可持续消费领域，信息不对称现象广泛地存在于可持续研究专家、政府、企业以及消费者之间。核心原因在于，环境与可持续发展领域的知识内容非常广泛，而且处于持续的变化中。比如，从很早开始，我们就认为电池应该回收，因为电池里的汞以及其他物质可能伤害环境。于是，我们将相当多的资源投入到电池回收中。事实上电池回收之后，几百上千吨的电池被累积之后，我们毫无办法，几乎是一颗定时炸弹。而对于未回收的电池，学者发现自然的力量可以分散甚至削减其风险。类似情况比比皆是，环境技术、知识以及环境消费产品等信息的不对称客观存在，这样的不对称为绿色创业提供了机会，或普及知识，或利用不对称的信息开发真正的环境友好型产品与服务，或提供检验服务（如欧盟之花）等。

（2）制度刺激。Stephan 等（2010）在研究绿色创业时，发现了作为“社会结构的深层化”制度导向性，体现在它强烈地影响创业机会的识别、开发与利用。如，2016 年开始的中国环境责任制度及管理体系的变化，不仅导致了大量污染性企业的关停并转，而且由此开始的绿色创业（如东方园林等）非常活跃。这与西方社会关注生物多样性的绿色创业形成巨大差异。Liu 等（2014）对中国光伏行业的创业行为研究表明，政策补贴以及地方政府的各类支持是推动光伏产业投资的重要力量。甚至，我们注意到，欧洲市场（如德国）2008 年前后取消新能源政策补贴之后，随之而来的光伏投资剧减说明了制度激励与绿色创业行为之间的关联。此外，Ingram 和 Silverman（2002）提出，建立支持绿色创业的制度规范可提高绿色创业的成功率；Hörisch 和 Kirchkamp（2010）的主张非常有意思，他们发现，并不一定非要有明晰的支持绿色创业的制度，只要是法律制度很健全的国家，绿色创业都会比较繁荣。当然，政府通过制定绿色税收优惠、绿色信贷计划、绿色创业基金等被证明普遍有效。Stephan 等（2010）利用制度空隙理论阐释社会再分配过程中的低税收标准促进绿色创业水平的路径机理。

（3）教育引导。Weybrecht（2014）提出，欧洲许多高校甚至推出绿色 MBA 教育，通过对创业者绿色价值观的构建、CSR 知识的传播及其相关技能的培养，来推动绿色创业活动。Hulsink 等（2009）认为绿色创业需要的技能条件相对较高，绿色创业教育可帮助创业者获得更多创业信息和技能，提升创业者抓住市场机遇的能力。Lans 等（2014）特别强调绿色创业教育的重要性，认为它可以训练和提高绿色创业者的机会把握能力，使其增强对环境和利益相关者的关注，重视可持续发展价值观的培养和绿色思维，能够有效掌握运用绿色技术和可再生能源所需的知识和技能，应用可持续发展框架来设计新产品、服务和可持续生产过程。

（4）绿色文化。绿色创业既诞生于一定的价值观、规范与行为的环境中，也促成绿色文化的形成和发展。Sarkar 等（2015）提出，绿色文化是集成绿色科学、绿色思维与行为方式的概念，是整个社会或一定群体经过沟通与实践磨合而形成的。创业者在绿色文化的熏陶和洗礼之下，将会更敏锐地发现绿色创业的机会，还能以创造绿色价值为目标开展环境友好型技术与产品的研发，更好地开展绿色创业。Gibbs（2009）等学者的研究表明，绿色文化是创业者绿色价值观的来源，影响和决定其绿色创业行为。交易成本理论认为，绿色文化能够使创业者和利益相关者有更好的合作关系，很大程度上降低交易成本。从英特飞 20 多年的绿色创业实践可以清楚地看到，英特飞持续不断地追求“零排放”愿景，没有绿色文化的支持与推动是不可能的。或者说，绿色文化在绿色创业过程中形成的，但创业形成的绿色文化在推动英特飞持续不断地创业过程中起到了关键性推动作用。

（5）消费者行为。众多调查和研究表明，消费者环保意识逐渐提高，他们倾向于购买更绿色的产品，他们善于使用自己的消费权利为更美好的世界作出贡献。不仅如此，消费者还对绿色创业的企业心存尊敬，在口碑传播、资源提供以及各种行为上支持绿色创业企业。可以说，绿色消费市场的成长，有力地推动了创业者将注意力转向绿色利基产品。调查发现，环保主义者市场已经成为一个显著增长的利基市场，在英国，这一市场在

2005 年就达到了 300 亿英镑的额度，超过香烟和啤酒的零售额。广东金融学院“品牌可持续性”课题组的调查显示，超过 40% 的消费者对企业的环境行为是关注的，企业环境绩效已经成为消费者购买决策中的重要影响因子。在 2009 年，哈佛大学的彼得·圣吉出版《必要的革命》，他认为，生产“环境友好型产品和服务”已经与质量和价格一起，成为重要的品牌属性。

（6）创业者个人价值观和意图。上述因素似乎都是外在的，Divito 和 Bohnsack（2017）认为，关注环境保护的意图与愿景具有基础性作用，是创业企业的根本动力。相关学者的研究将绿色创业的意图分成了“感知的愿望”和“感知的可行性”，认为两方面的感知综合将推动绿色创业的产生。大量的访谈与案例研究发现，绿色创业者都有强烈的环境价值观，甚至是环保主义者。这样才可能推动创业企业在艰难的创业过程中勇往直前；才能推动创业者超越其他人，致力于把未来性的技术、产品与服务带到现实的商业社会中来；才能让他们在企业创业的过程中，忠于环境保护和社会责任的价值体系，并寻找到环境与商业利益的平衡。

[延伸阅读]

赤道银行原则与负责任投资

赤道原则（The Equator Principles，EPs）是根据国际金融公司和世界银行的政策和指南建立的金融行业标准，旨在判断、评估和管理项目融资中的环境与社会风险。2003 年，花旗银行（Citigroup）、巴克莱银行（Barclays）、荷兰银行（ABNAMRO）和西德州立银行（WestLB）等 10 家国际领先银行（分属 7 个国家）宣布实行赤道原则；随后，汇丰银行（HSBC）、JP 摩根（JPMorgan）、渣打银行（Standard Charted）和美洲银行（Bank of America）等世界知名金融机构也纷纷接受这些原则。

截至 2007 年 8 月，全球共有 52 家银行签署“赤道原则”，参加的金融机构资金大约占全世界的项目贷款的 80%。2008 年 10 月 31 日，兴业银行公开承诺采纳赤道原则，成为中国首家赤道银行。EPs 核心思想是金融机构有责任和义务对信贷企业资金使用的环境、社会以及健康等影响进行评估及监督，利用金融杠杆促进环境保护与社会和谐发展，而不是相反。简要地说，就是贷款方如果不能遵守“赤道原则”所规定的对环境、社会的有关方针和手续，就不能获得项目贷款。

虽然，赤道原则并不是严格意义上的法律条文，EPs却列出了赤道银行（实行赤道原则的金融机构）做出融资决定时需依据的特别条款和条件，成为金融机构不得不遵守的行业准则。因为金融机构是社会经济体系的命脉所在，它们的CSR正在受到越来越多的关注。EPs已经成为国际金融市场基本准则，谁忽视它，就将在国际项目融资市场中步履艰难。具体内容包括：

A. 对环境、社会的基础状况进行评估；B. 探讨环境、社会性可实施的理想的替代方案；C. 所在国的法律以及规定、应该适用的国际条例以及国际协定的要求事项；D. 保护人权以及当地社会的卫生、安全、治安；E. 保护文物和文化遗产；F. 保护生物多样性，保护濒临灭绝动植物种以及容易受到环境变化影响的自然生态，确认自然栖息地、处于危机状态的栖息地以及法律规定的保护区；G. 进行可持续的管理和使用可再生资源（包括通过独立的认证体系对自然资源进行可持续的管理）；H. 危险品的使用和管理等。

与EPs比较接近，2006年联合国环境计划署金融行动机构（UNEP. F1）与全球契约（Global Compact）发表了环境、社会、管理（ESG）中提及的考虑环境的负责任投资原则。新的负责任投资原则“Principles for Responsible Investment”包括：①我们在投资分析和决策时将ESG因子考虑进去；②我们作为有活力的股东，在持股方式和持股习惯中加入ESG；③我们要求投资对象公开他的有关ESG问题的应对；④我们在投资界力求促成该原则的接受和实行；⑤我们为该原则实施时更加有效而共同努力；⑥我们对有关实施该原则的活动情况和进展情况进行报告。

迄今，负责任投资原则已经成为国际投资领域的主流规范。

资料来源：依据百度百科关于赤道银行原则与负责任投资的信息资料整理。

10.2 绿色创业的类型

10.2.1 绿色创业三分法

Schick 等（2002）根据创业者关注生态环境的程度把绿色创业分为绿色奉献、绿色开放和绿色抵制三种。

（1）绿色奉献型创业（eco. dedicated start. ups）。与绿色公益行为有相似的地方，绿色奉献型创业的环境使命清晰一贯，创业过程中自始至终都有强烈的生态价值观和内在生态意识，并坚信商业与生态是可以兼容的，并不是非此即彼的对立关系。一方面，创业行为有清晰的生态目标，按照绿色与生态优化的标准提供社会产品和服务，不断进步，及至实现最终目标。另一方面，创业企业从战略层面，实现环境与商业的平衡，确保企业的以环境友好为基础的核心竞争力得到提升。在中国范畴之内，远大的绿色建筑、万科的住宅产业化等案例均具有奉献型绿色创业的特征。对于奉献型绿色创业，一方面要求企业有愿景与战略，有前瞻性。另一方面，政策扶持是必要的，因为该类创业成功所需的时间周期较长。

（2）绿色开放型创业（eco. open start. ups）。与奉献型不同，绿色开放型创业的动力来自对利润的追求，而非对环境绩效的追求，创业家对绿色投入持有开放的态度，不主动，但并不抵制。只要绿色投入能够产生商业绩效，他们就愿意进行创业投入。虽然绿色创业者关注生态环境及其创业的环境绩效，但参与热情来自绿色绩效能够产生的商业价值，来自绿色消费以及相关的绿色市场的吸引力。也就是说，这类创业者的基本逻辑是，绿色创业能够满足市场上的绿色产品和服务需求，而满足需求可以带来商业上的利润与回报。因而，影响这类创业企业投入的关键在于商业逻辑是否顺畅，绿色创业的时间周期有多长，绿色技术以及市场信息是否充分，等等。在达成环境目标的过程中，这类商业力量并不应该被忽视。中国的光伏产业的很多企业属于这种类型。

（3）绿色抵制型创业（eco. reluctant start. ups）。在两种行为之外，市场上还存在一定消极抵抗的企业。他们不愿意改变，唯利是图，对待环境问题消极抵抗，认为企业的绿色化就是负担。因此，这些企业不愿意执行环保方面的法律法规，对绿色消费及市场并不认同，他们将绿色投入视为成本和费用。其中的原因在于两个方面：其一，这些创业者在认识方面存在局限。他们由于各种原因，不接受环境与商业的平衡理念，他们接受不了法律之外的企业社会责任。其二，这些企业不愿意改变；抱残守缺，对绿色文化与绿色技术的接受度非常低。严格说，绿色抵制型创业并不是绿色创业企业，它只是作为一种绿色创业的对立样本而存在。

10.2.2　绿色创业者四分法

根据Giddens（1986）提出的结构行动理论，Walley和Taylor（2002）对创业者进行了分类。主张社会与个人存在互动循环的结构行动理论认为，社会及其组织的结构塑造个人行动，反过来个人的行动又会影响组织与社会的结构。根据结构影响因素和创业导向两个维度，Walley和Taylor（2002）把绿色创业分为偶尔为之型、创新机会主义型、绿色愿景型和伦理标新立异型四种类型，如图10－2所示。其中，结构影响因素包括创业者个人经历、家庭背景以及社会关系等；硬性因素包括环境法规、政策激励以及其支持绿色创业的连续而稳定的系统；创业导向自上而下，一个方向上是对利润的关注，另一个方向上则是对绿色与可持续发展的关注。

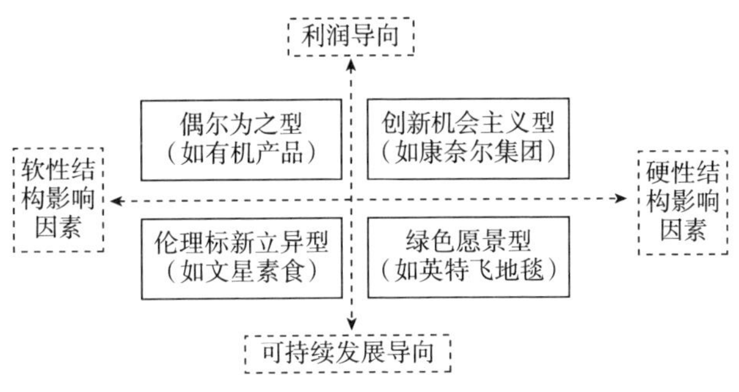

图10－2　绿色创业者四分法

（1）偶尔为之型（ad Hoc Enviropreneur）。偶尔为之型与Schick等（2002）指的绿色开放型绿色创业非常接近，创业者为利润而创业，但受到顾客、家庭以及社会关系等软性社会结构因素的影响。比如，市场上有的商家发现，有机蔬菜非常有市场，市场上就会出现有机蔬菜的生产、销售到再加工等。究其实质，这些创业者是受市场驱动而为之。有机蔬菜在生产过程中，也确实减少了农药的使用，没有对环境造成伤害，最终结果是实现了部分农产品的绿色化。

（2）创新机会主义型（Innovative Opportunist）。受政策环境的驱动和影响，一些创业者可能为了获得这些政策支持而采取一些机会主义创新行为，其间，改善环境与实现环境绩效等意愿并不真诚。这类创业者在任何国家都会存在，他们通常会认为绿色化是成本和负担，而政策方面的考虑使得他们愿意通过“偏绿”等投机取巧的方式参与到绿色创业中，是一种被动的绿色化。不过，这些被动的绿色创业行为却可能事实上取得一些绿色化的绩效。例如，一些生鲜水产品供货商明确地知道“孔雀石绿”是违禁药品，他们不得不在运输过程中停止使用，而是暂时采用了没有明确界定的“麻药”来对孔雀石绿进行取代。

（3）绿色愿景拥护型（Visionary Champion）。绿色创业中间，有人坚定地捍卫绿色生态的价值及其发展模式，他们以绿色化为目标，是为了开辟一个全新的市场，创造环境、商业与社会共赢的共享价值。通常，这一类创业者有坚定的可持续价值观和生态发展理念，是保护生态环境的坚决拥护者，他们以实现经营方式的可持续性为目标，对生态建设和未来社会的发展拥有美好的愿景。当市场或政府出现积极动向，这类创业者积极响应，愿意以实际行动来推动绿色化进程。甚至，这些企业也愿意与市场和政府进行沟通，促成绿色消费的生活方式出现，影响政府部门改变政策条件，支持绿色创业行动。美体小铺、Interface 是这种创业者的典型代表，他们的创建顺应了全球绿色革命的社会需求。

（4）伦理标新立异型（Ethical Maverick）。由于每一个人的家庭背景、社会经历与社会关系存在重大差异，对于环境问题及其机会的认知并不相同，这些柔性的结构性因素使得一些创业者在应对绿色化时，倾向于创建非传统型企业来实践绿色创业。例如，绿色健康食品的倡导者创建了“文星”素食餐厅，是伦理标新立异型绿色创业的典型代表；某出版集团响应绿色化的发展，提出电子阅读，减少出版过程中对纸张及木材的消耗；某旅游公司发现手机已经严重影响人们的生活，提出一种近郊亲子旅游的方式，让家庭从手机中走出来。这些创业项目不太受政策的影响，他们倾向于结合自身的实际，通过与众不同的方式创造环境价值。

Walley 和 Taylor（2002）的四分法展示了绿色创业家群体的复杂构成：

一部人分受到商业利润的驱动，创业者从商业的角度选择并采取创业行动；一部分人受愿景驱动，可持续价值观对创业行为产生了根深蒂固的影响；一部分人基于环境条件作出创业选择，环境条件的改变对创业行为有关键性影响，而另外一部分人则基于自身的资源条件，选择标新立异的差异化路径来推进绿色创新与创业行动。

10.2.3 绿色创业程度四分法

依据绿色创业创业行动的超前性和创业动机差异，李华晶（2009）构建了绿色创业的类型分析框架（见图10－3）。依照该分析框架，绿色创业大体上可分成先导型、突围型、循规型和顺势型等四种。需要说明的是，四种类型并不相互独立，相互之间存在着转化的可能，而且可能在同一组织环境内同时存在。

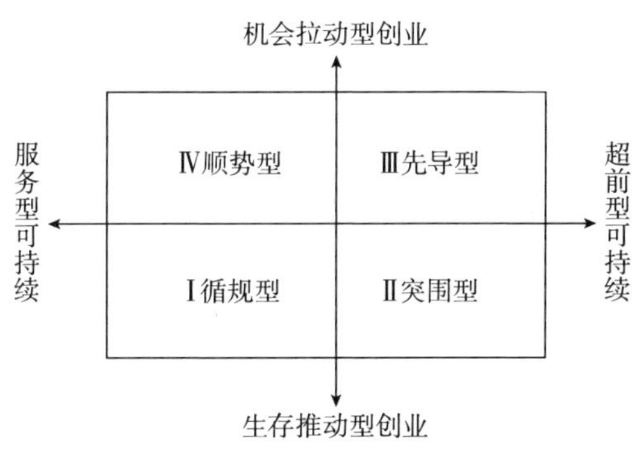

图10－3 绿色创业程度四分法

（1）循规型绿色创业。为了生存，一些企业顺应一些组织与环境的要求，循规蹈矩地推行绿色化与可持续发展措施，这种类型的创业属于循规型绿色创业。比如，为了进入欧洲市场，一些企业依照欧盟之花的标准，一步步推行绿色与低碳标准的技术、市场与营运。当然，遵循的标准与规范是多样的，一些企业遵循欧洲标准；一些企业遵循政策法规；一些企业遵从行业的标准；等等。这类企业的绿色创业没有突出的亮点，他们只为满足一定的条件标准。从GEM（Global Entrepreneurship Monitor，全球创业观察）近年统计数据可以发现，中国平均创业活动率较高，但多数是生存型创业。

可以看出，这类绿色创业仅仅把“可持续”和“绿色化”作为不得不遵守的环境规则，本质上他们视绿色化为成本，他们对待绿色化的行为实际上是成本与利益之间的权衡。循规型绿色创业受制于“规则”，当规则允许，这类创业才具有基本的生存条件；当规则禁止，这类创业企业危机将至。例如，“限塑令”2008年正式实施，许多家庭作坊的塑料企业不得不关停并转；而在2016年的环境法规趋严情况下，更多的活下来的企业再一次遭遇关停并转的命运。也就是说，环境条件随时在变化，因应一种规范的绿色创业并不能持久，因为这些创业企业的关注点仅仅是遵守规范。只有关注环境价值的创造，绿色创业才可以持续。

（2）突围型绿色创业。突围型绿色创业不为规范而创业，而是通过超前的行动创造环境价值。与循规型绿色创业不同，突围型创业虽然也是生存推动的，但是，他们在环境与可持续发展问题上却采取了超前行动的态势。从20世纪90年代开始，全球为环境与气候问题采取了共同行动，全球范围的环境标准趋严、环境意识迅速提高、环境关注度大为提升，为应对来自各方面环境利益相关者的压力，很多企业已经不满足于遵守规范和满足要求，而是采取主动措施减少资源浪费和污染，积极创建领先的绿色与可持续竞争优势。最好的生存不只是活下来，而是创建一个基于环境友好与可持续性的竞争优势，这是突围型创业的商业逻辑。

同样以“限塑令”为例，不少塑料生产企业遇到了困难，无纺布产业却获得了意外发展。无纺布不仅成本低，而且依靠自然力量即可分解，废弃物处理方便，且无污染、无残留、不生成对环境产生伤害的残留物质，很多企业以无纺布为原材料进行再创业。也有人从黄麻里提出黄麻纤维，替代塑料制品。不管是黄麻还是无纺布，都算得上是突围型绿色创业，因为以黄麻和无纺布为材料从根本上解决了问题。概言之，突围型绿色创业试图通过“绿色”的超前行动，而不是遵从规范去寻求发展空间，但导向上依然存在明显的为生存而创业的被动创业特征。

（3）先导型绿色创业。前两种创业类型都有被动的特征，先导型绿色创业则具有风险承担与主动性。指的是创业者受外在的机会拉动，采取超前行动实施绿色化和可持续发展战略。可以说，任何一个行业都处于更新换代与优胜劣汰过程中，从20世纪末开始，几乎所有的行业都开始嵌入绿色化的发展趋势，只有企业变成“绿公司”“环境友好型公司”和“负责任的公司”，才能获得社会认同的组织合法性。也只有通过绿色化创新，企业才能挖掘公司内部的资源优势，通过创新和变革让公司获得更大的发展机会和空间。在这一过程中，产品生命周期分析、绿色设计与清洁生产、环境影响管理、环境会计、清洁能源与技术等，成了很多企业的创业选项。但是，并不是所有企业都能顺应大势，众多企业在历史的大潮中扮演角色不一，有的跟随，有的带领，有的原地踏步。先导型创业就是以绿色创新成为行业领先者的创业战略。

全球范围内，生产包装材料的利乐公司，适应全球大势的创新研发，全球性地推行环保 4R 原则，即可再生、减化量、可循环和负责任，不仅不断开发出新产品，解决利乐包装的环境影响和伤害，还利用供应商的影响力推动供应链上的可持续经营，同时大力提倡森林与自然资源的保护。不仅致力于自身产品的循环利用和产品废物的再利用，还致力于更大范围的可持续性管理，在保护生物多样性、资源节约以及社区发展等方面先人一步。

（4）顺势型绿色创业。与先导型创业相同，顺势型绿色创业很大程度上是对绿色导向的创业机会的回应，是顺势而为。但顺势型绿色创业绿色化的程度是不够的，他们在创业过程中，有形或无形中在遵守广为接受的绿色化与可持续性规范，在绿色化与创业程度上显得浅尝辄止，缺乏先导性创业的坚决与果敢。李华晶（2009）的研究指出，顺势型创业受绿色创业的机会驱动，还有可能是受到利益相关者诉求的影响，通过绿色创业行动去管理企业与利益相关者的关系。

20 世纪末期诞生的清洁生产模式就是一种典型的针对顺势创业行为的模式，尤其是体现在其广泛应用阶段。在清洁生产的开始阶段，一些大公司认识到减少废弃物并不仅是外部性问题，而是自己的成本节约和效率提升。在外在压力变大的背景下，他们对企业生产过程与废弃物排放等行为进行了系统管理，探索开发了清洁生产模式。而后，很多企业顺势跟进，清洁生产的扩展与传播，本质上就是跟随。目前，在全球范围内广泛采用的 EMAS 环境管理系统、ISO19001 认证以及一些绿色认证标准的采用都具有类似的特征。此前，一些回应利益相关者诉求的回应举措大都是顺势型创业行为。例如，丰田公司在英国德贝郡（Derbyshire）的生产遇到了很多人的反对。于是，他们在工厂周围种树约 35 万棵，并开发了湿地来满足田凫等栖息的需要；对工厂噪声进行了最小化处理；油料车间的挥发标准大大优于官方标准；几乎所有的零部件包装都可再利用；对排放出的废气和水进行循环利用。

10.2.4 创业类型四分法

创业维度较为多元，邢晓东（2009）基于环境问题受关注的程度及其创业机会的特性，对创业类型做出划分：法律—业务型、市场—突破型、技术—问题型、责任—梦想型，见图 10－4。

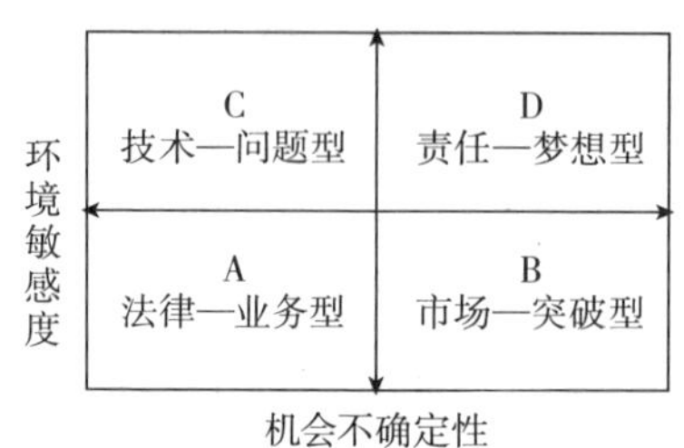

图 10－4　基于环境敏感度和机会类型的四分法

（1）法律—业务型。图 10－4 中，在机会非常确定、环境敏感度较低的象限 A，企业只需要遵从特定的规范即可进入特定的市场的创业即属于法律—业务型绿色创业。因而，该类创业的不确定性比较低，与环境的关系存在刚性。法律—业务型与李华晶提出的循规型绿色创业几乎一致，创业与环境规制高度相关，甚至可以说，环境规制是绿色创业的唯一条件。在环境规制面前，企业面临生死的选择，不得已而为之。环境规制包含：日趋严格的环境法规、环境会计的推行、ISO19001 等条件的约束等。并且，环境规制也不一定仅限于狭义的政府规制，可能是社区与企业的约定，也可能是行业组织的行业标准，还可能是供应链上的协调行动。

（2）市场—突破型。象限 B 中，市场—突破型绿色创业的机会不确定性高，环境敏感度低。也就是说，创业过程中，利益相关者外在环境对企业绿色化程度的要求非常高，并且没有明确标准，即使企业进行了创新创业努力，其市场绩效也存在极大的不确定性。但是，在象限 B，绿色创业的市场需求比较强烈，因为其性质属于市场拉动型创业。由于不确定性，企业在创业过程中追求创新的程度较高，才能确保创业目标的实现。这类创业主体通常是领先的全球性公司，比如沃尔玛或者GE，他们充分认识到，市场对大企业的环境行为有较高的要求，他们明确地知道环境与可持续发展问题正在面临愈来愈多的压力；认识到废弃物减量能节约资金，也能使生态效率得到提高。当然，环境绩效可使得企业取得差异化手段竞争优势。例如，杜邦公司因此开发新型除草剂，可帮助农场主减少化学药品的使用，也能帮助农场主减少化学农药使用造成的环境伤害，更能赢得市场顾客（农场主）的积极反应。

（3）技术—问题型。在图10－4的象限C是技术—问题型绿色创业，是指创业者致力于解决关键性环境技术难题，付出了艰苦卓绝的创业努力，创业成功与否存在不确定性，但创业成功的环境绩效是乐观而确定的。技术—问题型的绿色创业同样属于生存绿色创业，或许因为现有企业及其行业存在致命性环境缺陷（如石油、汽车等），或许因为既有的营运模式或消费习惯很难改变（如白炽灯行业）。石油等行业终究会直面资源枯竭的压力；汽车行业不仅消耗资源，而且排放问题一直困扰中行业中的企业家及其他参与者；在能源节约呼声越来越高的情况下，白炽灯行业饱受压力……这些行业的问题需要解决，意味着创业机会。但是每一个问题都很难解决，存在极高的创业风险和不确定性。例如康奈尔集团（Connell Group），由于氟利昂（电冰箱和冷气机所使用的制冷材料）会破坏大气臭氧层，包括欧盟在内的市场对氟利昂的使用有严格的规定，必须要求回收再利用，而回收再利用却是一个技术难题。康奈尔在英国建立了第一家安全回收冰箱的工厂，与曼彻斯特城市大学合作开发新型技术，从废旧冰箱内层泡沫中提取氟利昂，而后安全报废处理。

（4）责任—梦想型。图10－4中象限D的创业企业具有理想主义倾向，即使在创业机会不确定的情况下，依然愿意为责任而承担风险，也即创业成功性不确定，创业取得环境绩效存在变数。这类绿色创业在创业和可持续发展问题上有主动而前瞻的意识，愿意施行超前的可持续创业战略，愿意成为绿色与可持续发展的先行者。这类企业与Schick等（2002）提出的愿景型创业非常类似，创业者有创新与可持续的理念，他们着眼于利用商业的力量对商业与社会关系进行可持续导向的改造；他们正视创业过程中遇到的各种硬性结构因素和困难，渴望以环境与社会价值的创造来建立新事业，让自己的企业处于领先者的地位。例如，利乐公司、可口可乐、GE、BP等都是这方面的典型代表，他们遵从商业伦理和CSR基本规范，对于可持续发展与CSR有自己的观点，希望通过自身的能力对世界产生改变和促进。

[延伸阅读]

绿色附加值模型

在早期研究阶段，已有很多学者认识到解决环境问题关乎企业的生存与发展，但是，他们只是孤立地看待企业所采取的环保措施，如减排放、控污染、循环利用等。与这一视角不同，Nair和Menon（2007）把绿色创业看作是企业绩效实现的创新方式，并提出绿色附加值的商业理念。在此基础上，Nelson和Sumesh（2009）设计了一种既能帮助企业保护自然环境，又能增加利益相关者利益的绿色运营方案，其基础是绿色附加值（Green Value Added）模型，参见图10－5。

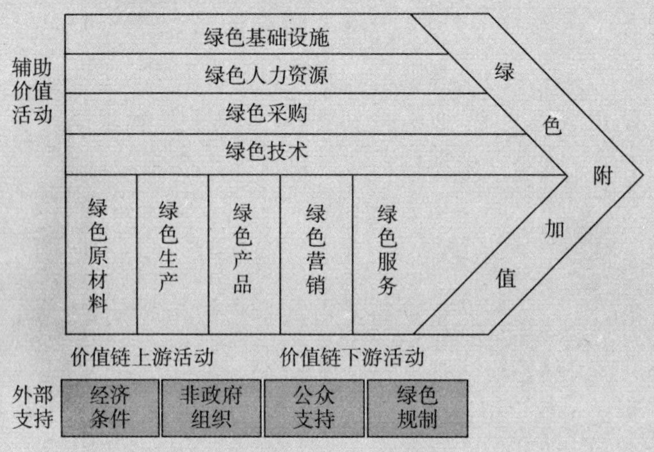

图10－5　绿色创业的附加值创造

Nelson和Sumesh（2009）绿色附加值模型以创造和获取绿色附加值为核心，将其视为企业发展的动力。从图10－5中可以看到，绿色附加值是所有内部利益相关者（员工、股东、业务部门以及产业链活动）的共同目标与联系纽带。绿色附加值为价值链所有参与人员所共同创造，同时可以对外部的利益相关者产生正向的外部性，体现在保护和改善了自然环境。从模型中可以看出，利益相关者的利益和保护自然环境通过绿色附加值联系起来。创造绿色附加值不仅是企业基本经济职责和生态环境保护的职责体现，而且是企业文化和使命的重要组成部分，只有如此，绿色价值链才能顺畅运作，绿色附加值才能成为相关利益者利益最大化与平衡的关键点。

如图10-5所示，绿色创业运营模式是绿色附加值创造的核心，包括供绿色供应链管理、绿色营销和绿色服务等。其本质是借助外部环境和企业自身的优势，在企业业务流程的各个环节实现绿色化运营，具体包括：①绿色供应链。企业在采购、加工等环节选择环保材料，采用节能工艺和技术，注重物流和仓储环节的碳足迹管理。②绿色或清洁生产。指的是采用绿色与清洁技术来生产制造或提供绿色服务。③绿色营销。绿色营销指的是，企业把社会价值放在首位，创造绿色品牌，传播绿色消费与生活方式，扩大绿色利基市场的份额。④绿色服务。绿色服务与绿色营销并没有清晰的边界，旨在传播绿色生产与消费理念，通过知识的传播、绿色服务的设计来改变社会价值观念和消费行为。绿色服务具有非常强的示范效应，让消费者感受无形的绿色理念和价值。当然，上述营运模式只是基础性框架，每一个企业的绿色价值链并不相同，侧重点也不一样。但是，每一个企业的绿色附加值的打造，离不开内外部利益相关者的协同，离不开每一个主动参与者，更离不开在绿色营运过程中打造与完善企业文化。

特别强调，构建绿色创业运营模式的目的在于：通过系统化的绿色组织设计，围绕绿色创业的创新和绿色价值创造，建造以绿色附加值创造为绩效标准的产业链，最终形成绿色竞争力，实现利益相关者利益、环境效益与社会的共赢，是为创造共享价值。

10.3 绿色创业战略

10.3.1 绿色创业战略的不同层级

近年来，随着环境规制的提升和绿色市场的成长，更多企业倾向于将环境问题纳入战略决策。为确保企业对社会、环境、法律等条件的适应性，成熟企业纷纷进行二次创业，而二次创业则多指主动或被动地实行绿色化再造，这是广义的二次创业。与狭义的新创绿色企业不同，广义的绿色创业更注重企业成长 CSR 与可持续性。

企业究竟应该采取何种绿色战略来应对环境问题的挑战，取决于企业对环境问题重要性的感知。Banerjee（2001）认为，企业对环境问题重要性的不同感知，导致了企业对待环境问题的态度和选择的行为应对大相径庭，体现为响应绿色创业的不同战略。重视环境问题的企业会制定主动的绿色创业战略，而另一些企业则被动地应对环境压力，即使制定了一些被冠以绿色创业之名的战略，也很难为企业可持续发展带来帮助。但是，在现实中，采取主动战略的企业也很少是从一开始就主动积极，而是被动消极的战略在执行过程中逐步转换为主动积极的创业战略。或者说，企业的绿色创业战略一般会经历不同的发展阶段。Banerjee 提出，绿色创业战略可分为职能、业务单元、子公司和公司四个层级，各战略有层级的区别，也反映出公司绿色战略变迁的递进关系（见图 10－6）。

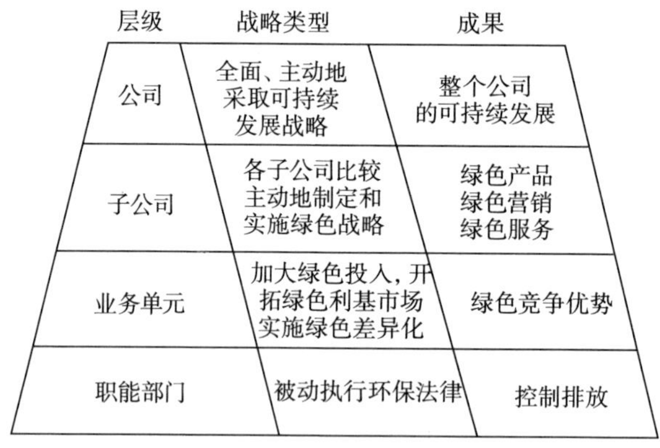

10－6　不同层级的绿色创业战略

（1）绿色职能战略。绿色职能战略，通常只针对公司的特殊职能部门展开。比如，因应排放标准的提升，一家企业可能制定排放减少与优化的计划，或者引入清洁生产技术，或者引入 EMAS 环境生产管理认证，即使关涉其他部门的协调配合，与环境相关的工作都局限在少数或个别部门范畴之内。当然，也有企业基于产品特征或商业模式的考虑，推进绿色营销工作，其核心是通过绿色品牌与绿色利益的传播去获得市场份额，其他职能体系只为配合。因此，绿色职能战略的目标往往是局部的，是为解决特定的环境问题，并不是企业经营模式的绿色化转变。这样的战略，在所有绿色创业战略中处于初级阶段，即很多绿色企业往往是从这一阶段开始起步的。

（2）绿色业务单元战略或业务单元绿色战略。与绿色职能战略不同，业务单元的绿色化是指企业在保持原先运作模式的情况下，积极开拓绿色产品线或者对其中的业务单元进行绿色化改造。该战略在传统经营模式的稳定推进情况下，采取适当冒险但风险可控的策略进行绿色化创新创业，从而实现现实与未来、稳定与风险以及传统业务与绿色业务之间的平衡。业务单元的绿色战略通常以出售、转让、兼并、收购等方式来推进绿色化，通常选择有市场前景、环境压力偏大而企业有资源和能力的业务线来展开。绿色业务单元战略有助于构建企业的新竞争优势，拓展业务单元线，实现企业资本的增值，最重要的是，可以为企业整体绿色化做出铺垫和探索。业务单元战略的主要形态包括：加大绿色投资、实施差异化绿色战略与开拓绿色利基市场等。

（3）绿色子公司战略或子公司绿色战略。子公司层面的绿色战略是一种较高层级的业务单元战略。业务单元战略依托公司整体平台推进，而子公司则是独立地开展绿色创业战略，与新创绿色企业类似。不同的是，子公司战略是成熟公司为了绿色化目标与环境价值创造而采取的比较积极的创业形态。虽然是独立运作，但独立性是相对而言的，它还受到母公司的战略构想、绿色化决心与目标愿景的影响。而且，子公司与独立的创业公司并不相同，其创业潜力更大。即，在子公司需要资源支持的时候，母公司可以提供支持和帮助；或者说，在子公司战略被验证成功有效的时候，母公司可以迅速地投入更多的资源，其可验证性将会被放大。

（4）绿色公司战略或公司绿色战略。绿色公司战略是最高层级的绿色发展战略，指的是公司整体性的绿色转型。这种战略通常是在职能层、子公司层级得到很好的实验结果的情况下进行的，是由前面层级的绿色创业战略转化而来，采取这类层级的绿色创业战略，其目标只有一个：以绿色与可持续价值来塑造企业核心竞争优势，全面地实现绿色化。然而，这种发展战略对企业的绿色化程度要求极高，要求企业的资源、实力与技术储备达到一定的要求，具备一定的资源条件，有清晰的战略计划，并能够承受绿色创业的挑战与压力。正因为如此，较少有企业能够全面地推行公司层级的绿色创业战略。

整体而言，企业的绿色创业战略是相对静态并在不断地发展变化的。从静态角度看，企业根据自己对环境问题的价值判断以及阶段性目标来制定战略，以应对环境挑战，确保企业能够与环境相互契合；从动态角度看，企业会根据战略执行情况改变环境认知、判断与预测，而且随着创业推进，绿色技术与管理能力也会逐渐提升，企业处理绿色创业的资源、能力与经验会有所增加，更多的企业会选择更高层级的绿色创业。

10.3.2 “戴维斯”和“歌利亚”的战略选择

无独有偶，Kai 和 Wüstenhagen（2010）也对绿色创业的阶段和过程进行了跟踪，结果发现，不同阶段下企业的创业策略存在差异。比较典型的是，新创的绿色企业通常采用“戴维斯”（新创企业）形态，而成熟企业在推进绿色创业战略时更可能选择“歌利亚”模式，如图 10－7 所示。即，企业的绿色创业战略在“戴维斯”和“歌利亚”之间转换。

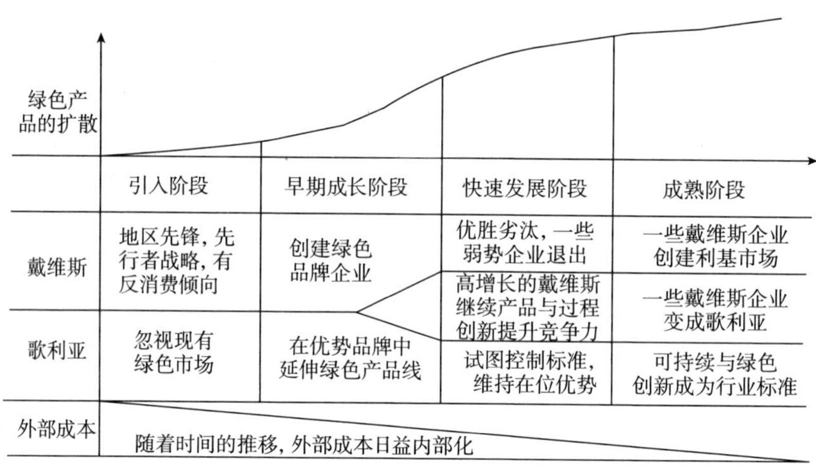

图 10.7 “戴维斯”和“歌利亚”的绿色创业战略选择

“新兴‘戴维斯’”（Emerging Davids）模式，指的是小企业的绿色创业集中在制造业、农业以及建筑业等领域。这些企业在市场上份额较小，但它们敢于先行先试，通过开发出一定程度的环境友好型产品，可以帮助它们获得市场的认同。在产品以及其市场逐渐走向成熟的阶段，它们进一步地改良产品，实施绿色品牌的战略，以巩固自身的市场地位。严格说，“戴维斯”模式是小企业的差异化市场竞争策略，是利用差异化的绿色产品与服务占领并经营绿色利基市场。当它们发展到一定程度的时候，可能摇身一变，成为绿色巨人。一旦成为绿色巨人，它们的行为模式将发生变化。

“绿色‘歌利亚’”（Greening Goliaths）模式，指的是市场有影响力的企业进行面向绿色市场的二次创业行为。在目前的创业市场中，“歌利亚”型的二次创业数量上可能会少一些，但它们的影响力却非常大，比如，沃尔玛、GE、卡夫和丰田等。它们在各自的领域中几乎成为绿色创业的典范，对全球企业环境业务的处理具有非常强的带动性。之所以如此，得益于大企业的资源优势以及公司本身具有的全球性关注度，用移动互联网领域的语言来说，就是这些“歌利亚”的绿色创业“自带 IP 属性”。Kai 和 Wüstenhagen（2010）的研究发现，“歌利亚”在绿色创业的扩展过程中，倾向于建立行业的标准，通过标准的塑造来影响和推动行业的发展。当然行业绿色标准的建立，也会巩固“歌利亚”在行业中的地位。

Schaltegger 和 Wagner（2010）比较了“歌利亚”和“戴维斯”模式的差异，发现：在行业发展的最初阶段，由于企业管理体系的差异，“戴维斯”比“歌利亚”更为敏捷，成长速度可能更快。但是，“歌利亚”注重流程创新和经验的积累，倾向于建立更为全面的绿色化和可持续发展管理系统。而在快速发展阶段，“歌利亚”可能比“戴维斯”更有发展潜力，得益于其体系建造的成功。因此，有学者建议，既然“戴维斯”和“歌利亚”之间存在不同，为了推动整体性的绿色转型，政府部门可以恰当地促进两者的良性竞争，充分利用颠覆性创新和增量创新实现全行业的可持续转型，而不是只利用市场的力量。而且，“歌利亚”对于“戴维斯”的竞争威胁，可能触发“戴维斯”更为进取，通过颠覆性创新来避免竞争威胁，或研发全新的绿色技术和产品，或进行生产流程的激进式创新，或塑造绿色品牌，等等。

10.3.3　中小企业的绿色创业框架

与很多人关注大企业创新创业活动的范式不同，Orsato（2006）专注于中小企业的绿色创业战略研究。他认为，绿色创业活动适合于所有企业，但是企业必须选择适合自身实际的战略活动，为此，他构建了中小企业的绿色创业战略框架，如图 10 –8 所示。

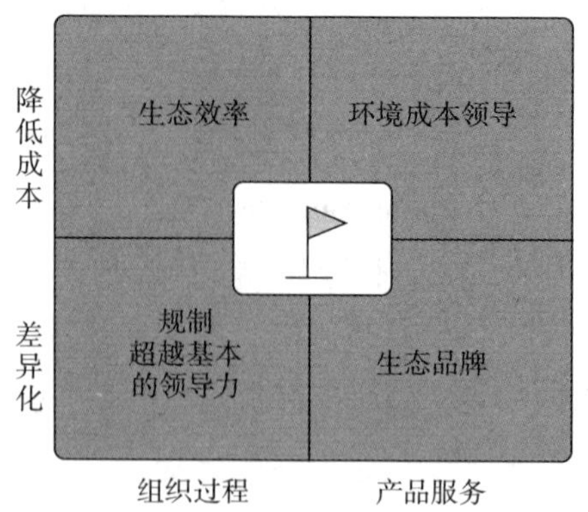

图 10 –8　中小企业的绿色创业战略选择

Orsato（2006）从环境战略的关注点以及创业切入点是注重内部还是外部流程的两个维度入手，提出了四种中小企业的绿色化战略。虽然他没有提出创业战略，但内涵是企业如何变绿的战略选择，因此我们将其等同为四种绿色创业战略，它们分别是生态效率、环境成本领导、超越基本规制的领导力和生态品牌。“生态效率”战略是创业企业关注资源节约，通过流程改组和资源使用方式创新，提升企业运作效率和保持成本优势，资源节约和效率提升的结果就是环境友好程度的提升。“环境成本领导”战略是“生态效率”的外部利益传递，即企业在获得内部成本优势的同时，将资源节约与绿色效率进行外部扩散，帮助其他企业获得类似优势，或者建立环境友好型的企业形象，来获得更好的行业影响力。“超越基本规制的绿色领导力”战略是指企业在明确环境规制的要求之外，通过高标准的绿色认证与环境影响管理体系的引入，来进行企业差异化战略选择，使得企业能够获得体系化的绿色管理能力，能够切入一定的细分市场。这样的战略，成本较高，属于明细的差异化绿色创业战略。“生态品牌”战略则是，其通过获得绿色标签，采用绿色营销等方式去建立自身的绿色竞争优势，不仅需要对企业流程和产品进行绿色创新，而且需要构建成熟的绿色价值链。需要说明的是，这些战略选择并不是替代和排斥关系，企业可以同时选择其中的部分战略。

[延伸阅读]

《商业生态学》与英特飞重塑地毯生态系统

20 世纪 90 年代初，《商业生态学》出版，呼吁人们重塑商业生态系统，在新商业生态系统内，工业生产的资源不再是不可再生的资源，废弃物是生态可降解或可循环使用的物质，直到不产生污染、零废弃、无伤害……《商业生态学》提出的重塑商业生态系统的愿景几乎没有人相信，但是有一个人相信，那就是雷·安德森（Ray Anderson）。更让人惊讶的是，安德森不但相信这个愿景，并采取了行动，创造了一家名为英特飞（Interface）的绿色地毯公司。经过 20 年的持续努力，英特飞将以石油为基础原料，排放大量有毒气体、污水和废料的传统产业，转化为绿色自然的新商业生态系统。

安德森用英特飞的实践让更多人们相信：依照可持续发展的标准去重塑商业生态是可能也是可行的。创业 15 年，采用取得认可的补偿措施后，制造地毯的温室气体排放量减少了 94%；将不可再生燃料的耗用量减少了 60%；单位产量垃圾废料填埋减少了 80%；每单位产量的耗水量降低了 80%；每单位产量能耗降低了 43%，且可再生能源消耗占总能源消耗的 30%。其中，欧洲工厂所用电已经实现 100% 可再生化（占英特飞全球耗电量的 89%）；2003 年以来生产了超过 1 亿平方米的气候中性毯（酷地毯）；通过反向物流地毯回收项目，回收了 10 万吨地毯产品；1994 年以来，累积废料成本节省额达 4.33 亿美元。到 2020 年，该公司将在地毯的全生命周期内实现“零排放”的目标。

2010 年英特飞中国太仓生产基地的投产，不仅为包括中国在内的亚洲区域提供了一流的制造设备及设计超前的商业模块地毯，同时还坚决贯彻了公司一贯的可持续发展原则。太仓生产基地以美国绿色建筑协会颁布的新建筑能源和环境设计认证为标准，为中国地毯业增添了一道兼具品质与顶尖设计的全新风景线。英特飞将对整个大中华地区的市场和文化做出独特的贡献，使可持续发展之路走得更坚定更长远。

英特飞总裁兼 CEO Daniel Hendrix（2015）称英特飞的业绩主要包括：从垃圾填埋物中回收及转化废旧物品；温室气体排放量持续降低；加强环境保护宣言（EPDs）报告的透明度；强化员工及其他股东可持续发展的益处。Hendrix 说："可持续发展是促进英特飞企业发展的积极动力及终极目标，长期以来它已经完全融入到企业的各个方面，并被证明是经济可行的，它完全改变了我们思考、运行、沟通和互动的方式。"

20 多年来，英特飞始终追踪地毯的环境及社会影响，并尝试摆脱"取材—生产—浪费"的传统工业模式，朝着由大自然启迪的可持续商业生态学业务模式发展。在面临实现可持续发展的各种挑战时，公司重视的指标包括物理废料、能源消耗、温室气体排放及用水量。工艺生产过程及产品环保革新上的研发是公司不断前进的主要动力。

"通过'零排放'使命的指向，英特飞希望为子孙后代在环境保护方面做出表率，同时表明持续发展的创新和真正的变革对企业来说意味着什么"，Hendrix 表示。同时 Hendrix 还强调英特飞在可持续环保发展方面所取得的成绩符合公司的战略发展目标，并分享了公司在五大可持续发展方面取得的重大进展和可喜成绩：

第一，英特飞 40% 的原材料来源于可再生或生物基材料。英特飞运用全方位的足迹分析能力对所选择的材料进行权衡考量和均衡评估，最大化地使用可再生或生物基材料。在过去 6 年中，英特飞使用可再生和生物基材料的比例已从最初的 4% 增长到了目前的 40%。

第二，ReEntry 2.0 是一个回收旧地毯并将其转换成再生原料的流程模式，从 1995 年开始，ReEntry 已累计提取了超过 10 万吨地毯和地毯碎片。仅 2010 年，英特飞就从垃圾填埋物中提取出 1.25 万吨可回收地毯原料。更令人鼓舞的是，英特飞 ReEntry2.0 已经推广并运用于位于欧洲的荷兰公司。

第三，英特飞制造工厂的温室气体实际排放量与 1996 年的基准线相比下降达 35%。英特飞的能源高效率和可再生能源的直接采购使得温室气体排放量与基准线相比降低了 24000 吨。根据美国环境保护局的"温室气体等量计算器"（Greenhouse Gas Equivalencies Calculator），这一数量相当于 612641 颗苗木生长 10 年所吸收的碳排放量。

第四，承诺对旗下的地毯品牌做出环境产品保护宣言（Environmental Product Declarations，EPDs）。EPDs是一套个人和企业都可使用的环境信息发布与管理的先进方法，类似于营养标签，但更加具体。EPDs要求产品“成分”和全生命周期的环境影响，因而具有较为严格的环境影响管理要求。EPDs是第三方认证的产品类别指南，提供全面的相关事实。

第五，可持续性发展中出现的文化案例令人振奋。通过一个名为“我们一起变废为宝”的项目，英特飞泰国员工创造性地将废纱线成功地运用于一项新用途——做成针织玩偶，充分展示了废物利用的神奇过程。这些员工将制成的环保玩偶出售，并将所获得的收益捐助给了一家非营利性的基金会。英特飞随后将此项目向外推广，以此造福于泰国素林省当地的社区，通过教授这项手艺，使其成为一项可能的收入来源。

同时，Hendrix表示：“虽然市场上环保标志众多，但采用EPDs是正确的，也符合英特飞的发展方向。EPDs要求完全透明并制定了问责标准，随着客户开始了解他们对采购决策的影响以及对企业和行业有更高的要求，EPDs终将刺激创新并达到新的水平。”

英特飞创始人、董事长Ray Anderson表示：“我们的EPD将基于严格的全球通用的第三方认证生命周期评估（LCA），衡量和披露整个供应链对环境的影响，从水源、矿山到废品回收及循环利用。”在与英特飞的联合声明中，美国环境保护局（EPA）强调了完全透明的重要性。美国环保局研究和发展处行政助理Paul Anastas表示：“透明是保护人类健康和环境的标志。”英特飞因此推出了“零排放里程碑”互动报告，详细说明了公司16年多时间里的环保行动，并展示了英特飞多管齐下追求可持续发展的情况：

首先，开发创新解决方案，减少公司碳足迹。1996年以来，公司温室气体净排放减少了94%，节省4.33亿美元成本，超过了所有的环境投资。

其次，改造产品和工艺，形成可持续资源利用的良性循环。通过ReEntry计划，英特飞将超过10万吨垃圾材料变废为宝，开发出以旧地毯为原料的工艺流程。

再次，建立开明和融洽的企业文化，并认为这是其迄今取得的最为重要的进步之一，也是未来迎接前进道路上所面临挑战的关键组织能力之一。

最后，英特飞的成功已促使其他企业领导人从该公司寻求帮助，改造他们的业务。2006 年，英特飞成立了咨询部门 Interface RAISE，与客户合作，帮助其实现可持续发展。

综上所述，英特飞公司的事实证明，可持续发展不仅可以减少浪费、削减成本，同时还可以提高利润和销售额，产生更多的市场份额和更丰厚的利润。安德森认为“走向绿色”一定会提高公司在客户心目中的地位，还可能对社会产生一些正面的舆论影响。英特飞的事实正面打破了生意好和做好事两者不可兼得的悖论。公司可持续性是实现市场营销差异化的最佳路径。强烈的环保道德伦理无可比拟地吸引并激励出色的员工。迄今，英特飞公司成为最致力于可持续发展的公司之一，领先于 Toyota、GE、BP、Dupont 等全球性企业。并且，英特飞公司已经成为全球最有影响力的地毯品牌，市场占有率遥遥领先。

资料来源：Parrick Carson Julia Mouldon. 董真等译．绿就是金[M]．广州：广东人民出版社，2019.

参考文献

[1]Cohen B, Monika I. Winn. Market imperfections, opportunity and sustainable entrepreneurship[J]. Journal of Business Venturing, 2007, 22(1):29-49.

[2]Crals E, Vereeck, Lode. The affordability of sustainable entrepreneurship certification for SMEs[J]. International Journal of Sustainable Development & World Ecology, 2005, 12(2):173-183.

[3]Dean T J, Jeffery S. McMullen. Toward a theory of sustainable entrepreneurship: Reducing environmental degradation through entrepreneurial action[J]. Journal of Business Venturing, 2007, 22(1):50-76.

[4]Divito L, Bohnsack, René. Entrepreneurial orientation and its effect on sustainability decision tradeoffs: The case of sustainable fashion firms[J]. Journal of Business Venturing, 2017(32).

[5]Giddens A. The constitution of societyoutline of the theory of structuration[J]. Political Geography Quarterly, 1986, 5(3):288 - 289.

[6]Gibbs, D. Sustainability entrepreneurs, ecopreneurs and the development of a sustainable economy[J]. Greener Management International, 2009, 2006(55):63 - 78.

[7]Hoerisch H, Kirchkamp O. Less fighting than expected: Experiments with wars of attrition and all - pay auctions[J]. Public Choice, 2010, 144(1/2):347 - 367.

[8]Hulsink, Baert, Mulder. Entrepreneurship education and training in a small business context: Insights from the competence - based approach[J]. Journal of Enterprising Culture, 2009,16(4):363 - 383.

[9]Ingram P, Silverman B S. Introduction: The new institutionalism in strategic management[A]// The new institutionalism in strategic management[M]. 2002.

[10]Johnson M P, Schaltegger S. Two decades of sustainability management tools for SMEs: How far have we come? [J]. Journal of Small Business Management, 2015, 54(2): 481 - 505.

[11]Kai H, Rolf Wüstenhagen. Greening Goliaths versus emerging Davids—Theorizing about the role of incumbents and new entrants in sustainable entrepreneurship[J]. Journal of Business Venturing, 2010, 25(5):481 - 492.

[12]Lans T, Blok, Vincent, Wesselink, Renate. Learning apart and together: Towards an integrated competence framework for sustainable entrepreneurship in higher education[J]. Journal of Cleaner Production, 2014, 62(1):37 - 47.

[13]Liu Y, Cao C, Cao X. Institutional entrepreneurs on opportunity formation and exploitation in strategic new industry two cases of solar energy industry development in china[J]. International Journal of Emerging Markets, 2014, 9(3):439 - 458.

[14]Meek G K, Clare B Roberts and Sidney J Gray. Factors influencing voluntary annual report disclosures by U. S. U. K. and Continental European Multinational Corporations[J]. Journal of International Business Studies, 1995, 26(3):555 - 572.

[15]Orsato R J. Strategies for corporate social responsibility[A]//Competitive environmental strategies: When does it pay to be green? [J]. California Management Review, 2006, 48(2):127 - 143.

[16]Sarkar A R, Sanyal G, Majumder S. Methodology for a low - cost vision - based rehabilitation system for stroke patients[A]// Advancements of Medical Electronics[M]. 2015.

[17]Schaltegger S, Wagner M. Integrative management of sustainability performance,

measurement and reporting[J]. International Journal of Accounting Auditing & Performance Evaluation, 2010, 3(1):1 - 19.

[18]Schick H., Marxen S., Freimann J.. Sustainability issues for start - up entrepreneurs [J]. Greener Management International, 2009, 38(38):56 - 70(15).

[19]Stephan U, Uhlaner, Lorraine M. Performance - based vs socially supportive culture: A cross - national study of descriptive norms and entrepreneurship[J]. Journal of International Business Studies, 2010, 41(8):1347 - 1364.

[20]Wagner M, Schaltegger, Stefan. Classifying entrepreneurship for the public good: empirical analysis of a conceptual framework[J]. Journal of Small Business & Entrepreneurship, 2010, 23(3):431 - 443.

[21]Walley E E, Taylor D W. Opportunists, champions, mavericks[J]. Greener Management International, 2002:31 - 43(13).

[22]Weybrecht G. The sustainable MBA: A business guide to sustainability[A]// The Sustainable MBA: A Business Guide to Sustainability, Second Edition[M]. 2014.

[23]高嘉勇，何勇. 国外绿色创业研究现状评介[J]. 外国经济与管理，2011，33(2):10 - 16.

[24]李华晶. 可持续发展视角下的绿色创业[J]. 科技管理研究，2009(10):124 - 127.

[25]李华晶，邢晓东. 绿色创业内涵与基本类型分析[J]. 软科学，2009，23(9):129 - 134.

[26]林艳，张晴晴，龚华杰. 国外绿色创业研究动态与趋势分析[J]. 生态经济，2018,34(8):43 - 51.

第11章　包容性创新

贫困是受社会各界普遍关注的可持续发展问题。学术界因此提出聚焦解决贫困问题的“包容性创新”：通过创新创业的方法创造双赢，创造低收入阶层成长机会，满足低收入群体的消费需求，解决环境贫困问题从而促进社会公平。共同富裕是人类发展的共同愿景，但解决贫困问题却是一个系统工程——通过包容性创新，探索有效服务低端消费者的新产品、新服务以及新商业模式，成为解决贫困与社会公平的最重要的手段。

11.1　识别包容性创新

11.1.1　概念定义

社会经济发展的不公平现象愈演愈烈，威胁着人类共同的未来。在商业上，位于购买力金字塔市场结构底层的群体（Bottom of Pyramid，BOP）通常被忽视，因为他们收入低、购买力不足、知识缺乏、所处的社会环境差。21世纪初，美国战略管理专家Prahalad和Hart（2002）指出，BOP群体占世界人口的2/3，由于其规模巨大，其中蕴含着重大商机，企业以BOP群体为目标市场进行技术创新与商业模式变革，不仅可以获得不错的经营收入，还能增加BOP经济收入和提高生产能力，达到缓解甚至根除贫困的效果，从而创造出经济与社会的双重价值。这样的主张，与亚洲开发银行的“包容性增长”的核心理念高度吻合：可持续发展不落下任何一个人，BOP群体应享有平等的社会经济与政治权利，我们应创造条件让他们参与经济增长，贡献并分享经济增长的成果。基于Prahalad和Hart（2002）对BOP市场新视角的判断和包容性增长的主张，包容性创新开始受到全世界的高度关注。

Prahalad与Hart（2002）从商业的逻辑阐述了包容性创新（Inclusive Innovation）的巨大市场机会，核心要点是：生活贫困或参与社会不充分的金字塔底层群体有其与众不同的需求，通过产品创新、服务改善与商业模式变革，完全是有利可图的。在商业逻辑之外，Prahalad与Hart（2002）还认为，开发BOP市场的商业创业还具有深远的社会价值，可以帮助改善BOP

人群的生活质量，缓解和消除贫困，从而实现共同富裕。正因为 BOP 创业的商业与社会价值，企业还可以因此获得组织合法性，被不同的利益相关者接受。因此，包容性创新受到政府、国际组织以及学术界的高度关注。

依据 Prahalad 与 Hart（2002）的观点，BOP 战略就是包容性创新，是指企业通过创新、创意与变革为 BOP 群体提供他们支付得起、能够满足他们需求的产品和服务，从而帮助 BOP 群体改善生活质量。在定义中，BOP 群体并不仅限于收入低的群体，而是泛指因为身体、收入、环境以及社会体系等原因，导致不能享受或者支付生活必须与普遍性社会服务的人群。Dahlman（2014）则认为，包容性创新以满足低收入人群的真实或潜在的需求为目标，或为有技术含量的技术创新，或强调创意的解决方案，或探索需求满足的创新途径。虽然方式各异，但其共同点是使低收入人群受益，让他们不被社会忽视和冷落，最大限度地给予普通民众机会，去享受创新与经济发展成果。在此基础上，George 等（2012）将 BOP 群体等同于弱势群体，他们认为，只要是有利于弱势群体的创新就是包容性创新，因此，包容性创新是一个满足 BOP 群体需求的过程。

准确地说，BOP 并不仅仅是指低收入群体，还包括受教育程度较低、与权力阶层距离较远的群体，如城市低收入者、农村文化水平较低者。针对 BOP 的包容性创新并不容易，有关包容性创新活动的研究表明，BOP 群体有着不同于高收入消费市场的自身独特性，BOP 价格承受能力低、对价格变化敏感、对商业缺乏信任感；他们所处的社会环境也较复杂，基础设施较差、市场机制不健全、商业产业链不完整。因而，企业在连续创新（效率、过程、资源配置与集合性思维）与突破性创新（想象力、创新、创造性破坏、资源吸引力与发散性思维）之间要有把控力，要能够在两种创新之间保持张力，以应对面向 BOP 的创新活动造成了组织、制度、市场、文化和价值链的挑战。

因而，包容性创新与其他商业创新存在重大区别，其一，包容性创新聚焦 BOP 群体，通常要求企业有较高的社会嵌入，充分推动并利用各类利益相关者对于 BOP 创新的贡献，同时也可以拉近企业与 BOP 群体的心理和社会距离。其二，包容性创新关注均等创新机会。社会健康及可持续发展涉及制度创新、技术创新、组织创新、市场创新、产品创新等内容，重视让更多人受益于创新成果；其三，包容性创新重视BOP群体创新能力提升，不仅是要销售产品和服务给他们，创新企业还应尽可能缩小不同社会人群之间的知识差距，消除“数字鸿沟”等现象。迄今为止，我们很少看见单纯为弱势群体提供产品和服务的包容性创新，更多的是通过产品与服务的创新，让BOP群体参与其中，获得参与创新与做出贡献的机会，掌握或提升某种技能，确保个人的成长。

概括而言，包容性创新的核心目的是促成BOP群体能力提升与价值实现，创造社会价值与经济价值的平衡。但不同的包容性创新可能存在具体目标的差异性，有的可能是消除贫困，如碧桂园公司免费培训贫困青年厨艺，从帮助贫困青年提升专业能力上解决贫困问题；有的推动乡村振兴，比如临武鸭业通过发展养殖基地，从建立品牌鸭业产业链的角度实现乡村产业的振兴；格莱珉银行是通过帮助妇女发展自身技能实现个人成长与家庭发展。虽然切入点不同，具体目标指向也存在差异，但都是通过商业的方法解决社会问题，从而实现经济性目的。印度ITC集团推出电子会所，通过网络平台向农民提供市场信息并赋予他们直接销售农产品的能力。联合利华与非营利部门和政府合作，向印度底层民众传播卫生知识，通过生产和销售除菌肥皂，让农民改变生活方式和生活质量。这一过程中，联合利华雇佣地位卑微的农村妇女从事分销工作。

11.1.2　内涵要义

与包容性创新相对应的社会性排斥，是指BOP人群因为各种原因被现有社会经济体系所排斥。包容性创新就是企业利用商业方法满足BOP群体需求、提高BOP的收入和发展能力以及创造使他们平等参与市场的条件，包括新思想、新模式与新方法的开发与应用。由于包容性创新内涵丰富，我们从以下几个方面对其加以阐释。

第一，包容性创新是通过新思想、模式和方法解决社会排斥问题。尽管BOP群体不被商业社会所关注，无法享受社会生产能力提升的成果，但是包容性创新本质是通过创新性的思想、模式与方法为穷人提供平等参与市场的机会。依据Prahalad与Hart（2002）的观点，BOP人群被忽视和排斥，他们在不完善的市场体系中处于弱势地位，但他们拥有数量惊人的沉默资本（Dead Capital）。这些资本之所以沉默是因为社会性排斥，而排斥产生于多重原因。一是因为 BOP 群体与社会的关联不紧密，二是因为 BOP 群体的特征与传统商业逻辑的分离。因此，包容性创新的核心是改变传统的购买力逻辑，以创新逻辑去解决市场问题。比如，我们惯常地认为，在偏远的农村，人们没有消费能力，无法购买智能手机。但是，我们所有人都知道，偏远的农村对移动互联网与智能手机的需求是存在的。转换思维，我们会看到，智能手机厂商每年以旧换新的业务，足以满足农村市场的需求，而且，还可以推动手机品牌在城镇市场的销售和推广。企业只要转换思维方式，将 BOP 群体作为一个平等的市场主体去看待，其市场被开拓的可能性就大为提升。BOP 市场需求被满足，就意味着他们被社会主流市场所接受，他们将获得切入和分享移动互联网社会的发展红利。

第二，包容性创新需要对 BOP 人群的尊重和信任。的确，BOP 群体可能知识不够，社会沟通能力不足，他们与主流社会经济的关联并不密切。但是，BOP 群体对于幸福生活的向往毋庸置疑，他们可能在特殊领域内超越 TOP 群体很多，他们的生存能力非常优秀。因此，包容性创新特别强调与 BOP 群体的合作，而合作的前提就是相互尊重，让 BOP 群体在包容性创新中有参与感、认同感和价值感。要达成合作，需要创新者谦虚谨慎，拓展格局和视野并放下内在的骄傲和高高在上的姿态，给予 BOP 群体依赖自身资源和能力实现改变的机会。从这个意义上，包容性创新是我们与穷人共同创造价值，并与他们一起分享的过程。

第三，包容性创新是企业构建新竞争优势的方法与路径，并非出于 CSR 和慈善动机。包容性创新通过创造 BOP 切入社会经济体系与获得成长来实现自己的商业目的，但包容性创新并非慈善与素常说的 CSR 承担。因为，包容性创新就是既可解决社会贫困问题又可帮助企业发展的商业机会。原因在于：BOP 市场被市场忽视，但潜力巨大，包容性创新帮助创新企业获得新的市场空间，使得企业发展有了新的可能；BOP 市场的开拓需要的是完全不同的市场能力、产品技术与服务提供，一旦企业在 BOP 市场取得成功，这些能力、技术与服务将帮助企业在传统市场中获得更大的成功；包容性创新可以为企业打造口碑，塑造值得信任的企业形象，建构企业发展的社会资本。因此，BOP 市场为企业提供了成长潜力与创新空间，帮助企业获得新的知识、技术与能力，进而建构起基于知识和能力的全新竞争优势，而且社会资本的建构具有可持续性。

第四，包容性创新具有良好的外部性。社会性排斥是社会经济发展过程中普遍存在的社会问题，几乎所有社会都有社会贫困问题，这是社会经济发展的市场失灵现象。在发达国家，我们发现有相当的 BOP 人群存在，或因为种族问题、职业原因以及区域因素，他们被冷落，孤立无援，存在生活上的困难。在发展中国家，由于地区、性别、家庭以及市场经济等方面的原因，大量的 BOP 群体存在。BOP 人群是可持续发展务必要解决的问题，但是仅凭政府的力量是不够的，商业的力量不可或缺。正因为如此，包容性创新才有解决社会贫困的外部性效应。包容性创新把 BOP 人群平等地视为有价值的消费者、生产者与创业者，他们不仅能得到价值的兑现与平等交换，更重要的是，他们在其中获得成长与尊严，帮助他们建立社会融合的信心和能力。从消费者的角度来说，包容性创新涉及卫生、营养、能源、交通、通信、金融与教育等众多领域，他们的需求将得到满足，生活水平得以提升；从生产者的角度来看，包容性创新让消费者参与到相关的生产环节，他们的资源和能力得到认同，并创造价值，使得他们以可持续的方式参与到创新中；将 BOP 人群作为创业者的包容性创新，则可培养内在的创新精神与创业意识，增强 BOP 人群创新能力，打破社会性排斥。

第五，包容性创新与社会创新有区别，并不是同一概念。两者都是为了解决社会性问题而进行的创新和变革，但两者存在重要区别。在范围上，包容性创新主要是解决社会贫困问题，是为实现共同成长、进步与富裕，而社会创新的范畴非常广泛，涵括推动社会关系改变的任何创新，如缓解交通压力、减少手机成瘾、保护自然环境、促进社会平等。在性质上，包容性创新主要是指的商业创新，通过商业的力量帮助 BOP 获得平等机会与介入社会关系，在获得经济利润的同时，BOP 人群的状态得到改变。而社会创新不仅涵括商业力量进行的社会改变，同样涉及非营利机构和慈善组织为推动社会改善与变得而做出的创造性行动。即社会创新可以是商业创业，也可以是政治创新、治理创新。

[**延伸阅读**]

BOP 群体的基本特征

1. 认知特征

一般而言，BOP 群体受教育水平不高，在互联网社会到来之前，由于信息不对称，他们对一些社会创新事件或行动缺乏认知。在互联网社会里，他们得到的信息增多了，但由于认知能力的差异，他们选择、识别与判断信息的能力依然有局限性。较低的认知能力使该群体在判断环境与自身需求的时候容易受到即时的、短期的以及周边人群的影响。此外，由于信息处理能力的局限，并受到信息不完全、不对称的约束，BOP 群体对公共产品及其行为的外部性可能缺乏认知，并且一些发展机会与 BOP 形成了隔离，影响了 BOP 群体的认知能力提升和改变。特别地，BOP 群体对于一些包容性创新项目不能准确判断，他们观望彷徨，希望获得相关机构的信心和保证，否则，BOP 群体很容易陷入故步自封的状态。

2. 能力特征

虽然我们认为，BOP 群体一样有特殊的能力，但他们的能力与其他人群还是存有区别。从技术能力上来看，BOP 人群的能力多具有与生俱来的天分，比如一些下岗女工，她们心灵手巧，能够轻松纺织与刺绣；一些农村人口在农务与种植方面技能突出，并在木工、建筑以及传统手工艺方面有特别造诣。当然，从工业技术操作的能力上来说，他们可能比较欠缺，但是只要经过一定的培训，他们可以成为熟练的蓝领的。从社会资本的角度来看，BOP 群体的生产经营（如农业）生产周期长、收入不稳定、缺乏有效定义以及产权关系薄弱，他们的资产和能力比较难以资本化，限制了 BOP 群体切入社会经济发展机会的更多可能。我们在研究中发现，在农村，即使有土地经营权，即使有一技之长，商业银行也很难给予 BOP 群体信贷资金的支持。即使有一定信贷，额度也非常低，从而约束了 BOP 群体获得更多社会资源的能力和机会。

3. 经营特征

BOP 群体最大的联系就是家庭，他们即使有一定的社会经营，大体上也以家庭经营为主，范围主要集中在农业生产与小商业流通，到今天，经营业态可能变得丰富一些，但很少超过个体工商户的层级。在中国范围内，农民的家庭生产模式使得生产规模无法扩大，技术能力很难提高，效率提升非常困难。在工业化的大潮中，BOP 人群受到的冲击最大，他们几乎挣扎在生存的边缘。在城市，BOP 依然属于弱势群体，他们生活在现代社会经济体系的夹缝中间，以自我雇佣为主要经营形态，技术能力和资本能力并不充足。这种自我雇佣的个体与家族经营的模式受到工业化、规模化与科技化的冲击，同时，他们还饱受网络电商的冲击，可以说，BOP 群体经营亟待转型。总体来说，BOP 群体的生产经营社会化程度不高，缺乏有效组织，他们在和大型与主流的商业及工业企业的合作中没有能力成为对等的利益共同体，因而他们获得公平收入的难度正在提高。

4. 信任特征

与认知特征相关的是 BOP 群体普遍具有风险规避的特性，即 BOP 群体在社会经济体系中缺乏安全感。当然，安全感缺失的原因还与他们的能力以及参与社会经济体系的经营形态有关。当 BOP 的技能局限在狭小的技术领域，他们没有各种技术专业资格，使得他们受到质疑，被认为只能从事低端的蓝领工作。他们不被信任，于是他们也怀疑社会。同时，他们的经营业态就是小本生意，抗风险能力弱，经营业态的形式就决定了他们处于谨小慎微的状态，对不确定事物采取躲避态度。正如前文所言，BOP 群体在参与包容性创新项目的过程中，患得患失，不敢贸然做出决定，其原因就在这里。对外部社会与不确定缺乏信任，本质上是信息不对称和缺乏信心。

5. 社会排斥性

BOP 群体通常由于地理条件限制或者居住地分散，无法获得充足的基础设施（交通、能源、教育、通信与卫生等）、制度环境（产权关系等）和有效的社会服务。而且，BOP 群体缺乏有效运转的制度体系，信息渠道与社会资源的联结不够完善，客观上他们被隔离在完善的市场体系之外，且这一点特别明显地体现为他们被成熟的社会经济发展体系所排斥、离弃。现在的中国偏远农村及居住在农村的农民群体就是典型的 BOP 群体。社会性排斥从现象上来看，是 BOP 群体与整个社会经济体系缺乏联系，但本质上来说，是 BOP 群体被隔离在社会经济发展机会之外。社会性排斥使得 BOP 群体基于处于金字塔底层，如不解决，有被固化的风险。

资料来源：作者通过调研与文献收集整理。

11.2 包容性创新的识别

11.2.1 包容性创新是什么

（1）包容性创新降低社会运行成本和消耗。公平问题是社会经济发展的重要成本，我们正在为此付出代价。比如，中国迄今仍然有 5000 万贫困人口，将会产生各种社会问题，如医疗、卫生、就业、教育等，这将是社会发展的直接成本。这些贫困家庭由于机会缺失导致社会冲突，由此产生的一代一代的人口发展问题很难自然消化，这形成了社会发展的间接成本。而且，由于社会经济的发展，健康、医疗等高社会成本本身就在调整我们的承受能力。迄今，中国全民医保的时代已经到来，但是农村医保如果按照城市标准执行，中国的医保收支将难以为继。目前，美国医疗卫生支出占 GDP 比重接近 20%，欧洲国家大都超过 10%。因此，通过包容性创新发展低成本医疗以及低成本药物研发方面的探索实践非常有必要。社会贫困问题的解决，也不能完全依靠政府，企业参与的商业创新也是解决问题的有效途径。

（2）包容性创新是一个全新的市场机会。从市场细分的角度看，包容性创新是 BOP 市场不受关注的结果。随着技术进步速度加快、信息充分流通与交互、竞争激烈化等因素，市场被切分成不同的细分市场。传统地，高购买力的市场几乎红海一片，几乎每一个市场都几近饱和，而且竞争压力加大，这是市场发展的必然。很多人认为，BOP 市场购买力不足、开拓成本偏高、盈利能力不足，但是，BOP 市场却是一个充满想象力的蓝海市场。一方面，这个市场的竞争对手不多，一旦通过包容性创新成为 BOP 市场的领导者，其他竞争对手很难超越。另一方面，BOP 市场的人口基数非常大，企业在其中发展的空间足够大。就手机市场而言，如老年人的大字体、大音量手机；适合农村市场的二手智能手机；农村市场只要能接受天气预报和打电话的功能机等，这些都可以成为有利润空间的市场，可以对传统市场细分策略形成有力的补充。

（3）包容性创新是全员创新机会。包容性创新与传统的商业创新不同，创新要求也不一样。商业创新对技术要求比较高，是因为技术更新换代比较快。而包容性创新更可能是在技术上做减法，比如说，针对农村的电脑市场就是减掉一些所谓的高技术含量的技术成本与投入，让电脑回归计算机的本质；手机也一样，BOP人群对智能手机的要求可能不是高速率、摄影精度以及摄影光学器件的高标准要求，而是要求手机厂商做减法去理解BOP人群的生活。也就是说，只要技术难度降低，全员创新就成为可能。依照诺贝尔经济学奖获得者埃德蒙·费尔普斯的观点，最健康的社会是全员参与的社会，参与人员越多，经济发展水平就越高。可以说，一个完美的社会，不是科学家推动的，而是普通人参与建设的。根据OECD2008年的数据，中国非正式部门经济（Informal Economy）大概占GDP的14. 3%，而印度等国家甚至达到40%。激发普通人的创造能力，具有巨大的发展可能，而包容性创新提供这个机会。

[延伸阅读]

第三世界国家与包容性创新

1. 将包容性发展与创新写入国家发展规划

在世界银行等国际组织对包容性发展和创新的不断呼吁下，部分发展中国家已经意识到包容性创新的重要性并采取行动。印度《第十一个五年纲要（2007—2012）》明确把“包容性增长”纳入国家发展战略，将消除贫困和公平正义作为指导原则，将包容性创新嵌入到减贫政策体系之中。在泰国，国家建立“全国科学技术和创新政策办公室”，其指定的“国家科技创新政策十年规划”（2012—2021）强调科技和工程知识在创造BOP人群福祉方面的重要作用，通过政策引导、推动包容性创新，以维持国民经济发展的竞争性目标和社会性目标之间的平衡。

2. 基于市场机制开展包容性创新产品研发

包容性创新强调绩效，主张通过包容性创新的开展形成新市场和新产品。基本方法是，从不同的 BOP 人群的特定需求出发，以消费需求为依据，通过商业的方法探索新细分市场，进行新市场的探索及新产品的研发。比如，在交通领域，针对 BOP 群体的市场需求，印度塔塔公司研发出 nano 汽车，售价仅为 1.85 万元人民币，在满足基本动力等功能之外，减去了方向盘助力转向、空调系统等配置。在医疗领域，浙江贝达药业公司以降低患者费用支出为目标，成功研制靶向抗肺癌药物——凯美纳，对 BOP 群体来说绝对是福音，不仅将病人化疗存活期提高一倍多，达到 20%，还将每月药费支出降低近 50%。在教育领域，英国在线教学项目，通过一对一在线教学方式，既降低了学生学习成本，又提供了多样化的数学指导。

3. 通过创新基金与科技计划为 BOP 提供创新资源

相较而言，偏远落后地区的农民、失业人员、退休人员等 BOP 人群所掌握的资金、技术、场所、制度保护等资源严重不足，导致创新能力不足。因此，世界各国为 BOP 及草根群体设立与包容性创新相关的科技计划，为包容性创新提供公共产品，或设立专门的包容性创新基金直接为 BOP 群体提供创新资源。例如，印度 2000 年就开始成立国家创新基金会（NIF），扶持农民、技师、工匠等群体的创新创业。2014 年，印度直接设立 500 亿卢比（约合 57 亿元人民币）的包容性创新基金，激励传统风投不愿意介入的创新链条早期投资，优先资助的领域包括农业、教育、纺织和手工业等社会民生领域。此外，南非科技部出台“能够产生社会影响力的科学技术”计划、哥伦比亚政府发起“国家社区增强计划”等，都旨在促进包容性创新。

4. 多途径促进包容性创新成果产业化和商品化

一般而言，包容性创新成果形成之后，在 BOP 市场取得成功通常会遇到困难，不仅需要企业自身努力，还需要政府部门、非政府公共机构及社会组织的帮助。这些帮助包括但不限于：①扩大融资渠道。如，世界银行在 2013—2018 年的五年间为“越南包容性创新项目”提供了5500万美元的资助，直接为BOP创新创业提供动力，支持BOP创新商业化。②提供孵化服务。如印度设立专门社会组织辅导、扶持与孵化包容性创新项目。③政府采购支持。2010年7月，印度推出35美元的“Aakash”低成本平板电脑，其电脑原件全部由私营企业通过竞标生产，目标是满足BOP群体的教育需求。而后，印度政府大批量采购以用于政府支持的远程教育项目。并且，印度政府进一步将采购回的Aakash以半价分发给数以千万计的学校，直接推动这款包容性创新产品的市场销售。

资料来源：邢小强，赵鹤．面向金字塔底层的包容性创新政策研究[J]．科学学与科学技术管理，2016，37(11)：3－10.

11.2.2　包容性创新的分类

邢小强等（2013）根据创新发展的程度，将包容性创新模式分为三类（见表11－1）：市场开发型创新模式、资源开发型创新模式、市场—资源开发型创新模式。

表11－1　包容性创新模式分类

	包容性创新1.0		包容性创新2.0
	第一类创新	第二类创新	第三类创新
角色定位	BOP为消费者	BOP为生产者	BOP为商业伙伴
运营理念	深度倾听	深度倾听	深度对话
关注焦点	降低价格	提高生产能力和效率	建立共同承诺与愿景
工具手段	运用新的营销策略	重构价值链	构建商业生态系统
市场关系	公平交易关系	公平雇佣和合作关系	基于个人层面的信任关系
商业逻辑	卖给BOP	从BOP购买	价值共创

第一类，将BOP群体定位为最终消费者的包容性创新项目。创新企业以BOP的现实需求与潜在需求为导向，通过技术创新、生产工艺改造或产品重新设计，打造出符合BOP消费需求的产品或服务。通常针对BOP群体的产品性价比更高，购买更便利，或者采取直接销售的渠道降低渠道成本。提出包容性创新的Prahalad与Hammond（2002）指出，全球低收入群体平均每天收入不足2美元，但规模巨大，占据全球2/3的比重，其市场空间巨

大而惊人。而且，传统企业认为，低收入者购买力低下，价格敏感度高，开发成本高，几乎无利可图。此外，传统企业还认为：BOP不接受创新成本；缺乏品牌意识；不需要先进的技术解决方案；BOP市场就是次级或次优市场。大量的案例研究显示，这些都是误区，这些主观判断并不符合BOP实际。如果企业正视BOP现状，尊重这些消费者的真实需求，进而通过技术与市场创新去予以开发，包容性创新可以帮助企业找到新增长点。该类创新的例子非常多。如，印度塔塔汽车集团为了解决BOP交通出行问题，组建BOP事业部开发出小型、廉价的汽车，每辆仅售1.85万元人民币，市场绩效突出；法国达能集团为解决孟加拉国贫困儿童营养不良症，推出“格雷米达能”，开发了仅售7美分的强化酸奶。

第二类，将BOP群体作为生产者的包容性创新。创新者重视的BOP的生产能力和资源，并将他们整合进价值创造的链条中，或为价值链的上游创造者，或为价值链下游的服务提供者。该类创新的重点不是将BOP被忽视的需求作为关注点，而是充分利用和开发BOP的生产性价值，提高BOP的收入能力和购买能力，其可持续性更强，因此也被称为2.0版本的包容性创新。有学者将该类创新界定为资源开发型创新，是指这类创新能够开发BOP沉睡的资源和资本，通过创新的模式，让BOP生产能力和资源获得价值创造的机会和空间，促成共赢局面形成，是一种更为高级的创新。但是，该类创新需要企业有能力创建与众不同的商业模式、组织管理能力要强，能够实现对不同类型的生产资源的整合，并保持组织弹性、能够有充分的社会资本去打造和管理一条完整的价值创造链。资源开发型创新备受推崇，Karnani（2007）甚至说将BOP作为消费者的包容性创新并不能真正缓解贫困问题，甚至加重BOP的负担。理由是：在有限的购买力约束下，将BOP群体作为消费者的市场开发，必然对其他支出产生挤压效应。Karnani（2007）对Prahalad的观点提出批判：开发BOP消费市场是浪漫的幻象，没有解决BOP的社会排斥问题，伤害他们的消费能力，甚至弱化法律、政策与其他社会机制对穷人的保护。在Karnani（2007）看来，BOP缺乏收入所受的限制远高于缺乏市场提供的种种产品与服务，因此，包容性创新更应该将BOP作为生产资源嵌入到商业创新模式中，提升他们的收入，才能真正缓解贫困。资源开发型创新也有非常多的例子，尤纳斯的格莱珉银行、新希望的“公司 + 基地 + 农户”以及很多新农业公司均属这种类型。

第三类，是同时将 BOP 视为消费者与合作者的模式，是前两类创新模式的复合，是市场—资源开发型创新模式。第三类模式既关注 BOP 被忽视的巨大的潜在需求，通过创新开发他们买得起和买得到的产品，同时也将 BOP 作为生产资源来予以开发。这类创新不仅是前两类的整合，更是包容性创新的升级，因为被称为 3.0 版本的包容性创新。由于既满足了 BOP 未被满足的消费需求，也提升了他们收入和消费能力，第三类创新受到了鼓励和赞扬。Simanis 与 Hart（2008）的案例研究显示，很多全球性公司要么以 BOP 为消费者，要么以 BOP 为生产资源，但在实践推进中，均出现各种问题，也没有取得预期绩效。两位学者基于贫困与发展的关系作为分析的线索框架，他们发现这些创新过分强调“顾客需求”与“新产品开发”等经济维度的商业概念，而对 BOP 问题社会、情感与文化维度的关注不够，是绩效不佳的核心原因。当我们把贫困定义为低于一定门槛的物质消费能力时，解决贫困的方案就是通过设计与创造，向 BOP 提供其能够负担的对应性物质。Landrum（2014）等学者认为，这种方法没有征得 BOP 人群的许可，他们的情感、思想以及内在需求没有得到真正的尊重。因为 BOP 真实需求通常都依存于特定的社会文化情境，并不是简单地提供他们能够负担的商品所能满足的。同样地，工业化的商业逻辑在产业链中为 BOP 人群预留一个位置，并不见得就能够把他们从贫困中拯救出来。因为，采取这类包容性创新的预设前提是，经济收入是社会贫困的核心所在。事实上，社会贫困并不一定是收入问题，收入问题其实只是表象和结果，深层原因是收入低背后的文化隔离、圈层隔离与权力失范。如果仅仅是着力于将 BOP 群体发展成为富士康流水线上的工人，他们的收入水平是提升了，但摧毁的可能是整个人群的文化与传承。因此，第三类创新最本质的特征是 BOP 社会关系体系的激活，通过企业、BOP 以及其他社会组织的共同创造与重建，BOP 人群在新的合作模式中不断创造价值并分享创造的收益，形成创新参与者之间的共同承诺与相互依赖。严格地说，格莱珉银行其实属于第三类创新，它为 BOP 提供的是商业信贷，但更提供了他们依据自身资源进行的生产选择，让他们自立成长。BOP 既是生产者，也是消费者，更是价值创造的主角。

11.2.3 包容性创新的特征

与社会创新不同，包容性创新的特征主要来源于 BOP 市场特性以及创新方式的差异。在现有研究基础上，邢小强等（2013）总结出包容性创新具有如下特征。

（1）创新思维的系统性。包容性创新要充分考虑 BOP 市场特性，因为 BOP 人群具有明显的异质性，系统性思考是包容性创新的内在要求。在 BOP 市场内，不同 BOP 人群被社会排斥的原因各不相同，他们在社会、经济与文化等诸多方面都呈现复杂性和不确定性。不管是将 BOP 人群作为消费者，还是作为生产者，创新都需要面对 BOP 群体收入少而不稳定、认知方式与众不同、基础设施不健全、沟通与交互方式分化明显、缺乏明晰的规制体系等现实情况。不仅如此，包容性创新还需要识别导致社会贫困的原因，并处理好各种层面因素可能对包容性创新产生的影响。更重要的是，包容性创新要处理好满足 BOP 消费需求与提升他们可持续生活改善能力的关系。只有创新主体系统性把握这些因素，处理好这些关系，并考虑 BOP 在包容性创新中的不同角色，适宜的解决方案才可能最终被找到。

（2）创新形式的多样性。BOP 被社会排斥的原因是多元的，具体的排斥形式也并不相同，需要包容性创新主体采取多样化的创新才能应对和克服。从近 20 年不断涌现的包容性创新案例中，我们发现了创新的多样性。有的创新关注适合 BOP 市场的新产品和服务，通过创新技术的应用或生产方式的变革，为 BOP 提供了性价比非常高的针对性产品；有的创新关注制度建设，通过赋能的方式，让 BOP 人群得到在社会经济体系中切入相应市场发展的机会，让他们成为创新创造以及社会参与的主角；有的创新关注渠道创新，让 BOP 人群嵌入到价值链中，能够直接地接触到产品与服务提供商，从而缩减中间环节和成本；而有的包容性创新倾向于与 BOP 人群合作，通过导入设计与规划，打造和创造一个在 BOP 人群与传承中生长出来的新商业，让商业有 BOP 的文化特性；还有的创新则完全是从第三方的角度去切入，通过提供帮助与支持的方式让 BOP 群体自我改变。我们认为，不同形式的创新并不相互排斥，它们相互促进，协同作用，帮助 BOP 改变贫困现状，创造多元价值并最终实现共同发展。

（3）创新过程的开放性。包容性创新是利用商业的力量改变一群人的生活，本身就是一个过程。在这一过程中，不仅需要不同的参与者开放地参与其中，赋予参与者主观能动性，还要创造全新的创新环境，促成各种知识、创意、资源在过程中汇集，产生整合性创新效应。可以说，包容性创新的重点不是实验室的研发，而是在平等沟通中辨识 BOP 人群的需求，在消除社会贫困的终极目标中辨识、吸收和利用创新资源与技术知识，以开放的心态积累社会资本、学习能力与资源整合方法。只有这样，BOP 以及其他利益相关者才能在开放的系统中共享创意和创造力，才能开发出适合 BOP 人群并被他们所接受的产品、服务与商业模式。创新过程的开放性不仅降低创新成本，也会加快创新速度，使创新方案更具灵活性与包容性。

（4）创新机制的独特性。因为包容性创新的目标取向不同，创新机制极大地依赖于 BOP 本地情景。Anderson 与 Markides（2010）将包容性创新的机制用 4A 来概括，即可负担性（Affordability）、可接受性（Acceptability）、可获得性（Availability）与可感知性（Awareness）。可负担性是指创新的成本以及创新的产出能够被 BOP 群体承受，因从开始创新就是带着“价格”的枷锁跳舞，包容性创新的逻辑是遵循“价格 - 利润 = 成本”；可接受性是指创新被 BOP 从心理上接受，不破坏他们的既有生活，创新价值能够被认识和理解；可获得性是指创新是有价值的，能够为 BOP 带来改变的，能够帮助他们成长并破除现有条件制约；可感知性指的创新并不复杂，以 BOP 熟悉的方式呈现，让他们能够消除疑虑，被清楚感知、认同与信任。严格地说，4A 不是机制，而是约束包容性创新机制的边界条件。

（5）创新结果的可持续性。包容性创新是可持续发展理念推进过程中诞生的消除贫困方案，其目标是消除贫困实现社会公平，让发展不落下任何一个人。在社会经济发展过程中，BOP 人群被落下了，他们与整个社会经济的关系较为疏远。包容性创新就是切入他们的社会与生态系统，通过提供符合 4A 标准的产品与服务，或者将他们嵌入到特定产业及产品的价值链条，或者创造特定的商业模式让 BOP 感受到价值和创造主动性，以形成社会性突破，消除社会贫困。如果从简单的目标设定上来看，包容性创新是要消除社会贫困，但是，包容性创新更注重社会发展的可持续性，让 BOP 有能力、有条件、有知识参与到社会经济的发展中，并分享创造的价值。因此，可持续性是包容性创新的重要要求与特性。

（6）参与人员的体系性。邢小强等（2013）等学者还认为，包容性创新虽然是商业企业为消除社会贫困而创造的探索方案，但消除社会贫困与实现共同富裕，并不完全是商业企业能够完成的。因此包容性创新还有参与成员的体系性特征，体现为两个方面：①包容性创新遭遇的困难较多，尤其是受到社会经济条件的约束，需要政府、非营利组织以及教育结构等共同参与；②消除社会贫困，最好的方法永远都是 BOP 自己脱离贫困。创新企业可以开发产品或提供服务，但根本的途径是 BOP 群体要主动参与，与企业协作，贡献资源并创造价值。也就是说，包容性创新需要建立政府、非营利组织、研究机构、社区、中介服务机构、金融机构等多个利益相关者参与的区域创新体系，支持包容性创新并最终实现包容性增长。

综上所述，包容性创新与传统创新存在重要区别，如表 11－2 所示。

表 11－2　包容性创新与传统创新的比较

包容性创新	传统创新
广泛的人员参与	大多人排除在外
人员和网络像仓库一样不断形成和改变知识	人们被动地接受知识
聚焦于能力建设与提升	聚焦培训，缺乏整合当地知识
关注社会公平、城乡平衡等可持续发展	关注商业机会，关注经济增长
加强相互联系，提升系统效率和有效性	创新与环境、社会的关联不强
参与者之间具有灵活体制与规则	参与者之间稳定、规范，甚至僵化

[延伸阅读]

宜信公司的“宜农贷”

宜信公司成立于2006年，是一家依托互联网平台的金融与财富管理公司。宜信以“宜人宜已，信用中国”为愿景，致力于普惠金融。针对不同的细分市场，宜信公司推出“精英贷”“新薪贷”“助业贷”“助学贷”“宜农贷”“宜车贷”“宜房贷”等产品，其中有部分产品是针对 BOP 市场推出的创新业务。比如，针对农村 BOP 群体融资难的问题，宜信公司采用了线上网络平台与线下小额信贷机构合作的商业模式创新——“宜农贷”，既降低了运作成本，也帮助 BOP 获得了金融资源，发展了农业与个体事业。

目前，中国的公益性小额信贷机构大约有两三百家，它们的主要使命是帮助农村BOP群体获得事业发展机会，解决融资难问题，帮助他们脱贫致富。但是，公益信贷机构由于供血不足而自身造血功能欠缺，BOP人群巨大，很多金融需求得不到帮扶以及政策规制等方方面面的原因，远不能满足农村BOP人群需求，中国农村金融脱贫的任务依然艰巨。2009年，宜信推出“益农贷”的小额信贷服务（www.yinongdai.com），通过P2P平台建立城镇居民的爱心闲余资金与偏远BOP人群资金需求的关联，并与线下非营利小额信贷机构合作。直接的效果是，这些小额非营利信贷机构的资金池突然扩大，服务能力提升；宜信公司也因此获得了直接服务BOP市场的机会。类似于格莱珉银行，“宜农贷”贷款对象是农村希望创业或提升技能的人员，直接帮助他们自立成长，是一种可持续的包容性创新。

在宜信的P2P“宜农贷”模式中，宜信公司负责对当地小额贷款机构的运营情况进行全面评估，制定服务标准，进行债权接收以及贷款BOP资料审核，确保资金安全。然后，“宜农贷”利用互联网网络平台向城市出借人推荐贷款农户，并提供借款还款的自动结算服务，搭建“借”“贷”双方平台，并制定严格程序对借款和还款过程进行监督和管理。一方面，“宜农贷”平台要求借款人提供透明信息，包括用途、借款人基本情况、信贷进度以及后续生活改进情况等。另一方面，也把借款权利下放到资金出借方，让资金出借人自主选择帮扶对象。在服务过程中，出借方可以收取9%到15%不等的贷款利息，“宜农贷”平台只收取1%的管理费。可以说，“宜农贷”具有良好的社会公益属性。

迄今，“宜农贷”已与12家小额信贷机构建立合作关系，主要帮扶对象大多是农村妇女，与格莱珉银行的服务对象非常相似，但其服务模式却大为更新。

资料来源：张利平．可持续创新过程中的社会嵌入[D]．清华大学博士学位论文，2013.

11.3 如何进行包容性创新

11.3.1 包容性创新关键成功因子

现实中，很多包容性创新项目获得了成功，取得了良好绩效。但是，也有一些项目却遭遇了失败，没有达到预期的效果。基于现有文献，邢小强等（2013，2015）将包容性创新的成功因素概括为三个方面。

（1）拥抱与支持包容性创新的姿态。作为用商业解决社会贫困问题的手段，包容性创新除面临投入高且存在不确定性之外，还与传统创新存在非常多的不同，因为它需要企业及社会的系统支持。一方面，包容性创新难度大。创新的目标是消除贫困，促成不同人群在经济发展过程中机会的平等。要实现这样的目标，不仅需要开发一个BOP群体能够承受的产品，还需要提升他们的收入水平，最重要的是使BOP人群得到社会的关注与支持。其任务完成与目标实现的难度极大。另一方面，包容性创新需要的是社会充分联结之后的创新和创造。与实验室创新和传统的商业创新并不相同，包容性创新需要参与主体间的充分沟通，需要创新主体保持包容、接纳、尊重的姿态，并与所有人达成信息整合与沟通互动。不管是整个社会经济体系，还是企业内部与利益相关者群体之间，要重视包容性创新，并为其提供组织、制度以及资源上的支持和保障。

（2）开发有可持续性的创新模式。与慈善不同，包容性创新的目标是创造可持续的商业模式，让BOP群体能够有能力、条件和资源走出社会排斥的限制性区域，同时，作为商业，包容性创新要有持续的自我造血功能。其一，让BOP根本性脱贫。包容性创新不是财富转移，也不是简单地满足即时性需求，而是通过商业创新将BOP纳入创新链条中，让他们获得机会，利用自己的资源和能力，与其他群体一样创造价值。包容性创新体系中，BOP不是被动的接受者，他们被赋能主动参与到创新活动中。有些包容性创新是以满足BOP特定需求为目的的产品创新，但更受推崇的创新是驱动BOP掌握技能、提升动力、获得机会参与社会经济生活的创新，这样BOP收入提升与生活改善是可持续的。其二，包容性创新要保持财务上的可持续性。包容性创新虽以消除贫困的社会目标为目的，但是它终归是商业创新，需要保证一定的盈利能力。只有具备财务上的可持续性，包容性创新才有可持续性。比如，格莱珉银行为 BOP 提供信贷服务，但信贷不是免费的，而是高息的，大大高于同类的商业信贷。正因为如此，格莱珉银行才在全球范围内不断地发展，帮助到更多的 BOP 群体，创造着可持续的社会和商业价值。

（3）构建完整的包容性创新政策链。如前文所介绍，全球范围内包容性创新非常成功的地区，几乎都有自上而下的包容性创新政策支持体系。只有拥有系统而完整的政策支持链条，包容性创新才能从各个方面得到支持。具体来说，包容性创新政策链包括：其一，国家和地区制定成熟的政策体系。包容性创新涉及项目选址、技术论证、金融支持、孵化支持与商业推广等各个环节，并经历不同的发展阶段。成熟的包容性政策体系，指的是一个国家或地区需要从宏观规划到中观的金融政策支持，再到微观的项目发展扶持等方面制定完善的政策体系，才能为包容性创新创造孵化性的环境条件。其二，参与创新的企业需要有包容性创新的政策。包容性创新在企业内部的政策制定，关系到创新资源的配置，也关系到企业内部对于包容性创新的心理认同。企业包容性创新的政策包括：社会导向的企业愿景、将 BOP 贫困等社会问题进行融合的企业战略、包容性创新业务拓展的规划以及组织管理政策等。

11.3.2　包容性创新四部曲

（1）理解 BOP 市场。包容性创新的起步在于充分理解 BOP 市场的生产与消费行为、基础设施条件与制度规范等。可以说，BOP 市场与 TOP 市场是完全不同的世界，他们并不是低阶版的 TOP 世界，有着与 TOP 市场完全不同的秩序、价值标准与逻辑关系。通常，包容性创新的主体并不是 BOP 群体，由于生活背景、知识结构、认知习惯并不相同，要完全理解 BOP 市场会遇到阻力，导致包容性创新很难获得 BOP 的认同和参与。体现在：①对 BOP 群体的真正需求没有准确把握。比如，我们注意到农村儿童教育问题是一个严重的社会问题。但对于儿童教育问题，有的人认为是农村师资不足造成的；有的人认为是父母外出打工造成的；有的人认为是贫穷造成的。不同理解下，包容性创新对于这个问题背后的 BOP 需求判断会出现分歧。②缺乏对 BOP 人群的真正理解。BOP 人群非常多元，有的缺乏稳定职业，有的家庭遭遇困境，有的离群索居。对于目标的 BOP 市场，这个人群通常具有社会融入的渴望，但行为上表现为主动排斥社会，最终形成社会排斥。只有以移情的方式理解BOP群体，包容性创新才能被他们接受。总而言之，企业必须摒弃“自上而下”“先入为主”的思维定式，避免使用标签和符号去定义BOP人群，而是全面立体地融入BOP社区，去感受和理解实际的生活情境。

在理解BOP市场的过程中，企业应该避免出现理解上的偏差。①避免从产品兜售逻辑进行创新。惯常的误区是，企业停留在自己的产品幻想中，期待BOP按照企业的方式来理解。或者说，企业是把企业主观的产品方式向顾客兜售，并没有辨识嵌入在BOP环境中的独特文化、制度与资源潜力。在很早以前，海尔公司向农村市场推售洗衣机，但农民却拿洗衣机来洗地瓜。②避免“自上而下”的救世主思维。在面对BOP市场的时候，很多人会有帮助BOP群体的优越感，这种优越感会阻碍我们对BOP市场的理解。很多情况下，企业人员会对BOP群体感觉匪夷所思，找不到解决问题的办法。即使找到了阶段性的办法，也可能不被BOP群体接受，原因就在这里。③避免“简单复制”的创新方法。由于BOP是差异性非常大的人群，我们应该谨防简单复制的想法。也就是，包容性创新可以提供借鉴和启发，但很难复制。在印度非常成功的项目，在中国可能不管用；在山东绩效突出的包容性创新，在四川可能应者寥寥。总之，包容性创新依赖于对BOP市场的嵌入式学习，要尊重BOP市场，与他们平等沟通，站在他们的立场和情景下来思考，才能找到创新方案，并形成持续改进的创新循环。

（2）应用先进技术。包容性创新不仅要理解BOP市场，还要选择性应用先进技术。一般来说，BOP市场基础设施落后，在交通、信息沟通、卫生等方面的需求无法得到有效满足。而要通过突破基础设施的障碍来完成社会性排斥的突破，先进技术的提升是很重要的手段。比如，要克服交通不便的障碍，5G网络的应用可能是有效的办法。通过5G技术，先进的教育、医疗、专业技术服务向边远农村BOP市场的覆盖就有了可能。我们也发现，BOP市场的经营方式与生产组织都简单而朴素，从帮助BOP社区产生提升的角度来说，他们缺乏先进的现代管理技术和方法，因为他们的技术设施与管理水平非常落后。此外，我们还发现，BOP社区在产品设计、渠道管理与品牌建设等多个环节都需要克服技术缺陷。因此，我们认为，包容性创新非常需要当今社会的最先进的技术工具，也需要基础管理技术的应用。这些技术可以推动工业社会与工业社区快速进步，同样，也可以改造与提升 BOP 社区。相对于工业化社区的知识与技术积累导致新技术应用还会遇到习惯的阻力，毫无技术使用经验的 BOP 人群其实更能接纳先进技术。BOP 需求被抑制由来已久，他们有着渴望改变的动力，而且政府支持力度将比较大，因此 BOP 的技术扩散会比较迅速。

在包容性创新过程中，应用先进技术需注意：①要考虑现代技术的适用性。囿于 BOP 市场的技术积累比较薄弱，他们应用这些新技术时，可能遭遇阻力。比如，在欧美地区，成熟的自动化耕作机械已经得到广泛应用，其中经历了不断进化的过程与阶段。如果突然在中国边远农村去推广，接受度不会太高。②应用易于使用的技术。由于 BOP 人群受教育水平与认知状态参差不齐，在包容性创新过程中，新技术的应用一定要考虑 BOP 人群掌握技术的能力与习惯。一些先进的人工智能、人脸识别等技术，可以改善 BOP 社区，但很多人可能并不能很好地掌握应用的技巧。③要敢于应用突破性技术创新。一般而言，那些具有重大创新的破坏性技术往往诞生于低要求的应用场景，并不是在一定的技术场景下实现的。所以，我们应该调整思维，解放思想，不预设技术门槛，敢于应用破坏性创新技术，在顾客反馈与学习中进行技术改造与改进，而不是单纯增加实验室的技术投入。

（3）整合本地及外部资源。包容性创新对资源的敏感度比较高，尤其是本地资源。毫无疑问，包容性创新需要创新企业以开阔的视野整合 BOP 社区之外的技术、资本与社会关系。但包容性创新对于 BOP 本地资源的需求同样非常强烈，甚至关系到创新的成败。原因在于：①BOP 社会资本对于包容性创新必不可少。任何创新需要与其依存的环境相契合，对包容性创新而言，BOP 群体的环境条件集中地体现为社会资本。研究发现，包容性创新需嵌入到 BOP 社区才能获得市场信息、关键性本地技术以及创新扩展所需的代言人等。除此之外，BOP 人群长期积累的物质、人力、文化和社会资本以及当地的自然禀赋和文化资源同样对包容性创新至关重要。②外部社会资源对包容性创新有协同效应。任何商业创新都不是企业一方面的战斗，只有得到政府与非政府组织以及产业服务机构的支持，才能取得成功。比如说，要应用先进的移动互联技术进行包容性创新，一些先进的互联网公司就非常重要；对于希望与 BOP 人群进行生产合作的创新而言，政府以及公益组织在其中的角色就不可或缺；对于产业链运作的包容性创新而言，产业链上的资源就举足轻重。

来自实践的案例证明，BOP 本地资源的利用可以在不同环节提升绩效，甚至可以以 BOP 的特殊资源去设计和打造商业模式。例如，在研发环节，BOP 是产品开发的信息提供者、设计者与试验者，他们的参与提高产品开发的成功率；在制造环节，鉴于 BOP 的生产资源与能力，不仅可以将他们作为合作者嵌入生产链条中，还可以以此为基础塑造整体性竞争优势；在销售环节，BOP 人群可以介入其中，成为企业与顾客之间的中介渠道和代理人。同样地，外部利益相关者可以在上述环节中贡献力量，或者成为推动企业与 BOP 群体合作的重要推动力量。需要强调的是，整合资源需要做到：①理解和认识 BOP 群体的资源及其价值。与理解 BOP 市场类似，理解 BOP 的资源和价值也需要平等、尊重与移情。②推动和促成跨部门的合作。包容性创新从某种程度上就是社会网络创新，需要企业与政府部门、非营利机构、社区组织和 BOP 等建立市场与非市场化的联系。③资源整合与被整合同时进行。资源整合通常以我为主，但社会网络呈现无中心或多中心的状态，要求企业在社会网络中奉献资源，愿意被整合，愿意分享，愿意参与。

（4）克服组织内外部障碍。包容性创新，顾名思义，需要企业有兼收并蓄的能力，愿意保持开放合作的态度为消除贫困而不断努力。我们注意到，任何一个企业在长期发展的过程中，都会形成约定俗成的愿景、企业文化、组织结构及工作惯例。通常这些成熟的积累可以帮助企业成长，但是在包容性创新过程中可能成为阻力。因为，企业组织在适应新价值目标过程中，原先不一致组织惯性会让组织成员产生分歧，有时甚至是冲突。具体来说，包容性创新需要克服的组织障碍包括：①目标阻力。传统的企业组织几乎就是纯粹的商业组织，目标是绩效和利润，但包容性创新的目标首选是消除贫困与帮助 BOP 发展。不一致的目标，导致组织在推进过程中，成员之间出现分歧。②文化阻力。即使是负责任的商业公司，也很难发展出与包容性创新完全一致的企业文化。或者说，包容性创新企业与传统商业企业的文化出现不一致甚至是发生冲突的概率比较大。③绩效标准阻力。包容性创新的绩效实现周期相对较长，而且绩效的内容也与商业创新的内容存在较大差异。绩效标准的差异使得包容性创新很难被传统商业系统所接受。

在组织之外，包容性创新一样可能遇到阻力。BOP 市场环境非常动态而复杂，但并不容易被改变，而且创新绩效的取得存在高度的不确定性，要求参与的企业保持高度耐心，通过系统的方法才能克服这些外部阻力。外部阻力是指：①BOP 群体接受包容性创新的速度慢。BOP 人群的认知和信任特征决定了包容性创新要完全融入 BOP 人群并被他们接受，将会遭遇相当多的阻力。②BOP 环境的相对稳定性。包容性创新一方面需要良好的基础设施等条件作为支持，另一方面，创新希望通过努力改变 BOP 外部环境，改变 BOP 社会环境，从而推动脱贫，但是，BOP 环境是多方面原因导致，并经历了较长时间而固化，改变的难度比较大。③BOP 人群改变速度缓慢。研究认为，BOP 贫困的外在原因是机会缺乏，但很多时候，人才是最内在而本质的原因。要脱贫，BOP 人群的知识、文化与能力等均需改变。但是，这些因素的改变很难在短时间内完成。

[延伸阅读]

包容性创新商业模式构成

邢小强、仝允桓和陈晓鹏（2012）基于质性案例研究提出，包容性创新的商业模式由本地能力、价值主张、价值网络、关键活动与盈利模式等五个部分构成。其中，本地能力是指包容性创新涉及的 BOP 地区与人群自有的资源和能力，是价值创造的重要来源；价值主张包括经济、能力与关系三类，其中经济价值占主导地位，尽管能力价值与关系价值在长期内对 BOP 人群更有助益，但主要伴随着经济价值主张的实现而发生；价值网络是指企业必须嵌入 BOP 网络才能获得企业发展所需资源，才能克服价值链缺失与制度空洞；关键性活动是指企业在 BOP 设计中，推动网络成员连接、学习与利用，循环往复且相互深化的任务与事项；盈利模式是指包容性创新如何整合资源、降低运营成本并进行有效拓展的安排。

1. 本地能力

本地能力是包容性创新商业模式的重要内容。是指包容性创新所涉及的BOP区域内存在的各类资源禀赋，包括BOP群体拥有的人力与关系资本等的总和。包容性创新必须充分利用和整合BOP本地能力，因而，学术界将本地化能力视为企业进入BOP市场的基础条件和商业模式设计的前提。创新之前，BOP本地能力被社会所排斥，处于离散与割裂的状态。包容性创新不仅要识别出这些突出能力及其价值，还应该促成企业与BOP能力之间的紧密结合，改变BOP本土能力的离散与割裂状态，释放其潜在价值。BOP市场之外，一般都有成熟的基础设施和配套条件，在其商业模式中，对目标市场人员能力和资源的利用开发不受重视。但包容性创新的商业模式开发却需要充分利用BOP本地能力，BOP市场的制约因素才能被克服，创新才可能取得成功。整合本地资源和能力，就是创新主体从本地化视角出发思考和设计，而非简单地复制其他市场的商业模式，或者对其他区域BOP市场的商业模式进行简单修正。在商业模式设计中，创新企业应正确认识、准确判断和充分利用BOP本地化资源和能力，将整合性开发BOP资源作为重点内容，创造依托于本地资源的独特价值。

2. 价值主张

包容性创新的价值主张，是指创新企业做出的能够帮助BOP群体以及社区带来改变的承诺与利益诉求。邢小强等（2012）认为，包容性创新的价值主张可从经济价值、能力价值与关系价值三个维度进行解读。①经济价值。指的是包容性创新能够为BOP带来的经济性利益，比如提高收入水平，或者创业资助与信贷支持，使某种需求得到满足并降低了消费成本。经济性价值具有时效性，可持续性不强。②能力价值。指的是包容性创新对BOP人群职业能力、技术水平、知识获得、新资源获得等体现为能力的价值与利益。BOP群体能力的提升，具有可持续性。③关系价值。指的是包容性创新在拓展BOP群体社会关系、提升社会地位与降低社会排斥感等方面的作用和价值。关系价值是BOP社会资本的提升，可帮助BOP人群产生持久的改变，具有可持续性。其中，经济价值直观而直接，稳定性差，如果创新失败或企业经营调整，其带给BOP人群的经济价值可能受到影响；能力价值本质上是对BOP人群的改变，改变他们的知识结构、技能技术及生活方式，其效果并不直接，需要一个过程，但具有稳定性；而关系价值则直接消除社会排斥，增加BOP人群的社会资本，开阔眼界与视野，其意义和价值尤为突出。BOP社会关系的建设与社会资本的提升是包容性创新的高层次价值。

3. 价值网络

包容性创新具有一定的社会网络属性，因此，建构一个能够创造价值的社会网络是包容性创新商业模式的关键点。一般来说，BOP价值网络成员分为三类：企业成员、非企业成员以及BOP成员。三类成员具有不同的职能与属性，相互之间存在互补性，但要保持三者之间的平衡。在创新之前，BOP存在一定的社会联系，普遍存在价值链空缺与制度空洞。一个具有创造性的社会网络成员多元、互动充分并有丰富的资源整合，才能赋予并增加BOP人群的社会资本，提升其能力。因此，包容性创新成功的关键就在于通过社会网络的嵌入和建构，去补充与丰满价值链的空缺，填补制度空洞。

具体而言，包容性创新的社会网络需要嵌入社会习俗与传统等非正式制度所主导的非正式网络，如宗族网络，让BOP及其网络成员之间充分信任；同时，包容性创新网络还需要以正式制度为基础的组织建设，如养鸭协会等。非正式网络的嵌入，增进相互之间的理解，促进成员之间的信任，是创新网络建构的基础。正式网络的建立，则是通过引入外部成员、组织管理制度、资源互动平台计划等，完成对价值链的规整与填补。正式网络组织的导入，也是对非正式网络制度空洞的填补，以提高网络的价值创造功能。

4. 关键活动

Zott与Amit（2010）认为，包容性创新的商业模式由社会网络中相互联系的一系列独特而不可或缺的价值创造活动组成，但关键活动的识别却各有侧重。Zott与Amit（2010）认为，创新关键活动包括社会联结、BOP 学习以及资源利用三类，围绕着内外部利益相关者资源整合与利用而展开。其一是社会联结，是建立企业与内外部利益相关者的充分联系，只有有充分而紧密的社会联结，合作、资源整合与价值创造才有可能出现。社会联系存在正式渠道，也存在非正式渠道，需要时间、渠道与媒介，更需要有相互接纳的态度。其二是学习。BOP 人群需要学习和提升，创新主体需要扩展对 BOP 人群的理解和商业模式建构的知识学习，而非营利组织及其他成员同样需要持学习态度，大家才能协作完成创新与价值创造。其三是资源利用。基于充分联结与相互学习而得来的知识、社会资本与各类资源（概称为资源），还需要进行利用开发，才能创造价值。三类活动并非绝对独立，有时可能是同时进行，在创新与经营过程中存在交互。但社会联结的数量和质量与学习效果紧密关系，也是资源利用的前提条件，三者紧密联结，成为商业模式的关键性活动。

5. 盈利模式

任何商业模式均需对盈利模式做出规定，包容性创新也一样。盈利模式规定了收入来源、构成以及分配等，以及其中各种利益相关者关系。对大量包容性创新案例的研究发现，针对 BOP 群体的创新比较多地依赖线性盈利模式。但是不同商业模式中利益相关者关系、价值贡献程度以及分配模式存在很大差异。当一个企业有效地整合了本地 BOP 人群，并且 BOP 人群在其中的价值非常重要的时候，其收益分配关系将会倾向于 BOP 群体；当 BOP 群体是包容性创新的消费者的时候，企业的盈利来源可能就是商品销售与服务提供，其中的利润分配与 CSR 类似，不是共同创造价值，而是对企业创造价值的再分配。包容性创新中，相当一部分的利润来源是通过赋能 BOP 与提升其社会资本来获得回报，其利润率可能达到比较高的水准，比如格莱珉银行。此外，BOP 规模对于包容性创新的盈利非常重要，一方面是规模经济效应的需要，另一方面是 BOP 资源需要汇集才能产生效益。

包容性创新的盈利模式中，很重要的一点是可复制性。也就是说，包容性创新的商业模式要简单，要具有可复制性，才能产生更大的社会效应，同时也保证包容性创新能在扩展与复制中获得回报。从这个角度出发，包容性创新盈利模式的设计还应该考虑规模性，不仅关注当期的收益与成本，还应该关注 BOP 市场的延伸与扩展，将更大范围的 BOP 人群纳入整合盈利模式中。当企业刚刚切入 BOP 市场的时候，盈利性并不是最受关注的，能够为 BOP 人群及社区带来价值才是最紧要的。当企业获得了 BOP 本地的隐性信息、知识和能力，掌握了和 BOP 合作与共同发展的方法，并形成了一定的价值创造模式后，这些经验与成熟模式可以迅速扩展到更大的 BOP 市场，这样，创新的长期盈利就成为可能。

资料来源：邢小强，周江华，仝允桓．面向低收入市场的金字塔底层战略研究述评[J]．财贸经济，2011(1)：79－85.

11.3.3　包容性创新的执行要点

包容性创新是一个复杂过程，需要企业与各类参与者相互协作。邢小强、周江华和仝允桓（2011）提出包容性创新的五个关键执行要点。我们在其基础上进行了延展和扩展，以帮助创新企业顺利推进包容性创新，取得绩效。

（1）开发创新营销策略。包容性创新的目标市场特性迥异，有独特的创造价值的方式，而且创新价值包含完全不同的维度结构，因而传统的营销理论体系、架构、工具和方法并不适应。我们认为整合营销传播理论是包容性创新的基础性营销理论。首先，要与 BOP 进行充分的沟通互动。沟通是理解的前提，沟通能够促成合作，沟通能够帮助找到创新方案。沟通不仅是要双向交流，还要相互倾听，形成共识，并采取统一的行动。其次，包容性创新要管理好核心价值。核心价值是包容性创新可以产生的经济、能力以及社会价值的概括，可以通过一句话来整体性概括和传播，在创新过程中，企业应该以此为标准；传播过程中围绕核心价值来形成传播体系。再次，管理传播渠道。包容性创新不太可能进行大量的广告传播，更多的是依赖于利益相关者的口碑，也可以将政府与非营利组织整合进来，充分发挥他们的意见领袖作用。复次，管理传播内容。包容性创新虽然有核心价值，但是核心价值的形成依赖于价值体系的建构。一方面，包容性创新要为 BOP 创造经济、能力与社会价值，另一方面，也要传播这些体系性价值，才能众星拱月，让 BOP 感受并认同核心价值。最后，进行营销创新。营销创新存在的范畴非常广泛，可能是产品与服务方式的创新，可能是传播方式的突破，也可能是移动互联技术的应用。核心点在于以与众不同的方式创造和传播价值。

（2）把穷人纳入价值链。包容性创新的根本任务是改变 BOP 人群，赋予他们一定的能力和机会，实现 BOP 人群的社会融入。社会心理学认为，人们融入一定组织、场景与人群的核心点是价值观和认同感。价值感指的是人们在互动、交往与合作中，感受到他们能够为合作、组织或集体作出贡献，价值感能推动人们主动参与、心理满足和心理成长。认同感指的是人们获得了组织与网络成员的接受和肯定，他们因此产生归属感。为了提升 BOP 人群的价值观和认同感，包容性创新就不能将他们简单地作为低价值商品消费者来看待，也不能将他们作为廉价劳动力或劳动力市场的交易对象，而是尊重他们、认识到他们的特殊价值与做出贡献的能力，通过一定的商业设计，将 BOP 人群嵌入到包容性创新的价值链中，成为价值链条中的重要环节。当 BOP 人群在价值链上共享资源、能力与劳动，他们就能获得社会网络的认同和肯定，其价值观和归属感就能提升，社会融入就会发生。在推动 BOP 参与价值的研究中，Austin 等学者（2008）的研究支持了这一观点，他们认为，包容性创新就是建构一个参与性系统，开发出 BOP 可以在其中扮演重要角色的价值链创造网络。其中，从 BOP 那里，企业可以获得寻求潜在创新机会以及开发商业模式的关键知识与观点；BOP 也能获得信心与成长。当然，BOP 可以嵌入到价值链中的任何环节，企业需要辨识并采取措施解除束缚，赋予 BOP 参与机会并释放其价值创造潜力。

（3）与非营利组织合作。在包容性创新之前，非营利组织在消除贫困上一直是主力军。它们以慈善的姿态帮助 BOP 群体在教育、医疗、文化、健康等方面得到关照。因此，非营利组织在服务 BOP 群体上有着丰富的经验，他们熟悉并理解 BOP 群体，他们有顺畅的沟通渠道，他们在 BOP 市场中有公信力。而这些恰恰是企业组织最为缺乏的资源，因此很多成功的包容性创新都少不了非营利组织的参与，他们是包容性创新值得信任的合作伙伴。非营利组织包括传统的国际组织，如世界卫生组织、联合国教科文组织等。这些组织在全球范围内积累了信息、知识与技术资源，可以在包容性创新中扮演重要角色。比如，在提供清洁水资源与绿色资金方面，这些结构的信用背书非常有效。一些本地性非营利组织指的是完全公益性的社会组织，这些群体可能关注教育，可能关注生物多样性，也可能关注非物质文化遗产。他们的服务领域与包容性创新可能相关，也可能不相关，但是他们拥有 BOP 社区和人群的隐性知识和信息，能够帮助创新主体与 BOP 迅速建立关联。此外，有些非营利组织与 BOP 社区建立起支撑特定商业模式的社会基础设施，可大大降低企业运营成本，比如，公益性小额信贷机构为宜信公司建立程度的信贷基础设施。需要指出的是，非营利机构在合作参与包容性创新过程中，不同组织的战略导向、时间表与价值理念差异可能影响合作的有效性。

（4）嵌入当地社会网络。致力于包容性创新的企业需要嵌入 BOP 网络，而不是将他们整合进入特定网络。研究显示，长期对 BOP 人群的忽略产生的社会疏离会造成他们对企业包容性创新行为的心理距离。人们用制度空洞来描述这一现象，指的是人们没有制度性地融入社会。表面上看，这是制度缺陷的结果，但是如果我们采取制度性方法来解决这个问题，通常会适得其反。即，我们通过法律、制度、规范要求 BOP 人群改变现状的时候，由于缺乏认知与信任，他们通常会拒绝配合，甚至做出完全相反的行动。因此，包容性创新需要通过嵌入 BOP 本地性网络的方式来消除心理鸿沟、填补制度空洞并建立相互信任。Simanis 与 Hart（2008）认为，企业嵌入 BOP 网络要经历三个阶段：①熟悉了解。这个阶段就是通过非营利组织或者渠道，与 BOP 成员建立关联，没有任何商业目的。在彼此交互与网络互动中，去建立对 BOP 人群的理解与认识，也是为获得他们的理解和信任。②协作商量。针对一定的问题与现象，企业与 BOP 群体开放沟通，平等交流，共同建立一些愿景性的商业概念，缔造一个商业与社会交织的生态系统。③探索商业方案。企业与 BOP 人群嵌入到一定程度，可为一个自组织，相互之间充分信任，并形成一定的组织体系，不同成员在其间扮演一定角色。在这种情形下，社会关系逐步向商业合作转移，形成共同进化。从本质上说，社会嵌入通过利用与构建不同类型的社会资本，建立以信任为基础的交易治理能力，减少交易成本，促成网络成员的共同价值创造。

（5）进行项目评估及管理。包容性创新应该选择适当的项目评估方法。①商业目标与社会目标相平衡的绩效评估方法。由于包容性创新的不确定性高，时间周期长，很多商业创新经常采用的现金流净现值等方法并不适用。而且应该关注创新的价值创造能力，比如提升关键人群的绩效，而财务指标只需要平衡即可。②关注创新过程的关键活动绩效。在包容性创新中，社会联系、学习与应用是其中的关键内容，如果我们在这三个关键活动中没有进行评估和管理，包容性创新可能会失控，并影响最终绩效。③关注企业整合 BOP 本地能力的能力。我们知道，包容性创新虽然取决于三个关键性活动，但三个关键性活动的绩效目标是理解 BOP、辨识他们的能力并整合他们的资源。因此，包容性创新一定要在这个问题上形成核心能力，并通过系统化的方法进行评估。

[延伸阅读]

深圳中科强华科技有限公司

深圳中科强华是一家致力于提供低成本医疗解决方案的高新技术公司。公司与中国科学院深圳某研究院合作，开发出拥有自主知识产权的“海终端”系列医疗设备。其中，多功能健康检查床集成了多种基础诊查功能，并自带居民电子健康档案管理系统，还可对数据进行智能整理并提出必要的诊疗建议。而具有集成功能的便携式出诊包则适合乡村医生出诊，能将体检信息回传并建立与多功能检查床的关联。这种集成式、多功能与信息化的医疗设备能够满足广大农村基础的医疗需要，可大幅提升基层医疗卫生机构的服务水平与工作效率，实现基层医疗信息化的管理。

更重要的是，中科强华的设备价格非常低，只有3.5万元，只相当于具有同样诊疗功能的国外设备的零头。设备价格降低的直接结果是，患者完成多个项目的体检，只需要15分钟，费用仅为20~40元，远低于城市人均体检成本。这样的创新作品非常符合基层卫生医疗机构的实际，大大缓解了农村基础设施严重不足的问题，是包容性创新的典型案例。由于中科强华在满足农村 BOP 医疗需求上有突出表现，而且大大提升了 BOP 人群的健康，有助于 BOP 社会融入，“海终端”医疗设备已经在全国 30 多个省市的 1000 多个基层医疗机构进行试点应用，覆盖到 3000 万人，同时也被列入多个省市的社区卫生服务建设设备采购目录。此外，公司还向非洲 50 多个国家提供模块化箱房诊所和集装箱房医院，积极探索将“低成本健康”向世界 BOP 市场扩散的途径与模式。众所周知，农村医疗条件完全无法与城市相比，这是农村 BOP 社会排斥的重要内容，大大影响了农村 BOP 人群的生活以及农村的社会发展。而且这样的局面，改变起来困难重重，因为我国政府对农乡医疗卫生的财政支持极为缺乏。我国 8.33 亿农村人口只能得到全国 20% 的财政性医疗资源。医疗资源分配的不公平导致了乡村高质量医疗资源的高价格，农村 BOP 人口诊疗成本居高不下，农村家庭非常脆弱。一有重大疾病，全家受穷，而且持续得不到扭转，加剧农村 BOP 的社会排斥。在中科强华案例中，创新的“海终端”诊疗设备目标不仅是降低农村 BOP 诊疗成本，更是使农村 BOP 实现人人享有基本的医疗卫生服务。因为，我们认为，“海终端”通过创新为 BOP 人群消除医疗设施不足的短板提供了平等诊疗的机会。重要的是，我们认为，健康的身体和平安的家庭是 BOP 社会融入的前提和条件，循着这样的逻辑，“海终端”是一个值得推崇的满足 BOP 诊疗需求和赋能他们社会融入的极具创造性的包容性创新。

事实上，农村医疗基础设施落后，农村 BOP 面临严重的医疗难题。通用电气、西门子与飞利浦等跨国公司都出于企业社会责任与慈善动机，积极探索改进与推进中国基层医疗设备市场的发展。虽然他们做出了积极的努力，但其创新价值与社会绩效无法与中科强华相比。梳理中科强华的创新，他们并非出于慈善或社会责任的驱动，而是基于经济回报与社会发展的平衡做出的战略性行为——既要实现商业上的回报，更要创造美好的社会性价值。中科强华的低成本医疗设备创新创造出客观的经济与社会价值，而且具有可持续性，符合包容性创新的基本内涵。仔细梳理，中科强华的创新具有如下特征：

首先，中科强华理解农村BOP市场。据了解，“海终端”开发团队进行了大量的农村卫生医疗状况调研，与BOP人群进行了充分沟通，熟悉理解BOP群体的生活现状，能够深入理解BOP的健康、医疗以及安全需求，并在此基础上确定了开发基层卫生机构能够承受的最需要的设备为产品任务方向。调研发现，由于医疗设备缺乏，农村BOP市场小病拖成大病，而且后续问题和困难会越来越多，甚至产生无法控制的结果。因此，“海终端”诊疗设备主要面向常见病，从BOP人群的健康生理参数入手来提供诊疗服务，通过体检使BOP人群知道自己的健康状态，强调“解决小病、预防大病”。“海终端”简单易用，不需要专业知识就能培训出合格使用人员。BOP人群很容易理解并接受其创新价值。

其次，技术创新在其中扮演重要角色。中科强华开发的“海终端”产品应用了前瞻性医学影像处理技术、生物电子技术以及“云计算”平台技术，在一台检查床上集成多项健康诊查功能，并且通过移动互联技术，对三级医疗机构联网的基层医疗数据进行筛选、统计和挖掘分析，中间还融合了一些近似人工智能的技术，才能完成从检测到诊治建议的过程创新。在技术创新的过程中，中科强华整合了中科院深圳研究院的技术团队，取得了自主知识产权，使得产品成本大为降低。众所周知，低成本问题是高技术创新最难攻克的难关，但是中科强华实现了只用零头的价格做出“低成本医疗”的有效路径。

再次，基层建设就是BOP市场的形成。我们注意到，中科强华的包容性创新面向的是BOP群体，但直接提供服务的却不是中科强华。也即包容性创新的完成需要建设一个完整而成熟的BOP市场。中科强华认识到，他们要为BOP群体服务，必须建立一个以医疗诊疗设备为基础的体系，没有这个体系，创新就无法在真正意义上完成。其间，需要的是设备厂商—基层医疗组织—患者的闭环。要完成闭环，中科强华不能只是卖设备给基础医疗站为单元的医疗体系，而是要通过共同解决问题来构建一个生态闭环。在这个过程中，中科强华通过互动建立了与各基层政府、乡村医疗机构的信任关系，并促成合作达成。例如与当地政府进行直接合作，降低政府采购成本与财政预算，推动基层医疗机制的直采。同时，企业还合作推进乡村医疗培训、药学培训与检验培训等，促成乡村医生工作站一个个建立。这些所有的基层建设的结果就是BOP服务体系的建立，“海终端”市场因此建立。

最后，打造包容性创新价值链。中科强华是中科院下属研究院吸引民资设立的股份公司。利用这种特殊身份，中科强华完成了对科研院所的技术嵌入，两者在共同的目标指引下，分工明确，共负盈亏，共担风险；在创新项目的推进中，采取了灵活的组织形式，使得低成本的科研成果能够迅速商业化；“海终端”医疗设备对于利润的获取非常有耐心，开始时完全不以利润为核心导向，而是以基层网络的规模为导向，让基层医疗站成为包容性创新价值链的重要节点。可以说，中科强华耐心地将科研机构、基层社区组织以及参与创新的人员整合进一条完整的价值链，让成员共同创造价值，并分享所创造的价值。

资料来源：根据中科华强公司网站披露信息及其相关报道整理。

参考文献

[1]Anderson J L, Markides C, Kupp M. The last frontier: Market creation in conflict zones, deep rural areas, and urban slums[J]. California Management Review, 2010, 52(4): 6-28.

[2]Brugmann J, Prahalad C K. Cocreating business's new social compact[J]. Harvard Business Review, 2007, 85(2):80-90.

[3]Budinich V, Reott K M, Schmidt S, et al. Hybrid value chains: Social innovations and development of the small farmer irrigation market in Mexico [J]. Social Science Electronic Publishing, 2007(1):279-288.

[4]Dahlman C, Kuznetsov Y. Innovation for the "base of the pyramid": Developing a framework for policy experimentation[J]. 2014(5):71-122.

[5]George G, McGahan A M, Prabhu J. Innovation for inclusive growth: Towards a theoretical framework and a research agenda[J]. Journal of Management Studies, 2012, 49(4):

661 - 683.

[6]Gardetti M A, D Aposandrea G. Masisa Argentina and the evolution of its strategy at the base of the pyramid: An alternative to the BoP Protocol Process? [J]. Greener Management International, 2006(56):74 - 91(18).

[7]Hart S L, Sharma S. Engaging fringe stakeholders for competitive imagination[J]. IEEE Engineering Management Review, 2004, 18(1):7 - 18.

[8]Jones Christensen L, Siemsen E, Balasubramanian S. Consumer behavior change at the base of the pyramid: Bridging the gap between for - profit and social responsibility strategies [J]. Strategic Management Journal, 2015, 36(2): 307 - 317.

[9]Karnani A. Doing well by doing good - case study: "Fair & Lovely" whitening cream [J]. Strategic Management Journal, 2007, 28(13): 1351 - 1357.

[10]Karnani A. The mirage of marketing to the bottom of the pyramid: How the private sector can help alleviate poverty[J]. California Management Review, 2007, 49(4): 90 - 111.

[11]Prahalad C K, Hart S L. The fortune at the bottom of the pyramid [J]. Strategy and Business, 2002(54).

[12]Karnani A. Romanticising the poor harms the poor[J]. Journal of International Development: The Journal of the Development Studies Association, 2009, 21(1): 76 - 86.

[13]Landrum N E. Defining a base of the pyramid strategy[J]. International Journal of Business and Emerging Markets, 2014, 6(4): 286 - 297.

[14]Perez - Aleman P, Sandilands M. Building value at the top and the bottom of the global supply Chain: MNC - NGO partnerships[J]. California Management Review, 2008, 51 (1):24 - 49.

[15]Prahalad C K, Hammond A. Serving the world's poor, profitably[J]. Harvard Business Review, 2002, 80(9): 48 - 59.

[16]Prahalad C K, Hart S L. Strategies for the bottom of the pyramid: Creating sustainable development[M]. Ann Arbor, 1999.

[17]Reficco E, Ogliastri E. Business and society in Latin America: An introduction (Empresay Sociedad en América Latina) (Spanish) [M]. Social Science Electronic Publishing, 2009.

[18]Rondinelli D A, London T. Stakeholder and corporate responsibilities in cross - sectoral environmental collaborations: Building value, legitimacy and trust[J]. Unfolding Stakeholder Thinking Theory, 2002(16):201 - 216.

[19] Simanis E, Hart S, Duke D. The base of the pyramid protocol: Beyond "basic needs" business strategies [J]. Innovations: Technology, Governance, Globalization, 2008, 3(1): 57 - 84.

[20] Seelos C, Mair J. Profitable business models and market creation in the context of deep poverty: A strategic view [J]. Academy of Management Perspectives, 2007, 21(4): 49 - 63.

[21] Stephan U, Patterson M, Kelly C, et al. Organizations driving positive social change: A review and an integrative framework of change processes [J]. Journal of Management, 2016, 42(5): 1250 - 1281.

[22] Waeyenberg S V D, Hens L. Overcoming institutional distance: Expansion to base - of - the - pyramid markets [J]. Journal of Business Research, 2012, 65(12):1692 - 1699.

[23] Zott C, Amit R. Business model design: An activity system perspective [J]. Long Range Planning, 2010, 43(2 - 3): 216 - 226.

[24] 邢小强，仝允桓，陈晓鹏．金字塔底层市场的商业模式：一个多案例研究[J]. 管理世界，2011(10):108 - 124.

[25] 邢小强，周江华，仝允桓．包容性创新:概念、特征与关键成功因素[J]. 科学学研究，2013，31(6):923 - 931.

[26] 邢小强，周江华，仝允桓．包容性创新：研究综述及政策建议[J]. 科研管理，2015，36(9)：11 - 18.

[27] 徐忠爱．社会资本嵌入:公司和农户间契约稳定性的制度保障[J]. 财贸经济，2008(7):120 - 127.